无辜的孩童，
长大后为什么会成为冷血杀手？

一个人为什么会成为冷血杀手？其中会不会有生物学根源在作祟？30多年来，阿德里安·雷恩一直苦苦追索问题的答案。他运用脑科学的技术和知识，研究导致暴力犯罪的生物学肇因，也找寻治愈罪犯的方案。他的研究促生了一门新兴学科——神经犯罪学（neurocriminology）。雷恩认为，大脑是犯罪行为的源头所在。他的最新力作《暴力解剖》将引领读者深入大脑，追根溯源，展开一次有益、有趣、深入、精辟的探索之旅。

《暴力解剖》开篇便提及了基因研究。我们会了解到：原来暴力的种子早在一个人出生之前就已经萌芽，暴力种子会让他的精神状态出现异常，甚至导致犯罪的悲剧。同时，历史上那些臭名昭著的杀手——理查德·斯派克、特德·卡钦斯基、亨利·李·卢卡斯等等，都会逐一现身说法。他们的故事告诉我们：一旦大脑中负责经历恐惧、制定好决策、感受罪孽的区域遭受功能性损伤后，最终可能导致怎样的结局。杀手，往往是冷血的——这是雷恩一直坚持的观点。他在书中指出：这些人的低静息心率等生物学指标，是他们倾向暴力的一大原因。当然，生物学指标无法决定命运。他还描绘了美好愿景：最新的科技进步，结合了生物社会学治疗方案，将会治愈大脑，预防暴力，改变命运。

雷恩的研究，给社会带来了法律和道德方面的双重难题。这些问题，他并不避讳，还在书的末尾部分大胆提及。雷恩大胆地设想了一个可能的未来、一个他的主张得到完全施展的世界。到那时候，人类的科技可以早早地发现那些拥有犯罪倾向的人。他谈及了科技带来的好处，也没忘记由此而生的种种弊端。为了找出那些可能成为杀手的孩子，我们是否愿意牺牲自己的隐私？这样的政策，是否能够兼顾施暴者和受害人的利益？有些罪犯之所以犯罪，完全挣脱了自由意志的控制。对于他们，我们又应该如何处理？为人父母，是否需要先通过资格认证？《暴力解剖》大大拓展了我们对犯罪活动的认识，堪称一场知识革命。与此同时，书中提出的种种问题，追问着我们对自由意志、法律责任和刑事惩罚的认知，让我们对于人类的核心价值有了新的思考。

科学可以这样看丛书

The Anatomy of Violence

暴力解剖

犯罪的生物学根源

〔英〕阿德里安·雷恩(Adrian Raine) 著
钟鹰翔 译

神经犯罪学之父。
最前沿的脑科学研究揭示:
最基本的人性建立在生物学基础之上。

重庆出版集团 重庆出版社
果壳文化传播公司

版贸核渝字(2014)第99号

图书在版编目(CIP)数据

暴力解剖：犯罪的生物学根源 /（英）雷恩著；钟鹰翔译.—重庆：重庆出版社，2016.4
（科学可以这样看丛书 / 冯建华主编）
书名原文：The Anatomy of Violence
ISBN 978-7-229-11079-6

Ⅰ.①暴… Ⅱ.①雷… ②钟… Ⅲ.①犯罪原因—研究 Ⅳ.①D917.1

中国版本图书馆CIP数据核字(2016)第066175号

暴力解剖
The Anatomy of Violence
〔英〕阿德里安·雷恩(Adrian Raine) 著 钟鹰翔 译

责任编辑：冯建华
责任校对：杨 媚
封面设计：何华成 邱 江

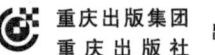

重庆出版集团
重庆出版社 出版 果壳文化传播公司 出品

重庆市南岸区南滨路162号1幢 邮政编码：400061 http://www.cqph.com
重庆出版集团艺术设计有限公司制版
重庆市国丰印务有限责任公司印刷
重庆出版集团图书发行有限公司发行
E-MAIL:fxchu@cqph.com 邮购电话：023-61520646
全国新华书店经销

开本：710mm×1 000mm 1/16 插页：8 印张：26.25 字数：410千
2016年11月第1版 2016年11月第1次印刷
ISBN 978-7-229-11079-6
定价：68.80元

如有印装质量问题，请向本集团图书发行有限公司调换：023-61520678

Advance Praise for The Anatomy of Violence

《暴力解剖》一书的发行评语

“精彩……基因、神经、生理因素，它们都可能导致暴力行为。关于这一点，作者（雷恩）已经向我们作了很好的阐释……。书中，作者谈到了许多有益的育儿经：身怀六甲的妈妈不要吸烟饮酒，小孩子的饮食营养要得到保证，而且必须远离各种毒素。对了，别忘了多吃鱼。这些手段，简单、便宜、行之有效，会大大地造福整个社会。”

——《纽约时报书评》（*New York Times Book Review*）

“一本好书，非常引人入胜……雷恩先生的著作让大家想起了许多知晓的有趣的事情，关于基因、关于大脑，也关于环境，很多事情都会引领一个人走上反社会的邪道……即便你不熟识犯罪学知识以及其中的争论，阅读《暴力解剖》也不会有太多障碍。雷恩认为，暴力是一种公共健康问题。由此，他提出了一些解决暴力的方案，很可能让大家感到不快。比如，他将暴力视为精神失常病症，而暴力犯罪分子应该享受病人的待遇。”

——《华尔街日报》（*The Wall Street Journal*）

“易读有趣，不时还会引发争议……《暴力解剖》值得每个对于暴力和犯罪行为感兴趣的人捧卷一读。本书并没有给出任何标准答案，相反，书中的内容会激发持久的讨论和辩驳。本书的价值，正在于此。”

——《华盛顿独立书评》（*Washington Independent Review of Books*）

“人类为什么会杀戮？这不是一个很好回答的问题。犯罪学家阿德里安·雷恩确信，有些罪犯之所以走上犯罪道路，就好像一组预先编写完毕的程序。为此，他写就了这本新书——《暴力解剖》。一个已经伏法的杀人犯，似乎正在用自己的经历为雷恩关于‘杀手基因’的理论提供例证……当然，雷恩也强调，生物学原因并不能决定一个人的命运，但适当的生物学方法，可以阻止一个人的暴力倾向及滑向犯罪的深渊。”

——《旧金山纪事报》（*San Francisco Chronicle*）

“‘犯罪倾向’是得自于先天原因，还是由于后天养成？……心理学家阿德里安·雷恩认同前一种看法。通过大量研究，以及大批谋杀犯和强奸犯的活例证，他坚定了自己的想法……本书数据翔实，可读性强，论点丰富，却又不急于下达结论。”

——《自然》杂志（*Nature*）

“开创性著作……一本关于‘犯罪心理地图’的权威力作，堪称史无前例……要提到人类暴力行为和基因之间的关系，本书不可不读……即便你万分怀疑一种基因或生物学原因和暴力行径之间存在因果联系，《暴力解剖》也会打消你的疑虑。显然，犯罪学专业的学生应把本书当作必读书。无论从环境、社会、生物化学、心理学和神经系统哪个方面判断，《暴力解剖》都具有非凡的说服力。读完之后，你会承认：没错，这世界上有天生的杀手。”

——《纽约图书日刊》（*New York Journal of Books*）

“栩栩如生，让读者手不释卷、欲罢不能……暴力罪犯在生物学上有别于正常人，自此有了强有力的例证……雷恩对于书中的研究内容如数家珍，这也难怪，其中的大部分研究都由他一手主导。此外，他还多次呼吁社会对于暴力犯罪行为的生物学成因加以关注。因此，我们对于犯罪的生物学成因的重视，即便不能更加重视，也应当与社会环境的影响等量齐观、平等视之。”

——《新科学家》杂志（*New Scientist*）

“先天因素与后天环境，哪一种更有决定性意义？如果你对这个问题真有兴趣，《暴力解剖》不可不看。书中提及的研究新颖有趣，各项结果也发人深省、引人争论。同时，我们用相关的知识可以做什么，又应该做什么，也是本书的关注要点之一。”

——《今日心理学》（*Psychology Today*）

“信息丰富、思想深邃、富于启示意义……的一部杰作。”

——大卫·P.法林顿（David P. Farrington），
《心理医学》杂志（*Psychological Medicine*）

“引人入胜……书中的关键信息在于：犯罪乃是一种公共卫生问题。如果孩子们能够有良好的营养状况，能够避免各类重金属的危害，能够充分享受父母的照顾，能在家境艰难的情况下获得足够的帮助——一切的结果都将有所不同。雷恩通过这本著作表明，以上的种种方法不应当是可有可无的奢侈品，而必须成为预防犯罪的必要手段。如此一来，成万上亿的人将不会就此走上歧途。”

——英国《新政治家》（*The New Statesman* [UK]）

“争论热烈、文采丰富，是一本关于暴力犯罪的生物学原因及其法律和道德因素的好书。”

——《出版人周刊》（*Publishers Weekly*）

“毫无疑问，本书是一部争议之作，尤以书中涉及枪械和预防暴力犯罪的内容最为让人关注。”

——《柯克斯书评》（*Kirkus Reviews*）

“资料翔实、知无不言、言无不尽，一本关于暴力行为的神经生物学基础的好书。它的内容丰富厚重、引人深思、让人不安。作者并不急于让一种理论凌驾于另一种理论之上，也不急于推销任何单一的解决方案。这一点，无疑非常明智。”

——安东尼奥·达玛西奥（Antonio Damasio），神经科学家，
《笛卡尔之谬》和《走向思想的自我》作者

“关于犯罪活动的生物学基础的一本权威记录和研究。”

——英国《独立报》（*The Independent* [UK]）

“一次非凡的阅读体验……《暴力解剖》记录翔实，虽然话题沉重，但读者读来却别有趣味。读完之后，我们会对反社会行为的生理基础大有了解。”

——萨莉·维克斯（Salley Vickers），英国《观察家》
杂志（*The Observer* [UK]）

“书中内容令人不安，却又不容忽视……雷恩曾经利用PET扫描，观测危险罪犯的脑部活动，这在犯罪学研究史上具有开创意义……作者掌控着如此庞大的一个研究体系，却也保持着叙述清晰、引人入胜的优点……书中披露的大多数科学进步，都不为学界之外的大众所知。而且，相关进步也未能对我们的政策取向造成影响。这些缺陷，无疑应该及时得到纠正。”

——英国《星期日邮报》（*The Mail on Sunday* [UK]）

“大脑对于暴力犯罪的影响，我们绝对不能忽视。在这一点上，雷恩的观点完全正确。的确，也许他有言过其实的地方，不过，那也是为了引起公众的注意。《暴力解剖》是有力、有理、论点清晰的一本好书。”

——《金融时报》（*Financial Times*）

“叙述清晰、证据翔实，精萃了雷恩35年的研究心血，非常引人入胜。”

——蒂姆·亚当斯（Tim Adams），英国《观察家》杂志（*The Observer* [UK]）

“极其重要的一部作品……旁征博引又不失趣味……雷恩将复杂的科学知识、庞杂的伦理话题贯穿在一次又一次鲜活的案例研究之中，引领读者走过了一程又一程有趣的探险，让大家开卷有益。从中，我们了解到人类暴力活动的复杂性。这是一本你拿起之后就不愿放下的书籍。”

——斯蒂芬妮·范古森（Stephanie van Goozen），心理学教授，卡迪夫大学

“《暴力解剖》不应只是专业学生的必读书，还应该拥有更加广大的读者群。这是一本迷人的、富于感情而又不失知识性的好书。”

——戴安娜·费什贝恩（Diana Fishbein）博士，美国三角国际研究中心跨学科与跨文化干预项目认知高级研究员

“不可错过……本书极具可读性，让人手不释卷，以了解暴力的生物学作用。《暴力解剖》的成功之处在于，它第一次让犯罪学的学习过程像犯罪学的研究内容一样变得如此引人入胜。如果我们用严肃的眼光进行审视，

也许本书可以引领我们找到解决一些问题的答案。”

——劳伦斯·W.谢尔曼（Lawrence W. Sherman），沃尔夫森犯罪学教授，剑桥大学犯罪学研究所主任

“富有教育意义，阅读也饶有趣味……一本易读、有趣又有益的书籍。书中提及的社会、生物学、法律等多重因素，构成了暴力行为的多重层面。《暴力解剖》甚至牵涉了道德问题，内容的敏感一定会引发人们的热烈辩论。”

——乔伊·P.纽曼（Joe P. Newman）博士，威斯康星大学麦迪逊分校

“好书……让你回忆起自己对于反社会行为的看法，也让你想起社会对此的固有观念。你不妨想一想，暴力犯罪是否应当被视作一种疾病？也许，我们应当用治疗代替惩戒？请你读下去，然后作出自己的判断。”

——马克·S.弗兰克尔（Mark S. Frankel）博士，美国科学进步促进协会（AAAS）人权与法律事务部主任，专职研究科学的责任问题

“无论何时，只要我需要学习和了解有关于犯罪的生物学知识，阿德里安·雷恩都是一位可以求教的良师。这是一本结合了理论和实践的好书，学生、研究者、医生和政界人士都应该读一读”。

——特里·墨菲特（Terrie Moffitt）教授，杜克大学和伦敦大学国王学院

“长久以来，雷恩都是研究暴力活动的生物学基础的领军人物。《暴力解剖》让我们有机会近距离接触和了解他所作的前沿性研究。同时，也对相关的政策变迁有所了解。”

——布兰登·C.威尔士（Brandon C. Welsh），犯罪学教授，东北大学，《让孩子远离犯罪》合著者

Also by Adrian Raine

The Psychopathology of Crime

Violence and Psychopathy

Crime and Schizophrenia

雷恩的其他著作

《犯罪的精神病理学》

《暴力和精神变态症》

《犯罪和精神分裂症》

阿德里安·雷恩(Adrian Raine)
理查德·佩里大学犯罪学和精神病学教授

谨以此书
献给

我的儿子安德鲁和菲利普，
祝福你们这辈子圆满幸福，
希望你们不要走上
本书中那些人走过的邪路。

人生就像一次火车旅行，
只要下定决心开始旅程，
坦然接受途中的挑战和冒险，
终点在何方不用过分担心。

要相信圣诞节的给予精神，
记住丁丁，
也别忘了萨米·詹基斯！

“哈哈，斯塔林探员，就凭这种迟钝的玩意儿，你还想看透我的心思？”

——在乔纳森·德姆导演的影片《沉默的羔羊》中，杀人魔王汉尼拔·莱克特对联邦调查局探员克拉丽斯·斯塔林手中的“测谎仪”不屑一顾。

深入《暴力解剖》

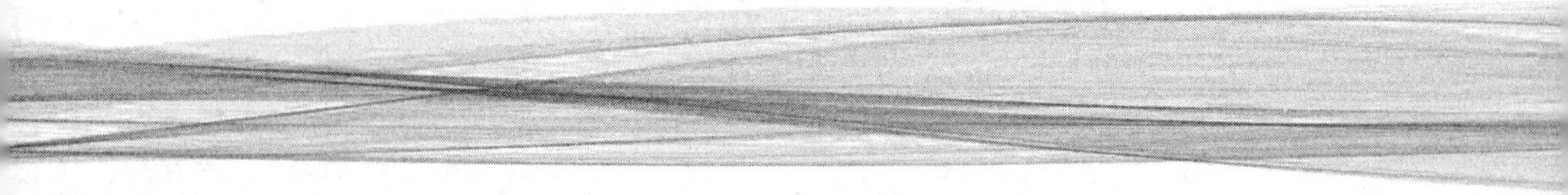

目录

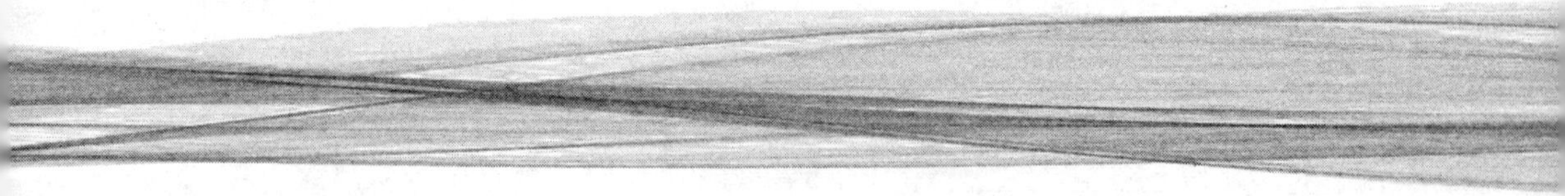

序 言

2012 年 7 月 19 日，费城，天气炙热、有如炼狱。办公室里的空调怠工了，我只好移驾自家二楼书房，在此准备写作本书的序言。这天下午，我本该有一次“触电”经历，参与拍摄一部关于芝加哥团伙犯罪的纪录片。但是，当天上午，摄制组不幸遇窃，所有设备被偷个精光。相关的事宜也只好暂时作罢。嗯，最近的我真是罪案缠身。就在前一天深夜，我才与警察局的莱登（Lydon）和博伊尔（Boyle）两位探员打完交道。他们造访寒舍，是为了一桩入室窃案。那时，我刚从香港风尘仆仆回到美国，就发现家中遭了贼。本人久居费城西区，这种事情早就见怪不怪了。作为犯罪学者，离自己的研究对象近一些倒也无怨无尤。

我这间书房中，藏有不少关于犯罪和暴力的珍本。如此价值连城的书籍，昨晚那位梁上君子却不曾动一动。我想，他虽然人在犯罪的江湖，却对这个江湖的成因没有丝毫兴趣。对了，这些书并不完全属于本人。70 多年来，这栋房子有过几位主人，正是他们留下了这几多书本。其中，马文·沃尔夫冈（Marvin Wolfgang）贡献最多。1969 年来，这位引领学界潮流的犯罪学家一直定居于此。房间内的许多作品，就是由他坐在这里一字一句地写定。沃尔夫冈入住之前，此地一直是托尔斯滕·塞林（Thorsten Sellin）的居所。后者曾是前者的博士生导师，在学界的地位也不遑多让。第二次世界大战爆发前 7 个星期，塞林买下了这里，随后在此栖身 30 多年。尔后，沃尔夫冈才搬了进来。这间书房见证了师徒两人 75 年的岁月。此间，两位社会学巨擘在宾夕法尼亚大学供职教学，犯罪学研究因为他们而面貌一新。如今，我就坐在他们曾经伏案过的书桌前，而且，我还在他们工作过的大学里深耕，在他们研究的领域继续前行。

看着眼前这些犯罪学研究的宝贵遗产，我的思绪不由得回到了历史上的某一点。一些人之所以走上犯罪道路，是否主要由于生物学方面的原因？

150年前，意大利医生切萨雷·隆布罗索（Cesare Lombroso）提出了这个问题。隆布罗索列举了大量实据，力图证明犯罪活动和人类大脑构造之间的关系。知识界对于犯罪成因的认识，因此大受挑战。不过，时间进入20世纪之后，社会学派开始占据犯罪学研究的中心舞台。隆布罗索的惊人发现，最终只是昙花一现。整整一百年间，暴力行径和解剖学之间的关系、不良行为和生物学的牵连成了一大禁忌，稍有声望的犯罪学家都不会提及。

当然，并非每个学者都如此健忘。至少，灵魂还在洋槐街（Locust Street）上这座老宅子里游荡的马文·沃尔夫冈却一直记得隆布罗索其人其事。在沃尔夫冈的历史研究中，他仔细整理了这位意大利医生的所见、所闻和所思、所想。他指出，纵观犯罪学研究的历史，再难找出第二个像隆布罗索这样的人物。意大利医生收获的赞扬有几许，获得的毁谤就有几多。犯罪行为源于生物学因素的理论，让许多人怀恨在心。这些人把隆布罗索树成靶子，即便他已经去世多年，仍然没能逃脱广受鞭笞的命运。对于隆布罗索研究的局限性，沃尔夫冈并不避讳。但是，他认为，意大利医生的贡献也是功莫大焉。

晚年的沃尔夫冈甚至接受了隆布罗索的一些观点。他认为，人之所以犯罪，确实有其基于生物学和大脑的先天原因。沃尔夫冈的导师塞林（我觉得，他的灵魂也在我家里飘来荡去）和其弟子的看法完全相同。塞林认为，大多数学者都将研究重点放在了犯罪行为之上，而隆布罗索则更为关注犯罪者本身。相形之下，意大利人的研究无疑新鲜而富于活力，堪称前无古人。作为两位先贤的宅友兼书房主人，我对他俩的观点抱有百分之百的赞同。

但是，犯罪学界的主流看法却并非如此。至少在20世纪七八十年代，笔者求学期间的大多数犯罪学者都视如此想法为异端邪说。那时，像我这样将生物学知识运用于犯罪研究的研究者，往往会遭受社会学派的白眼。人们常常给我们贴上“先天决定论者”的标签。他们认为，我们这些人完全忽略了社会因素对于人的成长的作用。上面这种偏见还算客气。有些人干脆把我们当作信奉“优生学”的种族主义分子。

也许本人的作风有些叛逆，这些闲言碎语并未让我却步，反而促使我在这个领域里一待就是35年。不过，我的工作范围到底还是有些狭窄，除了高度戒备的监狱，就是在象牙塔里。我所见到的那些最新创见，外人不一定非常了解。因此，我一直期待将犯罪学界近来的各种成就向社会大众作一介绍。我选择写作这本书，也是出于这个原因。

写作期间，我一直得到乔纳森·凯勒曼（Jonathan Kellerman）的鼎力支持。身为知名作家，乔纳森创作了很多脍炙人口的犯罪题材小说。同时，他那本事关校园枪击事件的《野蛮诞生》（*Savage Spawn*）可是完完全全的纪实作品。书中，乔纳森试图剖析一系列校园暴力案件的成因。对于我的工作，他一直给予鼓励。我想把自己的工作写成一本深入浅出的大众读物，也来自他的灵感。

乔纳森拥有临床心理学的博士学位。他了解我的学术成果，并将其融入自己的小说当中。在他看来，我那些工作于社会非常有益，理应集结成书，供大众品读分享。15 年前，我们常常一起共进午餐，他向我提起了这个主意。在他的引荐之下，我接触了几位图书经纪人，甚至撰写了书籍大纲。不过，无论我如何努力，每次都无法得到出版界的任何回应。

15 年的时间不算短，很多事情就在此间天翻地覆。随着人类基因组的破译，社会大众渐渐了解到基因和大脑的重要意义。大家知道：它们不只是两个医学概念，而是影响人类行为的重要生物学因素。

话到这里，就不得不提到我进入出版界的第二位贵人——埃里克·卢普菲尔（Eric Lupfer），威廉·莫里斯娱乐公司的文学代理人。他毕业于宾夕法尼亚大学，偶然间，在母校校刊上看到一篇以我为主角的访谈。我的研究让他如获至宝。埃里克认为，大众对于暴力的成因一定很感兴趣。于是，我获得了一份图书合同，在这间充满历史意味的书房里开始了我的写作生涯。我要向万神殿图书的杰夫·亚历山大（Jeff Alexander）表达诚挚谢意，他的编辑工作完成得非常出色，知识面和眼界也属一流。书写到最后有些难产，由于杰夫的包容和谅解，才得以顺利结册。感谢乔西·卡尔斯（Josie Kals）和约瑟琳·帕特农（Jocelyn Patheon）的宝贵帮助，感谢责任编辑凯特·诺里斯（Kate Norris）的细致工作和仔细校对。此外，在《暴力解剖》写成的漫漫征程中，企鹅图书的海伦·康福德（Helen Conford）女士的鼓励和热情必不可少。总之，我要对埃里克、杰夫和海伦这三位出版界人士致以最诚挚的感谢。

15 年间，普通人的观念历经变迁，而学界诸君的观念也沧海桑田。如今，沃尔夫冈和塞林大可感叹吾道不孤。犯罪学研究者纷纷意识到，利用生物学知识解析犯罪的本质并非是来自外行人的挑衅。相反，这是一种不同学科之间的有力结合。就连《美国社会学评论》（*American Sociological*

Review）这样的学术标杆，也开始刊登关于用分子遗传学研究解析犯罪和暴力的相关论文。仅仅在15年前，这样的事情还完全不可想象。不过，现而今，神经犯罪学（neurocriminology）的时代已经来临。时代的脚步，总是不可阻挡。

写作期间，我曾有机会到剑桥大学犯罪学研究所进行研学，所长弗里德里希·勒塞（Friedrich Lösel）非常友善，而我也借此机会接触了许多有为的同仁，除了弗里德里希本人，还包括安东尼·博顿斯（Anthony Bottoms）爵士、曼努埃尔·艾斯纳（Manuel Eisner）、大卫·法林顿（David Farrington）和佩尔－奥洛夫·维克斯特伦（Per-Olof Wikström）。他们的看法与观点让我获益匪浅，也充实了《暴力解剖》的内容。比尔·劳弗（Bill Laufer）是我的宾夕法尼亚大学同事，专门研究白领犯罪问题，他将我的理论和实际问题联系在了一起。另一位同事玛莎·法拉（Martha Farah），则是我在神经道德学方面的引路人；宾夕法尼亚大学的神经法学专家斯蒂芬·莫尔斯（Stephen Morse）也一直用他的专业知识为我耐心解惑。有同事如此，《暴力解剖》何其有幸。我要感谢宾州大学的管理层，感谢理查德·佩里（Richard Perry）先生给我这份工作。我还要感谢佩恩整合知识促进会（Penn Integrates Knowledge initiative）的艾米·古特曼（Amy Gutmann）女士，正是她力排众议，我的研究课题才能获得资助。

我对暴力生物学的研究成果，不仅仅得到了学界关注，也得到媒体的关注。感谢威廉·莫里斯娱乐公司的艾琳·康诺伊（Erin Conroy）的大力举荐，哥伦比亚广播公司（CBS）的两位电视人霍华德·戈登（Howard Gordon）和亚历克斯·甘萨（Alex Gansa）已经决定开拍一部关于《暴力解剖》的纪录片。谢谢艾琳和霍华德，假如拙作能够稍稍启迪你们的创作灵感，我真是不胜荣幸。

多年以来，我的工作、我的著作获得了许多学校同事和学界同仁的帮助与启迪，他们的贡献让我永志难忘。谢谢弗雷达·阿德勒（Freda Adler）、丽贝卡·洪（Rebecca Ang）、约瑟夫·奥恩（Josef Aoun）、劳拉·贝克（Laura Baker）、伊芙·比德曼（Irv Biederman）、约翰·布雷克（John Brekke）、帕蒂·布伦南（Patty Brennan）、蒙特·布克斯鲍姆（Monte Buchsbaum）、泰·坎农（Ty Cannon）、阿夫沙洛姆·卡斯普（Avshalom Caspi）、安东尼奥和汉娜·达马西奥夫妇（Antonio and Hannah Damasio）、迈克·道森（Mike Dawson）、芭芭拉·迪克曼（Barbra Dickerman）、肯·

道奇（Ken Dodge）、安妮思·冯（Annis Fung）、丹尼尔·冯（Daniel Fung）、丽萨·加茨克－科普（Lisa Gatzke-Kopp）、韩晨波（Chenbo Han）、罗伯特·黑尔（Robert Hare）、洛里·拉卡斯（Lori LaCasse）、杰里·李（Jerry Lee）、李湄珍（Tatia Lee）、罗尔夫和玛格达·洛伯夫妇（Rolf and Magda Loeber）、卢忠林（Zhong-lin Lu）、唐·莱纳姆（Don Lynam）、约翰·麦克唐纳（John MacDonald）、塔什尼姆·马哈茂德（Tashneem Mahoomed）、萨尔诺夫·梅德尼克（Sarnoff Mednick）、特里·莫菲特（Terrie Moffitt）、乔·纽曼（Joe Newman）、克里斯·帕特里克（Chris Patrick）、安吉拉·斯卡尔帕（Angela Scarpa）、理查德·特伦布莱（Richard Tremblay）、斯蒂芬妮·范古森（Stephanie van Goozen）等诸位。你们的友情、支持和鼓励对我非常重要。教学相长，我在宾州大学的学生也给了我很多启迪。尤其是我那高效率的“四人组”——高瑜（Yu Gao）、安德里亚·格伦（Andrea Glenn）、罗伯特·舒格（Robert Schug）和杨亚玲（Yaling Yang），他们智识非凡、能干又多产，因为他们，我的工作才能如此顺利。

我的灵感来自社会各界。入行35年来，我的博士论文导师、纽约大学的彼得·维纳布尔斯（Peter Venables）的鼓励和支持总是难以忘怀。在监狱工作的4年期间，我曾一度荒废了论文的写作。那期间，维纳布尔斯教授的帮助实在有如甘露，他就是我的人生导师。我在牛津大学求学期间，迪克·帕辛厄姆（Dick Passingham）也曾为我的生活和事业引领方向。我还要感谢拉里·谢尔曼（Larry Sherman），5年前他在宾州大学的那一席话，坚定了我深入研究的决心。谢尔曼深信，神经犯罪学是一门属于未来的学科。同时，马蒂·塞里格曼（Marty Seligman）也为《暴力解剖》带来了许多省思和启迪。从他的思想中，我看到了学科和社会的未来，也由此有了本书最后一章的内容。

谢谢朱莉娅·莱尔（Julia Lisle）和艾德·洛克（Ed Lock），我从与他们的对话中获益匪浅。谢谢西姆斯家一门三杰——约翰·西姆斯（John Sims）、马库斯·西姆斯（Markus Sims）和萨利·西姆斯（Sally Sims），对于本书最后一章所涉的法律和社会事务，他们提供了许多有益的建议。当然，我要把最大的一份感谢献给自己的家人——菲利普（Philip）、安德鲁（Andrew）和江红（Jianghong）。写作期间，我一直少有时间陪伴他们，而他们也都给予了莫大的理解。而且，他们还给我带来了许多乐趣和慰藉。值此，我愿意把《暴力解剖》献给他们。

引子

时光回溯到1989年的一个夏夜，土耳其博德鲁姆（Bodrum）海边的一处旅店。那一天，我坐着旅游大巴，刚刚从希腊的伊拉克利翁（Iráklion）赶到土耳其西南部这个海滨小城，继续自己的夏日休假。此地历史悠久，白天阳光灿烂，气候极好。到了晚上，夜生活更是出名。然而，我不幸食物中毒，只能躲在房中静静休养。生平中，我还是第二次遇到这么严重的事故。此刻前，我已经整整卧床两日，躺得脊梁发麻、腰酸背痛。

土耳其的七月之夜实在闷热，热得我不能睡眠。为了室内通风凉爽，我还特地开了窗。怎奈辗转反侧好一阵，还是无法进入梦乡，甚至心里还有些堵得慌。意识一会儿清醒，一会儿模糊。女朋友躺在另一张单人床上，倒是睡得正香。凌晨3点时分，我感觉有陌生人摸进房间，就在我的床边竖立。当时我已经从事教职，负责犯罪行为学的教学工作。课堂上，我常常告诉学生们，假如他们投宿旅店的时候遭遇贼人，最好的应对办法就是置之不理、合眼假寐。90%的案例当中，入室窃贼只会抓上几样东西，而后匆匆逃离。待到他们消失不见，再拨打911报警不迟。这样一来，你不用卷入暴力事件，也能顺利取回自己的物品。

那么，当时的我作何反应呢？我可没有屏息躺定，而是坚决反抗了一番。就在那短短几微秒之间，我的大脑转得飞快：视觉皮层迅速锁定黑影所在的方位，捕捉到的信息瞬间传向杏仁核。随后，身体立即接到命令——赶快进入战斗模式、准备打架。我就这样跳将起来，一下子冲向那个蟊贼。整个过程，好像自动调试的结果一般。

杏仁核接受类似情感的速度，要比大脑额叶快上两倍。因此，我的额叶皮层还来不及向杏仁核发出退缩的指令，我已经气势汹汹地站到那蟊贼的身前。说时迟那时快，对手的战斗模式也被激活了。讲来有些倒霉，入室窃贼打架的本事明显要高我一筹。他好像长了四只拳头，它们多管齐下，全都结结实实地砸在我的脑袋上。速度之猛，有如电光火石。很快，我的咽喉部也挨了那么一下子，随后身上又连中数拳。

随着对方不断击打，我重重地倒向门边，被门上的把手咯得生疼。当时，我确实起了逃跑的念头。不过，女友的惊呼声，让我打消了这个主意。我看见她和那蟊贼扭打成了一团，我还发现她手臂上的一道道瘀伤，那大概是挣扎中留下的。贼人一直想叫她闭嘴，为此很是又抓又打了一阵。那番场景大概刺激了我，让我恢复神勇，一头跃向入侵者。他来我往几个回合之后，我瞅准时机，把那人一把推出打开的窗户外。

他摔落下去的那一刻，真是一种解脱。正当我怀着安全感低头窥向自己的胸膛，却发现那里早就已经血流一片。我想要叫出声，到头来也只能发出嘶哑的呜咽。

其实，这真不是一次公平的格斗。我是赤手空拳，而对手却有凶器加身——他拿着一把匕首，手柄呈红色，刀锋足有 6 英寸长（15.24 厘米）。匕首明晃晃，随时可能要我的命。幸好我命大，而且当时毫无察觉。当然，那把匕首大概也是廉价货，质量不佳。[1]我的双臂一迎上去，刀刃立即断了大半，只剩下一小截还在招摇。歹徒只用这一小截刀刃抵住我的脖颈，造成的伤害也就非常有限。

警察很快赶到，效率之高出乎我的意料。原来，旅馆附近就是一处兵营。执勤的大兵听到动静不妙，立即拉响警报。不多时，旅店周围已经岗哨林立。作恶者难以脱身，只能乖乖等着警察的到来。

警察忙着抓贼，我则去了医院就诊。当地的诊所条件很是简陋。所谓的病床，一躺上去才感觉更像混凝土板。医生手艺倒是麻利，很快就在我的喉咙上缝好了针。我数了数，病房一共有 12 扇窗户。它们全都大大敞开，难怪外面的动静一清二楚。远远地，有人正在大开派对。我甚至能够准确分别出派对上的乐曲，听到披头士乐队（the Beatles）的那首《一夜狂欢》（Hard Day’s Night）震得山响。

随后，警察找到了我。他们希望我帮助他们还原一下案发过程。我答应了，和警方一起回到了旅馆。那时，才不过凌晨 5 点，但所有的房客都起了身。他们齐齐聚在大厅里，仿佛要迎接我的回归。

此前，警察们已经把这里搜了个底朝天，想要找出嫌疑人的踪迹。人群的中间，正是他们锁定的两位疑犯。其中的一个被警察从床上揪起来的时候，脸上一片绯色。而后，他们又发现他周身满是新鲜的血迹。而且，这人正好住在我的隔壁。总之，他和另一个家伙被扭送到了这里，等待我的审看。

两人都是当地年轻人，也都赤着上身——疑犯闯进我房间的时候，也是如此一副打扮。其中的一个外形俊朗，看上去平平常常；另一个不但轮廓粗犷，而且矮壮结实、肌肉发达。后者给我的第一印象，就是一个犯罪坯子。早年间的犯罪学者，绝对和我那时候的意见完全一致。同时，此人的手臂上还有一道疤痕，叫人触目惊心。他的鼻子好像被人打破了，血流不过刚刚止住而已。看着他的这副尊容，我很快下了判断：几个小时之前，那个想要割破我喉咙的凶徒正是这第二个人无疑。

警察把那人拉到一旁，和他窃窃私语了一番。他们的声音足够响亮，一旁的各位看客听得很真切。旅馆老板特地为我做了翻译——原来，警察告诉那个土耳其人：假如他肯认罪，他们就会放他一马。那人信以为真，立即招了供。当然，警察并没有遵守诺言，而是为犯人戴上手铐，随后将其带离现场。

事情发展到这一步，我感觉有些受够了。博德鲁姆这地方，以及土耳其这个国家，我都不想多待。我告诉警察，自己准备马上离开，去希腊的科斯岛（Kos）度过余下的假期。此言一出，当地法庭的动作似乎立即快了几许。第二天，审判很快开始，我在警察局门口迎来了那位嫌犯。而后，我和他并肩而行，一起走过小镇的中心，迈向法庭。街上围观的人实在不少。这也难怪，前一天我的照片已经上了当地报纸的版面。大伙儿朝我俩不住地指指点点，好像还对那犯人喊着什么。我不懂当地语言，却也感受到了他们对他不怀善意。看来，身边这位应该是个惯犯。

整个审判就像一部小说，寥寥几句难以说尽其中的怪异之处。法院里气氛肃穆，让我想起纽伦堡战犯审判庭。法庭内没有陪审团列席审判，法官席上却坐着三个法官。他们个个红袍加身、表情傲慢。那个疑犯则是形单影只，身边并无律师作陪。最奇妙的事情在于，三名法官并无一人通晓英语，而本人的土耳其语水平也近乎于零。于是，法庭特别雇请了一名口译人员。此人原是镇上的一个厨子，堪堪知道两句英语对话，便揽下了这个沟通的重任。一切的一切，都太魔幻了。

我陈述了自己的证言。而后，法官们发问了。鉴于案发时间已届凌晨3点，他们想知道我为何如此肯定地认出了犯人的身份。我回答，那晚月光皎洁，正好洒在我的床边。犯人的侧影因此暴露无遗。而且，我和犯人还有一番格斗，自然清楚他的体格特征。当然，要说百分之百笃定，我可不敢完全下这个断言——最后这一句，厨子是否准确地告诉了法官们，我同样不敢肯定。

陈述完毕之后，疑犯开始自辩。他操着土耳其语，和法官们唇枪舌剑了好一阵子。到头来，他们也没有采信他的说辞。最终，法庭宣布那人罪名成立。

审判到此结束，一个法官把我和翻译唤到跟前。他告诉我，迟些时候，犯人将会接受惩罚。刑期长达数年，够他受的。不得不说，土耳其司法制度不但简洁高效，而且富于人道考虑。那次旅行的途中，我在中东其他地区见过许多残疾老人——因为偷窃，他们承受了肉刑，一只手惨遭斩去。想起那些肢体不全的场景，又转而想到那位疑犯的命运，我实在是心绪难平。所以，当法官告诉我，闯入者所承受的命运不过是蹲几年班房的时候，我的心里还真有如一块大石头落下了地。

博德鲁姆那次遭遇发生之前，对我而言，暴力一直只是个书本上的课题，而不是实实在在的身边事。其实，在那之前我也撞上过一些犯罪事件：遇劫两次，遇窃一次，卷入群殴一次——都是些微不足道的小事。这一次被人用刀抵住脖颈的感觉，足以改变一个人的世界观。至少，它大大改变了我的心态。审判过后第二天，我就去了希腊，置身于沙滩之上，舒舒服服地享受阳光。但是，那次遇袭的场景，仍时不时泛出我的脑海。我一想到当时的场景，就立马变得愤懑难安。要知道，那个小蟊贼很可能要了我的命。我本该痛殴他一顿，甚至割断他的喉咙。他的下半辈子都该蜷缩在床上艰难度日。至少，我要给他留下一点心理阴影，让他一听见夜里最轻微的动静，也会吓得不轻。可是，如今他安然无恙，轻而易举地脱了身。区区几年牢狱之灾，实在不足以平复我愤怒的心情。

这次经历，大大改变了我的法律观。之前，我信奉人文主义，主张尊重犯人权利；此后，我深深地感觉到：那种主张以牙还牙、提倡血亲复仇的原始法律也并非毫无道理。此前，我这个英国人一向反对美国陪审团滥用死刑；而后，遇到同样的案例，我再也没了脾气。总之，接下来的几年里，我好像换了个人，一个崭新的自我由内而生。

我的工作是探究犯罪的生物学根源——这门学问，我习惯称之为“神经犯罪学”（neurocriminology）。因为经历所扰，我在专业研究上似乎也生出了善恶（Jekyll-and-Hyde，意即杰基尔之善与海德之恶）双重人格。一方面，我深信，由于早年间的生物学诱因，某些儿童才会在成年后滑入暴力犯罪的深渊。相关的诱因很多，包括营养不良、受虐待造成的脑部创伤，乃至一些遗传因素等等。总之，都是儿童本身无力控制的因素。假如社会不能及时予以发现和纠正，他们很可能就会成为罪犯。如此说来，我其实有点同情那个入室窃贼，他其实需要入院接受专业治疗，而不是下监狱蹲苦窑。前者达到的效果，后一种地方万般不能企及。土耳其法官的裁决，显然有些不公平。想到这里，我的第一个人格——姑且叫他“杰基尔医生”（Dr. Jekyll，即善良的医生）很是愤愤然。毕竟，犯人的遭遇不符合犯罪学研究的精神。

对此，我的另一个人格“海德先生”（Mr. Hyde，即邪恶的化身）却有些不屑一顾：海德——也就是我，才不管那人为什么堕落如此。我只知道他害我差点死在异国他乡，因此，我即便实施报复、取他性命也都属于天经地义。什么原谅和宽恕？见鬼去吧。至于“生物学因素迫人犯罪，暴力并非出自犯人本心”的说法，则根本是伪科学，完全不足取信。我不知道那人为什么要在深更半夜入室行窃伤人，作为科研人士，探求真相乃是职业本分。不过，具体到这个案例本身，我真是没有一星半点继续追究的兴趣。我知道，那人对我下毒手之前，已经有过 19 次偷窃前科——全都发生在那个夏天。为此，他已经向警方坦白，并为此付出了代价。那个夏天，他手上的受害者不止我一个。除了我，其他人都毫发无伤。假如“海德”不是如此好斗，相信我也会安然无恙。但是，一旦“海德”占了上风，我实在无法控制火气。我觉得：那个小蟊贼应该被关上一辈子——为了保障大众安全，这样的魔鬼理当承受如此下场。

多年以后，我仍时不时想起那一晚的事情。我在想：人类的自卫反应是否出于先天本能？我这样一个专业人士，受过多年科班训练，知道在那种情况之下应当做什么、不应当做什么。即便如此，我还是无法克制自己暴力的冲动，这到底又是为什么？而且，在指认犯人的过程中，为什么我一眼就认定了他的身份？为什么我一看见他那副身板和那张面孔，就急不可待地下了结论？难道，他天生就是一具“犯罪坯子”不成？确实，我曾和凶徒有过一番苦斗，只有那么一套皮囊，才会迸发出那样的暴力。

我还记得，遇袭那天晚上月光皎洁，就那样洒进我的房间，照亮了袭击者的侧影。那一刻，别有一番象征意义。每每想起那一刻，我的心中似乎也腾起了一道光亮，映照出那些暴力分子的身份和特征。也许，还能解释他们为什么走到这一步的原因。最近几年，犯罪学研究已经沧海桑田、面貌一新。从《暴力解剖》当中，大家也许能够看出其中的变迁。

20 世纪以来，绝大多数研究者都习惯用社会学知识解释犯罪的成因。对此，我有着不同意见。在犯罪学领域，社会学固然重要，若要了解人类的暴力行为、有效遏制各类暴力和犯罪的蔓延，生物学研究的辅助也是必不可少。我的这个观点，而今已经渐渐获得了公众的认可。

今日，大家对于神经犯罪学的接受过程虽然缓慢，但却踏踏实实。最近的两项科学新知，无疑起到了重大作用。首先，分子遗传学和行为遗传学的研究表明，人类的行为和基因息息相关。基因塑造我们的生理机能，从而影响思想、决定性格、改变行为。任何逾矩的念头或者违规的行动，自然也在基因的作用范畴之内。其次，随着大脑成像技术的革命性进步，为犯罪的生物学根源的研究打开了一扇新窗户。我们对于自身的认知也因此大大改变。如前文所述，我一向提倡“神经犯罪学”——犯罪的神经基础这门新兴学科，主张运用神经科学对反社会行为的根源进行检视。没有这些新知识、新技术，我们的想法也许无法得到实践，只能像隆布罗索的发现那样遭到埋没。与暴力犯罪相关的各类悲剧，也会继续上演，无法得到遏制。

暴力犯罪是个老问题，社会和学界对此不可谓不重视，投入的精力不可谓不多。但是，长期以来，大家的努力并没获取任何成果。19 世纪早期，宾夕法尼亚监狱协会信誓旦旦要拯救那些“迷途的灵魂”，到了 20 世纪七八十年代，监狱却几乎完全放弃了这种教化职能。究其原因，这一百年内的犯罪学研究过于单一，无法起到应有的帮助作用。

曾几何时，将人类行为和生物学因素联系在一起还是一个社会禁忌。如今，这样的误解已然消弭。摊开报章杂志，连上因特网页，我们时不时就能发现相关研究的最新进展。大众渐渐确信，基因和大脑能够塑造人的性格，改变人的道德水平。我们还知道，人们的一举一动都有其基因上的原因。采购何种物品及多少，选择何种政见及是否投票……归根结底都是基因问题。因此，我们是否会走上犯罪道路，肯定也和基因息息相关。相关的认知好似钟摆，朝着 19 世纪的方向慢慢荡去。那个时候，隆布罗索的重大发现曾给人们带来过痛苦和困惑，引发了道德上的疑虑和社会大众的恐惧——这一切的一切，我们都需要重新经历。不过，想一想那层出不穷的暴力罪案，想一想神经犯罪学可能带来的巨大益处，所谓的痛苦以及困惑完全不值一提。何况，我们已经找到了真切的证据，证明犯罪行为的生物学根源。

我写作这本书有三个目的：首先，我和我的同侪近年来潜心研究犯罪和暴力的生物学根源，并且颇有成果。借由此书，我将向各位读者作一系统介绍。其次，我想强调一下社会因素和犯罪活动的关系。犯罪活动的形成，离不开社会因素和生物学因素的交相作用。社会因素会改变大脑结构，使人掉进犯罪的深渊。第三，我想利用这个机会，和大家探讨一下神经犯罪学对我们生活可能造成的影响——从医学治疗到法律体系再到社会政策，整个事情发于当下，关乎未来。

《暴力解剖》是专为广大读者而写的，只要你对犯罪问题稍感兴趣，就绝对值得一读。对于那些相关专业的学生朋友，本书则是浅显易懂、新奇有趣的入门读物。笔者希望，大家能带着一点心机读一读这本书，那样一来，你或许会对罪犯走上犯罪道路的原因有新鲜认识。一个人之所以堕落犯罪，总有其内在的暴力犯罪机制，当然也少不了外部力量的催化作用。《暴力解剖》主要着墨于前一种因素——犯罪的生物学根源，利用神经科学的工具，探索犯罪的深层次基础，揭示由生物学原因引发的暴力。作为佐证，书中不乏各种鲜活的案例，一桩桩血淋淋的人与事，都会为我的观点提供佐证。

我还希望，这本书不但能帮助你认识到生物学研究作用于犯罪学领域的重大意义，更可以了解相关知识遏制犯罪、消弭暴力的巨大功用。生物学不是命数已定。我的目的，并不是为了争夺犯罪学研究的话语权，而是提倡多学科合作、多方共同努力，建立更为有效的公共健康体制，将犯罪消灭于无形。

要让有关的新知识造福于人类，我们需要开诚布公，坦诚交流意见，为未来的研究找好方向，架设基础。神经犯罪学牵涉的种种神经伦理学问题（neuroethical issues），也必须得到妥善解决。否则，这些新知识和新技术无法真正起到作用。运用神经犯罪学探索暴力的根源，是一次前路漫漫、风险密布的旅程。征途中，我和我的同事们，需要大家的保驾护航。

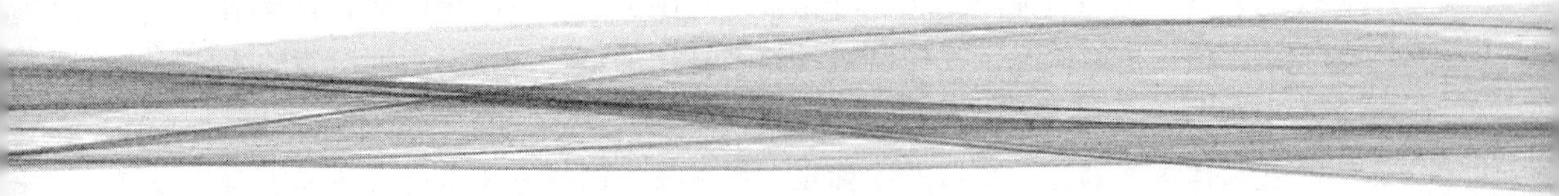

第1章　本能

暴力如何进化

1871年11月的一个早晨，气温寒冷，天色阴沉。这一天，正是神经犯罪学的诞辰。这一天，在意大利东部的佩萨罗（Pesaro）小镇，前陆军军医切萨雷·隆布罗索（Cesare Lombroso）来到他供职的疯人院照常上班。他是这里的心理导师，同时兼任医生。这里的顾客，有不少都是犯过罪的精神病人。

每个工作日，隆布罗索都会解剖一些病例。今天，他刀下头颅的主人叫做朱塞佩·维莱拉（Giuseppe Villella），籍贯卡拉布里亚（Calabria）大区，是个臭名昭著的悍匪。仅仅往那颗罪恶的头颅里看了一眼，隆布罗索就大叫怪哉。短短的一瞥，改变了医生的人生，也让犯罪学研究经历了一次天翻地覆。他事后自陈：

> 那一刻我顿悟了，整个人好似身处明媚天空下的辽阔平原，一切奥秘尽在眼前。我一瞬间明白了这个罪犯的本质——他虽然身处文明时代，身上却还残留了原始的生理特征。他活脱脱就是个野蛮生番！不，他甚至还要等而下之——简直是一只食肉兽！

到底是什么东西引得隆布罗索大发感叹？谜底位于那颗头颅的底部，就在左右两片大脑半球下方的小脑那里。据隆布罗索描述，维莱拉的小脑小得出奇。这个细微得有些恶心的小小发现，引发了隆布罗索的莫大兴趣。他由此起步探索，终成现代犯罪学理论的奠基之父。他的创见激起的波澜，很快波及了整个世界。

隆布罗索的理论有两个关键点：其一，他认为人的大脑乃是犯罪之源。其二，他觉得所有的暴力罪犯都是进化进程中的返祖产物。隆布罗索相信，这些罪犯都有明显的“隔代遗传特征”（atavistic stigmata），“atavistic stigmata”这个拉丁语单词意味着“人类进化初期的身体特征”——下巴宽大、额头低矮、掌纹只有一条等等。医生以此为据，给意大利不同地区乃至世界各地的人类族群排定了优劣座次。其中，犹太人和意大利北方人的进化程度最为完备。至于以维莱拉为代表的意大利南方人则处于最低一级，而玻利维亚人和秘鲁人也一同相陪末座。当时，意大利刚刚统一，南方地区尚以农业为经济支柱，不但相对穷困，犯罪率也一度高企。诸如“南方问题”的事实，似乎为隆布罗索的看法提供了例证。

隆布罗索这一套理论问世的时间，正值19至20世纪之交。当时欧洲，弗朗茨·高尔（Franz Gall）初创的骨相学（phrenological theory）也正方兴未艾。两人的学说不但是各大学府的热门显学，还常常成为大众议题。甚至登堂入室，接受议会的讨论。其实，隆布罗索绝非种族主义分子。他思想左倾，终其一生都是意大利社会党（Italian Socialist Party）的坚定支持者。他提出这套理论，只是为了服务社会。隆布罗索还极端厌恶严刑峻法，他始终认为，惩戒并不成其为维护社会安全的最佳手段。相反，他提倡以治代罚、轻判肇事人犯。当然，隆布罗索也觉得，有些“天生的罪犯”实在难以改恶从善。他甚至以莎士比亚《暴风雨》中的普洛斯彼罗（Prospero）为例，形容这种屡教不改的罪犯。在他看来，这些人“简直就是恶魔，天生的恶魔。恶魔般的天性，后天的教养无法扭转”（A devil, born devil, upon whose nature nurture can never stick.）。对于这样的恶魔，隆布罗索坚决支持法庭处以死刑。

或许正因为这样的观点，隆布罗索成了犯罪学史上声名狼藉的人物。到了20世纪初，他的理论惨遭扭曲，造成了无穷的灾难。20世纪初叶，所谓“优生”运动的灵感便来自隆布罗索，犹太民族的不幸遭遇更和他那套理论难脱干系。1938年，墨索里尼当局颁布“种族法令”，剥夺了犹太裔接受教育、拥有财产的权利。明眼人都能看出，墨索里尼的所谓“法令”和隆布罗索关于人类进化程度的理论有着异曲同工之妙。其中有些条款，干脆直接出自隆布罗索的众多门生之手。要知道，20世纪初期，他的理论在学界占据统治地位。当然，墨索里尼和隆布罗索的看法并非完全一致。在前者制定的种族法律中，犹太人跌下最高宝座，他们的地位甚至敌不过意大利南方人，只能和非洲裔人一同处于进化程度之末。考虑到隆布罗索本人出身于犹太家庭，如此结局实在富有讽刺效果。

可以想见，隆布罗索这一派学说虽然昌盛一时，但随着时光迁移，他的理论难逃被打入冷宫的命运，取而代之的是社会学派。顾名思义，社会学派的学者利用社会学知识解释和研究人类的各种行为，其中自然包括犯罪行为。时至今日，社会学派的统治地位仍然稳固。总体而言，犯罪研究的重心一开始完全仰仗生物学理论，后来则慢慢向社会学方面靠拢。这个发展过程倒也不难理解。所谓犯罪，本来就是一种社会结构。不同的社会环境之内、不同的法律体系之下，不同的时间里、不同的空间中，犯罪的定义往往不同。比如，卖淫在许多国家均属触法行为，在另一些国家却合理合法、受到保护。如此一来，生物学原因及基因对于社会结构岂不是毫无影响？犯罪本身就是一种社会学行为，这难道不是天经地义？总而言之，社会学派和社会心理学派就此垄断了整个犯罪研究领域。应对犯罪的方法，自然也完全依照社会学派的理论而建。

那么，笔者从隆布罗索的学说中有何获益呢？当然，我绝不同意他那一套关于意大利南北差异的理论——北方人高等，南方人低级。说来，本人也算半个意大利人，家母祖籍阿尔皮诺（Arpino），正好位于意大利南部。要说我因此便是小半个野蛮生番，显然不符合客观事实。由于隆布罗索理论里那些令人生厌的种族偏见和地域歧视歪论，大多数犯罪学家都对他嗤之以鼻。他搜集罪犯颅骨的古怪行为，更属神憎鬼厌。不过，我倒是觉得，隆布罗索的结论虽然荒谬，研究方向却没有错。

接下来，我将带领大家领略一下社会生物学界的最新成果。我们今天所达到的高度，隆布罗索终其一生也未能企及。我们所从事的工作，是对暴力活动的解剖，是对其基因和大脑基础的分析。某种程度而言，我们的成果让犯罪行为背后的进化原因无所遁形。我们即将进入一片非常广阔的研究领域：杀人、杀婴、强暴……林林总总，不一而足。同时，我们还会从人类学的视角出发，让各位读者开眼一观，看看不同的生态位（ecological niches）如何促生人类当中最为自私、最具欺诈性的群体——精神变态罪犯（Psychopath）。

暴力犯罪：诈欺游戏

为什么一个人出生第一天面临杀身之祸的可能性，相较余生的其他日子要高出100倍不止？为什么身为继子继女，比起亲生儿女更可能遭遇父亲的毒手？相关的比例甚至超过了50倍。为什么有些男人强奸成性，不但强暴陌生女性，还会把魔爪伸向自己的妻子？为什么有些父母甚至杀害自己的骨肉，毫无吝惜亲情？

以上所有问题，始终困扰着整个社会。以平常人的眼光看来，这些事情统统不可理喻。但是，凡事皆有缘由。所有的罪恶，都因为人类进化过程中的阴暗面而起。虽然我们一向自夸人性本善，但是，时机一俟成熟，我们体内那些自私的基因就会发挥作用。为了繁衍，为了生存，人类从来不吝于诉诸暴力。

从进化的角度分析，人类的反社会行为与暴力行为从来不是偶发事件。诚然，早在蒙昧时期，人类就已经随着群居生活而有了理智，也生出了相互交流、共同合作的本性。但是，暴力作为一种“欺诈”策略，却也一直屡试不爽。究其本质，所有的犯罪行为都是对他人资源巧取豪夺的一种方式。一名男性所拥有的资源越多，就越是可能吸引年轻而有生殖能力的女性。同时，女性也在寻觅可靠的男性，她们一方面寻求异性的庇护，一方面也在寻找未来养育孩子所需的各种资源。正因如此，笔者才将暴力定义为一种“欺诈行为”。

表面上看，许多暴力犯罪纯属宣泄，都是无的放矢。实际上，人类的暴力行为受到一个原始进化逻辑的驱使，统统和利益相关。比如，一个窃贼手上沾染人命，却只弄到区区1.79美元，似乎有些得不偿失。但是，换在原始社会，持续的偷窃行为带来的物品绝对会让贼人受用不尽。有些罪犯会在驾车途中开枪扫射，杀害无辜路人。同样疯狂的行为，原始社会早已有之。那时，许多人如此效法，其实深具心机——他们想借此震慑一方，树立威信。哪怕是一场酒吧里的胡闹斗殴，也不像看起来那么缺乏意义。参与其中的酒客并不真是为了抢夺台球桌旁边的位置，而是出于原始社会中利用暴力争夺资源的余绪。

强奸也好、抢劫也罢，哪怕是小偷小摸，一切犯罪都是一小撮人通过反社会行为和暴力行径为己牟利的有效手段。利益，乃是人类诉诸暴力的根本原因。对此，进化生物学已经阐述得非常清楚。人与人在基因上的差异，催生了基本的进化机制，也塑造了暴力的本质。

而今，大多数人都将暴力行为当作一种无法适应社会规范而导致的变态行径。据此，我们对那些暴力分子施以重刑，迫使他们循规蹈矩。但是，也许这些人之所以选择暴力犯罪，并不是适应不了规矩。相反，他们倒是遵循社会发展的规律在行事。进化心理学家的看法就是如此：暴力行为的目的在于抢夺资源，而资源则是人类进化博弈中的主题之义。生存、繁衍、养育儿女，统统离不开资源。某个小霸王从其他小伙伴手中抢下糖果，是为了抢夺资源。某个大盗洗劫银行掠取钱财，也是为了抢夺资源。有时候，暴力也可以用于防御目的，防止其他人从我们手中抢走资源。酒吧中的群殴打斗虽然乱作一团，归根结底在于建立秩序。每个参与者都在忘我地表现，争取在心仪的异性心中烙下印象，顺便打击那些怀着相同目的的竞争者。雄性动物要想获得交配权，必须在社会性群体中树立自己的地位。暴力，正好是一名男性在社会性群体中博取名声、获得资源的一大利器。同时，淋漓的暴力大有威慑的效应，能让其他男人不敢蠢动。这样的原理，既能够解释孩子为什么顽皮捣蛋，也可以成为某个囚犯铤而走险的动因。

从一脸稚气的孩童，变身为满面沧桑的罪犯，一个人要经历一个反社会行为不断生长、不断升级的过程。生物学规律决定了事当如此：人们会利用欺诈策略，为自己谋取生活便利。孩提时代，每当我们把手伸向自己想要的东西时，总是不假思索。那时候，我们满脑子都是自己和自己那点自私的欲望。随着文明的濡染，你也许已经忘怀了那个时代。当时，我们大家可都是站在犯罪的门槛外面，一不小心就会踏进深渊。还好，教育会引导我们避开深渊。

通常情况下，父母或兄姊是我们的第一个老师。他们吩咐我们“不要打妹妹”、“不要动弟弟的玩具”，帮助我们学习社会行为规范。如此教化之下，我们那渐渐发育的大脑开始意识到重要的一点——原来世界上还有其他人存在。然而，人类自私的本性如此根深蒂固，终其一生，我们都忘不了为己牟利，忘不了去寻觅那些有利于己的东西。但是，通过教化，我们总算学会把他人的感情纳入自己的思量当中。适当的情况下，我们还得表现出对于他人利益的关心——尽管有时候，这种关心可能只是虚情假意、惺惺作态而已。那么，反社会行为是否只是家教缺失的产物呢？

1976年，理查德·道金斯（Richard Dawkins）的巨著《自私的基因》（*The Selfish Gene*）问世。由此，我们对于自身进化历程的认识第一次遭到了颠覆和挑战。这本书，我将永远铭记。道金斯这个人我更是难以忘怀。读大学期间，我曾经得到他的亲身言教。他在行为进化方面的精辟见解，常常让我脊背发冷。正是由于道金斯的启发，我才渐渐把暴力和犯罪同人类进化的历程联系到了一起。

里程碑著作《自私的基因》的中心论点在于：那些在生存竞争中“成功”活下来的基因，都有着冷酷无情的自私本性，催生了个体的自私行为，人类的自利行为大行其道，正是这个原因。总之，人类和动物的身躯略胜于容器，好似一台台“幸存的机器”，满载无情而冷酷的自私基因。随着这些机器成功地席卷全球，自私基因也在未来庞大的基因库中占据了上风，虽然这些成功仅仅定义在生存方面。这样一来，虽然人类个体的寿命有限，自私的基因却得以通过身躯代代相传。经历无数个几千年的遗传，人人都已经有所沾染。因此，自私并非是人的个性使然，而是由基因决定的行为。

基因之间的竞争，并不取决于个体“健壮”与否。你可以轻松地跑下一场马拉松，或者能够力拔千钧，都不足以帮助你身上的基因赢得一场生存斗争。只有繁衍足够多的后代，才能保证你的基因在基因库中传衍下去。总之，从基因世界的角度出发，成功只有一个衡量标准——生殖后代。至于其他那些“成功”的代名词——比如学业有成、事业腾达、著书立说，如此种种，你也许非常看重，但是你的基因却并不在意。实际上，你费尽心力想要达到的这些成就，不过是基因驱使之下获取资源、提高地位的冲动所致。表面上高尚无比，归根到底也是为了生儿育女。

身为男性，最大化提升遗传适合度（genetic fitness，即扩散基因）的途径有两条。途径一，你可以老老实实地结婚成家，生下一大堆孩子，再含辛茹苦将他们养育成人，看着他们成家立业。为了确保家族血脉永续，你可能还得腾出一部分精力，小心翼翼地照看孙儿孙女。途径二，你大可不必如此辛劳，把所有的精子放在一个篮子里。只要你接触足够多的女性，让她们为你生下足够多的后代。那么基因赋予你的天然使命也可以顺利达成。而且，你还不必付出过多的精力抚育儿孙。两种策略的效果，完全是一样的。前者好像把所有鸡蛋放在一个篮子里，而后者则等于大面积播种，大批量生产。

对于男性而言，第二种策略广种广收，省时省力。女人生育子女之后，心力完全放在后代身上。养育孩子耗费巨大，因此，她们总在寻找那些能够获取资源的男性伴侣。这样一来，只要男人诈术足够高超，让他那一群异性伴侣相信他本事够大，资源够多，而又愿意帮助抚养孩子就行。

总之，个体的遗传适合度无关强壮、无关迅速，只关乎传递遗传物质的能力。同时，追求繁衍也是人类一切行为进化的中心点，也是自私本性的驱动力。当然，比起人类社会，动物世界里的反社会和攻击行为的进化过程更加明晰。动物们为觅食而争斗，为求偶而厮打，暴力总是来得那么赤裸裸。其实，人类社会也是动物世界的一部分，这是个笃定的结论，无论我们喜欢与否，都必须接受事实。在我们周围，“欺诈”的诱惑总是屡见不鲜——无论是从他人那里接受资源后不与之分享，还是他人自私地对获得资源的操控。

当然，人类有异于动物。我们有强大的社会化合作能力，懂得利他主义，有时也会大公无私。我们还明白，从长远看，互惠利他主义（reciprocal altruism）的结果就是利己。向一个陌生人伸出援手，日后那人可能会有恩报恩，反过来拯救恩人的性命。而今的社会，互惠利他已经成为人之常情。不过，在互惠利他主义日盛的世界里，人与人之间的“欺诈”（也就是暴力）也屡见不鲜。如果你受人恩惠，却不能投桃报李，那么一桩你来我往的互惠行为就会因为你的欺诈而宣告破产。其实，社会仍为轻微的欺诈行为留出了足够的空间——实话实说，欺诈这种事，每个人都会做下那么几次。当然，屡犯欺诈的人总是一小撮——所谓的精神变态者，正是指代这一小撮人。这些人已经对欺诈行为上瘾，只不过，他们迟早会为自己的恶名付出代价。总有一天，没有人再愿意信任这些人。社会将其孤立，人群与之割裂。总之，精神变态性欺诈（psychopathic cheat）是一个让人不断沉沦、陷入绝境的过程。

面对困境，精神变态性欺诈者不是没有摆脱的手段。地球之大，大到可以一走了之。此地之人识破他们的面目，他们还可以迁徙到彼地继续欺诈生涯。根据研究显示，我们这个世界还是以乐于助人的利他主义者居多。有了这个群众基础，那一小部分反社会性欺诈者总是不愁生存来源。他们的收获甚至一次多过一次。当然，欺诈骗局难免被人揭穿。两个骗子对对碰，更是容易露出马脚。但是，只要欺诈者扛得住一两次打击，行骗的生涯总是能够继续。

骗子们的事业千秋万代，从远古一直延续至今。今天，我们当中仍有这样的精神变态性欺诈者，他们冲动、寻觅刺激、毫无人生规划，从一个地方浪荡到另一个地方，漫无目的地找了一个又一个工作，欺诈一个人又一个人。关于这种核心层面欺诈者的特点，我们完全可以整理出一份精神变态者清单，将他们的所作所为一一列举完毕。包括短视的计划和目标、东游西荡、四处迁徙、分分合合的男女关系、糟糕的家教、常常变更工作、不时变换地址、满腿疥疮、秉持寄生虫一般的生活方式……。由此可见，“纯粹”的欺诈策略所包含的内容和那些信守浪人生活方式的精神变态者完全一致。

任何游戏中，获胜的策略都远远不止一种。在争夺生育权力的这场竞赛中，这个道理同样适用。大多数情况下，互惠利他主义都可以保证一个人获得成功。不过，极少数精神变态者的欺诈策略也能时不时地达成目标。接下来，我们会接触一些极端的例子：有些例子当中，整个社会都因为世事所趋而沦为反社会或自私的欺诈者；另一些例子里面，整个社会则会集体选择利他主义。我们还会借由原始社会中一些有趣的精神变态行为，探讨那些“全民欺诈”的社会演变和发展的历程。

解暴剖力 文化间游走的精神变态罪犯

世界各地的自然环境各不相同。人类学者认为，整个史前时代，人类都随着环境变迁而不断进化自己的行为模式。基于这样的理念，一些人类学家将不同环境、不同生态下的不同文化列为研究对象，比对他们之间不同的社会行为和繁衍策略。最终，他们得出结论认为，某些生态位（地域）的某些人类族群完全可以因地制宜，将某些反社会行为奉为集体的风俗。这些人之所以这样做，是因为这些反社会风俗能帮助他们在特定环境中获取竞争优势。比如，这种反社会的、精神变态般的生活方式的文化可以跳跃性发展。这一点，正好印证了我的看法。

布须曼人昆族部落（!Kung Bushman）在南部非洲的卡拉哈里（Kalahari）沙漠中求存，而蒙杜鲁库部落（Mundurucú）印第安人则在亚马孙河谷地带栖身。通过对这两群人的集体文化进行比较，人类学家发现：一个社群之中是互惠利他主义占据主导，还是反社会行为的欺诈之风更为盛行，一切都与他们所处的生存环境有着密切关系。

相对而言，布须曼人昆族部落所在的沙漠地带更为艰险。正因如此，他们的文化崇尚合作。男人们需要集体狩猎，所得的猎物也由全体成员共同分享。同时，布须曼人对于儿女的教育也要重视一些。部落的下一代都能享受长辈的悉心呵护，哺乳期也相对较长。也由于照看子女费时费力，布须曼人的生育率也相对较低。假如父母一方离去或消失，那么子女的下场也一定相当悲惨。毕竟，小孩子是生是死，完全依赖父母的照顾。

布须曼人身在窘困环境之中，往往更倾向于建立一整套社会体系。他们合作打猎、分享肉食、建立小家庭、为几个儿女操尽心力。困窘之下的人类练就了良好的狩猎技能。同时，他们之间互助互利的行为趋于稳定，选择配偶也更为小心谨慎。至于对养育子女的重视，也是环境所造成影响的一部分。总之，昆族部落所处的社会，就是这样一派互助互利的面貌。

与之相反，蒙杜鲁库人（Mundurucú）的天地则是另一派光景。他们居住在亚马孙盆地的热带雨林当中，塔帕若斯（Tapajós）河和特龙贝塔斯（Trombetas）河从这里穿流而过。相较布须曼人那片沙漠而言，这里的生存环境要丰饶许多。由于附近物产丰厚，生存的成本也就相对低廉。布须曼部落当中男人负责觅食。而到了蒙杜鲁库人这里，妇女才是采集食物的主力军。如此的反差，相当有趣。蒙杜鲁库人踏足的这片土地不但塑造了整个部落的生活方式，也改变了部落中男人的个性和面貌。

相对充裕的食物供应，使得蒙杜鲁库部落的诸多男子汉无须过多地为口食奔波。相反，他们有大把时间用于相互算计、互相攻击、劫掠其他部落。此外，他们还在口舌攻讦、打架斗殴、仪式典礼上花了许多功夫。有时候，他们也会外出打猎，并用猎物当作和村里女性发生关系的筹码。蒙杜鲁库部落的男人们歧视女性，在他们眼中，女人乃是不洁和污秽的象征。为此，他们甚至拒绝与女人同在一屋就寝。与蒙杜鲁库人的境遇相似的其他部落，也有着相似的思想观念。巴布亚新几内亚高地上的加因济（Gainj）部落的男性也认为，同女性发生性接触乃是一种危险行为。在对方处于经期的时候，性爱显得尤为不安全。

同昆族部落的妈妈们不同，蒙杜鲁库部落的母亲才不会为孩子花费太多的心思。哺乳期一旦结束，她们几乎对宝宝不闻不问。这些小家伙必须从幼儿起自己学会存活下去的本事。至于蒙杜鲁库部落的男人，更是没有任何恪尽父职的想法。蒙杜鲁库部落的社会竞争激烈，一个男人务必具有几点品质，方能立于不败之地。首先，他要有一条三寸不烂之舌，以便在部落的事务辩论中占据上风；其次，他必须好勇斗狠，能征善战；第三，他还得学会虚张声势、恐吓对手，避免卷入无谓的争斗；第四，他必须要有诓骗女性的能力，要让对方相信自己拥有大量的资源；最后，他还得头脑清醒，识破谎言，不要让“女性 = 污秽”这样的部落传说耽误自己扩散基因的大计。

同样地，蒙杜鲁库部落里的女性也务须学会几点技能，才能顺利地掌控男人，在这样一个社会里生活下去。这些所谓的技能，无一例外同欺诈有关：首先，她要为肚子里的孩子骗来个爹，血缘关系无需真实，只要当妈的本人中意就行；然后，她要借口抚养孩子索求无度，尽可能为自己占有更多的资源；第三，人类社会的一夫一妻化是大势所趋，她必须与之进行坚决斗争。总之，蒙杜鲁库社会里的男男女女更喜欢尔虞我诈，而不是互惠利他。图 1.1 中，两种社会的各自特点一览无余，它们之间可谓泾渭分明，大不相同。

	布须曼昆族人	蒙杜鲁库人
地点	卡拉哈里沙漠	亚马孙盆地
生态位	**艰难**	**富饶**
社会氛围	协作	竞争
父母育儿投入	投入高	投入低
生育率	低	高
男性活动	集体狩猎	竞争、劫掠
特性	互助互利	尔虞我诈
	择偶慎重	无畏无惧
	重视育儿	喜好战斗

图 1.1　对比两种社会的环境特征造就不同的个体特性

身处蒙杜鲁库部落这样的社会环境，那些攻击性强、好似精神变态行为的人更容易占据先机。请注意，蒙杜鲁库部落曾经有个闻名于世的风俗习惯——猎取人头。这种行为和精神变态明显相去不远。有趣的是，蒙杜鲁库部落风俗同现代工业化社会中精神变态者的行为习惯的共同点远不止如此。[2]比如，精神变态者大多缺乏同情心，一味关注外表，能说会道，生活糜烂，难以保持长期稳定的人际关系。这些特点，在蒙杜鲁库人身上也展现无遗。不过，在蒙杜鲁库的社会中无往不胜的利器，在布须曼人那里却会成为生存的阻碍。要想在后者当中好好生活，一个男人必须好好照看孩子，谨遵互惠利他主义原则，对待伴侣也要恪尽忠诚，恪守一夫一妻的传统美德。

巴西北部和委内瑞拉南部的热带雨林中，生活着一支名为亚诺马莫

（Yanomamo）的印第安人部落。他们的文化习俗和蒙杜鲁库人十分相近。这个部落总人口接近2万，又分为若干个村庄。村子规模不一，大的300多人，小的仅有90名居民。同蒙杜鲁库人一样，亚诺马莫人也靠采集植物和蔬菜为生。他们每天只需劳作约3小时，便可以解决生存需要。大自然给予了蒙杜鲁库人慷慨的馈赠，对亚诺马莫人也毫不吝啬。

人类学家拿破仑·沙尼翁（Napoleon Chagnon）仔细观察并记录了亚诺马莫人的日常生活，其间，他有了许多骇人的发现。只要有利可图，亚诺马莫人从来不怕破坏规矩。男性常常使用暴力胁迫女性，这种行为在他们的语言中被称为“瓦伊特里”（*waiteri*），意即“凶暴”。部落里的男性确实非常凶残，高度暴力。他们年纪尚幼的时候，就已经接受引导，接触暴力。长辈会唆使他们拿起弓箭长矛互相攻击厮打，这样的暴力启蒙，小孩子们在第一时间当然会饱受惊吓。但是，不消多长时间，男孩子们就会爱上这种以刺激肾上腺素分泌为能事的游戏，并乐在其中，不愿自拔。

从下面这个数据中，我们可以领略亚诺马莫男子汉的攻击性——据统计，部落中30%的男性死亡案例，都是因为暴力而起，这个事实足够令人惊心。你可能觉得美国社会已然充斥着各类暴力罪案，那么关于亚诺马莫部落的另一桩事实也许会为你解愁宽心：部落里超过25岁的男性中，有44%的人都曾经夺人性命。杀过人的男性被称为“昂诺卡伊”（*unokai*），在部落里，能加入杀人者的行列算是一种成就。有的“昂诺卡伊”手上不止一条人命，甚至有一个人先后参与了16起杀人事件，创下了部落中的纪录。杀人的动因，无外乎在于争风吃醋。从进化和物种的角度来看，这样的关系理所当然。而且，在亚诺马莫社会中，女性才是照顾儿女的主力军。男人们如此凶恶，正是为了抢夺女性，繁衍后代。出于报复的目的，他们还常常组成10—20人不等的突击队，对其他村庄进行劫掠和屠杀，时间长度有时甚至超过4天。

然而，从暴力进化的角度看，亚诺马莫人最有趣的一件事情在于：“昂诺卡伊”所拥有的妻室要远远高于那些手不沾血的男性。前者占有的女性数目平均达到1.63个，而后者只有区区0.63个。同时，前者的子女平均数达到4.91个，而后者仅有1.59个。采用暴力参与生殖竞争，无疑有两大好处：一是子女满堂，二是妻妾成群。成群的妻妾，正好方便照看满堂的子女。总之，有计划的暴力行为让那些“昂诺卡伊”社会中的杀人者获益匪浅。他们缺乏同情，从不懊悔，一次次举起屠刀杀害他人，为自己赚到了数不尽的好处。他们的特征和现代社会中的精神变态罪犯毫无区别，和这些暴烈的原始人一样，精神变态罪犯也有暴力倾向，而且同样愿意为攫取资源而害人性命。

如今的社会当然不能容忍有人如此暴力妄为。作为文明社会的一分子，我们甚少为暴力献上掌声和敬意。当然，事情也有例外。比如，沙场上英勇杀敌的兵士，大家都怀有无比尊崇，甚至会为他们大办庆祝典礼。又比如，拳击台上狠命的一击，也会赢来看客一阵欢呼。虽然大家都清楚，那一拳很可能造成对手脑部受损。中国功夫片之类的影视作品中，也常有好人把坏人揍得生活不能自理的情节。凡此情景，我等观众哪一次不是欢呼雀跃！

公共场合中，大家对于暴力行为的谴责可谓众口一词。不过，这是我们大脑经过深思熟虑后的结果。私下里，我们的心儿难道仍在不自觉地跟随原始的暴力冲动跳动起舞？体育比赛中，我们总是乐见胜者一马平川般碾压对手，举臂耀武扬威。这难道不是脑内的暴力因子作祟？每当我们看到某位选手赢得奥运金牌，总是克制不住激动心情。这种激动，难道也和暴力相关？人类进化至今，头脑已经具备了深厚的文化概念。因此，对于上述问题，我们总会给出否定的答案：不，我们并不热衷暴力，我们只是热爱体育而已。但是，我们为什么如此热爱体育竞技？也许，这份热爱只是出于生存选择，相关的压力已经深深嵌入我们的基因，让我们对于各种排名万分敏感。压力下的我们，还时常幻想自己就是赢家，幻想由此而来的光荣和赞誉。看到赢家获得成功，也许会激励我们心生向往，仿而效之。体育运动大行其道的奥秘，难道正在于此？

在蒙杜鲁库部落里，杀人累累的男性身边总是异性环绕。现代社会中，也不乏享受同等礼遇的连环杀手，他们虽然双手血污，身陷囹圄，却也总能吸引女人委身相许。而且，这些女性往往看上去平和娟秀。她们为何作出这样的抉择？或许她们的心弦早就被连环杀手曾经的超卓地位所撩拨。曾几何时，在蒙杜鲁库部落那里，连环杀手代表着孔武强壮，乃是一种无所不能的男子汉形象。时至今日，这样的形象仍然让某些女性心生荡漾。虽然理智的声音一直在提醒她们不要上当。其实，每当我们听闻真实的犯罪事件，心里多多少少也会生出一点点病态的快感。我们中的一些人走上犯罪道路，正是这样的快感所致。甚至，你之所以愿意买下这本书，是不是也有出于对犯罪怀有好奇的因素呢？

有些暴力事件之所以让我们欲罢不能，是因为它们形式得当，而又出现得恰逢其时。它们的适应性很强，会随着社会的进化而改变自身的面目。人类的原始本性，远比我们想象中要根深蒂固许多。接下来，笔者将带领各位见识一下暴力事件的适应性，而后，我们还会从进化的角度，阐释隐匿其后的多种原因。

解剖暴力　父母弑子

前文已述：一个人出生那一天遭遇不测的风险，要比他余生的其他日子高出100倍。对于大多数儿童和青少年而言，人生的第一年最是容易遭到谋杀。[3]这一年内，又以出生的头一天最为危险。在这第一天，他们因为杀戮而夭折的风险比剩下的364天大了足足18倍。类似的杀婴案中，惨遭毒手的小宝宝十有九点五并非在医院产房中诞生。这些小小受害者大多因为父母防护不慎，意外怀孕才呱呱坠地。杀婴案中，32.9%的婴儿被父母摔死，28.1%的遭到生理上的虐待致死，4.3%的遭溺死，2.3%的被父母活活烧死，2.1%的死于利器刺杀，还有3%的因为枪击离开人世。对于绝大多数的父母而言，孩子的降生是他们平生最为快乐的一天。杀害亲生骨肉，实在令人发指。但是，杀婴案并非毫无理据，根据进化心理学理论，我们可以对这种罪行作出一番解释。

实际上，我们身处的家庭当中，时时刻刻都潜伏着遭遇暴力的可能。这一切，当然也是出自于进化的原因。比如，一个人被家人杀害的可能，远远大于死于外人之手的可能。从进化角度而言，这个事实实在难以解释。我们之所以组成家庭，难道不是为了维护基因的传承、保障血脉的繁衍？对此，加拿大的两位进化心理学家马丁·戴利（Martin Daly）和马戈·威尔逊（Margo Wilson）最有发言权。他们的研究深入暴力的秘潭，运用进化心理学的力量阐释了其中的机制。

戴利和威尔逊发现，基因相关度（genetic relatedness）和杀人罪行之间正好成反比。两个人的基因越是不一致，他们互相杀戮的可能性就越大。比如，迈阿密10%的杀人案都发生在夫妻之间——两公婆通常没什么血缘关系，他俩的基因自然千差万别。同时，各类杀人罪案当中，只有1.8%的案例里面，犯罪者和受害人在基因上紧密相连。剩余98%的案例中，全都是基因上素不相连的人们所形成的死亡纠缠。

自私的基因总是渴望繁衍。它们追求生存，而不是向往灭亡。它们渴望复制自己，继续存留在未来的基因库中。正因如此，亲缘相近的两个人举刀相向的可能性要小于两个陌路人。如果你和一个毫无血缘关系的人生活在一起，那么你遭遇不测的可能性要 11 倍于那些和亲人相濡以沫的人。

正因如此，世界各地的神话里和童话中才有那么多可恶的继父和继母。还记得汉赛尔（Hansel）和格蕾特尔（Gretel）的故事吧？那个邪恶的后妈迷昏了他们的亲爸，又把两个孩子遗弃在森林之中，想把他们活活饿死。还有睡美人的后妈，她竟然把睡美人交到一个猎人手中，并命令猎人在森林中砍死继女。对了，你绝对忘不了灰姑娘的那个极品后妈。总之，从小到大，大家都见识过不少坏后妈。其中有的真有其人，有的只是出于虚构。这些故事向我们提出了预警，告诫我们小心那一只只伸向自己的坏男人与恶女人之手。

本书读者当中，也许还有和继父生活过的朋友。如果你平平安安地长大成人，那可真是逃过了一劫。要知道，53% 的杀婴案都是继父所为。在英国，只有 1% 的婴儿逃过了继父的虐待。美国研究者提供的数据表明，一个孩子遭遇继父虐杀的可能性，要比遭遇亲父同等待遇的可能性整整高出 100 倍。如果我们看一看儿童虐待案的相关数据统计，会发现相似的比例。继父虐待两岁以下非亲生子女的可能性，比亲生父亲对亲生骨肉做出同等行为的可能性高出 8 倍。

这样的发现，每当你看见那些残害亲生骨肉的父母，才会感叹一声：他们简直就像后爸后妈。实际上，根据推测，所谓亲父杀亲子的罪案当中，10% 的父子或父女之间并无血缘瓜葛。难道在潜意识中，父亲可以感知到自己同儿女是否血脉相连？然后，他可以因此趋亲疏远，将主要的呵护和宠爱献给自己的骨肉，而减少给予非亲子女的资源。继父继母虐待继子继女、偏袒亲生骨肉的行为根源，正是出自这种趋亲疏远的育儿经。

综上所述，继父继母虐待非亲生儿女，尚且有进化的观点可循。那么，进化论又如何解释那些残害亲生骨肉的父母的行为呢？

说到这里，你不妨回忆一下自己的成长历程。请想一想，从小到大，你的父母是不是含辛茹苦才把你抚养成人？而且，二老绝对还会时不时地向你提及一下他们的这番苦心与辛劳。为了子女健康成长和快乐幸福，父母总是愿意做出很大的牺牲。当然，人类为了延续自己的基因，都是如此殚精竭虑。请想一想，随着一个孩子从小渐渐长大，父母花费的心力和金钱也就日渐增多。这笔花销，大概算得上一大笔投资。假如令尊令堂突然有了改变投资方案的意向，那么，二老最好在一开始就作好打算，而不要等到烂账高筑的时候才改变主意。因此，大多数临时改变主意的父母都会遵循下面这个规律行事。

图1.2揭示了1974—1983年间，加拿大每年每百万人当中的谋杀案。图的上部分显示母亲杀子的孩子年龄段分布图。从图中可知，大多数母亲都选择在宝贝诞生后的最初几个月下毒手。其后，杀子的概率大大下降。孩子进入青春期后，更是一年低过一年。总之，大多数心有他想的母亲都会在孩子诞生之后不久即选择将骨肉送上死路。她们可能想抛弃孩子，轻装继续人生。或者，她们刚刚遭遇婚变，不想让孩子拖累自己的未来姻缘和前程。无论她们有什么原因，她们大都选择了一个相似的年龄段向孩子痛下杀手。

嗯，我知道有的读者现在想到了什么。没错，你们可能会说：这些妈妈可能患上了产后抑郁症。她们惶惶不可终日，仿佛精神失常一般。恍惚之中、绝望之间，这些妈妈可能杀害亲子。如果你这么想，确实也有些道理，产后抑郁症可不是一个小问题。每一千个母亲当中，就会冒出一个严重的病例。但是，产后抑郁症的威力可没有这么大。请看图1.2，父亲杀子时的孩子年龄段脉络也有着相似特点。他们大多选择孩子不满一岁的时候下手。身为男人，他们可不会遭遇产后抑郁症的困扰。正因如此，产后抑郁症并不能解释亲生母亲谋杀亲生儿女的动因。

也许，有的读者会提出：如今的父母缺乏耐心，新生儿头一年那贯穿整夜的哭闹，可能让这些初为父母者下定除掉亲生骨肉的决心。这种想法明显有欠考虑。各位如果已有子嗣，不妨设身处地想一想，养育儿女最烦心的时候发生在孩子几岁那一阵？小宝宝哭闹几声，难道比十几岁的半大孩子敢于当面顶撞更让你烦心？如果你尚无子嗣，不妨从子女的角度考虑——人生哪个时段，儿女对于父母的态度最为恶劣？在我看来，当然是十几岁的青少年最爱忤逆爸妈。不过，根据该图显示，十几岁孩子遭遇父母杀害的可能性又是最低。当然，如果你正好处于青春期，也请千万不要大意。因为，确有十几岁少年遭到父母杀害的少数案例。

但是，无论你年方几岁，都应该保持警惕。看图1.2下部分，无父无母的孩子在幼年遭遇亲族谋杀的可能性相对较小。不过，到了青春期的时候，

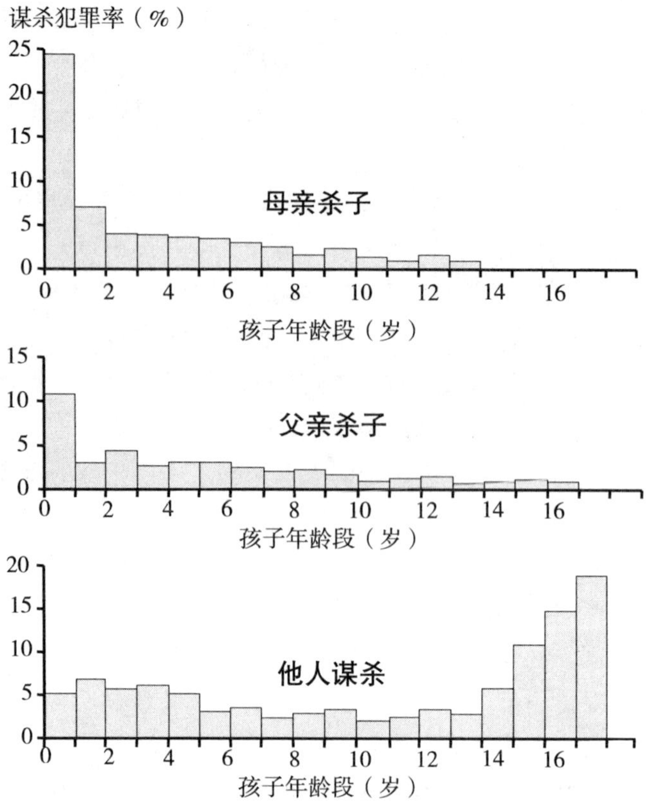

图 1.2　加拿大儿童被其母亲、父亲和他人谋杀的年龄段

这些孤儿遭遇不测的可能性却又大大升高。其中的原因倒也十分简明，十几岁的青少年喜欢在街头闲晃作乐，常常因为和陌生人的纠葛而卷入街头暴力。一般孩子到了这个年龄段，都处在父母的监控之下，反倒还没有危险，相反，孤儿缺少父母的关爱，很容易成为暴力犯罪的牺牲品。

除了上述理由，父母杀害亲生儿女还可能出自其他原因。由于环境影响，新生儿可能伴有先天性疾病和残疾，从进化的角度看无助于家族基因的生存和繁衍。有些婴儿的慢性疾病，会让为人父母者付出很多精力，在此情形下，父母很可能会痛下杀手。即便婴儿本身健康无虞，但如果家庭所拥有的食物非常有限，父母也大有可能丢卒保车，把有限的食物分配给那些年龄更长、更为独立的子女。

从进化的视角，即便没有兄弟姐妹，也不能保证父母不怀弑子之心。

一些鸟类常常因为配偶亡故而抛弃亲子，导致雏鸟夭折。毕竟，生存是如此艰难，大家都不想负重前行。对于人类，事情同样如此。我们常常听闻年轻的单身母亲抛弃自己的孩子，也是出自同样的原因。过去，大家都将类似案件归咎于社会因素：比如当事人思想的不成熟，未婚产子的羞耻感，又或是少年母亲做事易冲动等等。那些年轻妈妈抛弃亲子，表面上确实可能同羞耻相关。实际上呢，她们的行为归根结底是一种生存选择，冷酷而无情。社会学派强调的那些负面因素，并非犯罪动机的全貌。

如果将少年杀手母亲的犯罪归于自私基因的作祟，那么，这种自私的行为实际上已经深入人类的骨髓，引导我们趋利避害，追求生殖适合度（reproductive fitness）。这些少年杀手妈妈体内的自私基因，才是她们杀害亲子的根本原因。

父母杀子案件当中另一个让人注目的因素，在于凶手本身的年龄。图1.3显示，南美洲的阿约罗（Ayoreo）印第安人部落中，年龄低于20岁的年轻母亲最容易沦为杀子凶手。随着年龄增长，相关案例也逐次降低。为什么会出现这样的情况呢？原因很简单，一位成熟女性越是年轻，生育能力也越是旺盛，觅得理想伴侣的可能性也越大。随着年龄增加，她的生育能力和吸引力不断减少，这种情况下，她当然不能义无反顾地抛弃亲子。相反，只有将母爱集中在亲子身上，才是收回生殖“投资”的最好办法。

如此情形，并非只是南美阿约罗印第安部落的独特社情。图1.3的下图，关于加拿大社会中母亲杀子的案例调查，情况几乎一模一样。总之，母亲越年轻，越有杀子的可能性。年轻母亲还有大把可以选择的机会，大段重启人生的岁月。犯罪之前，她们可能刚刚遭遇变故。有可能，伴侣选择离她们而去。又有可能，她遇到了更值得托付人生的伴侣。无论是她们遇人不淑，或者主动抛弃亲夫，孩子都会是新生活的负担。因此，有的妈妈在这个当口，就会选择除掉亲生骨肉，方便自己重新寻求人生伴侣。

综上所述，基因相关度、生殖适合度、亲代养育成本，乃是父母杀害孩子的三大原因。当然，除此之外，纷繁复杂的杀人案件背后还有同样琐碎的社会动机。所谓的自私基因，并不能当作一个万能答案。但是，需要提醒大家的是，即便人类社会已经进入21世纪，源自远古的进化进程机制实际上仍在塑造我们的心灵。人类仍在追求基因繁衍扩散的最大化，有时候，我们甚至不惜利用歪门邪道达到这个目的。同时，家庭里的罪恶，也不仅仅限于谋杀亲子。

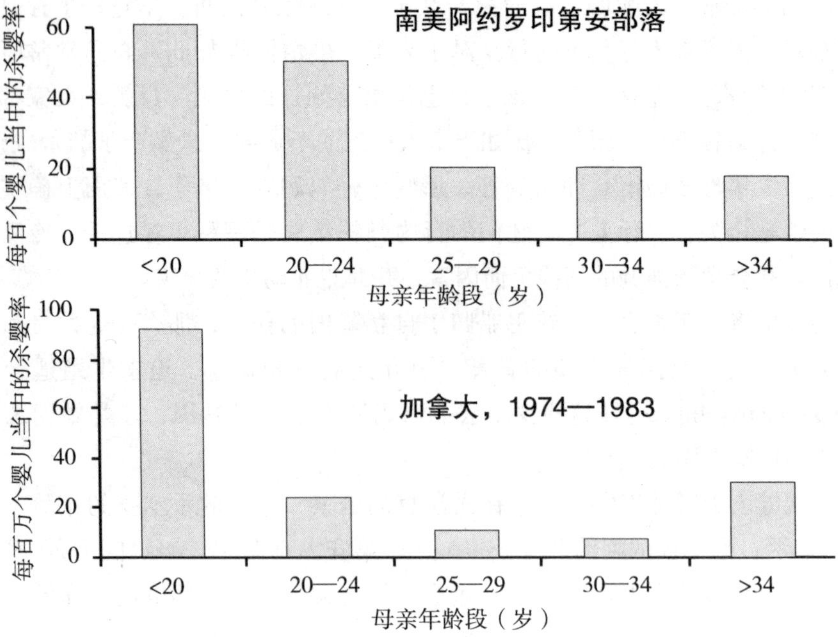

图 1.3　母亲杀害自己孩子的年龄特征

解剖暴力　婚内强奸

强奸是不是一种源于仇恨的行为？强奸是否象征着父权社会中男性对于女性的暴力操控？又或者，我们能不能从进化心理学的角度解释强奸的暴力行为动因？

对于最后一个问题，答案是肯定的。一个男人对陌生女性施加强奸，可以被看作一种终极的、遗传上的欺诈策略。通常情况下，男人必须绞尽脑汁才能抱得美人归，随后还要花费数年时间生儿育女，最终才能达成基因繁衍的目的。当然，他只要动点歪脑筋，走点邪恶的捷径，就大可不必如此大费周章。只需要通过强奸行为，他也有可能完成那个终极目标。毕竟，成熟男性的精子数以亿计，而且时刻处于活跃状态。他随时可以“奉献”出那么一些。性行为所需要的时间非常短暂。完事之后，他就可以溜之大吉，再也不用面对那个他伤害了的女性。而且，狡猾的强奸犯还知道，一旦致孕，受害女性大有可能将他的孩子生产下来。如此一来，他那自私的基因也就达成了传宗接代的目的。

那么，强奸致孕的可能性到底有多大？有人做过专门研究，调查了405名年介12—45岁的女性。她们都曾遭到强暴，而且和罪犯有过生殖器上的性接触。调查结果显示，6.42%的女性最终怀孕。相较之下，正常伴侣之间没有保护措施的正常性行为致孕率不过3.1%，低了一半多。除去那些刻意使用避孕措施的案例，强奸致孕的可能性高达7.98%。因为大多数案例并未经过DNA鉴定，以上的各项数据也仅限于猜测。有时候，某些女性避孕失败而又不想透露其中隐情，往往会捏造一起“强奸”案当作搪塞视听的理由。但是，另有研究表明，强奸致孕的可能性确实大大高于正常性交。相关的事实无疑让人震惊。假如此事成真，我们又当作何解释？

有人认为，强奸之所以容易致孕，是因为罪犯总是容易盯上那些生育能力强的女性下手。按照这种理论，强奸犯选择作案对象的时候会进行刻意挑选。他们总是钟情于那些生育能力达到峰值的青壮年女性。但是，除了年龄显而易见外，我们实在难以从外表上判断一名女性是否适合生养。不过，我们的祖先倒是总结出了一些经验。比如，世界上的许多地方，人们都认为细腰丰臀的女性充满魅力。同时，这样的腰臀比例还被许多文化当成健康有活力的体貌特征。大众的看法为强奸犯挑选受害者提供了图据。罪犯选择受害对象的过程中，多多少少会受到女性外形和相貌的影响。

但是，并非所有的强奸犯都倾向于选择仪表出众的女性。更有甚者，有些罪犯甚至反其道而行之。笔者曾在英国的监狱系统工作多年。一次，一名因强暴入罪的犯人向我坦承，他专门挑选那些仪容平庸乃至丑陋的女性下手。而且，他自有一番歪理：这些女性可能碍于外貌，很难得到异性的青睐，自然也没有什么性事可言。他挑选她们犯案，应当算作各取所需、你情我愿。实际上，强奸犯常常伴有认知扭曲的情况。上面这名犯人的妄念，不过是其中的沧海一粟。

总体而言，许多强奸犯扭曲的认知中存在着这样一些荒唐的观念：受害女性享受强奸，强奸是受害者一生中难得的体验，强奸会给她们带来无比的性快感。有些受害女性虽然极力反抗，但她们确实在强奸中达到过高潮。当然，这不足以佐证犯人们的臆想为真。在这方面，我们很难掌握真切的数据。毕竟，受害人出于尊严考虑，即便达到高潮也羞于向人提及。根据临床报告，强奸中女性达到高潮的比例达到5%—6%，一些学者认为，实际的比例还要更高一些。调查案例中，有 21% 的受害人甚至出现了兴奋反应。出现这样的情况又是为何？道理很简单，在一半的强奸案中，受害人在遭遇强暴之前就已经落入加害人的巧言陷阱，被后者的外貌和言辞所吸引。有人认为，高潮导致阴道收缩，会有节奏地将子宫颈部向精巢推进。如此一来，精子数量也伺机上升，从而导致受孕。其实，高潮虽然会刺激精子分泌，不过上升的幅度并不大，仅有 5% 而已。

受孕和高潮并无直接关系。因此，我们不能把一些强奸受害者在犯案过程中出现的性兴奋视为怀孕的前奏。不过，强奸犯确实在挑选犯案对象，也确实有意无意地选择那些更有生殖能力的女性下手作案。这既可以在一定程度上解释部分受害人为何怀孕。同时，在进化心理学方面也能说得通。实施性侵犯已属犯险，为了达成利益最大化，罪犯自然会挑选那些更易受孕的对象，加强其广义适合度（inclusive fitness）。

当然，加害者很可能因此付出代价。轻则受到身体伤害，重则会遭遇一顿暴打，甚至东窗事发后受到更为严厉的惩罚。人类历史上，强奸犯的结局通常不妙，遭人白眼是常有的事，横死暴毙的案例也绝不少见。到了现代社会，强奸犯会被投入监狱，和精神变态罪犯与谋杀犯一起收押。狱中，他们遭受毒打和性侵的可能性非常之高。据此，进化论认为，人类天生具有进行成本收益分析的能力。比如，性侵行为可以散播基因、繁衍后代，不过事情一旦败露，后果也不堪设想。两相比较下来，所有男性都会权衡利弊。我们可以推测：手中资源广阔的男性不患无妻，也就不会铤而走险。反观那些身无长物的男人，则有可能选择捷径，利用强暴手段逼迫女性就范。事实确如预料一般，大多数强奸犯社会地位不高，经济能力低下。早早辍学者不在少数，工作既不如意也没有一门专业技术可以安身立命。

当然，我们大可以怀疑进化论对于暴力的解释。因为，这样的解释总是太过简单，而暴力事件却有许多侧面。比如，哥伦比亚的贩毒集团势力强大、美国的枪支泛滥成灾，有助于解释这些国家的谋杀率高企。进化论要解释这两个问题的成因，完全是力有不逮。不过，进化论对于强奸一类的罪案仍能给出较好的分析。这一点，相信大家都会承认。

实际上，任何年龄段的女性都有可能成为性侵案的受害者，不过，我们已经指出，凶犯还是倾向于侵害那些正值生育高峰年龄的女性。这些正当年龄的女性在侵害中承受的痛苦，远比那些年纪较大或较小的受害者要多。进化论将这种现象归因于人类身体的学习机制。遭受强暴带来的痛苦感觉，会让女性受害者回避那些可能再次受害的情景，从而达到自我保护广义适合度的目的。我们都知道，相较女性，男性更容易接受有性无爱的纯肉体关系。这种现象当然也事出有因。男人们如此大方，因为他们大可在欢愉之后起身走人。女性无法这样潇洒，因为她们还有孩子需要抚养，也需要男性的长期帮助。因此，女人总是渴望感情，渴望稳定的伴侣关系。同样，许多强奸犯并不会杀害受害人，也是出于进化心理的作用。毕竟，性侵害的深层动因是生产子嗣，传播基因。受害人生存下去，也许会为罪犯诞下一男半女。

但是，性侵案件的受害者当中，10%—26%的加害者都是受害人的丈夫。面对这样的情形，进化论又能作何解释？

多项研究显示，婚内强奸和性暴力大多由于因爱生恨。伴侣不忠对女人是个打击，男人同样不能忍受这样的遭遇。不过，虽然两性都有同样的感情，却又有不同的发泄渠道。杀妻案中，24%的凶手是出于嫉妒。相形之下，只有7.7%的怨妇会选择结果自己的丈夫。

接下来，请你设身处地设想一下：你现在正在热恋之中，爱得如痴如狂。突然，你发现另一半的心中有了别人。随后，故事可能出现两种情况。其一，你的爱人爱上了别人，但他们之间只有深情、没有肉欲。其二，你的爱人沉溺于和他人之间的性爱关系，不过，他们之间并无爱情可言。请你想一想，哪一种情况更让你怒不可遏？

得克萨斯大学奥斯汀分校的大卫·巴斯（David Buss）的研究表明，男人们更容易被第二种情况搞得火大。他们更在乎性关系，而不是感情。相较而言，因为丈夫逢场作戏而愤怒不已的女性，则只有嫉恨妻子红杏出墙男性的一半不到。如果伴侣精神出轨、肉体也没能把持得住，男女的反应也有所区别。面对如此情况，男人们仍然觉得妻子和别人发生关系更不能容忍，而女人们则还是认为丈夫对其他人付出的感情更让自己伤心。巴斯的研究对象不仅限于美国，在韩国、日本，在德国、荷兰，不同国家的男男女女看法完全一致。不同的文化，并未带来不同的观点。同时，巴斯还发现，男人能够比女人更为精明地察觉出另一半的出轨行径，同时，他们也更容易无端地猜疑和吃醋。

情感关系中，男人才是善于嫉妒的那一方。为什么他们更容易被头上那顶绿帽子气得眼睛发绿？对此，进化论自有解释。妻子一旦不忠，男人所付出的各种资源很可能便宜了别人的孩子，他们失去的是真金白银，因此才会更加愤怒。相比之下，女人所担心的只是失去庇护，失去情感支柱，以及丈夫带来的各种资源。总之，资源才是情感关系背后的真义，只是表现方式有些小小的不同而已。

以上关于嫉妒的知识，可以帮助我们了解那些丈夫殴打和性侵妻子的案例。这些暴行，统统是由于男性的嫉妒。有些男人之所以强奸妻子，当然是因为他们比其他男性更为善妒。有的男人利用暴力作为警示，告诫妻子不要试图投入他人怀抱。他们认为，把老婆揍得半死，足以让她心怀恐惧，即便有心勾搭其他男性，也会有所顾忌、三思而行。

以上这些现象，为我们这场进化的盛宴增添了更多新鲜小菜。为什么有的男性会强暴出轨的妻子？你可能认为，他们只是出于简单的报复行为。不过，也有学者认为，如此罪行背后还有更为深层次的原因——精子战争。这场进化的战争深刻影响了暴力和犯罪的面貌。

从进化的角度而言，男人总是会急不可待地和出轨的妻子发生关系。他这样做，是为了打赢一场精子之间的战争。换言之，他内心希望自己的精子能够抢在那个野男人的精子前面，更快地抵达妻子的卵子那里。而且，由于妻子可能长期和他人保持性接触，丈夫必须时时占据那条重要出口，以便将其他男人的精子排挤出去。那个时候，丈夫的角色就好像一名将军，指挥着麾下的3亿员猛士冲向妻子的子宫。在这期间，一半的猛士都将战死途中，挥洒在卧室大床的被单上，剩下的那些猛士则还有好几天的艰苦征程要走，而且，它们必须要日夜兼程，争取第一个同卵子会合。

男人之中，欺诈竞赛的高手不在少数。为了夺取生殖高地，他们总是跃跃欲试。因此，身为女人实在辛苦。她们可能被陌生人性侵，可能被朋友强暴，也可能遭遇丈夫的蹂躏。当然，女人们可不是看上去那样柔弱无辜。我们将会看到，为了自己那自私基因的一点利益，她们也会发动“战争”，只是战斗的方式会和男人有些不同。

解剖暴力 男人好斗，女人也好斗

男人是个好斗的群体，女人也是个好斗的群体。我们不妨先从男人的好斗本性谈起。众所周知，男性比女性更为暴力。无论身处何地，来自何种文化背景，事实都是如此。不只是亚诺马莫部落的男人们会聚集起来袭击其他村庄，杀戮无辜。其他地区的男性也有类似的表现。但是，遍寻全球，我们也没能找出一起女人们聚啸生事、争夺领地、资源和权力的故事。因而，干这种事的总是男人。杀人犯中的男女比例高达9∶1。如果我们仅仅研究同性相杀的案例，会发现男人占据了其中97%的凶手席位。

男人是杀手！根据简单的进化规律解释，女性是一种珍贵资源，值得男人们以命相搏。女人可以生育，女人可以照顾丈夫，照料下一代也是女人在尽心尽力。不但我们人类世界如此，在动物王国里，雌雄之间的角色也如是。一个性别在繁育后代中扮演更重要的角色，而另一个性别则为她们生死相搏。社会学派的同行经常说，犯罪的原因是贫困。然而进化论则会告诉大家，穷人犯罪是因为缺少资源。男人之所以更容易沦为杀人罪案的牺牲品，是因为他们身处争夺资源的第一线，时时刻刻要和其他男人拼命。同一年龄段的男人当中，未婚者取人性命的可能性要两倍于已婚男子。缺乏伴侣的男人急于找到伴侣，非常愿意犯险杀人。毕竟，男人之所以诉诸暴力，很多情况下是为了争夺资源。当他们难以吸引女性、组建长期稳定的伴侣关系的时候，暴力也常常成为解决问题的手段。

男人的战士本性不但体现在家庭之面，小小的家庭之中，也是他施展本能的一方天地。他可以施用暴力主宰妻子，控制自己的伴侣。妻子如果心怀二意，他还能施加暴力使之驯服。动物界中，公狮霸占母狮之前，首先要杀死母狮的幼崽，然后才与母狮交配产崽。有的继父虐待攻击继子继女，也出自同样的目的。他要借此驯服这些别人的后裔，还警告他们千万不要和自己的子嗣抢夺资源。

两性之间的暴力行为差异体现得很早。观察那些呱呱坠地后仅有17个月大的幼儿，我们便能发现男女之间的攻击性大有不同。男童虽然步伐蹒跚，但战士的本性已经显露无遗。男性生来必须好斗，根据进化理论，他们是争夺资源的主力军。相形之下，用社会学理论解释这一现象基本行不通。因为17个月大幼儿的社会化过程远未完成，而性别差异也并未显现。社会学派一向认为，男女之间攻击性的差异来自社会的教化。可是，事实证明，未受社会教化的幼儿当中，男女之别就已明显。随着他们年岁见长，这种差异也始终存在。

社会学派还认为：婴幼儿会随着年龄的增长渐渐体现出性别差异。他们坚信，一个人是否倾向暴力，归根结底来自外界影响。榜样、媒体和父母都可能塑造一个人的性格。显然，他们的看法和现实出现了很大偏差。

实际上，一个人的暴力倾向会随着年龄日渐增加。19 岁正是一个人求偶的黄金期，同时也是他的侵略性和暴力指数最高的人生阶段。显然，两者之间存在着必然的联系。

虽然男人更为暴力，但女人也不能免于暴力。两相比较，女性的暴力行为更加隐蔽和鬼魅。总体而言，女人参与暴力的方式和我们前面介绍那种男人的方式大不相同。进化心理学对此另有一番解释。

女人之所以慎用暴力，因为她们更希望生存下去。她们不但肩负自己的生命，还是自己子女的保护神。正因如此，她们采取暴力之前，往往都要掂量再三，而不像男人那样直接和莽撞。这一点，已经得到了实验的证明。同时，比起男人，她们更注意防范那些可能带来身体伤害的场景和事情。因此，女人比男人更害怕动物，选择医疗服务和进行牙齿矫正的时候也更为谨慎。不过，她们虽然不愿涉及那些可能带来身体伤害的情感体验，对于那些不涉及身体伤害的刺激性事务，比如通过音乐、艺术或者旅行的新奇体验，女性倒也是乐于参与。同时，女性还比男性更为关注健康。她们更希望有个好身体，求医问诊的次数远远高于男人。

总之，女人担心受到身体伤害，关心健康养生，都是进化构造的心理机制在起作用。这些心理特征可以保护她们免于死亡，从而保佑她们的儿女后代安全求存。女性的攻击性为何远远低于男人？通过进化的原理，这个全球性的多文化普适现象也就有了合理的解释。女人不愿意遭受身体伤害，因为女性承担了繁衍的义务。如果一项事物充满攻击性，却并不涉及身体伤害，那我们的女同胞对此会作出何种反应呢？

中央兰开夏大学的约翰·阿彻（John Archer）的研究表明，当暴力涉及身体伤害、刀刀见血、拳拳到肉的时候，男女之间的攻击性差距简直就是一道天然鸿沟。可是，当暴力剔除了伤害元素，仅仅只是口舌攻讦、嘴上互殴，女性们马上来了兴致。她们对于“间接暴力”（indirect aggression，或间接攻击）的兴趣，一点也不亚于须眉儿男。本质上说，只要“暴力”当中的身体伤害元素有所降低，女性就愿意参与其中。明尼苏达大学的尼基·克里克（Nicki Crick）甚至宣称，女人参与“间接暴力”或谓“关系暴力”（relational aggression，或关系攻击）的程度似乎比男人还高。所谓“关系暴力”，在一群青春少女中实在常见。总有那么一些女孩，特别乐意利用言语中伤和羞辱他人，她们喜欢散布谣言，喜欢拉帮结派，喜欢孤立掩护某个个体，刻意把她隔离于集体之外。读到这里，各位女性读者不妨回忆一下自己的豆蔻年华，想一想你们的校园往事，或者好好检视一下你们正在职场中经历的那些人与事。请问，你会不会感到自己的生活点滴和我的描述简直完全一致呢？

总之，女人的暴力并不直接，而是更加柔软，充满惰性。女人之间会为了外貌而争来斗去，而男人则通过女人的外貌判断她的生育能力。外貌大战的胜者，自然可以获得更优秀的、更具资源禀赋的男子。大卫·巴斯指出，相比男性，女人更喜欢指责对手的外貌，取笑他人的长相，拿着某人肥硕的大腿作为笑柄。同时，她们还喜欢破坏竞争对手的名誉——比如散布消息声称某个女孩脚踏几只船，比如大讲特讲某个女孩生活多么糜烂、作风多么放荡等等。她们知道，这样的流言一旦传进男人的耳朵，会带来多么大的毁灭性效应。男人都不想和那些放荡的女性结合在一起，因为放荡的女性很可能会为他们生下一大堆便宜的野孩子，这可是男人的命门。总之，女性更喜欢施用言语暴力（verbal-aggression，或言语攻击），口刀舌剑虽然不伤及筋骨血肉，确也能造成有效的攻击性后果。

正因如此，男人好斗，女人也好斗。

迄今为止，我们大致了解了暴力和攻击行为的根源。我们知道，暴力行为由来久远，深深植根于我们的进化进程之中。自私自利的反社会行为曾是我们祖先得以成功繁衍的一道利器。事到如今，虽然社会的互惠利他主义的风气已经蔚然，但反社会的欺诈行为仍然屡见不鲜且屡试不爽。精神变态者从未绝种，这些欺诈策略也是代代相传。笔者已经运用进化论，向各位读者逐一解释了偷窃、强奸、杀人、杀婴、虐待配偶、杀妻杀夫等犯罪的历史渊源。同时，我们还一起见识了不同的生态环境对于不同人类群体社会风气的影响。有的族群因此崇尚互惠利他主义而生存繁衍，有的族群因此将欺诈策略奉为繁衍生存的至理。男人们不吝使用血淋淋的暴力手段，为自己的遗传适合度（基因扩散）铺路搭桥；而女人则会为自己和后代的健康操尽心力，她们虽然不喜欢直接的身体暴力，却喜欢采用间接的暴力方式，以保护自己的遗传相互作用（genetic interaction）。诚然，进化论并不能足以解释所有暴力事件的成因，但它至少为我们提供了一种解析事物的理论基础。

罪恶的种子发端于人类进化的早期，早在我们这个种群发展到社会化群居阶段、制定共存规则的那个时候，就有少部分人已经开始在践踏规矩。进化这场竞赛，归根结底是出自基因。谈到进化，我们必须要论及基因。我认为，某些人的反社会行为、精神变态行为的根源，可以归咎于进化稳定策略（stable evolutionary strategy）。因此，某些男性强暴女性，并非像女权主义者指责的那样，只是一种展现夫权和控制女性的简单机制。他们的这种作为，还是进化过程中欺诈策略的终极组成部分——“相爱”又相离。强奸犯大规模侵凌女性，只是为了繁衍后代，复制自己那邪恶的基因，同时，他们还可以逃脱养育孩子所带来的喧闹和麻烦。接下来，我们将继续解剖暴力，看一看那些暴行的遗传学基础，看一看不同的个体基因会造成何种不同的后果。

第2章 孽种

基因决定犯罪

杰弗里·兰德里根（Jeffrey Landrigan）生于1962年3月17日。从呱呱坠地起，他就从没见过自己的生身父亲。长到8个月大的时候，亲母也抛弃了他。她把儿子丢在一处托儿所，而后消失得无影无踪。还好，小男孩的运气不错，他很快被一个好人家收养了。这一家人都是美国本地人，住在俄克拉荷马州。养父名叫尼克·兰德里根（Nick Landrigan），是个地质学者。养母多特（Dot）人如其名，特别溺爱（doting）自己的一双儿女。她对亲生女儿香农（Shannon）百般宠爱，对小杰弗里也视如己出，有求必应。总之，这是个有教养又文明，而且特别受人尊敬的家庭。对于年幼的杰弗里而言，人生之初的一切都是那么和睦可亲。

然而，杰弗里幼小的体内却蕴藏着黑暗的能量。这个阴影最终呼之而出，笼罩在了他的命运之上。还不到两岁，杰弗里就已经显露出了暴力的端倪，当时，他的脾气非常大，常常情绪失控，而且还逐次升级。10岁那年，他沾染上了酒精。次年，他第一次进了警察局。那一次，杰弗里闯进一户人家大肆破坏，还试图撬开室内保险柜的门。后来，他一次次逃课、吸毒、偷车，也一次次在拘留所度日过夜。终于，杰弗里开始了犯罪生涯。20岁那年，他和一个儿时的朋友相约饮酒，随后两人发生争执。本来，那位朋友马上就要有个儿子，他希望杰弗里担任教父。这当然是一番好意，杰弗里对此作何反应呢？他举起匕首，把朋友扎了个透心凉，地点就在朋友的拖车旁边。1982年，杰弗里因为二级谋杀被判刑20年。

1989年11月11日，杰弗里·兰德里根竟然成功越狱。摆脱牢笼的他前往亚利桑那州的菲利克斯（凤凰城）。他本可以就此改头换面，重新开始新的人生。但是，谋杀好像就是他的宿命。一次，他在凤凰城一家汉堡王外面和切斯特·戴尔（Chester Dyer）起了口角，而后，戴尔的尸体在自家的寓所里被人发现。他身上缠满电线，满是刀伤，致命的一击来自电线的绞合。戴尔的背上和面部有着一道道骇人的撕裂伤，他趴在床上，身边的色情扑克散落了一床，其中，两张小丑牌摊在了死者的背上，充满了恶意和嘲讽。不过，兰德里根的运数已尽，逃离现场的时候，他不慎把指纹留在了地板的糖果上。警方借此找到并逮捕了他，最终，他谋杀罪名成立，被判死刑。

就在杰弗里·兰德里根即将结束自己这糊糊涂涂又浑浑噩噩的一生之前，他的故事出现了一个意味深长的情节：兰德里根等待死刑期间，在狱中结识了另一个犯人。这人觉得他有些面善，像极了自己在阿肯色州一处死囚牢房中的一个旧相识。那位旧识是个骗子，名叫达雷尔·希尔（Darel Hill），他正是杰弗里·兰德里根的亲生父亲。两人从未谋面，却都殊途同归。除了几乎一模一样的长相，命运也是如此相似。

同儿子一样，达雷尔·希尔也是早早就踏入了犯罪的江湖。当爹的也是个瘾君子，而且也杀过人——不止一次，而和儿子一样是两次。儿子越过狱，老子也有类似的经历。他们两人还有几乎一个模子刻出来的长相。

这还不算完，杰弗里·兰德里根的祖父——就是达雷尔·希尔的父亲，也是儿子和孙子的同道中人。老希尔是个惯犯，1961 年，他抢劫了高速公路旁的一家药店，而后疯狂逃窜，结果被赶来的警察当场击毙。父亲咽气的时候，21 岁的达雷尔·希尔就在几英尺之外。

这个故事告诉了我们什么道理呢？也许当事人达雷尔·希尔总结得最为精辟：

> 一门三代同为罪犯，简直就像出自一个预先设定好的模式。不用太聪明，任何人都知晓这其中有什么必然联系。

有没有一种“杀手基因”？或者说，不是一种基因，而是多种基因综合使然，再加上社会和环境错综复杂的共谋作用，最终造就了像希尔和兰德里根这样的杀人罪犯？杰弗里·兰德里根的成长环境并无不妥。他生长在一个安全而富足的家庭里，父母也很喜爱这个养子。然而，一切都没能擦亮他这颗冥顽的心灵。整个事情，就好像一出惊悚的科学实验：一个孩子有着暴力的遗传基因，虽然他摆脱了穷困和悲惨，迎来了爱意、温存和良好的家庭环境。结果呢？他的人生仍以沦为杀人犯而告终。实验证明，暴力似乎真是由先天因素决定。

几个世纪以来，犯罪学家都把如上结论视为洪水猛兽。如今，情况已经有所改变。对此，笔者不但会向各位看官解释其中的科学道理，还会顺带介绍社会学家为何接受这个观点的种种原因。好了，我们即将见识几个和兰德里根情况类似的例子，或者说实验。第一个实验之中，科学家找到了好几对养父母和被收养的子女，这些孩子的亲生父亲都曾有犯罪记录，而养父母家里却背景清白。经过观察，研究人员发现，这些罪犯的子女很容易走上亲生父亲的老路，他们成年后的犯罪率比那些循规蹈矩人家遗弃的孤儿要高出许多。

接下来的第二个研究涉及双胞胎，其中有同卵双胞胎，也有异卵双胞胎。前者的基因完全一致，而犯罪记录和暴力程度也完全相同。相比之下，异卵双胞胎之间在这方面的相似之处就少了许多。

第三项研究不太常见，但结局却和前两个差不多：一对同卵双胞胎在出生之时就互相分离，从小生活在完全不同的环境中。长大以后，两者的反社会行为却达成了惊人的一致。

无论是收养案例，还是双胞胎研究，上面的事例都证明了基因对于暴力的巨大作用。不过，要想找出肇事的那些特殊基因，仅仅凭借类似的实验还远远不够。最终，我们需要在分子水平上探求，才能揭示催生暴力的基因谜底。

解暴剖力　双重麻烦

芸芸众生中，双胞胎的比例达到2%。大多数的孪生子都属于异卵双胞胎（fraternal），或称两合子双胞胎（dizygotic），他们出自不同的受精卵，享有一半的共同基因。虽然名为双胞胎，其实和一般的血亲兄弟姊妹并无太大区别。但是，还有8%的孪生子情况特殊。他们出自同样的受精卵，称为同卵双胞胎（identical），或谓单合子双胞胎（monozygotic）。同卵双胞胎的基因完全一致，他们共享的受精卵因为调控作用失灵而一分为二，最终造就了一对外形几乎完全一样的姐妹或兄弟。[4]

对于行为遗传学家而言，同卵双胞胎是天然的实验对象。他们的生活轨迹，可以帮助我们探求基因的奥秘，看看基因如何影响我们的行为、生理和心理。当然，我们也可以通过观察同卵双胞胎，找出基因和反社会与暴力行为之间的关系。

我适才说过，异卵双胞胎之间至少有一半的基因相同。但是，这种说法有些不大准确，需要作点解释。按照科学原理，笔者同正在阅读本书的各位读者之间在基因方面非常相近，近到99%的基因几乎一致。而且，我俩的基因又和黑猩猩出奇地相近，相近程度达到98%。相比同为猩猩的大猩猩，其实黑猩猩和我们人类的亲缘关系要深厚得多。说到这些猴子们，我们不免想到香蕉。其实，人类和香蕉树也算亲戚，毕竟我们之间60%的基因是一模一样。因此，当谈到“异卵双胞胎拥有一半的共同基因”时，我是指那些决定我们个人特质的1%基因中的一半。同样地，所谓“基因百分之百相同”的两个同卵双胞胎也不存在。相反，每个人都有自己那1%的基因特质。正因如此，我们才各不相同。

接下来，我们讲一讲双胞胎研究的故事。劳拉·贝克（Laura Baker）和笔者曾一起在南加州大学同事多年。她堪称这方面的开山鼻祖。一天，我们一边共进午餐、一边谈天说地，劳拉的一席话让我心中闪过一个念头，于是，我们决定一起开创一个项目。劳拉是研究双胞胎的专家，我则略懂一点儿童反社会行为方面的东西。因此，她决定和我一起探索双胞胎儿童的反社会行为。很快，我们的项目得到了美国国家心理卫生研究所（National Institute of Mental Health）的资金援助，并由此启动开来。我坐镇心理生理学实验室，劳拉则外出四处招募双胞胎。为了找到合适的研究对象，她走遍了整个洛杉矶学区。南加州某一所学校里拥有9岁孩童的家长都接到过劳拉的公开信。最终，我们招募到了1 210名双胞胎参与者，项目开展得非常顺利。

项目当中，监护人和每对双胞胎都要参与一项严格的评估——评估内容涉及认知、精神生理、个性、社交和行为等五个方面，时间长达一天。父母、孩子和老师还会共同参与填写一份有关儿童行为的清单，其中包括儿童的反社会行为。他们必须认真回答下列问题：有没有欺负过其他的孩子？有没有偷过东西？有没有虐待过动物？有没有卷入过斗殴？有没有袭击过其他人？有没有逃过课？有没有纵过火？以上这种种特点，都是问题孩子应有的表征，也是罪犯坯子具备的必要条件。调查完成后，我们对这1 210名儿童的反社会行为已经有所掌握。

那么，我们又是如何判断这些9岁孩童的反社会行为乃是出自基因之故呢？你可能已经注意到同卵双胞胎之间的近似之处，也察觉到了同卵和异卵双胞胎的两兄弟是如何相似。请注意，同卵双胞胎总是比异卵双胞胎在基因上更加相近。所以，假若基因决定了反社会行为，同卵双胞胎在相关行为上肯定比异卵双胞胎的步调更为一致。为此，我们采用了更为精致的数据技术——多元变量基因分析技术辅以结构方程建模，用计算机对反社会行为的遗传可能性进行研究。

劳拉和我最终有何收获呢？事实证明，遗传可能性数值介于0.40—0.50之间。这足以佐证，人类40%—50%关于反社会行为的变异性由基因决定。无论调查对象是父母、孩童本人还是老师，统计结果都不会产生很大变化。比如，根据老师们提供的数据，遗传可能性达到40%，而父母方面的数据则有47%。而基于孩童们自己的供述，其反社会行为的遗传可能性高达50%。因此，无论参与评估的对象是谁，孩童反社会行为的变异有一半处于基因的控制之下。我们中的有些人为什么会表现出反社会行为，也就有了一半的答案。

同时，我们还将多种测量手段综合在一起对反社会行为进行测试，并且有了更为惊人的发现。的确，没有一种测量手段是完全可靠的。你也知道，家长、教师和孩子对同样事情的意见并不一致，要想获取更为可靠的反社会行为的测量结果，并非一件容易的事。于是，研究者必须综合三者的意见，得出他们之间的“共识”。经过综合比较，我们发现，反社会行为具有遗传可能性的共识达到96%。相反，共享环境对行为毫无影响，而非共享环境倒是占据了4%的影响力。虽然我们的测量手段非常可靠，但我和劳拉也很清醒，时刻告诫自己不要高估了遗传因素的影响力。不过，测量的结果仍然表明，反社会行为不但有遗传可能性，而且具有很强的遗传可能性。[5]

双胞胎研究同样为攻击性和暴力具有遗传可能性这一结论提供了佐证。研究中，我们测量了两种攻击行为。一种称为“反应性攻击”（reactive aggression，又称被动性攻击），即人若犯我、我则犯人，乃是一种基于“防卫”或报复性的攻击行为，其遗传可能性达到38%。另一种则是“主动性攻击”（proactive aggression），本质在于用武力掠夺他人东西，自私而残暴，论及性质当然要恶劣许多，其遗传可能性高达50%。同时，共享环境对于攻击性倾向的影响非常有限。在男孩子的世界里，大环境的影响几乎并不存在。

关于双胞胎的研究非常之多，而这些研究也有着同样的发现：无论是儿童、少年、青年还是成年人，无论是男人还是女人，结论完全一致。我们对103项相关研究作了汇总，比较了攻击性行为和非攻击性行为的遗传可能性。结果显示，48%的非攻击性反社会行为具备遗传可能性，而攻击性反社会行为的遗传可能性高达65%。同时，共享环境对于非攻击性反社会行为影响不大，仅仅占到18%的可能；而攻击性反社会行为，则更是只有5%的可能受到大环境的影响。总之，遗传基因和非共享环境综合决定了攻击性行为的产生。而且，我们还发现：对于那些早早开始犯罪、涉嫌多种反社会行为、持久性强、性质恶劣的惯犯而言，影响他们行为的最大原因也是遗传。他们那些反社会行为的人格特征，比如麻木、缺乏同情，完全就像病毒一般在被传播、被继承。正是这些孩儿时期的反社会行为，最终酿成了成年阶段的暴力犯罪。

解暴剖力 同种异器

在对双胞胎的行为进行比较研究的过程中，研究者还面临着一个难题，那就是“平等环境假设”（equal environments assumption）问题。研究中，我们必须将环境因素对于平等性的影响纳入考虑。通常来说，父母、教师、同学都会用尽量平等的方式对待同卵双胞胎；对异卵双胞胎，大家可能会区别对待一些。因此，人们确信，同卵双胞胎的反社会行为比异卵双胞胎更具相似性。究其原因，同卵双胞胎的这种相似性，并非源于他们的基因，而是由他们所处环境的相似性雕琢而成。

这个问题是在回避对同卵双胞胎分开抚养的研究。研究者追踪一对成长环境截然不同的同卵双胞胎，对他们的行为进行检视，这样的研究对于探索行为的遗传可能性非常有力，但却面临着很大困难。毕竟，同卵双胞胎遭遇不同成长环境的案例非常少见。不过，一些研究者仍然排除万难，找到了32对具有反社会行为的、均为同卵双胞胎的儿童和成人开展研究，他们自幼便分离，在不同的环境下成长。那么，实验结果如何呢？结果显示，双胞胎们在孩童时代的遗传可能性达到41%，即便长大成人，这个数据仍然高达28%。

从大数据的角度考虑，这个结果令人震惊。不过，更加令人吃惊的事情在于：参与调查的32对同卵双胞胎中，有8对都出现了一方犯罪的情形。意思是说，孪生兄弟或姐妹中的一方因为违法而遭到指控。在这种情况下，剩下的8个人当中又有多少会步上兄弟/姐妹的后尘呢？跟踪研究显示，剩下的8个人之中有4个人也犯了罪——如此一来，基因对于行为的影响已然非常明晰。毕竟，这8对同卵双生子虽然血脉相连，却自幼便在各自的生活环境中成长。他们犯罪经历的相似性，显然不是成长背景的相似性造成。因此，影响他们行为的主要因素并不是环境，而是基因占主导。

在这4对同卵双生子罪犯当中，有一对墨西哥姐妹的故事尤其值得一提。她们自9个月大时便相互分离，在不同的环境下长大，监护人的性格截然不同。总而言之，姐妹间的生长环境没有什么相似之处。其中一个在城镇中生活了许多年，另一个的大部分时光都在沙漠地区度过。奇妙之处在于，两个女孩进入青春期之后，好像相约一般离家出走，抛弃了各自的家庭，而后又都在街头混迹，不断卷入一起又一起的寻衅滋事当中。同时，姐妹俩常常因为冲动遭受关押。在女性人群当中，犯罪的复发并不多见。考虑到这对姐妹的特殊关系，她们的案例就更加罕有。此外，基因对于行为的巨大影响，也由此可见一斑。在两人的故事当中，基因力量的影响明显超越了环境力量。

分析这些自幼分离的同卵双胞胎，可以帮助我们认识到基因对于犯罪的决定性作用。虽然方法上还有值得改进的地方。不过，方法的可行性已经得到了证明。后来，研究者将全部32对同卵双胞胎的案例整合在一起，采取了更为有效的研究方法，最后得出的事实再次证明了同样的观点。一些人走上了犯罪和反社会行为活动，因为他们在基因上属于易感人群。

解剖暴力　环境扮演什么角色？

如果你认为环境才是决定人类行为的关键因素，上面的种种遗传论据无疑都不是什么好消息。因为它们很可能推翻你的信念。不过，你也无须过分忧心。遗传研究虽然肯定了基因的影响力，却也没有抹杀环境的巨大作用。双胞胎研究表明，反社会行为差异的来源至少有50%与环境相关。到底是基因的作用更强，还是环境占据上风？目前看来是个平手。

大家都知道，环境对孩子的影响分为很多种。那么，其中哪一种对于塑造孩子的反社会行为起着最大的作用呢？到底是家庭因素力量更大，还是家庭之外的因素作用更强呢？家长及家庭，还是社会——在你看来，又是哪一方对于孩子性格的塑造更为重要呢？

你可能认为，父母对于孩子的影响最为巨大。事实证明，你想错了。劳拉和我发现，家庭因素造成反社会行为变异的影响力不过22%。相反，家庭之外的因素则占到33%。年龄在9岁的孩子更容易被同伴影响，甚至被逼迫和裹挟。相形之下，父母的威力可没有那么大。

这个事实可能很难令人置信，但是，我们的研究并非玩笑。你可以查阅关于反社会行为的所有基因研究的学术结果。最终你会发现，学界已经达成了共识：结果就是如此。不但反社会行为如此，人类的其他行为乃至个性都在承受同样的影响。汤姆·布沙尔（Tom Bouchard）是明尼苏达大学的行为遗传学家。他一向认为，共同的社会大环境对于成年人个性的影响几乎为零。没错，几乎为零。

如果你和我一样身为人父，相信这个消息一定会震撼你的心灵。不知道你会不会相信，我们对孩子悉心管教，所得的结果难道真的近乎于零？这样的现实，给我们的认知带来了巨大的冲击。我们不想相信，广大父母的努力只是浪费时间而已。

事实确实让人苦恼。父母都希望孩子像自己，而且他们花费很多时间养育孩子。然后，孩子长大了，各方面确实都很肖似他们的长辈。正因为如此，为人父母者就自然而然地认为，是自己的努力改变了孩子的人生。也许，这只是个误会。其实，一切都是基因的功劳。父母只是把自己的一半基因遗传给了子女。其后，子女的DNA是如何发威影响子女的过程，他们无法见证。不过，他们可以亲眼看到自己的社会化努力，以及孩子一步步成长的过程。而且，父母还会把自己努力的过程同子女一起分享。这一切，都让他们相信自己的努力终有收获。作为父亲，我也希望事实如此。不过，父母觉得自己教化有功，可能只是自欺欺人的错觉。

双胞胎研究的深度和广度，大大改变了犯罪学家内心深处对于遗传学的看法。渐渐地，基因的重要性就像海盗船一般，它们一艘接一艘地出现在地平线上，直至占据了整个犯罪学研究的港湾。如果仅仅是沧海一孤帆，你大可以视而不见。然而，眼前出现的是一支舰队，任谁都无法忽视。社会科学家的心海中，可远远不止这么一支舰队而已。犯罪学研究的天地，也因此面目大变。

解暴剖力　收养研究——兰德里根的故事

将双胞胎作为研究对象，有可能会低估基因对于反社会行为的塑造，由此将一些反社会行为错误地归因于非共享环境的作用。不过，双胞胎实验也可能由于平等环境假设的打破而高估了基因的作用。毕竟，研究对象所处的生活环境并非完全一致。因此，我们必须找到一个合适的标杆，引领研究走回正轨。

现在，让我们暂时告别社会和环境因素，回到单纯的基因研究上来。还记得达雷尔·希尔和他的儿子杰弗里·兰德里根吗？这对父子成年后的暴力犯罪行为几乎完全一致。现在，我们要拿上显微镜，调好 100 倍的放大倍数，仔细观察一下他们。同时，我们要看一看那些和这对父子有着相似经历的人。看一看父子之间是否有着那么大的联系，大到即便儿子从未见过父亲，完全在另一个家庭和环境中成长，走上另一条生活道路的时候，最后也会和父亲殊途同归。

收养实验中，一组宝宝的亲生父母都有犯罪记录，他们在出生后即遭遗弃，被人收养，进入全新的家庭环境，作为实验组。另一些身世清白的宝宝在出生后不久也因诸多原因被人收养，进入了全新的生活环境，作为对照组。如果前一组人在长大后的犯罪率高过后一组，那么，他们亲生父母遗传基因的威力就可以得到印证。

实验结果诚不我欺。我的同事萨尔诺夫·梅德尼克（Sarnoff Mednick）在丹麦的研究发现，亲生父母有犯罪记录的收养孩童比起那些家世清白的同类更容易走上邪路。相关的研究，在图 2.1 中体现得很清楚。

梅德尼克把研究对象分为几个类别，分组的依据是他们亲生父母因为行为不端而惹上官司的次数。对照组的生父生母毫无犯罪记录。实验组中，一些亲生父母只有一次前科，有的则是两次、三次，甚至更多。图 2.1 中的数据，则是研究对象本身遭遇指控的次数。至此，子女罪行和亲生父母不端行为之间的关系，我们也可以一目了然。关系很简单：亲生父母违法犯罪次数越多，他们的孩子作奸犯科、官司缠身的次数也会随之上升。很显然，其中有着遗传和血缘上的联系——一个人的遗传基因诱发了犯罪。

梅德尼克的发现，和其他十几个关于收养儿童的研究项目所见略同。

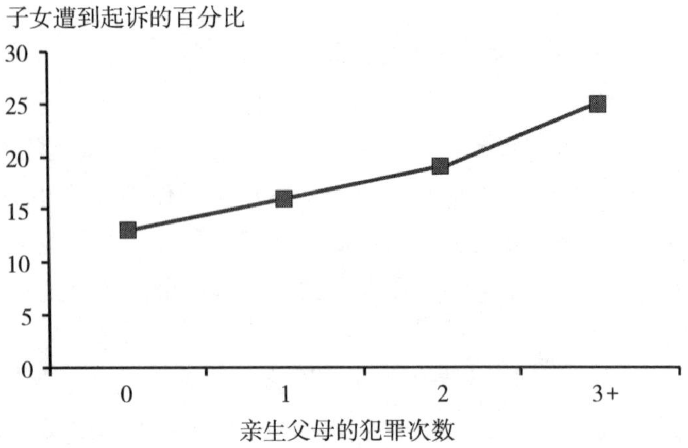

图 2.1　亲生父母的犯罪率和子女参与谋杀的比率呈正比关系

这些研究发生在不同国家，由不同的研究小组负责完成。各个小组之间并无管辖关系，可信度应当非常之高。

当然，偏差的可能性仍然存在。比如，收养机构有一条潜规则，即所谓“选择性寄养”（selective placement）。宝宝前去的收养家庭，往往和他们的亲生父母背景相近。而且，每个宝宝和生母相处的时间长短不一，也会对结果造成影响。假若他们的生母沉溺于反社会行为，并在收养前对孩童实施过虐待。那么，孩童日后的反社会行为完全可以归结为生母的影响。不过，梅德尼克对于实验过程的操控非常小心，无论是选择性寄养，还是生母的影响，都无法对他的实验结果造成太大挑战。其余的类似实验，也都有类似的保障。

无论是双胞胎实验，还是收养研究，任何研究方法都有其短处和弱点。对于那些不相信基因作用于犯罪的人而言，这些弱点当然值得大书特书。不过，他们的反对意见听上去似乎可以驳倒研究的结论，其实不过只是唬人而已。要知道，相关的研究跨越了民族、时间、地域的界限，而且有着各自的方法和特点。通常情况下，这样的研究应当得出多元而相异的结论。但是，它们的发现却是那么一致和统一。

现在让我们将这个原理应用到当前话题上。世界上涉及反社会行为的遗传学研究项目超过 100 个，而参与者既有 19 个月大的婴孩，也有 70 岁的老者。既有大萧条时期的见证人，也有当代的青壮年。他们来自各个西方国家，如澳大利亚、荷兰、挪威、瑞典、英国和美国等。研究涉及的反社会行为也多种多样，类型也包括双胞胎研究、收养研究、兄弟/姐妹行为对比研究等许多种。其中，甚至有针对全体国民、采用先进的定量建模技术的大型科调项目。还有的研究历时 15 年之久，志在考察过去的结论、看看它们是否经得起今日的检验。如果我们把所有的研究视为一个整体，它们其实有着相似的结论——之所以人群中有人犯罪、有人守矩，基因至少要占据其中一半的原因。对于那些不相信基因能够决定暴力的批评家而言，这样的结论虽不讨喜，却也很难驳倒。[6]

解剖暴力　粉刺和 XYY 染色体

什么样的孽种，才能萌发出罪恶的芽？这个问题实在很大，而且深具争议性。曾经轰动一时的 XYY 染色体公案，是将暴力犯罪和基因联系起来的、最具争议的一桩事件。

正常情形下，每个人都拥有 23 对染色体，每一条染色体内含有很多基因组。23 对染色体中，又有一对所谓的性染色体——X 和 Y。父母双方各向子女贡献一条性染色体，构成一对。如果性染色体最终的组合是 XX，那么这对夫妇拥有一位千金；如果性染色体的组合呈 XY，那么他们的后代则是一个儿子。当然，有时候这样的配对会出现偏差，呈现两条 Y 染色体搭配一条 X 染色体（XYY），或者两条 X 染色体与一条 Y 染色体配在了一起（XXY）。在第一种情况下，夫妇两人诞下的孩子还是须眉儿男，只不过他的性染色体呈 XYY，比正常男性多出了一条 Y 而已。

第一例 XYY 型染色体被人发现还是 1961 年的事情。多年以后，大家才意识这种搭配和暴力倾向之间的关系。1965 年，《自然》杂志上出现了一篇文章，事关苏格兰一处专门关押智力障碍囚犯的监狱中进行的血型测试。研究者发现，4% 的男性囚犯都拥有那条多出来的 Y 染色体，呈 XYY 型。这个发现实在令人震惊。根据估算，每一千个男性当中才有一名这样的“幸运儿”。这所专门监狱里血型测试所显示的比例，明显远远高于

XYY 染色体人群在普通人群中所占的比例，比普通人群高出 40 倍。

一年之后的 1966 年 7 月，正当英格兰代表队在足球世界杯上奋勇争先、问鼎“雷米特杯”的时候，大西洋彼岸的芝加哥爆出了一起血案。一名叫做理查德·斯派克（Richard Speck）的男子闯入一家宿舍，胁迫了里面的 8 名护士。他手持刀具，逼着护士们一个个走出寝室，而后又一一强暴了她们。最终，她们全部被他勒死。在这个过程中，有一名叫做科拉松·阿穆朗（Corazon Amurao）的护士偷偷脱离斯派克的控制。她躲在床下，几乎目睹了斯派克杀害最后一名同伴的全过程。当时，斯派克还以为已经完事。其实，他算错了手下俘虏的数目。就这样，斯派克走了，阿穆朗幸存了下来。最终，她在辨认罪犯的过程中认出了他。斯派克被捕，随后因为谋杀遭到起诉。

对这起案件铺天盖地的报道中，有一个奇妙的扭曲。有人声称，斯派克正是性染色体呈 XYY 型的罪犯。其实，性染色体呈 XYY 配对的男性都有着明显的体貌特征：他们身材高大，平均身高超过 6 英尺（1.83 米）。同时，这类人通常存在读写困难、学习障碍一类的毛病，平均智商也较常人为低。而且，XYY 型男性普遍有非常严重的粉刺。满脸粉刺——这可能是一种恶人之相。

看看斯派克这副德行吧：他正好有 6 英尺高，智力也不大好——要不然不会算错护士的人数。而且，斯派克的求学生涯很是蹉跎，他留了 8 次级，最后在 16 岁那年选择辍学。当然，别忘了他那张脸，简直就像月球的表面。他的面皮如此粗糙，满脸疤痕，都是因为粉刺褪去后留下的遗迹。1968 年，斯派克提出上诉，而媒体也适时地再次提及他那不同一般的性染色体组合。此前，科学界刚刚爆出了好几起关于 XYY 性染色体组合的突破性发现。比如，玛丽·特尔弗（Mary Telfer）在《科学》杂志上表示，宾夕法尼亚各大监狱里 XYY 型的犯人已经爆了棚。

图 2.2 中的这位男子就是斯派克，诚然，他这张脸是有些凹凸不平、坑坑洼洼。但是，他的性染色体并非 XYY 型。1966 年斯派克受审之前，范德堡大学的一位瑞士籍神经内分泌学家对他进行过染色体测试。测试结果表明，斯派克的性染色体为 XY 型，实在无异于正常男性。但是，媒体的力量实在强大，在宣传攻势之下，大家都把 XYY 型染色体当作暴力的代名词。有关 XYY 染色体的暴力传说传来讹去，几乎传成了民间故事。

萨尔诺夫·梅德尼克领导的一项研究，最终戳破了这个 XYY 暴力传

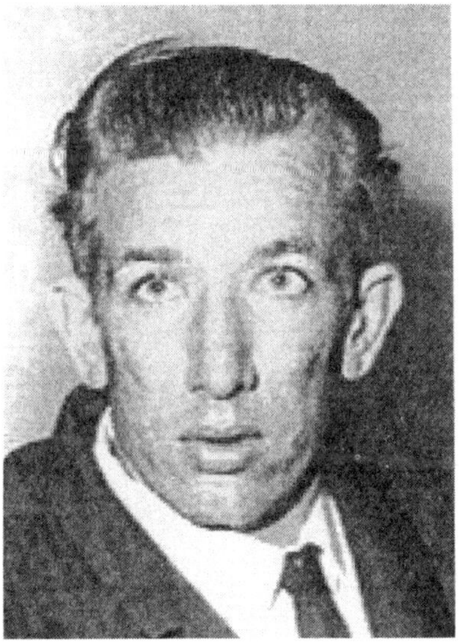

图2.2　理查德·斯派克

说。他们在《科学》杂志上发表了一篇重磅文章。文章中，梅德尼克等人表示：他们寻访了出生在哥本哈根的28 884名男性，对其中的4 139人进行了性染色体测试，受试者的身高都超过了6英尺（1.83米）。其中，12个人的性染色体呈现XYY型。而后，研究者调查了12人的犯罪记录，并与正常的XY男性作比较。结果显示，在遗传学上，XYY型染色体确实与反社会和暴力行为有着一点牵强的联系。性染色体呈XYY配对的男性当中，犯罪率高达41.7%，而男性作为一个整体的犯罪率只有9.3%。同时，XYY型男性沾染暴力行为的比例也有8.4%，而整体只有1.8%。由于样本规模较小，虽然比例已经超过了5倍，但在统计学上无显著性。

梅德尼克的结论得到了社会科学家的欣然接受。一些犯罪学教科书甚至把他的实验当作范例，以此证明暴力和基因毫无关系。甚至有的人据此认为，基因和犯罪也没有任何联系。好了，话到这里，我们需要澄清一下事实了。

请注意，根据梅德尼克等人得到的数据，由于缺乏可靠的统计证据连接起来，我们确实难以把XYY综合征同暴力画上等号。但是，如下四个方面的原因，足以证明遗传因素和暴力犯罪之间的密切联系。首先，虽然XYY男性参与暴力行为的比例不比其他男性更高，但他们在一般的攻击性行为方面更为积极。其次，许多犯罪学家无疑都忽略了一点——XYY 型染色体的出现源自典型的遗传异常。异常发生在受精期间，由父母传给儿女。XYY 成型之后，异常的染色体并不具备再次遗传的可能性。因此，不管XYY 型染色体与犯罪和暴力有无关联，都不能证明基因与之毫无干系，两者本就不是一回事情。第三，XYY 综合征是一种遗传基因疾病，虽然和犯罪没有直接关系，但是，对于双胞胎和收养儿童的研究已然表明，犯罪和特定的基因密不可分。第四，近来的研究收集到了更大规模的样本，事实证明，性染色体呈现 XYY 型的男子，确实比正常男性更加具有攻击性倾向。相较他人，他们也更容易堕入犯罪泥潭。

接下里，我们将见识诸多真正的“邪恶基因”，它们不是传说中的 XYY 染色体，但却和犯罪行为有着更为直接的联系。

解剖暴力 邪恶的一元胺

社会学派的学者一度认为，犯罪遗传学（genetics of crime）就像邪恶的九头蛇。本来，他们自觉已经斩断了大蛇的头，还将它的尸身掩埋进了历史的尘埃当中。但是，大蛇非常顽强。如同传说一般，它的头可砍了再生，源源不断。关于暴力犯罪成因的学术争论，并没有呈现一边倒的局面。争论仍在继续，而且不断升温。

汉·布伦纳（Han Brunner）是荷兰奈梅亨大学医院的一名医生。1978 年的一天，一名妇女找到了布伦纳大夫，向他咨询遗传方面的问题。原来，她的许多男亲戚都有些行为不端。他们好勇斗狠，性喜滋事寻衅，盯人的眼神让人恐惧。而且，她 10 岁的儿子也有行为失序的端倪。她还担心自己的一对千金。她很忧虑，自己的孩子会步上长辈的后尘。她求教布伦纳的问题在于：他们这个家族是不是因为遗传因素才变得如此具有攻击性？

而后，布伦纳进行了一番系统调查。他跑遍了整个荷兰，查遍了妇女家族四代以内的人丁。布伦纳的这番研究非常严谨小心，他甚至造访了几处避难所，对蜗居其中的女方亲戚进行了访问。他采集了他们的血液样本，以便进行遗传学分析。一转眼，15 个春秋过去了。1993 年，布伦纳及其研究团队的成果终于出炉，凝结到了《科学》杂志上的一篇论文里。成果让人震惊，甚至有些毛骨悚然。

布伦纳研究了这位妇女的14个男性亲戚，他们都有漫长的暴力史和冲动型攻击行为记录。这个家族同暴力的渊源，和杰弗里·兰德里根—达雷尔·希尔—老希尔一门三代重复再演的犯罪经历是如此相似。布伦纳的研究还显示，这个家族四代之内，只有女性成员的儿子遭受类似问题的困扰。即是说，无论这种暴力行为是否来自遗传异常，都与Y染色体无关，而是X染色体携带着暴力基因传给了儿子。这个家族的男性之所以沉沦暴力，要归咎于家族中的女性。而且，布伦纳还在这些成员的身上发现了一个令人震惊的家族性异常基因。这几位暴力男亲戚有着一个缺陷基因——单胺氧化酶A基因（MAOA gene）异常。布伦纳对该基因进行了测序和分析，发现它发生了突变，丧失了应有的功能，不能产生人体所需的单胺氧化酶A。所有受此影响的家族男性成员身上，无一例外都有这个突变形式的单胺氧化酶A基因。

单胺氧化酶A为一种酶，参与多种神经递质的代谢，从而帮助人们控制情绪，提高注意力，完成许多认知功能。它可以调节多巴胺、去甲肾上腺素、血清素的代谢。单胺氧化酶A基因的突变，导致单胺氧化酶A生成不足，让这些作用完全失灵。在那些家族暴力成员的身上，布伦纳等人甚至根本找不到单胺氧化酶A的踪迹。它的整体缺失会引发了一系列严重后果：它会破坏其他神经递质的正常功能，造成广泛的身心机能失调——包括注意力缺陷多动障碍（ADHD）、酗酒、吸毒、易怒和其他危险行为。布伦纳还发现，单胺氧化酶A的缺失还会导致智商低下——那14位研究对象莫不如此。我们都知道，低智商很容易诱发犯罪和暴力。智商低下、易怒、注意力不集中、滥药滥酒，种种因素荟萃一处，自然会产生攻击性冲动。由此可见，这种冲动型暴力从来就不是一种意料之外的行为。

2011年，我去阿姆斯特丹开会，正好遇见了汉·布伦纳大夫。他在《科学》上的作品及其体现出的观点都实在有趣。同时，他敏锐地意识到，自己的医学遗传学研究成果很可能导致争议，还有被人曲解和滥用的可能性。因此，那篇论文的结论颇有一些语焉不详，这显然是医生有意为之。文章中，他从没下笔写过一次“攻击”和“暴力”，总是用“不正常行为”予以代替；就连文章的题目里，他也没有断言基因“导致”暴力，而只说两者“有所联系”。尽管他如此低调，媒体还是炸开了锅。大家都在惊呼，又一个新的“犯罪基因”露出了真面目。为此，布伦纳不得不苦口婆心地解释许多次：根本没有什么“犯罪基因”。而且，他所发现的那种基因异常情况殊为罕见，也许不足以推为常理。同时，他还表示：基因固然重要，但环境也是决定行为的一大因素。对了，自打我认识布伦纳的那一刻起，他总是把“环境很重要”的说辞挂在嘴边，不厌其烦在反复强调，以至于许多社会学派的学者会错了意。一些媒体也借机大炒话题以耸人听闻。不过，无论九头蛇被斩首多少次，总有新的蛇头顽强地冒出来。尽管我们一次又一次地遭遇抨击和批评，但是，相关的发现总会适时提醒那些社会科学家——基因对于犯罪行为的重要影响。

解暴剖力 战斗基因再度发威

1993 年，汉·布伦纳的新发现引发了一次大震动。两年之后，我在南加州大学的同事陈景虹（Jean Shih）女士再次带来了震惊。当时，陈女士的研究团队试图将老鼠体内的单胺氧化酶 A 基因排除殆尽，随后观测相应而来的后果。只要在老鼠体内植入一段人工合成的 DNA 序列，就可以将某种基因排挤出去或遏制住。有段时间，陈女士等人每天早晨走进实验室，都会发现一只死耗子。不过，他们很快有了新发现：那些缺乏单胺氧化酶 A 基因的老鼠变得极富攻击性，常常向其他老鼠发起冲动性暴力袭击。就这样，陈景虹等人发现了一个和暴力有关的基因，而这个基因正好是布伦纳研究过的那个荷兰暴力家族身上发生变异的基因。

由此，遗传决定论下的这条九头怪蛇又长出了一个头。20 世纪里，大蛇已经是三度冒头了。陈女士的发现不但扭转了犯罪遗传学的命运，甚至改变了整个遗传学研究的面貌。自此之后，基因和人类的一切行为都扯上了关系。大家开始相信，基因才是许多事情的肇因。

2002 年，《科学》杂志发表了杜克大学两位科学家特里·莫菲特（Terrie Moffitt）和阿夫沙洛姆·卡斯普（Avshalom Caspi）的论文。文章有着里程碑式的突破意义，甚至被学界奉为社会和行为科学研究史上最重要的作品之一。我们会在后面的章节里谈到他们的研究成果：事关遗传学和生物学因素与社会因素的交互影响，以及这种影响对于反社会和暴力行为的作用。总之，个人的基因非常重要，但必须在特定的社会环境下才会发生作用。

我和特里是老相识，我们第一次见面是在意大利的托斯卡尼

（Tuscany），那时她还是一名研究生。当时大家叫她特米（Temi）。特米以新西兰的达尼丁（Dunedin）为基地，主要纵向研究反社会行为。说到达尼丁，我们不得不提及一下这座城市的历史。1861 年，有人在此地附近发现了黄金，随后前来淘金的大部队蜂拥而至。达尼丁由此一度成为新西兰最大的城市。直到如今，达尼丁仍是新西兰南岛的第二大城。特米的丈夫阿夫沙洛姆，同时也是她的合作伙伴，夫妻俩在达尼丁掘到了自己的那一桶黄金。在这里，两人发现了一系列数据，并开启了自己那了不起的研究。阿夫沙洛姆不但发现了控制单胺氧化酶 A 的特定基因，还将这种基因的变异同反社会行为联系在了一起，当然，其中还少不了虐待儿童这个社会因素的作用。

作为人类，我们的基因其实都一样。但是，任何基因都是可以发生变异的，同时，任何特定位置的基因均有不同的 DNA 序列。正因为这些“遗传多态性”（genetic polymorphisms），人类才不至于千人一面。因此，有人是蓝眼睛，有人的眼眸则呈棕色；有的人一头直发，有的人发线卷曲。遗传多态性的结果，让不同人体内的单胺氧化酶 A 水平各有不同。如今，我们可以通过血液样本及唾液样本查出一个人的基因类型。大约 30% 的人体内单胺氧化酶 A 的水平较低，出现这种情况，是由于单胺氧化酶 A 基因出现了一次变异。由此，这些人的神经递质发生紊乱，从而导致一系列问题。剩下的 70% 人群则享有正常的单胺氧化酶 A 水平。卡斯普和莫菲特在达尼丁的研究涉及一千多名儿童和青少年，研究对象介于 3—21 岁。两人反复研究了这些人出现的反社会行为，同时，对研究对象的经历也非常清楚：他们知道哪些 3—11 岁的儿童没有经历过虐待、曾经遭受过虐待、遭受过严重虐待。总之，他们发现，在那些经历过虐待的儿童当中，一旦体内单胺氧化酶 A 水平偏低，他们很可能在今后涉足反社会和暴力行为。

卡斯普和莫菲特的研究具有重大意义。正是由于他们的发现，基因和生物学因素与反社会和暴力行为之间关系的复杂性才得以呈现。同时，他们的发现还为布伦纳和陈景虹此前的发现增加了分量。无论研究对象是荷兰的一个家族，美国的一群老鼠，还是新西兰的一群年轻人，不同的研究方法得出了同样的结论：单胺氧化酶 A 处于低水平这一现象，与暴力和攻击性行为有着一定程度的联系。

当然，新的分子遗传学研究领域的天才创见屡见不鲜，就好似蓝天中突然划过的一道道闪电。关键在于，不同的研究手法，总是收获相同的结果。卡斯普夫妇的论文问世4年之后，一篇文献综述横空出炉。综述总结了5个相似的研究项目后发现，它们的结果和卡斯普夫妇一模一样。同时，综述还把相关的结果和个人的反社会行为联系到了一起。

这些研究表明，低单胺氧化酶A基因（low-MAOA gene）是反社会行为的成因之一。不过，他们的研究还只限于那些遭受过虐待的人类个体。另一些研究者则突破了这点局限，企图找出显示该基因与反社会型人格特征的直接联系，而不去理睬研究对象是否有过被虐待史。研究发现，无论男女，只要与低单胺氧化酶A基因结缘，那么他/她必然会有伴随终生的高度攻击性行为特征。其中，有些男性遭遇了罕见的单胺氧化酶A基因的遗传变异，体内的单胺氧化酶A水平降到极低。这类人犯下重罪、施加暴力的可能性要比一般的研究对象高出两倍。甚至，这种联系超越了精神病学报告和自我检查的范畴。那些携带低单胺氧化酶A基因的个体即便在参与实验的时候，配合态度也非常糟糕。世界上并没有一个单独的犯罪或暴力基因，但这个基因确实对暴力行为起到了一些促进作用，这一点，许多研究已经有所证明。[7]

2006年8月，新西兰的一项研究，让犯罪遗传学这条九头蛇又生出了一颗头颅。这一次，相关的争执尤为激烈，几乎演变为一桩颇具争议的丑闻。当时，有研究者表明：毛利人（Maori）体内的单胺氧化酶A的水平明显低于新西兰白人，皆因毛利人的低单胺氧化酶A基因型水平两倍于白人。报道中，研究人员阐述了这种区别：

> 毛利人所面临的问题实在不胜枚举。较之其他族群，他们更加具有攻击性，对于赌博一类的冒险活动也更为热衷。

那篇报道的标题为“毛利人之暴力基因”（Maori violence blamed on gene），标题实在有点火上浇油的意味。随后，一场热烈又敌意十足的大辩论开仗了。科学家、政客、记者，乃至每个人都加入了这个狂乱的战局。

其中，几位研究者不得不发表声明，表示自己的话语遭到了严重的曲解。他们辩称：

> 某些新闻界的朋友和政界人士恶意曲解了我们的意思，他们企图把犯罪之类的非医学性的反社会议题和我们的研究联系到一起。需要

注意的是，他们的说法统统没有科学依据，不值一驳。

与此同时，这些研究者还特地谈起了低单胺氧化酶A基因型（low-MAOA genotype）的事情。此前，他们用猴子做了暴力实验，并由此确定了低单胺氧化酶A基因和暴力行为之间的关系。事情至此，低单胺氧化酶A基因已经炒出了名，成了众所周知的“战斗基因”（warrior gene）。研究者猜想，毛利人体内的低单胺氧化酶A基因之所以会产生，可能要归因于积极的自然选择结果。研究者假设了一套逻辑：毛利人是出了名的英勇善战。他们的祖先划着独木舟，从波利尼西亚漂洋过海，移民到了新西兰。旅途漫长而充满艰辛。遥想当年，岛民之间常常爆发残酷的部落战争，如今的毛利人都可以算作那些幸存者的后裔。正因如此，毛利人之中出现低单胺氧化酶A基因型的频率比其他族群要高出两倍多。总之，根据这种关于“战斗基因猜想”（warrior gene hypothesis），一切都是进化的结果。换言之，“战斗基因”帮助毛利人挨过了“恐怖的生存”战争，赋予了他们在当地的族群优势。如今占新西兰人口15%的毛利土著部落居民，似乎应当感觉特别荣幸。

然而，另一些人认为，这些解释貌似吹捧，实际上在给毛利人的形象抹黑，对毛利人有巨大伤害。还有人表示，如此解释带来的坏处不仅于此，整个新西兰社会都会因此忽略毛利人较低的社会地位和经济水平。不过，提出“战斗基因猜想”的研究者声称，毛利人确实拥有独特的基因类型，忽视这样一个事实既不科学也不道德。毕竟，这样的差别具有巨大的医学和治疗潜力，可以帮助我们了解疾病的差异性。

每当研究涉及不同民族、不同种族之间基因差异的时候，研究者立马变得万分小心。毕竟，我们的课题与犯罪和暴力相关，要求科学家特别谨慎。同时，从进化论的观点看，“战斗基因猜想”也并非那么有道理。比如，对比研究表明：白人男性中低单胺氧化酶A基因者约占总人数的34%，这一比例在毛利人男性中达到56%。如果我们调查一下中国男性的该基因型指标，会发现这个数据高达77%。但是，中国的谋杀案发生率却很低，大约每10万人中有2.1宗，远远低于美国水平（十万分之九）。而且，中国人似乎从不以好战自夸，对不对?

谈及暴力的生物学伦理问题，道德总是绕不过去的一道关口，不过，相关的事情我们稍后再谈。在这里，我们暂时放一放毛利人的基因和暴力行为之间的故事，也不去理会种族差异造成的问题。请大家将注意力重新聚集到一个更加确定的事实之上。

请注意，不同的攻击行为类型可能会有不同的原因。所谓的战斗基因——单胺氧化酶A变异基因，只能诱发那些热血膨胀、情绪激动、易于冲动的攻击行为。可是，有一些攻击行为却是冷血型、富于巧思缜密的，战斗基因对它们可起不到什么作用。汉·布伦纳曾表示，自己的荷兰研究对象之所以表现出攻击性行为，很多情况下是对于愤怒、恐惧或沮丧情绪的回应。同时，另一些研究者在加州大学洛杉矶分校开展研究后发现，那些具有低单胺氧化酶A基因的学生不但性格更具攻击性，对于人际关系也更加敏感。一句话，他们的感情更容易被人言刺伤。同时，这些学生一旦社交受挫，情绪反应也会相当明显。比起其他人，他们更容易因为遭到怠慢而心生怒火。

这些富于战斗基因的学生面临批评也是高度敏锐，很可能作出异常冲动的回应。[8]另一项研究在澳大利亚进行。澳洲人士似乎与战斗基因特别有缘，许多研究对象不但容易沾染反社会行为，面对刺激情绪的事情，他们的大脑也会产生异常反应。遥想18—19世纪，16万名囚犯从英伦三岛上船启程，漂洋过海来到南半球的这块殖民地定居。久而久之，囚犯们繁衍生息，变成了现在的澳大利亚人。别误会，我并不认为这一研究结果完全昭示了澳大利亚人的家学渊源，相反，我只是认为，低单胺氧化酶A基因和犯罪行为之间确有瓜葛。这种联系普世存在，超越了文化的藩篱。

解暴剖力 “保险丝”吉米——爆炸性的脑化学

我花了不少时间谈论这个特定的基因——“战斗基因”。这么做的原因很简单，因为科学已经给出强有力的证据，证明这种基因同反社会和攻击行为有所关联。同时，其他一些类似的基因也已经为人所知，比如：5HTT基因（5-羟色胺转运体基因）、DRD2基因（多巴胺D2受体基因）、DAT1基因（多巴胺转运体基因）、DRD4基因（多巴胺D4受体基因）等，这些基因均与反社会和攻击行为紧密相连。那么，它们到底有怎样的作用，又如何促生暴力的呢？其实，这几种基因和人类大脑中的两种神经递质——血清素（5-羟色胺）和多巴胺息息相关，这些基因可以控制神经递质的活性。

继续讨论之前，我们有必要从另一个角度对暴力进行解剖。从大脑的遗传构成到暴力化学，这只是其中的第一步。前面谈到，分子遗传学研究的本质在于找出那些诱发暴力的特定基因，以及这些基因对神经递质功能的编码。所谓神经递质，即是人脑中的化学物质，也是大脑活动的关键所在。它们分类繁多，超过 100 种。脑细胞之间的信息传递，要通过这些化学物质才能完成。这些神经递质的水平一旦改变，人的认知、情感和行为也会随之一变。基因正是影响神经递质功能的一大原因，这种影响，很可能让人产生富于攻击性的想法、情感乃至行为。

我们以多巴胺为例。多巴胺可以给人提供驱动力和积极性。人类之所以追求奖赏、追求名利，很大程度上应归因于多巴胺的辛勤分泌。有时候，攻击性行为很可能带来好处。有时候，我们在动物体内注入多巴胺受体，以便编码操控它们的行为。实验表明，动物体内多巴胺水平上升之时，它们的攻击性倾向也会随之趋于上升。相反，随着多巴胺的消弭，攻击性也会渐渐退潮。这就好像汽车的油门一般，只要我们想加速前进，就可以一脚踏下，达成效果。

血清素的故事，则和多巴胺大不一样。我从事心理学、精神病学和神经科学方面研究多年，对血清素受体基因的研究一直兴趣浓厚。血清素基因分为两种：一种为短等位基因，另一种是长等位基因。人群中，大约 16% 的人拥有短等位基因。在这种基因的作用下，人的大脑很容易对情感刺激做出过激反应。同时，一旦体温过热，短等位基因还可以帮助人类排汗祛暑。学界认为，短等位基因和较低的血清素水平相关。研究表明，拥有短等位基因的人，血液中的血清素水平明显低于其他人。

那么，暴力分子体内的血清素水平是低还是高呢？相关研究始于 1979 年，研究对象为一群军人。研究主导者是弗雷德·古德温（Fred Goodwin），美国国家心理健康研究所主任，一名非常优秀的科学家。他抛给军人们的第一个问题是关于他们的战斗经历。他想了解这些军人各自经历过多少次战斗和战役。而后，研究对象会好好休息一晚，而且不能食用任何东西。第二天早晨，醒来的军人们并不能直接用早餐，他们还得扎一针。这一针直接刺入他们脊椎内的脊髓，抽出脑脊液样本以供研究。弗雷德研究团队对他们的脑脊液进行分析，查看其中血清素的含量。

弗雷德的发现不但令人震惊，而且具有分水岭的意义，开创了暴力生物学的研究领域。脑脊液中的血清素水平和这些军人在日常生活里的攻击性有着直接联系，相关度高达85%，这个数字实在不低。不过，后续研究表明，低血清素水平同攻击性行为之间的联系并没有想象中那样紧密——两者之间的相关度不过10%。但是，这样的比例已经够高了，足以影响成年人的行为，特别容易导致那些源于冲动的暴力行为。

为什么血清素含量走低，暴力行为就会走高？因为血清素是人类的情绪稳定剂，对大脑活动起抑制作用。它就好像一副生物学刹车系统，可以制止那些冲动而不过脑子的行为。血清素可以影响——或者说安抚大脑的额叶皮层。关于额叶皮层的功能，我们将在下一章作重点介绍。现在，你只需知道它对于管控攻击行为有着莫大作用就行。总之，体内血清素越少，人就越容易冲动和冒失。大脑成像技术已告诉我们，饮酒的时候人体内的色氨酸——一种制造血清素的氨基酸——会大幅度降低，从而大大减少血清素的含量。因此，难怪每次那些醉鬼遭遇挑衅，都会立即暴跳如雷。简单的嬉笑玩闹，也能点燃他们的怒气和情绪。没有血清素居中调和，人们在逆境之下更容易感到烦躁。因此，如果一个人体内血清素含量处于低水平，生活中又碰上了什么不公平际遇，他由此而来的旺盛火气也就可想而知。烧断控制情绪的那根保险丝，只是分分钟的事情。

詹姆斯·菲利亚吉（James Filiaggi），外号“保险丝吉米”，他的故事就与血清素有关。吉米祖籍意大利，成长在一个幸福的家庭。他的出身背景和我有些相似，与隆布罗索也有几分雷同。实际上，我和吉米的缘分不浅，因为我和他都当过会计。不过，吉米的脾气一直很坏，这也是“保险丝”这个外号的来历。小时候，发飙的吉米曾经一口咬掉弟弟托尼的小半截手指，学校一位老师的手掌也曾遭受吉米的啮击，生生少了一块肉。此外，他还有袭击修女的劣迹，正是由于这次事故，吉米遭学校开除。不过，吉米是个聪明孩子，虽然几经波折，最后还是光荣地结束学业，然后开始会计生涯。一天晚上，菲利亚吉和妻子起了口角。当时，他显得很是暴躁，死死卡住老婆的脖子。她不得不报了警，更是惹毛了老公。于是，他一枪结果了她的性命。

吉米可能被判死刑，为了救他一命，辩护律师搬来了一名救兵，此人名叫埃米尔·科卡洛（Emil Coccaro），是吉米的意大利老乡，他对血清素和暴力行为的研究闻名全球。经过腰椎穿刺抽取脊液和生物化学检查，科卡洛发现吉米体内的血清素水平低得出奇。

这还不算完，科卡洛经过观测还发现，吉米的多巴胺水平异常之高。根据多巴胺的功能，此人应该非常热衷于追逐金钱名利，而且极有可能沾染毒品。事实证明，菲利亚吉的人生兼有上述两种恶劣元素，他一面拼命揽钱，一面控制不住情绪。他好像一只脚在狠命踩油门，一只脚却毫无点击刹车的意思。当他的手扼住妻子脖颈的时候，他已经无法自已。一切都源于他体内各种化学物质酿成的苦酒，我们能够掌控的东西，吉米却没有一点管制能力。这也是一般人同暴力狂徒殊途而行的一大原因。

吉米身上神经递质的异常，能否成为他逃脱死刑的理由？或许陪审团会相信，本案中的暴行只是一个精神病人无意而为，而并非出自本心？结果，他们没有相信。吉米罪名成立，被判处注射死刑。在下一章里，我们会仔细探讨精神病人犯罪的问题。不过，现在请你仔细思考一下：假如你是陪审团的一员，是否会做出不同的判断？

脑内化学物质和人类暴力行为之间的关系非常复杂。迄今为止，研究者大多认为，较低的血清素水平加上较高的多巴胺水平，可能会导致人类从事暴力行为。“保险丝吉米”正是这样一个例子。但是，我们也不能忘记环境对于暴力行为的影响。菲利亚吉如此暴虐冲动，并非完全由于体内血清素含量过低。他还需要一个恰当的社会环境作为诱因，将自己的暴力冲动完全展现出来。大多数学者都认为，短等位基因会导致暴力行为，而这些暴力行为大多出于头脑发热、一时冲动。同时，我最早的一批学生之一，安德莉亚·格伦（Andrea Glenn）则把注意力集中在了长等位基因上面。格伦认为，长等位基因和那些冷血、周密的暴力行动有着不可切断的关系。她给出的证据非常可信。

要想参透暴力背后的化学原因，我们还有很长的路要走。了解清楚舒缓血清素和奖励驱动多巴胺的原理对于人类行为的作用，只是漫漫征程的第一步。而且，大脑中的神经化学物质同人类行为有着多种联系，影响并不只限于暴力方面。比如，DAT1基因（多巴胺转运体基因）作为控制多巴胺分泌的重要工具，其存在不但能决定某个人争强斗狠的程度，还和他拥有的性伙伴数目直接关联。上一章中，我们曾经提过一个话题：从进化的观点，暴力行为虽然在很多方面带来自我毁灭，但是，在很多情况下，暴力也是繁衍后代、扩散基因所运用的主要策略。热烈的情爱和冲动的暴力这两种行为，常常由同一种遗传机制通过控制神经递质的水平来决定。我相信，接下来的10年我们会大有收获，在人脑中找出更多与暴力相关的神经化学物质。

解暴剖力 开始的结束

利用特定基因研究暴力犯罪的历史并不久远。而且，所得的成就不过是一点点皮毛而已。因此，我们提出结论的时候，必须谦虚谨慎一些。当然，如今的成就已经值得大家为之自豪和骄傲。要知道，我们的研究起步不过20年，完全是从一张白纸做起。到了现在，研究已经可以为我们提供关于基因结构和功能方面的细节信息。人类基因组计划（Human Genome Project）是我们取得进步的关键元素，也是我们这个时代最重要的国际研究项目之一。它发端于1990年，仅仅10年之后，研究者就已经绘制出了人类基因组的草图。计划表明，人类所拥有的基因远比我们想象的少得多，仅仅只有21 000个基因，几乎和老鼠处于同一水平。关于人类基因图谱和有用的基因，科学家早已做好分类，可在互联网上一览无遗。不过，许多秘密仍然有待发掘。比如，人类大约98%的DNA纯属“垃圾DNA”（junk DNA）。所谓垃圾DNA，即是那些不参与编码蛋白质的DNA序列。迄今为止，我们还不明白它们用途何在。

有鉴于此，我们可以推测，以上种种针对暴力行为的基因研究还有可能面貌大变。不过，基因对于人类行为的强大作用，已是毋庸置疑。我们已经站在了一个人类遗传构成的未知世界门槛上。前进一步，没准就能带来巨大的医学突破，但是，不可想象的道德上的尴尬也随时可能降临。行为遗传学是一个神秘的黑匣子，虽然它告诉我们什么比例的、一个给定的行为是受遗传的影响，却不能识别特定的基因潜伏在哪里，以及如何诱发一个人的暴力行为。分子遗传学正在努力揭开这个黑匣子，将暴力的黑暗秘密大白于天下。随着研究者对“垃圾DNA”的深入探索，将会揭示它们在蛋白质编码序列的转录、基因表达的调控作用，我们将在犯罪遗传学上获得更多的知识。总之，大家发现了环境同基因两种因素的交互作用，以及它们对于导致犯罪的共同影响。这个新的发展，让那些过往对犯罪遗传学嗤之以鼻的社会科学家也兴奋不已。

关于遗传学的这一章虽然已经写罢，相关的研究却不过刚刚开始。从科学角度而言，人类基因组计划仅仅是完成了发现特定基因行为的初期研究工作。接下来，我们会对是什么基因塑造了犯罪和暴力作更完整的阐述。同时，这也标志着我们追究犯罪孽源的调查也只是开了个头而已。好了，结束之前，我们不妨再听听达雷尔·希尔的内心独白。这个死期已定的人，简简单单地提及了自己和儿子之间的孽缘：

> 他（杰弗里·兰德里根）的命数已定，我认为这一点没人能够质疑……他和我出自同一个模子，就是我的翻版……上一次我看见他的时候，他只是个襁褓中的孩子，我在他的床垫下放了两把点38手枪和好些杜冷丁。他枕着武器、伴着毒品，睡得很是香甜。

没错，小小的杰弗里·兰德里根就这样在襁褓中枕着武器、毒品，酣然进入梦乡。俗话说：有其父，必有其子。兰德里根和希尔这一对父子，对暴力、毒品和酒精的嗜好是如此一致。显然，儿子走上的道路，生父早就已经走过一遍。

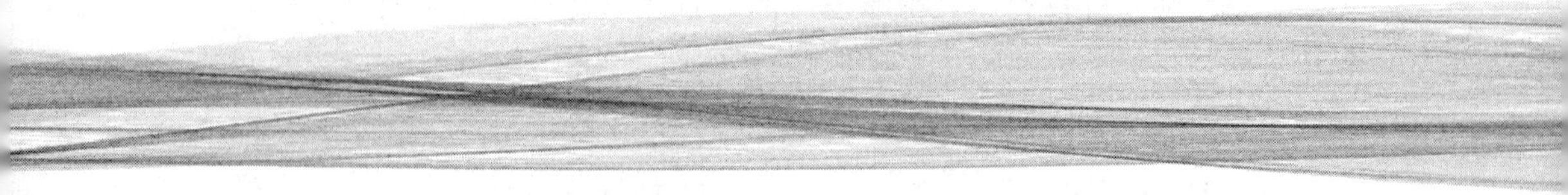

第3章 杀手之脑

暴力大脑如何运转

兰迪·克拉夫特（Randy Kraft）有一颗嗜杀的大脑。如果你和他面对面交谈一次，你绝对不会相信他竟如此沉迷于杀戮。兰迪是个电脑顾问，智商高达129。他在南加州长大，我曾经求学的南加州大学就在他的家乡附近。兰迪的家庭背景和我相仿，我们都有一对受人尊敬、工作勤勉的父母。他排名老幺、有三个姐姐。这一点和我又是一模一样。克拉夫特一家所在的地区中产阶级居多，政治倾向普遍较为保守。兰迪的早年生活可谓普普通通、平淡无奇，和我的童年十分相似。由于禀性聪颖，少年兰迪一直就读快班。他先是进入西敏寺（Westminster）高中求学，后来又考取了著名的克莱蒙特男子学院。学院文理方面的专业颇为闻名。在这里，克拉夫特获得了经济学方面的学位。他的人生前途，看上去不可限量。

如果有机会，你不妨去兰迪的网页上浏览一番。你会发现，他非常留念自己在橘子郡（Orange County）度过的童年岁月。那时候，他的生活特别快乐，成天都是“苹果派加雪佛兰”，多么美好的五六十年代啊！言及家人，兰迪非常动情。他想到了和爸爸一起打保龄球的片段，又想到了和妈妈一起采草莓、挤奶油的场景。他还想起了那一天，内华达州某地刚刚举行了核试验。当时，兰迪和爸爸一起兴奋地见证了原子弹在空中留下的灿烂光晕。他还记得13岁那年，自己第一次有机会和女孩共舞的情景。兰迪特别眷恋田园生活，小时候，他曾在橘子郡乡下的田地里流连多时，采摘草莓。那段光阴，尤其让他怀想不已。他还记得，每个早上，他会帮爸爸点起火焰，焚烧垃圾。兰迪特别喜欢这个活计。网页上，他全方位展现了他的过去。追忆从前，他仿佛还可以嗅到那些味道，听见那些声音，触到往日生活的种种纹理。于是，他写下了这段文字，显得颇为动情：

今天，当我回首往事，我还可以嗅到潮湿的青草点着了之后散发出的独特清甜气息，听到火焰噼啪作响的动静，看到白色的烟雾腾上早晨的蓝天，冲得老高。恍惚间，我还看到爸爸穿着老式汗衫和松松垮垮的裤子，不断在给火堆加料。我呢，则在一旁做帮手。

当我们回首往事，也许会有着类似的美好记忆。当然，我们的回忆中没有血腥的味道。没有受害者那一次次划破夜空的恐怖嘶喊。没有他们那些凌乱松垮的内衣，也没有他们被粗暴褪下裤子的场景。没有强奸受害人带来的感觉，也没有一张张濒临窒息、先是发白、最终发蓝的扭曲面孔。更没有受害者那湿漉漉的大腿——窒息之后，骨盆肌肉会突然松弛，尿液随之从下体喷薄而出。

这些感觉，你一定不曾经历过。但是，兰迪却记忆犹新。这些恐怖的经历，和他在网上分享的那些美好日子完全大异其趣。兰迪一直大喊无辜，声称自己没有干过这些事情。然而，罪证确凿，他已在圣昆廷监狱伏法，因为1971年9月到1983年5月，长达12年的64起谋杀罪被处以极刑。

每一次作案，兰迪都会在晚上出现在派对上寻觅猎物。受害者均为成年人和青少年，他们和兰迪一起畅饮啤酒，不加防备地坐上他的汽车，就这样上了钩。接下来，兰迪会在他们的啤酒里掺下镇静剂，待到受害者昏睡过去，就会对他们施以强奸、虐待，然后把尸体丢出车外。如斯罪行，为他赢得了“高速公路杀手”（Freeway Killer）的恐怖名声。说到杀人，兰迪的手段总不一样。有时候，他会掐死受害者；有时候，他会将他们枪杀。受害者中，既有成年男性，也有十几岁的半大孩子。

如果不是1983年5月14日那次晦气的小意外，也许兰迪的杀手生涯会一直延续至今。当天凌晨1点，兰迪开着一辆丰田“赛利卡”轿车上了圣迭戈高速的5号州际公路，恰好位于洛杉矶南。此前，他刚刚外出作乐，已经酒过两巡。轿车匀速前行，时速不过45迈（72.4公里/时）。虽然没有超速，车身却有些摇摇晃晃。很快，兰迪决定更换车道。这时，他却忘了遵守交通规则。就是这一着不慎，终结了兰迪的杀戮生涯。

就在那一刻，加州高速公路巡逻警察盯上了兰迪。巡警打开车灯，按下播音喇叭，要他立即靠边停车，兰迪遵命执行。不过，兰迪并没有待在车中等候巡警走上前来。相反，他拿着一瓶木斯赫德（Moosehead）啤酒，下车迎上前去。

克拉夫特向警官坦承，今晚自己确实喝了三四瓶啤酒，但并没有醉。巡警要求他做一次酒精测试，他也从命了。这次测试他没能过关。于是，他背上了酒后驾车的罪名。

由于酒驾，兰迪和肇事车辆必须暂受羁押。当值警官名叫迈克尔·霍华德（Michael Howard）。他慢慢地走近了那辆丰田车，心里有些暗暗生疑。警官分明看见轿车的后座上还有个趴着的人。不过，疑惑只是一瞬间的事。按照加州高速公路巡警对于此类事件的处理惯例，巡警常常允许没有喝酒的乘客把车开回家去，这样一来，兰迪就不用支付一笔多余的扣押金。警官想，也许这个人能帮兰迪一把。

霍华德觉得，自己有必要把这个睡着了的乘客叫醒，看他能不能帮一把手。一切都出自巡警的好心。于是，警官礼貌地敲了敲车窗，没有任何反应。事情有些诡异。于是，霍华德干脆打开车门，摇了摇那人的身体。还是没有反应。看来这人也醉了，警官想到。不经意间，霍华德掀起盖在那人大腿上的夹克外套，这才发现他的裤子已经褪去，阴茎和睾丸都粘连在了一起。而且，他的双腕上还有明显的捆绑痕迹。

巡警立即呼叫医护人员赶到现场，但为时已晚。这人早已死了。死者叫特里·甘布里尔（Terry Gambrel），时年 25 岁，正在海军陆战队服役。那晚，他喝下两瓶啤酒 ，而且被灌下了一些安乐定（Ativan）——剂量并不足以致人死命，是兰迪下手勒死了这名海军陆战队队员。

兰迪被捕了。原来，这个性情温和、一丝不苟、柔声细语、工作努力的电脑顾问，竟然就是恐怖的“高速公路杀手”（Expressway Killer）。不久后，媒体又送他一个新绰号——“记分卡杀手”（Scorecard Killer）。警察查抄兰迪轿车的时候，在后备箱发现一份长长的、排成两列、写满各种代号的清单，诸如“英格兰”、“天使”、“切腹”等等。这是兰迪的杀人清单，每一个代号都代表一条人命。我作为曾经的会计，自认为是井井有条的人。同为会计的兰迪，显然有着同样的职业素养。他的这份死亡报表数据详尽、条理清晰，从中我们可以获知许多讯息。有时候，兰迪甚至会在同一个晚上连杀两人，像“2 对 1 搭便车”、“2 对 1 海滩”之类的代号，也许就象征着两名搭便车的或者两名在海滩上遭到毒手的受害者。为了起好一个代号，兰迪煞费苦心。比如，“欧几里得”是他安在受害者斯科特·休斯（Scott Hughs）身上的名字，象征着抛尸地点的那处斜坡。“EDM”正是受害者爱德华·丹尼尔·摩尔（Edward Daniel Moore）的首字母简写，而“保释”

则说明受害者罗兰·杨（Roland Young）的背景——这人遇害之前刚刚出狱几小时。

每次强暴后，兰迪都会做好记录。根据记分卡，他一共谋杀了64名年轻男子，作案时间长达12年。1971年到1983年间，警察从没找过他的麻烦。只因那晚开车变道不守交规，才让他露了马脚。对这颗谨慎缜密的犯罪头脑而言，这是一次后果严重的小错误。像兰迪这样的杀手心智和大脑，正是“暴力的功能性神经解剖学”（functional neuroanatomy of violence）研究渴求的经典案例。

绝大多数谋杀犯与兰迪·克拉夫特不同，往往只犯下一起致死人命案。安东尼奥·布斯塔曼特（Antonio Bustamente）也是个杀手，但他的背景和兰迪没有什么相似之处。此人出生在墨西哥，14岁那年来到美国。许多墨西哥裔移民都有个团结紧密的大家庭，安东尼奥也不例外。虽然家境并不富裕，但安东尼奥从小到大一向遵纪守法。

但是，进入青春期后，安东尼奥的麻烦来了。他染上了毒瘾，开始以偷养吸。结果，一个勤勉守法的移民少年不复存在了，取而代之的是一名罪犯。安东尼奥变得易怒冲动，经常卷入斗殴和冲突。接下来的20年，他在监狱里出了又进、进了又出。其间，他始终未能摆脱对海洛因的依赖，自然一直需要金钱支撑自己的嗜好。

1986年9月，也就是兰迪被捕的两年多之后，安东尼奥犯下了一起入室盗窃案。他破门而入，在屋里翻来找去，没有发现任何现金，只搜出了几张旅行支票。正当他认为一切顺利时，80岁的屋主突然出现。原来，老人刚刚去了附近的杂货店采购归来，恰好和安东尼奥迎面相遇。安东尼奥身高六英尺二英寸（1.88米），体重210磅（95.25千克）。可以想见，80岁老头不大可能拦住他的去路。要走要斗，只在安东尼奥的一念之间。可是，他的好斗本性或战斗系统偏偏决定了要和屋主厮打一番。几拳下去，毫无自卫能力的老人断了气。根据检方报告，案发的屋内到处都是血迹。

行凶之时，安东尼奥显得非常慌乱。案发现场，他的指纹四处可见。而且，他甚至没有做出一点清理痕迹的动作。老人的几张旅行支票上，大喇喇地留着他的掌上血印。更为出奇的是，直到警察出现在家门口，安东尼奥还穿着那件作案时的血衣。

杀手有两种类型：一类就像克拉夫特一般，冷静而缜密：另一类则是安东尼奥式的暴徒，笨拙而粗蛮。他们来自不同的家庭，家景不同，隶属不同的族群，有着不同的犯罪背景和作案手段，犯下不同类型的罪行。被他们夺命的受害者也是多少不一。如果我们研究一下这些人的内心，会发现什么样的情形？这些杀人犯的脑成像扫描是否和我们普通人相近？如果脑扫描有差别，差别又在哪里？兰迪·克拉夫特这种多次作案的连环杀手，和安东尼奥·布斯塔曼特这种冲动型、常见又易被人遗忘的一次性杀手，在大脑功能上又存在怎样的差异？我们这些双手干净的普通人，又拥有什么和他们相似的特征？

不久前，所有这些问题都只不过是低俗小说里的噱头而已。还记得乔纳森·德姆（Jonathan Demme）的《沉默的羔羊》（*Silence of the Lambs*）这部电影吗？联邦调查局探员克拉丽斯·斯塔林（Clarice Starling）想要剖析食人魔汉尼拔·莱克特（Hannibal Lecter）的犯罪动机，没想到却遭到了汉尼拔的嗤笑。没错，当时的科技实在太过简陋。仅靠一支笔、一张纸的测谎仪，绝对是“迟钝的玩意儿”，完全不足以窥破人心。但是，大脑成像技术发展迅速，已经能够为我们解开一些暴力犯罪问题的谜底。我们可以确定，不少杀手的大脑功能确实出现异常。当然，相关研究刚刚起步，还有着许多缺陷。但是，今天的研究不但为后继者提供了基础，同时还提出了两个很具现实意义的问题——自由意志存在否？责备和惩罚的法律责任应当如何？这些话题，我们会在第 10 章进行重点讨论。

但是，在获取这些复杂的结果之前，我们先来看一看科学证据所显示的杀手想去犯罪的心灵——他们的思维模式，犯罪的原因。我们现在就能见证这一事实，进而研究他们的大脑是如何运转的。

解剖暴力　杀手之脑

一直以来，人类都在试图揭开自己的大脑之谜。亚里士多德（Aristotle）认为，大脑这个器官有如一台散热器、主要作用在于冷却血液。在笛卡尔（Descartes）看来，大脑的功能近似于一副天线，专门负责连通灵魂和肉体。作为骨相学家的弗朗茨·德·高尔（Franz de Gall）深信，看颅骨隆起知人品、性格这回事。如今，大家都知道这个 3 磅（1.36 千克）

重、灰质团的玩意儿的确神通广大——看、听、摸、走、说、吃、嗅、想，一切活动都离不开它。读这本书的时候，你的脑子一定没闲着。那么，暴力行为也应该与之有密切联系吧？说到谋杀，它更是应该发挥主脑作用了。

1994 年之前，我还没有开展对谋杀犯的脑成像研究。当然，其他人也没有。这不奇怪，那时美国的犯罪率如此之高，一年的谋杀案也不过两万起，比率实在太低。要想招募到这一小部分谋杀犯中足够数量的罪犯进行研究，实在不是一件容易的事。

1987 年，我离开故土英国，来到美国加州定居。一方面是贪图加州的好天气，另一个原因就是此地谋杀犯济济，从来不愁找不到研究对象。加州大学欧文分校的蒙特·布克斯鲍姆（Monte Buchsbaum），一直和我合作研究这个课题。正是由于他的努力，我们才招募到了足够多的研究样本。为了确认研究对象的身份，我们找到了当地的辩护律师求助，他们也给出了非常积极的回应。加州法律允许死刑存在，谋杀犯很难逃脱这种终极惩罚，除非律师能够找出证据说明客户大脑异常之类，也许才能免于一死。因此，律师们对我们的研究非常支持，而我们也借此积累了足够多的研究素材。

事情谈妥了，研究也拉开帷幕。警卫们押着 41 名杀人犯鱼贯而入，我们准备对他们进行大脑扫描测试。这些人一个个面带凶相，看上都不是善类。不过，他们此时表现得还和蔼，显得非常配合。其实，大家经常忘记了一个事实——杀人犯也是人，他们生活中 99.9% 的地方和常人完全一样。你可能常常觉得杀人犯距离自己很近，就好像隔壁邻居，其中的原因就在于此。正是生活中剩下的那 0.1% 部分，导致了悲剧性的结果。正如我们将要知晓的，大脑功能的异常，是他们和我们所行殊途的重要原因。

我们对谋杀犯采用的扫描技术称为正电子发射计算机断层显像技术（Positron emission tomography），简称 PET（正电子成像术）。有了它，研究者可以清晰掌握大脑不同区域在同一时刻的代谢活动。其中，前额叶皮层（prefrontal cortex）的活动尤其重要，它在大脑的最前部，正好位于双眼后方、紧靠额头后面。我们采用反复执行任务方式激活或“挑战”前额叶皮层：研究对象必须盯住电脑屏幕，每次看到屏幕上数字“0”闪现就按一次响应按键，这样持续 32 分钟。可想而知，这个任务实在无聊透顶。这个任务需要维持注意力很长一段时间，而前额叶皮层的重要功能在于保持警觉性、维持注意力。你现在能把精力集中在品读《暴力解剖》上，也是大脑前额叶皮层在发挥作用。领受任务之前和完成任务之后，研究对象都要接受脑正电子成像术（PET）扫描。当然，任务之前的扫描对测量葡萄糖代谢水平更为重要。当研究对象从事某个认知任务的时候，大脑某个部分的葡萄糖代谢水平越高，说明这个区域对这种活动的操控作用也越深。

这次测试的参与者分成两组，一组是 41 名谋杀犯，另一组是 41 名普通人作对照，两组人群在年龄和性别上相匹配。那么测试结果怎样呢？图 3.1（见彩图）的左图是正常人的大脑扫描结果，右图是谋杀犯的大脑扫描结果。图 3.1 是一幅大脑的水平切片图，可从上到下看清大脑的结构。前额叶皮层位于最上面；枕叶皮层位于最下方，它在大脑的后面，控制视觉活动。那些呈红色和黄色的暖色调区域，为高葡萄糖代谢区域，正处于活跃期；反之，呈蓝色和绿色的冷色调区域，则表明大脑这一区域处于低葡萄糖代谢状态。

再看图 3.1 的左图，事实证明，正常人群在接受测试时，大脑前额叶皮层和大脑后部的枕叶皮层这两个区域都非常活跃。反观杀人犯的表现，看右图，他们大脑后部的枕叶皮层区域和正常人无异，在执行任务中一直处于活跃期，这说明他们的视觉系统并无任何障碍。但是，他们大脑前部的前额叶皮层则表现迟钝。总体而言，谋杀犯的大脑前额叶皮层区域进行的葡萄糖代谢活动程度要远远逊于正常人。

那么，额叶皮层的功能和暴力有何干系呢？一个功能受损的大脑又是如何引发不当行为的呢？如果额叶皮层功能严重受损，而后当事人又将有何表现？对于这些问题，我们可以在不同的概念层面上进行解释。

1. 从情感层面上讲，前额叶皮层功能的减弱，会导致一系列情感的释放，比如愤怒和暴躁，丢给像边缘系统（the limbic system）这些进化上较为原始的大脑部分来控制。能够抑制这些边缘情感的、进化上更复杂的前额叶皮层因功能降低，则对此睁一只眼闭一只眼。相关的后果也就不言而喻，就好像突然短路的保险丝一般。

2. 从行为层面上而言，前额叶皮层受损的脑病患者大多有敢冒危险、罔顾责任、违规逾矩等多种不当行为，这些行为已经游走在危险边缘，距离骇人听闻的暴力行为已经不远。

3. 从性格层面上考虑，前额叶皮层受损会导致人的性格大变，包括性格冲动、失去自控能力、无法修正和抑制自己的行为。显然，暴力分子也拥有这些人格特点。

4. 从社交层面出发，前额叶皮层受损会导致患者人格不成熟、行事不老练、缺失社交判断力。由此可见，社交能力的缺失，可以导致一个人行为不当，或者让人不知道如何处理和应付困境，只会不顾一切地诉诸暴力。

5. 站在认知层面上看，前额叶皮层受损让人智力大降，不知机变，解决问题的能力也大不如前。由此一来，问题多多，包括学业不济、难觅工作、经济困窘……所有这些问题，都可能导致一个人走上犯罪和暴力的道路。

综上所述，我们从 5 个层面上归纳作出一个判断：前额叶皮层受损可能是一个人走向暴力行为的前奏。因此，前额叶皮层功能减弱是一个人和反社会与暴力行为结缘最为相关的因素。

有些人可能认为这不是事实，只是选择性研究的结果。但是，我们可以证明这就是事实。因为，参与研究的对象来自不同的阶层，在年龄、性别上完全不一样，脑部病史、用药史方面也有所不同，有的参与者善用右手，有的则是左撇子，有的甚至在测试之前吸食毒品。所有这些因素，并未对测试结果产生太大影响。实验中，杀人犯一组参与测试的表现，甚至远好于正常人对照组。当然，这可能是因为杀人犯们的枕叶皮层区比正常人更为活跃。杀人犯的枕叶皮层区更为活跃，说明他们更倾向用大脑中负责视觉功能的脑区对事物进行观测。这样一来，他们的前额叶皮层功能受损的事实可以得到少许补偿。总之，谋杀犯的前额叶皮层机能障碍是一个事实，并非选择性研究造成的结果。

解暴剖力 受损大脑——蒙特的证据

我和蒙特的研究开了先河，是人类首次采用较大样本的杀人犯脑成像证据，证明杀人犯的大脑功能有异于正常人。当然，我们必须谨慎从事，暴力行为是非常复杂的，前额叶皮层功能障碍并不适用于所有的杀人犯。

现在，我们回到安东尼奥和兰迪的案例上，仔细研究一下他们的大脑及杀人的思想。你应该还记得安东尼奥·布斯塔曼特的故事——一次冲动犯罪。安东尼奥浑浑噩噩地在底层社会里沉沦了许多年，后来，他入室行窃未果，一时冲动杀死了偶然回家、手无寸铁的 80 岁老人。根据检方负责人约瑟夫·比尔德（Joseph Beard）的指控，这是一次出自贪欲、毫无必要的邪恶攻击。为此，比尔德请求法庭对布斯塔曼特处以死刑。

这次谋杀发生之前，布斯塔曼特早已是警察局的常客。他已经 29 次遭到警方起诉，罪名包括偷窃、强闯私宅、吸毒贩毒、持械抢劫、非法逃逸以逃避起诉等等。他的背景和犯罪模式都显示他是个彻头彻尾的惯犯，一个典型的暴徒。

这桩案子有一个奇怪之处。我仔细查看了布斯塔曼特的犯罪记录，从中察觉到一些问题。布斯塔曼特初次犯罪时快 22 岁。一般而言，典型屡犯的反社会和暴力行为可要早上许多年，他们大多在刚刚进入青春期的时候开始作奸犯科，有的人甚至未及成年就已经迈入犯罪的江湖。相形之下，这是一桩非典型案例，十几岁的布斯塔曼特可是个循规蹈矩的好小伙。那么，这能说明什么问题？

克里斯托弗·普卢尔（Christopher Plourd）是布斯塔曼特的辩护律师。他的策略是不谈当事人的历史，只强调犯下谋杀罪时的蹊跷细节：在偷窃和藏匿旅行支票的时候，布斯塔曼特显得非常慌乱；案发现场到处都是老人的血迹和他留下的指纹；当他被捕的时候还穿着作案时的那件血衫。以上种种迹象显示，这像一个燃料充足、高效缜密的杀人机器的所为吗？难道是这台杀人机器的某颗螺丝松了，瘫成了一堆废铜烂铁。

普卢尔还发现，他的当事人在 20 岁那年被一根铁撬棍击中头部而受重创。根据大伙描述，自此后，布斯塔曼特的人格从根本上改变了，把一个规规矩矩的好小伙变成了鲁莽冲动、情绪不稳定的逆种。有以上事实为证，普卢尔充分相信自己的当事人曾经经受过脑部创伤。为此，他求教于世界上数一数二的研究精神分裂症和脑成像研究的专家，为他的当事人做脑扫描。我的同事蒙特正是那位专家，他和我正是在这个时候开启研究项目的。法庭上，蒙特指出，布斯塔曼特的前额叶皮层患有功能性障碍。

我们的项目约请了 41 名杀人犯参与研究，安东尼奥·布斯塔曼特就是其中之一。如果你是负责他案件的陪审团一员，你会采信普卢尔等人的说辞吗？相信他是由于20岁那年被一根铁撬棍击中，而后才从循规蹈矩的青年变成一个冲动又麻木的罪犯吗？你相信他犯下如此罪行，其实是因为脑病因素而无法自控吗？当辩方把布斯塔曼特眶额叶皮层（orbitofrontal cortex，又译眼窝前额叶皮层）受损的大脑扫描报告作为客观证据呈递到你的面前，声称他正是由于这种释放情绪调节控制毁坏而无需承担刑事责任时，你会予以采信吗？

请仔细看图3.2（见彩图），然后自行作出判断吧。图中的右图就是布斯塔曼特的脑损伤检查结果。眶额叶皮层位于图上方，呈冷绿色，和左图正常人大脑的大片红色完全不同。显然，布斯塔曼特的大脑不正常。最终，陪审团认定布斯塔曼特患有精神疾病，不同意对其使用死刑。

判决结果令检方震惊，对此，约瑟夫·比尔德不得不发表声明：

> 我从没遇到过这种事，至于什么PET扫描更是闻所未闻。一面是“布斯塔曼特”，一面是“正常人”。两张图如此不同，形状不一样，颜色不一样……。这不是借口。要我说，这是鬼扯淡……。单凭20岁那年的一根管子，就把一个乖乖仔砸成了杀手？不管大家相不相信，反正我是不信。

至今，那幅鬼扯淡的PET（正电子成像术）扫描图还挂在比尔德办公室的墙上。检察官执意要留它作个纪念，纪念一张花花绿绿的“脑片”如何影响陪审员的观点，将死刑降成了终身监禁。布斯塔曼特一案，带动了一股风潮，脑部问题已经成了辩方为罪犯减罪乃至脱罪提出的常见理据。

没错，前额叶皮层机能障碍和暴力之间的关系已经成了公众热议的话题。成像技术并不足以证明两者确有因果关系，只是保证它们之间可能的相关度而已。布斯塔曼特杀人前一天的脑扫描会是怎样的，我们永远都不得而知。我们也不敢肯定，布斯塔曼特从一个圣洁男孩变成一个丧心病狂杀害老人的罪犯，是不是由他眶额叶皮层的异常造成？

我们不妨像侦探或医生那样，把所有的碎片拼凑起来：安东尼奥·布斯塔曼特从小就是个金子般的好男孩，茁壮成长到青年。但是，20岁那年，一根来自地狱的铁撬棍击中了这个好小伙。医疗记录显示，他遭受了很严重的头部创伤。创伤似乎让布斯塔曼特性情大变，他比以前更冲动了，也越来越爱惹是生非。在被撬棍击中受伤后不久，他又卷入一场严重的车祸事故，导致更多的头部受伤。

接下来的 20 年里，布斯塔曼特官司不断。他一次次卷入酒吧斗殴，很可能导致进一步的闭合性颅脑损伤。善恶的天平，随之慢慢失衡。终于在 22 岁时，他有了案底。这是他人生的第一次，正好发生在被撬棍击中及随后多次让他头部受伤的事故之后。从那时候起，布斯塔曼特从好孩子变成了大恶魔，他堕入了毒品和犯罪的狂野世界，越走越远，直至杀害了那位老人。我认为，事情大致就是如此。

我们知道，眶额叶皮层是头部受伤后最容易受损的脑区。布斯塔曼特头部受伤，导致眶额叶皮层功能受损。我们可以把他的伤势，同他性情大变的事实联系在一起。同时，脑科学上有许多著名的案例显示，眶额叶皮层功能受损很可能导致一系列精神疾病问题，如缺乏自控力、行事冲动、缺乏决策力、情绪难以自制等。正电子成像术（PET）扫描所显示的结果，也表明布斯塔曼特的眶额叶皮层功能大幅减退。假设布斯塔曼特的罪行并非出自深思熟虑，只是一时冲动所为。我们可以看出，他的行动虽然恶劣，但也异常粗枝大叶。他这次杀戮毫无策划的痕迹，既不想掩盖指纹血印，甚至身上一直没有脱下那件血衣。

我们无须具备福尔摩斯那样的洞察力，也知道这一切和他 20 岁时那次头部受伤之间的必然关系，并远远超出他的控制力。那次伤势，很可能导致他的眶额叶皮层功能减退，诱发以后的一系列冲动行为和暴力犯罪。即便眼拙得有如华生医生，只要稍具 19 世纪水平的医学知识，都能够得出同样的结论。但是，布斯塔曼特案例，能否代表杀手世界的全貌呢？

解剖暴力　连环杀手的大脑

杀手分很多种，有的和安东尼奥・布斯塔曼特完全不同。兰迪・克拉夫特就是这样一个例子。我们已经描述过此人的早年史，其中没有任何异常之处。他出生在南加州的保守派大票仓橘子郡，一个成长在典型中产阶级家庭的男孩。这样的人，似乎不该属于暴力活动的易感人群。

那么，兰迪是不是和安东尼奥同病相怜，也饱受前额叶皮层功能损伤之苦呢？我们不妨回顾一下他的犯罪特征：兰迪总是很谨慎地选择目标，总是装出挺友善的样子同猎物开怀畅饮。他喝酒很有节制，几乎从不会失去意识导致局面失控。他把握时机的能力超强，总能找准机会给猎物下药。他很仔细，每次捆缚猎物都很小心，确保他们难以逃脱。犯案之后，他都抛尸荒野，清理痕迹。一夜杀戮和狂欢之后，第二天还能准点上班，完成重负荷的会计工作。

他到底怎么做到这一切的呢？答案可能就在他的脑扫描图中。仔细看图3.3（见彩图），在下方的三幅图中，左图属于正常测试者，右图属于一般杀人犯，中图是兰迪·克拉夫特这个连环杀手的脑扫描报告。请注意右图和中图的区别：中图的前额叶皮层并没有功能减退的迹象。相反，他的大脑那一部分明亮艳丽，就好像闪闪发光的圣诞树一般。

在我看来，兰迪出事是个意外，但是这个意外证明了一个规律。这是一个纵横12年、杀戮64条人命却长期逍遥法外的案犯。要想做到这一点，一个人必须有很好的前额叶皮层功能，像兰迪·克拉夫特这样擅长阴谋计划，知道如何保证行动万无一失。他知道未雨绸缪，也懂得狡兔三窟的道理。他的注意力始终高度集中，而执行力也毫不含糊。一个成功的连环杀手所具备的素质，在兰迪身上都可以发现。他是一个异类杀手，他的大脑剖面图与其他杀手显著不同。他的出现，证明了许多道理。比如，他证明了前额叶皮层功能的退化可能导致一个人计划能力下降和容易冲动、冒失。而且，这种退化不但可能让人走上谋杀的道理，也有可能使人在犯罪之后早早落入法网。

现在，我们再仔细研究一下兰迪的大脑结构，以及他为什么可以逍遥法外如此之久，而其他杀手很快就落网。要想破解这个秘密，我们必须要把他和安东尼奥·布斯塔曼特作个对比。后者在因为杀人被捕之前，已经先后28次犯罪而遭到拘捕。相形之下，兰迪几乎没有任何案底，直至最终落网才露出本来面目。可以说，他的档案差一点就洁白无瑕。这其中的原委，显然大有研究的意义。

故事的开始远在1966年夏天，也就是理查德·斯派克在芝加哥残杀8名护士的那个夏天。那也是我毕生难忘的一个夏天——那一次，英格兰队历史上第一次、迄今唯一一次捧起了足球世界杯。那个夏天，我12岁，杀手兰迪·克拉夫特21岁。那个夏天，相信兰迪也难以忘怀。不过，他刻骨铭心的记忆另有原因。因为那个夏天，兰迪第一次和警察有了瓜葛。

那个夏季的一天，兰迪来到洛杉矶南面的亨廷顿（Huntington）海滩闲晃游猎。他看上了一个年轻男子，并趁机向对方动手动脚、邀约求欢。不巧得很，小伙子是便衣警察。兰迪被起诉了，罪名是猥亵行为。不过，他并没有因此进监狱。虽然这次经历给他的档案留下了污点，其实也没有任何实质后果。对待许多初犯，警察不过是警告一句：“下次别这样了！”兰迪的待遇，也是如此。

在我看来，这次经历对于兰迪有着双重意义。首先，教育他必须谨慎行事，因为警察无处不在。其次，督促他大胆行事，因为警察并非万能。这次事件之后5年，兰迪才犯下“记分卡”上的第一桩杀人案。他的前额叶皮层功能良好，确保他在遭遇这次惊吓后可以改善自己的作案方式。我们都记得，一个人前额叶皮层功能一旦受损，他的社交能力、自控能力、自我调适能力都会随之大为下降。反之，兰迪在这方面实在很强，这也让他可以根据情况对自己的行为进行修正。正所谓吃一堑、长一智是也。

然而，欲念让兰迪时时蠢动。他又该如何发泄欲火呢？这一次，他转移了目标，不再针对成年男性，而是将魔爪伸向了青少年。青少年就好像长在低矮枝丫上的果实，更方便他驻足采摘。况且，他们的身体青春强健又少不更事。这样一来，遭到便衣警察抓包的可能性也会大为降低。

兰迪在第一次犯下杀人案之前的4年间，可能已经先后有过多次不轨行径，不过具体的情形我们已经无从知晓。唯一一个和他有过亲密接触，又能逃过死劫的人叫做乔伊·范彻（Joey Fancher）。1970年3月，乔伊只有13岁，还是西敏寺地区的一个任性孩子。他的家和兰迪在长滩（long beach）的居所相距不远。乔伊喜欢逃学，喜欢骑着自行车在亨廷顿海滩的木板小道上兜风。就在那里，兰迪盯上了他。一天，杀手迎了上去，递给少年一支香烟。而且，兰迪敏锐地察觉出了乔伊的桀骜和任性。于是，他投其所好地问：你有没有和女人那个过？没有！乔伊回答。那么，你想不想那个呢？兰迪继续引诱。当然！乔伊表示。一拍即合，两人一起骑上兰迪的摩托加速驶去。来到兰迪的公寓，少年乔伊的脑子里满是性爱的诱惑，别的事情他已经顾不得了。

对乔伊而言，这次“惊喜的艳遇”就是一个陷阱，接下来，更大的陷阱还在等着他。一进公寓，兰迪又拿出了一份“惊喜”——也就是一点毒品。随着大麻下肚，男孩感觉有些眩晕。作为一个好客主人，兰迪给了乔伊4粒红色小药丸，让小客人就着西班牙苦艾酒喝下肚去。兰迪说，这样一来人就不会昏昏沉沉了。结果呢？男孩就完全听从兰迪的摆布了。为了满足兽欲，克拉夫特强迫迷迷糊糊的男孩为自己口交。乔伊一直在挣扎抗拒，却没有还手之力。多年后，他才向陪审团吐露实情："他按住我的脑袋，强迫我这么做。我根本无力反抗，就好像一个破布玩偶一般任他乱搞。"

最后，兰迪在乔伊口内完成了射精。随后，又将男孩带进卧室，将他推倒在床，并对其施以鸡奸强暴。然后，兰迪去了浴室淋浴。接下来，你可能会认为，克拉夫特会变得温柔一些。可是，他还是暴虐如故，继续着对男孩的蹂躏。药力让乔伊醒了又晕，晕了又醒。而且，肛门附近的撕裂感仍然让他痛楚万分。生理上和心理上的双重羞耻，让乔伊双眼垂泪。酒精和毒品双管齐下，又叫他不断呕吐。兰迪身上也沾染了一些秽物，不得不再次去浴室清洗身体。最后，杀手披上外衣，径自离开了家，好像事不关己一般。临走之前，兰迪只是冷冷地告诉男孩自己上班去了。

悲剧的关键，就出现在接下来的一段时间。倘若事情不像那般发展，兰迪·克拉夫特原本应该就此落入法网，他丑陋邪恶的犯罪生涯也会因此终结。可是，事情出了偏差。兰迪走后，乔伊逃出了那栋房子，在薄雾中冲到海洋大道上，几乎被一辆汽车撞倒在地。最后，乔伊跌跌撞撞穿过道路，来到一家酒吧旁边。他求了救，一个酒客帮他报了警。乔伊去了医院，清洗了胃中残留的酒精和药物。随后，两名警官陪着他回到了兰迪的公寓，乔伊把自己的新鞋子忘在了那里。结果，他们并没有找到鞋子，只找到了一叠淫秽照片。照片一共76张，主人公多为男性，内容全是他们各自达到性高潮的表情。

接下来，兰迪一定落网了吧？没有。遭受性侵的孩子大多心有羞耻，根本不愿提及自己的受辱经历。乔伊也没能免俗。面对警察和父母的询问，他对自己遭受兰迪的悲惨强暴和殴打只字未提，因为这让他很难堪。而且，由于警察在没有申请证件的情况下搜查了兰迪的家，他们也不敢走法律程序。最终，兰迪并未因此吃官司。

乔伊的结局呢？他为自己的错误换来了一顿好打。当天晚上，他的爷爷用一块带着钉子的木板狠狠揍了孙儿一顿，这是乔伊不去上学还弄丢了新鞋所付出的代价。由于乔伊不肯透露遭遇性侵的细节，他肛门和直肠的伤势也没人察觉。爷爷的惩罚，加重了他的痛苦。直到两个星期之后，皮肉上的创伤才告痊愈。

至于兰迪，大家可以想象，这次经历给他带来了多大的收益。鉴于自己因恋童癖犯下强奸罪和殴打罪，差一点在当晚前进了监狱，他的前额叶皮层为了总结教训再度活跃起来。他得出一个教训：必须谨慎，再谨慎。前额叶皮层的底部区域便是专门司职从经验中学习，依据过去经验作出微调后再度决策的基础。一番深思熟虑之后，兰迪·克拉夫特又开始作奸犯科。经此一难，他完事过后总要杀人灭口。毕竟，尸体不会告密。我们掌握的资料显示，他手下的第一条冤魂就发生在乔伊被性侵后的第二年。

现在，我们把目光再次投向图 3.3 兰迪的大脑上，并将其与正常人的大脑相比较。从图上可知，兰迪大脑的中央区域异常活跃，这个区域称为丘脑（thalamus），其活跃度完全不低于图中下部的枕叶皮层和中央两侧的颞叶皮层。正常人或一次性冲动杀人犯的丘脑活跃度完全不能与之相比。

但是，凡事都有例外。有一例正常人的脑扫描结果同兰迪十分相似。具体扫描结果在图 3.3 中清晰可见。你可以将图上方的大脑切片图和下方的三张图进行比较。看哪张图与它最为接近？答案显而易见。兰迪的脑图与之几乎一模一样。虽然并非百分之百相同，但是相似程度已经让人震惊。首先，两张图上端的前额叶皮层的活动都非常频繁；其次，图正中央两侧的丘脑也正处于密集活动期；其三，图下方的枕叶皮层和图中间两边的颞叶皮层也一直高度活跃。

这个受访者不是别人，正是本人——阿德里安·雷恩的脑扫描图。大家已知道，我和连环杀人兰迪的童年背景十分肖似。而且，我俩的相同之处不只于此。兰迪是个扁平足，我也是；我喜欢网球，兰迪也喜欢，而且，他还是西敏寺高中的四大种子选手之一。我水平没他那么高，却也在牛津大学我曾就读的那个学院里担任网球队队长。

兰迪有个当小学教师的姐姐，和我家的情况正好一致。我和姐姐感情很深，兰迪也有类似的姐弟亲情。上大学时，我的梦想是当一个小学教师，虽然我教过不同年龄段的学生，却自觉只够对付 8 岁大小的孩子。大学期间，我趁着假期带着孩子们四处游玩，资助来自一个慈善捐款项目。我还曾接到布莱顿大学的邀约，参加了他们针对研究生开办的师范培训。当年，兰迪也想当个小学教师，还专门花了一学期时间到一所学校担任教师助理，负责管理和教育 8 至 9 年级的孩子。不过，我俩的愿望都没有成真。兰迪因为酒后驾车东窗事发，我也曾经因为酒驾被警察逮个正着，地点恰好都在南加州。故此，我俩的大脑运转和功能也几乎出自一个模子。

如此看来，莫非我也是干连环杀手的好料吗？迄今为止，我从来没有因为杀人被拘捕和起诉过，当然是因为我从没干过这档子事。其实，我几乎没有违过法，当然也不会因此被人抓捕——除了2000年那一次，我从上海偷偷带了几盒月饼，准备拿到墨尔本尝鲜，结果事情败露，被海关罚了175美元。也许，我虽没干过连环杀手的活计，但有可能是这类高危人群？可能吧。不过，也许脑成像扫描并不足以说明一定有什么相似性？我相信如此。

世界上有两种人。一种是“正常”的人，却有“异常”的脑扫描结果，我无疑是其中之一，阅读本书的你，说不定有着相同的境况。另一种则是“异常”的暴力杀人犯，但脑扫描显示他们有着完全正常的大脑功能。迄今为止，我们不能利用脑成像扫描这样的高技术工具确定一个人到底是一次性冲动杀人，还是一个连环杀手。事情远没有这么简单。同时，我们也获得了越来越多的知识，开始了解大脑各区域及其机能障碍和暴力行为之间的关系。

因此，面对安东尼奥·布斯塔曼特、兰迪·克拉夫特和阿德里安·雷恩这三个具有不同家庭背景和大脑结构的研究对象，我们完全可以明晰一个事实：前额叶皮层是大脑中和暴力行为关系最为密切的部分。一旦前额叶皮层出现机能障碍，人就有可能倾向暴力。其实，我本想痛痛快快地下个结论，断言前额叶皮层机能障碍就是暴力之源。但是，兰迪·克拉夫特这个典型例外，适时地给我泼了一盆冷水。就像其他许多案例一样，我们不能平白无故地拔高某个简单现象的意义。当然，类似的发现非常有益，可以帮助我们了解杀人犯的大脑活动，也为未来的研究提供更多的猜想。

解剖暴力 反应性暴力和主动性暴力

研究兰迪·克拉夫特这个案例，还让我们认清了两种不同性质的暴力行为。一种称为“主动性暴力”（proactive aggression，或主动性攻击），另一种是“反应性暴力”（reactive aggression，或反应性攻击）。该定义主要来自杜克大学的肯·道奇（Ken Dodge）和圣迭戈大学的里德·梅洛伊（Reid Meloy）两位专家的长期工作。他们认为：所谓主动性暴力，是指一些掠夺成性的人——主动性暴力分子，采用暴力从他人那里攫取资源的一种反社会行为。

兰迪·克拉夫特就是一个典型的主动性暴力分子。他精心策划行动，下药麻醉受害者，与之发生性关系，最后冷酷地夺走他们的生命。像一个顶尖的电脑专家，他有条不紊、逻辑严谨、精于算计，面对问题总是沉着冷静。实施主动性暴力的孩子会把暴力当作欺负同伴和掠取金钱、游戏机或糖果的工具。暴力只是方法，收获才是目的。主动性暴力分子会提前制订计划。他们行动谨遵计划，调控过程，行事克制，并且要么通过外在的和物质的奖励作为驱动力，要么通过内在的和心理的奖励作为驱动力。他们冷血无情。实施抢劫时，他们会严丝合缝地考虑计划细节；如果需要杀人，他们会毫不犹豫地夺人性命。许多连环杀手都具备这些特点。比如英国的“老妇杀手”哈罗德·希普曼（Harold Sheepman），估计他一共残杀了284人，绝大多数是老年妇女。又比如通过邮件炸弹进行恐怖活动的特德·卡钦斯基（Ted Kacynski），人称“邮件炸弹客”（Unabomber）。还有彼得·萨克利夫（Peter Sutcliffe），在英国北部连续杀害13名女性。也不能忘了特德·邦迪（Ted Bundy），他精心残杀了大约35名年轻女性，其中包括多名女大学生。

暴力好似一枚硬币，一体两面。一面是兰迪·克拉夫特这样的主动性暴力分子，另一面则是那些“反应性”暴力分子。后者更为热血，作案皆因面对挑衅刺激后的一时情绪冲动所致。他们使用暴力，可能是因为某些人凌辱了他们，甚或叫错了他们的名字；可能是他们身为债主，却长期收不回欠款；可能是他们遭到了言语威胁。凡此种种，让他们怒不可遏，采取暴力回击。

罗恩·克莱（Ron Clay）和雷吉·克莱（Reggie Clay）是一对同卵双胞胎兄弟，他俩在伦敦东区出生长大。在那个时局动荡的20世纪60年代，兰迪·克拉夫特还在大西洋彼岸的南加州酝酿犯罪之时，克莱兄弟却先行一步迈入了犯罪的江湖。因为一件小事，雷吉·克莱杀害了杰克·“帽子”·麦克维蒂（Jack “the Hat” McVitie），其过程堪称反应性暴力的经典案例。

案发的缘由大致如下：绰号“帽子”的麦克维蒂多次出口伤人，辱及雷吉的孪生兄弟罗恩。其实，麦克维蒂倒没有完全说错，罗恩是有些贪吃，而且好色成性。不过，“帽子”完全可以选择一种更为平缓的表述方式，而不是直接把罗恩唤作“咸湿佬”、“死胖子”。何况，杰克还欠兄弟俩100英镑没还。欠债不还加上言语辱骂，让雷吉气冲牛斗。一天晚上，麦克维蒂刚刚步出一家中餐馆，就和狂躁的雷吉正面相逢，雷吉冲上前来和他理论。言辞交锋中，杰克再次口吐狂言，声称：“克莱，老子这辈子要做的最后一件事，就是干掉你。”

“帽子”可真是出言贾祸，这一餐成了他这辈子的最后一顿饭。雷吉决意报复，当晚迟些时候，杰克中了雷吉的伏击。雷吉拔出匕首冲上去，将“帽子”的面部扎了个透心凉。这一切，都源于雷吉突然爆发的情绪。本来，他打算用自己那把点32自动手枪干掉杰克。但是，手枪两次卡壳。于是雷吉决定用刀子解决问题。整个事件充满“热血”情感，皆因反应性暴力导致，几乎没有什么计划可言。从致人死命这个角度看，兰迪·克拉夫特和雷吉·克莱有些相似之处，但究其本质，两人一个像粉笔，一个像奶酪，根本是不同的两个类型。

鉴于这桩主动-反应性（proactive-reactive）暴力的细微差别，我特意挑选了41名谋杀犯，按照掠夺性杀手和情绪性杀手对他们进行了分类。为此，我们查阅了一切可查的资料，包括犯人的律师资料、庭审前听证会资料、庭审纪录、国家和地方性媒体的相关报道，以及对心理学家、精神病医生和社工的访谈报告。当然，警方记录在册的犯罪档案是最为重要的证据。我们采访了许多前任检察官和辩护律师，详细了解案犯的作案细节。最后，24名谋杀犯被归入“反应性”杀手，15名纳入“主动性”杀手，剩下的2名罪犯则是兼具主动性和反应性暴力元素，所以将他们留下未分类。[9]现在，试举一次报复性杀人为例：许多人都可能因遭到言辞攻击被激怒，而后精心谋划，伺机报复。他们的行动是出自感情因素，但复仇的过程又精心缜密，并通过暴力换取心理上的慰藉——心理增益（psychological gain）。他们就像某些恐怖分子，因为在社会政治和意识形态上遭到冒犯，然后精心策划恐怖袭击以示报复。这类杀手的犯罪动机并非以谋财、肉欲为目的。

我们对反应-主动性（reactive-proactive）暴力的比较研究成果，见图3.4（见彩图）。在图中，仍然可以看到一幅幅大脑的画面，前额叶皮层仍在画面的顶端。不过，这一次我们的观测重点在前额叶皮层底部的亚区，称作腹侧前额叶皮层，或底侧前额叶皮层（underneath prefrontal cortex）。反应性、热血杀手在前额叶皮层腹侧亚区的功能特别低下。与之相比，主动性、冷血杀手在前额叶皮层腹侧亚区的活跃度则和正常人差不多，兰迪·克拉夫特就是其中的典型代表，为了获取利益而成为一个冷酷无情、精于算计的杀手。相反，那些热血杀手则像被烧坏了脑子，前额叶皮层的调节激活处于失控状态。

由此可见，杀人是个精细活。从任何角度看都如此。没错，大脑是暴力的基础，大脑的前额叶皮层是主要的罪魁祸首。但是，如果我们仔细区别每一桩杀人案，就会发现其中有着千差万别的细微门道。就像兰迪·克拉夫特的大脑所展示的那样，掠夺性、主动性杀手有着近于正常人的大脑功能。如果通过颜色编码对反应-主动性暴力类型作区分，我们可更好地解剖杀手的大脑。

解剖暴力　前额叶相对控制边缘系统活性

且慢。如果这些掠夺性杀手的前额叶皮层功能近乎于常人。那么，他们又是为何沦为杀手呢？

现在，让我们探寻谋杀犯的心灵深处。以解开这个谜底。在人类大脑的深处，远离前额叶皮层的下方，我们可直达边缘系统（limbic system）。若前额叶皮层好比地壳上的文明，边缘系统则是人类神经构造中更为原始的部分，它司职情感控制。正是边缘系统里的杏仁核（amygdala）点燃了情绪的怒火，刺激了掠夺性和情感性攻击，无论是冷血杀手或热血暴徒，都逃不脱杏仁核的控制。边缘系统里的海马体（hippocampus）则起着“刹车”的作用，在遭受刺激，驱动掠夺性攻击时，扮演着调节情绪、控制攻击行为的重要角色。丘脑相当于一个中继站，上下居中连接着负责感情的边缘系统和司职监控的大脑皮层。中脑（midbrain）在面对充满血性的、表达情感情绪的攻击时，则火上浇油地予以表达。

我们对反应性杀人犯、主动性杀人犯和正常人群的大脑皮层下这些区域的活跃度进行了全面测定。我们发现，无论杀人犯是何种类型，大脑皮层下的边缘系统区域都远较正常人的活跃度高，特别是比较“情绪化”的大脑右半球尤其显得亢奋。许多冷血杀手都拥有邻家男孩般的安静外表，但在他们的大脑皮层之下却翻腾着更加深层的暴烈因子。

那么，对这种现象又有何解释呢？我们认为，这些深层的边缘情绪相关脑区，部分负责深层的攻击性和愤怒，这些正好是两类杀手共有的特性。区别在于，冷血杀手的前额叶皮层调控功能更为完备，他们的暴力行动会采取更为谨慎和有预谋的方式。他们虽然怒火中烧，却并不会走向疯狂，反而表现得异常冷静。反之，热血杀手由于控制情绪的前额叶皮层功能不完备，难以采用可控制和调节的方式发泄越烧越旺的怒火。每当他们找到猎物，就会立即眼睛发红、磨牙霍霍，还不及猎物反应，已是一片血淋淋。

在掠夺性、主动性杀手身上，一面是完备的前额叶皮层掌控的冷静，一面是边缘系统激活后失控的冲动，如此矛盾的组合，是许多连环杀手的典型特征。比如特德·邦迪，他可能先后杀害了不少于100名妇女和女孩，绝大多数是大学生。他的谋杀充满各种诡计。一次，他的手臂受了伤，被迫缠上绷带。杀人魔正好借机扮作残疾，借此邀请年轻女性帮助自己把行李搬上汽车。邦迪长相帅气，举止文雅，加上运气不错，许多次他都成功地把受害者骗到了无人经过的僻静之处。而后，邦迪面目一变，显得疯狂而狰狞。他撕咬受害者的臀部，撕扯她们的乳头，一面施行强暴，强迫口交；一面狠命殴打她们，最后再加以杀害。他的每次行动都策划周密、行事审慎。然而，一旦和受害人单独相处，邦迪就好像狮子虏获了猎物，极尽疯魔暴虐之能事。此时，负责情感的边缘系统放纵了他的杀戮和癫狂。

像所有的初步结果一样，我和蒙特的研究需要反复论证和不断延展。为此，我们启动了另一个项目，研究11名冲动型杀人犯，仍然采取反复-连续执行任务的方式，发现他们的前额叶皮层活跃度减弱了。[10]不过，由于研究的实施实在太难，迄今为止，还没有其他团队建立和扩展我们最初寻找到的谋杀犯，尚未成为我和蒙特的同路人。对于许多研究者而言，从大脑研究跨越到犯罪学实在有如翻过一道天堑，无人完成过这个任务。

我把仪器安放在主动性杀人犯身上，作为研究连环杀手的一种模式。此前，科学对他们知之甚少，我们的重心也放在了他们身上。如果我能对具重要意义的连环杀手组进行脑扫描，相信和先前的主动性暴力杀手研究结果对比，不会出现太大偏差——他们的边缘系统一定是沸腾的温床，前额叶皮层的功能也一定相当良好，帮助他们精心策划暴力行动。然而，即便在这组不犯错误的连环杀手当中，他们的大脑内也不可避免地有病因的阴影潜伏在几种色泽不一的灰质里，各脑区的运转功能也参差不齐。

解暴剖力 解读杀手心灵——功能性神经解剖学

我们知道，前额叶皮层对于调节和控制人的行为与情绪殊为关键。而且，皮层下边缘系统的过度活跃可能激起强烈的情绪，也在许多暴力分子身上得到了证实。至此，对杀手心灵意识的剖析可以暂告一段落。这是我们研究的精髓部分，对此我坚信不疑。

我曾告知大家，科学的真相可没我们认为的那么简单。接下来，我们回到对谋杀、精神变态和刑事犯罪的复杂性、必然性的分析上，通过运用功能性神经解剖学（functional neuroanatomy）这个全新工具，尝试解释和理解这些犯罪行为。大脑的工作非常复杂。这里，我将提供一张令人兴奋的神经解剖学功能图，乃是今天我们探索谋杀心灵的起点。

人脑前端一直是我们关注的焦点，而对人脑后部的探索就相对较少。现在，我们将开始认识角回（angular gyrus）——布洛德曼39区，位于人脑地图的39区。布洛德曼大脑皮层分区图，由德国解剖学家科尔比宁·布洛德曼（Korbinian Brodmann）于1909年创建。角回（布洛德曼39区）正好位于大脑后部，确切地说，它位于顶叶皮层一半处的下方或更低，在颞叶皮层上方，视觉皮层的前面。正因如此，它占据了大脑中的要冲，连接四大脑叶中的3个——顶叶、颞叶和枕叶皮层。它连接和整合从多个感官传来的信息——视觉、听觉、体觉、前庭（vestibular）的平衡觉，以便执行复杂的功能。角回就在大脑的表面。如果想找出它的确切位置，可以伸出手指摸到耳朵顶部，向上移动几英寸——向后1.5英寸（3.81厘米）的点就是我们谈论的角回所在地。

我们在谋杀犯的角回成像中发现，他们在角回的血糖代谢水平显著低于正常人。在瑞典，研究人员还发现，冲动性暴力罪犯在这个脑区的脑血流量也减少了。其他研究者也多次强调角回机能障碍与暴力行为之间的关系。

那么，角回的机能障碍是如何转化为暴力和犯罪的呢？角回作为大脑中最后才为人所知的脑区之一，它执行复杂和精细功能的机制目前尚不明晰。视觉皮层的功能，新婴儿一出生就能具备。但是角回不同，它与读写、算术、理解能力有关，这些能力并非生来就具备，需要在童年期发展养成。因此，左角回的葡萄糖代谢降低常常和口头语言表达能力的下降联系在一起，而脑病患者在这一区域受损，会落下阅读和算术能力低下的病根。阅读和算术是一种复杂的能力，它要求一个人通过多种渠道集成信息，写作能力也是如此。例如，有的人常常搞错拼写，或分辨不清字母间的距离，或写文章习惯不打标点，还有人根本没有字母大小写的概念。

可以想见，如果某个孩子的角回受损而不能正常运行，他的阅读（reading）、写作（writing）、算术（arithmetic）都会痛苦万分。这三种能力的单词中恰巧都有字母R，习惯称为“3R”能力，乃是学习能力的基础。我们知道，暴力罪犯大多学业不济。当一个人学业不济，其职业前景大致不会理想。职业前景一片黯淡，收入定会一同黯淡。诸多不如意之下，定会有人铤而走险，用暴力“捷径”获取因为学业不济而得不到的东西。因此，一个人可能因为脑基础（brain-based）的原因犯罪，但是，真正走上暴力犯罪之路的原因都和特定的社会/教育过程有关，其中学习不济和职场失败是很常见的导火索。

海马体和它周围的区域——海马旁回（parahippocampal gyrus）受损，是另一个致人犯罪的脑区。海马体位于丘脑后面，它有个拉丁语的名字“Hippocampus”，意为“海中之马”。为什么如此得名，看图3.5（见彩图）就知晓。

海马体及海马旁回这一脑区的功能障碍同罪犯之间的关系，不但得到了我们的谋杀犯样本的认证，也为其他研究者再三证实。其中，伦敦的一项研究发现，具有反社会、品行障碍的男孩在一项关于专注力的测试中，海马体表现出严重的功能减退。在瑞典，神经科学家亨里克·索德斯特隆（Henrik Soderstrom）发现，海马体功能减退在精神变态的暴力罪犯中占有较高比例。在美国，肯特·基尔（Kent Kiehl）声称，海马旁回病变可能导致精神变态症状。以尤尔根·穆勒（Jürgen Müller）为首的德国研究团队则在成年精神病人身上发现了海马旁回功能减退的迹象。同时，加州的丹尼尔·阿门（Daniel Amen）在冲动性杀人犯身上找到了同样症状。

我们不禁要问，为什么海马体受损会让一个人更容易蹈向犯罪？这是一个值得弄清楚的问题。一方面，海马体是司职情绪的边缘系统的一部分。我们知道，许多精神病人和暴力犯的情绪反应异常。另一方面，海马体还是神经网络的一部分，神经网络正是人类分析处理社会相关信息的基础，它还涉及人类识别和评价事物。这个系统一旦崩溃，肯定会造成一个人社会行为失序，从而导致某些人诉诸暴力。社会场景的组成元素千变万化，一旦出现误读和误解，造成暴力对抗的可能性就很大。

海马体是人类学习和记忆的关键。如果一个人罹患阿尔茨海默综合征，海马体是首个致病脑区之一。罗尔夫·洛伯和玛格达·洛伯（Rolf and Magda Loeber）夫妇曾和我长期共事，我们一起就匹兹堡地区部分中小学男生的学习能力进行过调查。调查涉及语音材料、非语音材料和视角-空间材料三部分，重点考察学生对三种材料记忆能力的差异。结果显示，那些在6—16岁期间有频繁反社会行为的男生，在记忆力上表现极差，测试结果得到了家长和老师的一致认证。而正常人在这些事关海马体的记忆能力测试题目上表现得则要好一些。

海马体还在人类的条件性恐惧（fear conditioning）中扮演重要角色。在下一章，我们将见识到那些有着反社会和精神变态的人是如何缺乏这方面学习能力的事实。精神变态患者是一群无知无畏的人，而许多暴力罪犯罪也是如此。来自意大利和芬兰的研究者同时发现，精神变病者的海马体存在着结构异常，导致他们无谓恐惧，也无法正常控制情绪。

虽然海马体更多关乎于记忆和学习能力，但归根结底，还是和情绪的行为有着更为直接的联系。实际上，海马体本身就是负责控制情绪的边缘系统的构成部分，它涉及动物和人类的攻击性、反社会行为。动物实验表明，海马体通过同大脑中央的深层次结构联系，能控制暴力冲动，包括下丘脑外侧区、中脑导水管周围灰质，皆是控制防御性愤怒攻击和掠夺性攻击的重要结构。因此，海马体的功能一旦失调，只会给施暴者带来麻烦，一场争吵就可能由此演变为斗殴，一个人也会因此开始暴力寻仇。

当另一个脑区后扣带回（posterior cingulate）机能障碍，也会带来暴力行为。后扣带回的位置更朝向头的后部，大脑中央的内部深处。研究发现，成人犯罪的精神变态者、品行障碍的男孩和富有攻击性病人的后扣带回机能十分薄弱。原因很简单，因为后扣带回在唤起人们的情感记忆和情感经历上也很重要，一旦机能出现障碍，将导致情感障碍，让人变得狂怒不安、大发脾气等。同时，后扣带回还和人类的自省机能息息相关，它帮助我们监控自己的行为不逾矩。如果一个人不知道自己的行为可能伤及他人，很可能肆无忌惮地开始反社会行为等。正因如此，许多人的反社会行为是出自无心，而诸多精神病患者也无需为自己做过的事情担责。

解剖暴力 打老婆又有新理由？

杀人是一码事，一拳打在老婆的脸上又是另一码事。犯罪学者面临的问题在于：杀人者毕竟是极少数，打老婆的人才是绝大多数。那么，为什么像虐待配偶这样的严重暴力行为会更为常见呢？

首先，我必须声明：采取任何手段虐待配偶都不是小事，尽管它远比杀人之类的大案更加普遍。试问，虐待配偶的人是否和杀人犯的大脑功能不一样？或者说，我们能否分辨这些案例常见、各色各样罪犯的犯罪模式和杀人犯一样？要回答这些问题，我们得先去一趟香港。

香港是个好地方。我曾在香港大学访问交流，访学期间，家人一直陪伴我左右。这里的人很友好、很热情。抵港后的第一天早晨，我带上我的两个年幼小子，安德鲁和菲利普，去炮台山附近的维多利亚幼儿园报到。走在大街上，一个年轻女人叫住了我们父子三人。她礼貌地征求我的意见，能不能握着两个小孩的手和我们同行一段。当然可以，为什么不行呢？于是，三人行变成了四人游，四个人手拉着手一起向幼儿园走去。到达目的地后，年轻女人很及时地向孩子们说再见，又谢了我。随后，她一溜烟消失在熙来攘往的人群之中，再也不见了踪影。

这叫什么事啊？你可能觉得她是一个疯子，我倒觉得这是人之常情。她看上去聪明又精干，是个职场丽人。她对我那一对两岁的可爱宝贝很好奇，两小子穿上红格子校服，配上灰色裤子，混血的亚欧脸庞，煞是可爱。总之，那位女士的举动优雅得体、礼貌端庄，充分体现了香港人对家庭的重视，对孩子的善意。

然而，香港社会的文明表象之下，家庭暴力的暗流仍然时时涌动。我在香港做过一次调查，访问了 622 名大学生。他们不是每个人都来自富裕家庭。但是，受调查者的大部分都就读于优等班级。正因如此，他们的早期家教不至于非常离谱，而早期家教期又是关键的性格形成期。调查中，我向受调查者问及父母在他们 11 岁期间的家教方式。11 岁是个危险的年纪，如果处理不当，孩子很可能自此发展成为问题少年。结果，62% 的受访者表示，父母曾对自己恶言相加，甚至粗口相向。65% 的父母会采取责骂和体罚方式对待子女。有 48% 的父母信奉棍棒教子、拳脚育儿的道理。

读到这里，各位肯定觉得事不出奇。哪个小孩子没有挨过父母的体罚和教训？确实，大多数家庭都有如此的往事。但是，如果我们深入调查一下其中的细节，就会发现更多不寻常的东西。香港大学的调查显示，51% 的父母会在体罚子女的时候使用器械，40% 的子女都遭到过殴打，60% 的子女有过被卡住脖子差点窒息的经历。甚至有 5% 的孩子曾经被有意烫伤或灼伤，7% 的孩子曾经被父母持刀或持枪威胁。以上各起事例之中，涉事父母皆为亲生爸妈。大家在11岁之前，应该没有几次被人掐住喉咙或者拿烟头烫烙皮肤的经历吧，大概也不会遭遇被人拿枪抵住脑袋的事情，而且作案人还是自己的亲生父母。

香港的家庭暴力之严重由此可见一斑。即便在这些受过良好教育、家境也属富裕的家庭中，孩子遭遇家暴也很普遍，实际情况可能还要可怖一些。毕竟，小孩子忘性很大，只消10年时间，曾经的事情就会云淡风轻。而且，有些人可能永生不愿再触及那个话题，即便只是回忆，他们也不愿想起那段经历。亲生父母变得有如虐待狂魔，这种事情确实令人难以启齿。其中一些受害者终其一生也难以走出阴影。他们只有躲在家门背后，独自吞咽苦果。以上情况，都还只是发生在富裕阶层的小圈子里，天知道在那庞大的底层社会家庭中，会是如何一番光景。

打孩子的案例有多少，打老婆的故事就有多少。说来难以想象，直至20世纪80年代，虐待配偶还是非常普遍的现象。那时候，用鞭子抽自己的老婆一顿非但不至于入罪，还被人看作婚姻生活的必需。即便今天，虐待配偶已经成为法律禁忌，以身试法者仍然不在少数。据估算，美国的虐待配偶案高达13%，照这个数字，每年都会产生200万至400万受害者。半数以上的女性杀人犯都源于丈夫及男性伴侣的虐待。同时，虐待配偶也是导致发育中的胎儿受伤的第一大因素。打老婆非常不光彩，而且是一种犯罪。但是，家庭中虐待配偶的事情屡见不鲜，而人们也似乎对这种事情容忍有加。

面对这些虐待配偶狂，我们不妨研究一下他们的大脑，看一看他们眼神后面藏匿着的东西。难道他们大脑皮层的某处也存在机能障碍的问题？他们打女人，是否因为他们脑子里的某些东西已经被打坏了？

李湄珍（Tatia Lee）女士来自香港大学，一名杰出的临床神经科学家，创立了临床神经学。她的工作卓有创意，多次率先进入学术前沿领域。李女士是世界上最早运用脑成像技术识别谎言的人。2005年，我去香港大学访学，我的办公室就在她工作地点的隔壁邻近。后来，我们展开合作，试图通过研究虐妻行为证实自己的观点。我们的项目涉及23名男子，他们都因为虐待妻子而被社会福利处记上了黑名单，必须接受心理治疗。我和李女士提出了一个假设：这些男人之所以虐待妻子，是因为他们对某种情感刺激做出了过激反应。这种刺激，可能是他们诉诸暴力的一大原因。研究中，我们对观察对象的暴力性质作了分类，测量了其中反应性暴力和主动性暴力各自占据的比例。同时，每个对象还完成了两个情感测试，分别通过口头和视觉的方式完成。

实验中，我们采用的口头测试称为“斯特鲁普情感测试”(The emotional Stroop test)。首先，受试者会看到一个有颜色的名字，比如“蓝色”。而后，他们将看到一个情感负面的词，比如“杀人”，这个词可以是蓝色或其他颜色。最后，他们必须做出判断，“杀手”这个词究竟是蓝色或不是。同时，我们还会用中性词做同样的实验，比如“变化”。实验期间，我们会对受试者回答问题的反应时间做好记录。一些人面对感情色彩的词汇时，反应较为迟钝，而对中性词汇反应较快，因此，他们出现了认知偏差，更容易受到负面效果刺激因素的影响——意思是说，词汇本身的负面情感含义会绑架他们大脑的注意力，令他们的反应速度有所减慢。

在视觉测试中，实验对象面对像“一把椅子”一类的中性图片，也会产生情感上的挑衅性图片联想，仿佛那不是一把椅子，而是一个劫匪抵在他头上的枪口，或者一个蛮汉架在女人脖子上的刀锋。无论是口头测试还是视觉测试，我们都可以对受试者的脑部进行功能性磁共振成像(functional MRI)扫描。结果，我和李女士有了四个方面的发现：

首先，虐待配偶的人有极强的反应性暴力倾向。面对挑衅，他们很难克制情绪。相反，如果我们不主动寻衅，他们也不会主动出击。也就是说，他们的暴力缺乏计划、预谋和操控方式。

其次，在斯特鲁普情感测试中，虐待配偶的人对于情感词汇反应迟钝。相较常人，他们更容易受到负面情感的刺激而扰乱心神。

第三，功能性磁共振成像脑扫描发现，虐待配偶的人在进行斯特鲁普情感测试的时候，司职情绪的杏仁核反应非常剧烈，而负责控制情绪的前额叶皮层则显得相当迟钝。

第四，虐妻者每每看到威胁性刺激元素的视觉图片，在其广泛的脑区，包括边缘系统、枕叶、颞叶和顶叶皮层都会出现高应答性响应。这些区域对于物体的识别非常敏感。换言之，虐妻者一旦遭受视觉刺激，情绪上往往更为激动。

将上面四种因素综合起来，我们可得出一个完整的结论：虐妻者有着反应性暴力的人格特征，他们一旦遭遇刺激，很容易还以暴力。带有情感色彩的言语极易抓住他们的情绪，而他们也不容易从这些情绪当中挣脱出去。如此一来，虐妻者的认知功能常常受损。面对威胁性刺激和挑动，他们往往反应过激；而在认知控制层面，他们又显得非常鲁钝。总之，他们的大脑功能大大地异于正常男人。

虐妻者这些神经认知方面的特点，部分地导致了他们的虐妻行为。一些研究者还发现，虐妻者不大容易听取理性的说服，总是用冲动的手段应付一切情形。比如，社交场合下的一次皱眉，或者一声简简单单的责骂，都很容易让虐妻者分散注意力。面对如此的视觉性刺激，他们很可能产生误解，并由此生出报复性的念头，从而导致不理智的行为。负面情绪一旦激发，便会不断升级，这乃是虐妻者的共同特征。

据我所知，这项生理学研究在学界尚属首次。李女士和我进行的测试和实验，解释了虐妻者面对情绪刺激时的大脑异常，同时，我们的工作率先让虐妻者的过度高应答性响应大白于天下。过往，犯罪学者均采取唯一的社会视角分析解释虐妻现象，有了我们的发现，神经生物学获取了事情的解释权。在历史上，当时的临床观点就把虐妻看作一种有意识、有预谋地利用权力对女性伴侣进行征服和控制，从而达到自私获利目的的行为。但是，李女士和我提出的这一替代假说证实，虐待配偶行为和大脑有着非常重要的联系，大脑中的一些反应性暴力元素导致了这种行为。[11]

我们是在为打老婆的人寻找一个新的借口吗？绝对不是。我可不会为打老婆的人辩护。我也并不认为所有的虐待配偶行为都是大脑功能异常所致。但我的确认为，大脑认知功能对于家庭暴力所起的决定性作用，确实比传统女权主义者观念中的要高出许多。女权主义者坚定认为，虐妻的动因在于父权社会认可男性采用暴力特权控制女性。但是，我们从神经生物学的角度认为，某些男人由于大脑功能上的缺失，当他们面对刺激性话语和画面的时候在家中反应过激，才会酿成虐妻的悲剧。要想解决问题，大脑功能必须被纳入考虑。为什么？只因为那种基于女权思维的传统想法无助于改善和解决问题。只要我们有心根除这种加诸女性身上的暴力行径，神经生物学就应当介入相关疗程。

解剖暴力　说谎的大脑

阅读至此，我们讨论了不少奇人异事，媒体很可能把这些人、这些事当作魔鬼和兽行而大肆炒作。事实确实如此，我们已经先后谈论过谋杀、娈童和虐妻。读到这里，你一定非常期待接下来的内容，期待了解这些魔鬼为何犯下如此兽行。

现在，我们抛开这些魔鬼不说，先来说说我们自己。所谓人非圣贤、孰能无过？大家身为人，肯定会有一些毛病。日常生活中，也会犯下一点点反社会行为的小错。为什么会这样？难道你在本性上也有反社会型人格？这个推论你能接受吗？当然，我相信你的反社会程度肯定远远不及前文中的那些恶魔。现在，我们不谈打老婆，也不讨论谋杀。我们来谈谈另一种更为常见的反社会行为。

我们的话题从说谎开始。请先别声明你的清白，马克·吐温（Mark Twain）的那句名言很有道理："每个人都说谎——每天说、每时说，醒着时说、睡着时说、梦中也说，快乐时说、悲伤时也说。"你肯定说过谎——我敢打赌。那么，我们又何以看穿你这点反社会的小心思呢？我们可以利用何种仪器、何种手段看出一个人是否讲了真话呢？

《沉默的羔羊》是一部经典犯罪小说，其中有个情节和我们的话题正好相关——联邦调查局的探员克拉丽斯·斯塔林在对连环杀人魔王汉尼拔·莱克特进行问询。问询过程中，她用上了测谎仪，结果导致"食人魔王"（Cannibal）的无情嘲笑："哈哈，斯塔林探员，就凭这种迟钝的玩意儿，你还想看透我的心思？"这个玩意儿由一支铅笔和一张纸构成，过去，法医曾经试图利用它来了解谋杀者的心理活动。事实证明，这一套完全行不通。莱克特这样的精神变态者，总是习惯用谎言掩饰真实经历。区区一段简单的问话调查，又怎么能够探知他们的心曲？我们需要更为犀利的工具，才能达到这个目的。

磁共振成像仪（MRI）身形高大，重达6吨，看上去不大犀利，不过也绝不迟钝。面对谎言，它锋利得有如剃刀一般。针对谎言的学术研究并不少见，香港大学的李湄珍、谢菲尔德大学的肖恩·斯宾塞（Sean Spence）[12]、宾夕法尼亚大学的丹·朗格勒贝（Dan Langleben），堪称谎言研究三巨头。为了揭示说谎背后的秘密，他们各自进行了研究，并最终得出一个结论：说谎和前额叶皮层有着关键联系。

李湄珍的研究针对普通人群。她让他们接受磁共振成像扫描，同时对其进行口头问话。问话中，受试者既可以吐露实情，也可以用谎言搪塞，完全不受任何限制。实际上，这些人当然不可能个个照实说话。我们在生活中多多少少都会撒点小谎，掩饰自身的经历。比如，面对"你出生在达林顿吗?”这个问题时，我的回答是“是”，你的回答可能是“不”。这样一来，我们就都是诚实待人，而测试人员将在问话期间搜集大脑数据。反过来，同样一个问题：“你出生在达林顿吗?”如果我答为“不”，而你点头称“是”，那我们就都对自己的身世说了谎。有的时候，朋友问你今晚有空一聚否？你可能也会撒个谎抽身逃脱。

另一项测试中，受试者需要完成一项关于记忆的测试——将一个三位数的数字填写完整。比如，第一个数字是714，紧接着，后面的数字将会接踵而至。其中，有的受试者将会收到同样的数字，另一些则不会。接下来问题来了，受试者需要回答：他们收到的数字是否始终相同。有时候，受试者可以根据记忆据实相告，有时候，他们又必须用谎话填补记忆的空白——就好像有些人故意伪造伤情诈取医疗保险金一样。

李女士和同事发现，无论测试内容形式如何，人在撒谎的时候，前额叶皮层都一直处于高度活跃状态，而顶叶皮层也异常兴奋。与此同时，谢菲尔德大学的肖恩·斯宾塞和费城的丹·朗格勒贝也发现了同样的现象。在中国香港、英国和美国进行了同样实验，尽管面对不同文化背景下的不同个体，却得到了一样的结果。看来，撒谎确实和大脑皮层的活跃状态紧密关联。

那么，两者之间到底有什么关系呢？我们至少可以得出以下结论：说谎这种反社会行为是一种复杂的执行性机能活动，需要很多大脑额叶来共同处理。相比之下，实话实说则要容易许多。而且，说谎话编故事是很难的，需要加工处理很多信息，让大脑时刻处于兴奋状态。因此，说谎是个技术活儿，涉及瞒骗的心智理论（theory of mind）。举个例子，我打算说谎，向你捏造一段我在1月27日星期三晚上8点时的经历，我就必须掌握几个方面的讯息：首先，我要知道你对我的了解有多深。假如我说自己当天在和家人共度生日，我一定先行知道你不知道我的生日是哪一天。其次，我必须严谨思考，用什么样的理由你才会相信。要达到这种“心灵阅读”的境界，我必须全力开动脑筋，让大脑的许多额叶皮层活跃起来，前额叶皮层要转得飞快，颞叶皮层和顶叶皮层等要异常活跃。

过去，所谓的测谎仪不过是纸和笔。今天，测试谎言已经用上了脑成像设备。有了先进的脑成像方法与机器学习的结合，辅以新的精确复杂的统计技术，宾夕法尼亚大学的丹·朗格勒贝和鲁本·古尔（Ruben Gur）构建了新的测量方法，可以让88%的谎言无所遁形。令人不安的问题是，面对如此先进的测试工具和技术，我们心底里的谎言还可以隐藏多久？近来，业界普遍认为，基于功能性脑成像技术尚不成熟，不足以作为呈堂证供。将来，这种现状一定会得到改观。不过，目前人类的“反社会”行为——其中包括我们这些普通人偶尔的违规逾矩——还仅仅是一种神经生物学上的信号。关于这个事实，我们会在下面的章节进行讨论。接下来，我们将继续对反社会行为的探索。同时，我们还会谈及人类在道德方面的考虑，以及对错方面的抉择。

解暴剖力 道德大脑与反社会大脑比较

人人都知道大麻属于违禁品，却仍然有许多人离不开这一口。每个人都明白非法下载违反法律，但很多人仍然忍不住破坏版权条例。有人在报税的时候，可能也会陷入沉思：要不要献出那一两百美元的慈善捐款，以获得返还税款的优惠。

以上情形，相信大家都不陌生。我们必须在对与错之间作出抉择：一念天堂，一念地狱。魔鬼和天使在我们发热的头脑中展开激战，双方都想把对手逐出我们的思想。你只是想该做什么，不该做什么。

但是，你不会想到，当时你的大脑中到底发生了什么，对不对？为了这个问题，许多社会科学家和哲学家已经思考了十多年。如今，我们总算有了一些清楚明晰的答案。

答案是这样找到的：当你陷入一系列由视觉剧本构织的道德困境且左右为难的时候，我们可以为你做一次脑扫描。让我们从一个称作“个人”道德困境的话题开始——困境来自真实的事与人。稍后，你将见识到这个人的真实生活，他是个铁路工人，名叫菲尼亚斯·盖奇（Phineas Gage），在第5章，我们会详解他的人生和故事。现在，图3.6（见彩图）就是你困扰的来源：人行桥上的两个男人让你的脑内产生了万般思绪。假设你身处一座人行桥上，眼看着桥下一辆有轨电车已经失控，即将冲向毫无准备的5个工人。当时，这5个人正在前方的铁路上施工。你的身旁，站着一位身形异常胖大的绅士。

好了，困境来了。如果你无动于衷，5条无辜生命将会在你的眼前消失。如果你想有所作为，就在铁路中间填上一块巨大的枕木。枕木是现成的——牺牲你身旁这位巨汉的生命堵住电车，换来那 5 个工人平安无虞。请问，你打算怎么做？

你的抉择只能二选一。要么站在桥上，听凭电车呼啸而来，看着惨剧上演。要么把巨汉子推下桥去，拯救 5 个工人的性命。自然，你可不能自己跳下去作枕木。即便你真有这样圣洁的想法，你那副身板也不够抵挡电车的前进步伐。同样，大声呼喊，提醒那 5 个工人也不是个可行的办法。

现在，请你掩上书本，好好思量再决定——把这个巨汉推下桥去，还是什么都不做？

很难抉择，不是吗？那一刻，你的思想遭到来自不同方向力量的反复冲击，激荡得脑袋发蒙。想一想吧，你难道真要袖手旁观，眼睁睁看见 5 个工人由此死去？看看身旁这个胖大的家伙，他肯定是个短命鬼，一次心律不齐就能让他归西。不如舍了他的这条命，救那 5 个无辜的人。

这时，又一个问题来了，牺牲那个胖子难道不是夺人性命？一个换五个，你难道不考虑其中的对比关系？这个困境太棘手了。如何抉择，要看你的个人经验。而且，高度纠结和冲突的心理体验总是不可避免的。

乔什·格林（Josh Greene），哈佛大学杰出的哲学家和神经科学家，他出版的第一本著作描述了以上这种个人道德困境发生期间，大脑在神经水平上到底发生了什么。相较而言，更多的是“非个人”道德困境，不会让你陷入人际间的烦恼。但是，前文所述的这种个人道德困境，会促使大脑回路的多个部分极度兴奋，包含腹侧前额叶皮层、角回、后扣带回和杏仁核。这些脑区涉及多重复杂思想，可以帮助人反恭自省，对社会环境进行大量评估。

好了，我们回到个人道德困境之中，看看你如何度过这一关。其实，我对你的决定本身没多少兴趣。因为你的感受我很理解。不知道这个铁路场景故事有没有让你觉出一丝怪异？或者让你不舒服？两周前，我在一堂课上向全班学生描述了这个困境，害得一位同学缩在座位上扭来扭去，抖动了半天。不知道有没有给你带来相同的困扰？正是杏仁核及边缘系统其他部分的活跃参与，以及前额叶皮层部分亚区的活动，让你在作出道德决定的过程中有了情感“良心”（conscience）方面的考虑。

当然，要说我对你的选择完全无兴趣，也不尽然。一个有趣的事实在于，85% 的受访者都声称自己下不了手以命易命，只有 15% 的人愿意牺牲胖子拯救工人。相关数据来自对海量人群的统计。不过，如果我们把同样的问题抛给那些腹侧前额叶皮层发生病变的人，选择“把他推下去”的比例将升至45%，提高了足足3倍。值得一提的是，这类人通常被认为是精神变态者。

设想这样一个场景：凶残的敌人进了村，全体村民都躲在地窖里，想逃过敌人的追捕和屠杀。这时候，一个奶娃的哭声不合时宜地响了起来。此刻，你该作何办法？对于腹侧前额叶皮层病变者而言，会不假思索地捂住奶娃的口鼻让其窒息，免得敌人循声找来。他们作此选择的可能性3倍于常人。面临险恶困境非同小可，这样的选择是出于功利的道德抉择——为了大多数，牺牲小部分。

所以，如果你做好决定要把胖子推下人行桥，或者下定决心把自己的婴儿捂死，都请不要太犹豫，也无须惭愧。这并不代表你精神变态，或者大脑额叶损伤。只能说，你的生命观确实和一般人有点差异。17世纪的英国哲学家杰里米·边沁（Jeremy Bentham）一贯信奉功利主义，这位哲人一定会对你大加赞赏。

乔什·格林的研究始于2001年，虽然富有开创性，但是由于“磁敏感性伪影”（susceptibility artifact）的干扰，格林并未能够准确地捕捉到腹侧前额叶皮层的影像。不过，其他人的研究多次发现，人脑进行道德抉择期间，其部分脑区处于高度活跃状态。这一结论，无疑印证了乔什·格林得出的结论。一个人要想作出正确的道德抉择，腹侧前额叶皮层所起到的作用非常关键。它的功能虽然不至于让我们每次都“行之有理”，至少也不会伤及他人的利益。

道德的事情，我们稍后再讲。现在，让我们旧事重提，回顾一下杀人犯的“杀心”。前面我多次提及，杀人犯的前额叶皮层和边缘系统“哑火”，乃是他们暴力犯罪的根源。同时，我们还发现，杀人犯的角回大多处于运转失灵状态。另一些研究者指出，反社会个体的后扣带回、杏仁核和海马体也显现异常。此外，还有研究表明，暴力罪犯、精神变态者和反社会个体常常伴有颞上回功能异常。

让我们作个对比，看一看反社会个体和正常人在面临道德困境抉择时，大脑各有哪些区域特别活跃。在研究道德任务（moral tasks）中最常见的活跃脑区是哪些？实际上，最为活跃的部分并无太大区别——无非是额极/内侧前额叶皮层、腹侧前额叶皮层、角回、后扣带回和杏仁核。它们的重叠度非常高。

看图3.7（见彩图），也许你对我描述的内容会有更为直观的概念。图中把反社会大脑和道德大脑这两个研究结果放在了一起，创建了一个道德和反社会的神经模型。上面一组是大脑右侧从上到下的扫描截面图，你可以看到，鼻子位于左边。中间一组是大脑的正面截图。下面一组扫描截图中，我们可以鸟瞰大脑的整个结构。其中，黄色区域是正常人和反社会分子共同具有的活跃脑区，作出厌恶和道德抉择。红色则为反社会分子专有，发现该脑区异常。绿色代表正常人陷入道德抉择任务时才会进入活跃状态的脑区。

由此可见，反社会分子/精神变态者的行为和正常人作道德抉择时，在这些区域有很多重叠。面对相同的选择，他们大脑的活跃脑区也大致相同，包括腹侧前额叶皮层、额极/内侧前额叶区、杏仁核、角回和后颞上回。

当然，两者并非完全相同。道德抉择使得后扣带回非常活跃，反社会行为者则不会。同时，研究发现，精神变态者、冲动型暴力病患和虐待配偶案嫌犯的后扣带回统统伴有异常状态。因此，尽管正常人和暴力分子的大脑活动大致相同。但后者的大脑中，仍有一些关键部位功能发生了变异，而这些部位对于做出合乎道德的选择非常重要。

解剖暴力　沉溺“肉体欢愉”的大脑

综上所述，我们知道一个人做出符合道德的决定，是由于他的大脑之中有部分区域的活动所致。那么，对于精神变态者而言，同样的道德困境又会产生怎样的大脑活动？

历史上，人们把精神变态视作“道德疯狂”（morally insane）。精神变态者的外表可能与常人无异，他们很可能看上去十分快活、友善、讨人喜欢。连环杀手特德·邦迪就是其中的一个典型例子，要不然，那些年轻受害女性不会如此轻易上钩，被他诱进致命的陷阱。显然，精神变态者并非毫无道德情感，只在某些方面缺失了道德感。在此，我们将举一个真实案例，仔细看看“悖德狂”（moral insanity，道德狂乱症）为何物。那么，精神变态者的大脑在道德层面到底出了什么毛病呢？

我的姐姐罗玛（Roma）是个护士，妻子江红也是护士，表妹希瑟（Heather）和她俩是同行。因此，我决定用一个女护士的典型案例，研讨道德大脑的崩溃。主人公“乔莉”·简·托潘（“Jolly”Jane Toppan）是个女护士，她还是一个快活的连环杀手。从1895年至1901年，她在马萨诸塞州剑桥工作的6年间，至少杀害了31人。像兰迪·克拉夫特一样，她的作案时间长达数载。医院的同事和病人都叫她“乔莉·简”（Jolly Jane），意为“快活的简”，因为她的个性确实如此，非常开朗活泼。她的工作完成得非常出色，是剑桥最成功的私人护士之一。

乔莉·简喜欢极端的人生。许多连环杀手都有独特的作案手法，简也如此，她沉溺于完全掌控他人生死的快感之中。许多现代女性暴力罪犯都喜欢吸食毒品，她也不例外。但是，她的“毒品”有些特殊。乔莉·简特别欣赏人类游离于生死边缘的苦痛，她会为病人注射大量吗啡，而后坐在他们的身旁，用一种近乎爱慕的目光盯着他们，审视他们收紧的瞳孔，聆听他们短促的呼吸。待到他们即将滑入昏迷的那一刻，她会拿出阿托品注入他们体内，将他们从死亡的边缘唤醒过来。阿托品会阻止迷走神经的功能，从而导致瞳孔再次放大，心跳再度加速，一度发冷的身体会渗出汗珠。最后，强烈的颤抖痉挛让病人痛苦不堪，最终，他们会因此死去。不过，他们会死得很慢，因为快活的简要慢慢赏鉴他们的瞳孔放大了又缩小的过程，细细观察他们扭来扭去的身躯。

幸好，不是每个病人都遭遇了不测。正因如此，我们才从一个人的口中得知了乔莉·简的犯罪事实。这一点，她和兰迪·克拉夫特的故事是何其相似。这名幸运者叫阿米莉亚·菲尼（Amelia Phinney），那是1887年，她36岁，因为子宫溃疡入院治疗。初次接触，乔莉·简表现得非常专业，亲切和蔼好似弗洛伦斯·南丁格尔（Florence Nightingale）一般。好护士拿出一杯饮品，声称喝下肚去可以缓解病痛。但是，阿米莉亚只觉得那杯东西苦涩难咽。很快，阿米莉亚感觉喉咙开始发干，四肢有点发麻，眼皮十分沉重。她合上沉重的眼皮，进入了睡眠状态。

突然，阿米莉亚觉得事情有些不对劲，她感到乔莉·简似乎爬上了床，和自己躺在一起。她感到乔莉在抚摸自己的头发，亲吻自己的脸庞，并身蜷曲紧贴自己。一阵充满肉欲意味的抚摸之后，乔莉坐到了阿米莉亚的膝盖上面，出现到了病人的瞳孔中间。阿米莉亚又喝下了一杯饮品，这一次，乔莉给她喂下的是一杯阿托品，为的是中和先前那一杯吗啡的效力。突然间，乔莉·简放弃了。阿米莉亚感到她匆匆跑开，迅速离开了房间。大概是乔莉·简听到有人走过来，撞破了她的好事。

因此，阿米莉亚·菲尼得救了。这段故事实在怪异，她甚至觉得只是幻梦一场。因此，她并没有将此事告诉其他人。就像乔伊·范彻没有立即指证兰迪·克拉夫特一样，阿米莉亚·菲尼也一直把这个“梦”放在心底。直到14年后的1901年，乔莉·简落入法网，阿米莉亚才恍然大悟。就这样，乔莉·简也逃过了一劫。她继续着自己的杀手生涯，似乎比兰迪·克拉夫特还要走运。

如今，许多女连环杀手频繁地取人性命，是为了夺人钱财。然而，乔莉·简很少从受害者身上揩油。对她而言，杀戮可以满足自己称作的“肉体欢愉”（voluptuous delight）——这个字眼听上去颇有点19世纪的风味，那个时代，人们用它隐指“性刺激”（sexual turn-on）。换在今天，乔莉·简很可能被唤作“淫荡连环杀手”，在女性中，她这样的例子实在非同寻常。当然，她身为护士，难道没有其他方式实现这样世俗的欢愉吗？难道她一点也不顾惜这些无辜的生命吗？

乔莉·简的行动中，似乎并无怨念和仇恨的痕迹。她也几乎没有不道德的感觉。回想整个犯罪过程，案犯自己都有些莫名其妙：

> 每次想到这些事情，我总是对自己说：“我毒死了我最好的朋友明妮·吉布斯（Minnie Gibbs）。我毒死了戈登太太。我毒死了戴维斯先生和戴维斯夫人。”这些事情，好像我从来不会去考虑。有时候，我想到受害者子女的处境，以及他们可能的遭遇，到头来却想不到整件事情的严重性。这些事，为什么我不感到难过和悲伤呢？我根本无法理解它。

简无法理解她自己，我们就更没有这个能力。她被捕之后，有关方面收到了很多求情信。大家在信中表示，简是个有同情心、工作努力而又细致专业的护士，她不可能犯下如此冷血的罪行。若是不信？可以看看图3.8中简的小照，难道这不是一张优雅善良、充满母性的护士标准像吗？

每次想到自己的罪行，简似乎也很纠结。她就那样看着受害者们垂死的脸庞，体味着他们的痛苦，感受内心淫欲蒸腾，得到快意的满足。她知道自己在干什么，她清楚这是杀戮。1902年，法庭裁定简·托潘精神失常，因此无罪。对此，简自己非常困惑。她清楚自己的行为，因此，她坚定地认为自己并未精神失常。的确，简真的无法理解自己。

图 3.8 “快乐”的简·托潘

但是，我感觉我却能体会她的心境。在这里，我要强调“感觉”(feel）这两个字，这个单词的另一层意思叫“感情”。简知道道德行为的认知底限在哪里。自然，她的思维和认知水平能明辨是非。但是，她“感觉”不到道德存在的意义。许多人因为她的行为遭受苦难，她对此却毫无“感情”。对受害者，她不悲伤，甚至不难过。因此，我认为她大脑中的杏仁核和腹侧前额叶皮层可能发生了严重病变，从而失去了“感觉”道德的功能。

杏仁核和前额叶皮层控制了人们的道德感，它们是我们感情的引擎，会对人的一举一动做出道德认知评判，让我们自觉地远离那些不道德的行为。当然，与此同时，我们身体的另一部分可能早已经被这点“肉体欢愉”所吸引，恨不能直接投入到那些非道德行为当中。两股势力互相纠缠。在我看来，像乔莉·简这种精神变态者的体内，非道德功能的情感刹车较之正常人肯定要虚弱许多。

乔莉·简的眼中有着受害者的痛苦，但却看不见自己脑中的病魔。毕竟，那时没有脑成像技术。但是，我敢肯定，她的脑中某根筋搭错了线，让她的大脑出现了功能性问题，导致了一段杀戮人生。乔莉活到 81 岁，差一点见证了第二次世界大战的爆发。不过，终其一生，她也没能等来一次脑成像测试，我也就没有机会测试一下自己的预见是否正确。但是，假如我们回顾一下乔莉·简的人生，我们可以看出其中的许多陷阱，既有社会因素，也有生理和心理因素，种种陷阱，让她的精神变态人格暴露无遗。

简是第二代旅美爱尔兰移民，家庭非常贫困。在她一岁那年，母亲去世了。许多精神变态者都曾在婴儿期遭遇过母亲亡故的事件。同时，简的父亲也患有精神疾病，对于子女自然疏于照顾。她的祖母同样贫困潦倒，也没有看护孙女的精力和能力。5 岁那年，简进了孤儿院。当时，爱尔兰人在美国饱受歧视，于是她只能顶着“意大利孤儿”的身份寻求寄养家庭。后来，她有了养父养母，但是他们却把她当作佣人使唤。这样的童年环境，让她心中精神变态的种子加速发芽。

后来，简成了少女，变得开朗健谈，还成了派对上的明星。但是，这些都是她扭曲人格的表征。她很会撒谎，她说自己的父亲远在中国，姐姐嫁给了一个英国贵族，甚至沙皇还邀请她担任宫廷护士。她常常小偷小摸，拿走病人和其他护士的东西，只是为了寻求刺激。她经常欺瞒和操纵自己医院的领导。她甚至还横插一杠，拆散了自己的继妹和妹夫的婚姻。外表上看，她快乐无比。实际上，她是一个有着深度人格障碍的人。

乔莉·简的所有特点，都符合精神变态者的特征。精神变态是许多连环杀手的肥沃土壤，是其开始杀戮生涯的原点。乔莉·简详细供述了自己犯下的 31 起谋杀案。但是，1902 年收监入狱之前，她曾自陈：“保守点说，我杀害了至少 100 个人。”兰迪·克拉夫特每次杀人，都会记录在案以便留念。但是，大多数连环杀手都没有这个意识，很容易忘却自己手下到底有多少冤魂。

暴力解剖　没有情感的精神变态大脑

乔莉·简是个精神变态者。那么，她有什么样的脑功能类型，又怎样解读她的“悖德狂”（道德狂乱症）呢？虽然我们已经无法为她做一次脑扫描，但是，我们可以在她犯罪之路的后来者身上实验一番，让今天的精神变态者经历道德困境的测试，看看他们和道德人在反应上有何区别。

安德里亚·格伦（Andrea Glenn）曾经师从笔者学习犯罪学，她很有天赋，一心扑在了对精神变态者的脑扫描上面。我们发现，短期职介所简直就是一个精神变态者之家。相关的故事，我们将在第 4 章深入讨论。和乔什·格林一样，安德里亚让研究对象置身于各种极端场景之下，包括个人、情感和道德的各种困境呈现在他们面前，涉及对于他们的各种伤害。比如，当恐怖分子袭击村庄的时候，你会舍出自己的婴儿将其捂死，避免宝宝的哭声引来恐怖分子，以拯救你和全村人的生命吗？同时，我们还会让研究对象经历一些不动情感的、非个人道德困境的测试。比如，你捡到一个钱包，你会吞掉里面的钱财吗？

安德里亚发现，那些有着高度精神变态倾向的个体，在经历情感和个人道德抉择的时候，杏仁核的活动减退。看图 3.9（见彩图），左图显示道德人的杏仁核区域几乎亮成一片。杏仁核是情感的神经座（neural seat），一旦遇到带有情感刺激的道德困境，道德人的杏仁核会立即产生反应。但是，重度精神变态者的杏仁核仿佛熄灭了的灯泡，几乎闪也不闪一下。

调查结果显示，精神变态者在进行道德抉择的时候，杏仁核明显处于怠工状态。没有杏仁核发挥作用，一个人根本无须三思，就能立即对他人施加暴力或者欺诈。这些人安然愉快地过着不道德的生活，既无负罪感，也无半点懊悔，乔莉·简就是其中的一员。她欺骗他人，偷窃财物，为了一点点琐碎事务，也可以夺取他人性命。皆因她头脑中的杏仁核没有被激活，失去了约束力，也就没有了羞耻感。

确实，乔莉·简是个没有感情的人。因为她没有任何自然情感，所以需要一直寻找病态的刺激，才会一直极端寄情于“肉体欢愉”这种实感。乔莉·简的妯娌伊丽莎白是她的受害者之一。据简供述，她曾经想方设法延续伊丽莎白的生命，以便从中获取更多的快感。“我把她搂在怀里，看着她气若游丝，一点点失去生命的讯息。”最后，她和伊丽莎白躺在一起，紧紧拥抱和抚摸，经历妯娌生命的最后时刻。这样的时刻，似乎才是乔莉·简生命中唯一的快乐之源，也是她的人生中少有的带着感情的时候。

故此，唯有杏仁核正常，我们才会对他人的痛苦感同身受，从而让我们自觉规避反社会行为。同时，学界研究精神变态的领军人物詹姆斯·布莱尔（James Blair）还指出，精神变态者对于负面情绪的认知能力也较常人弱许多，无论是恐惧还是悲伤，他们都缺乏感觉。因此，当乔莉·简向受害者那无助的眼神中投去一瞥的时候，我想她是在为自己的杏仁核寻求一种情感体验。也许在那一刻，她的受害者正在经受恐惧？或者悲伤？甚至欢愉？对于这些反应，乔莉的情感大脑和杏仁核都毫无头绪。她绞尽脑汁也无法弄懂受害者的感情，这反而激发了她更进一步的兴趣。同时，乔莉·简喜好偷窥的经历激起了她的好奇心，加之她没有任何自然情感，也没有任何东西可以帮助她建立道德感，从而监控自身的行动。

安德里亚·格伦还发现，精神变态者在道德抉择实验中，若内侧前额叶皮层、后扣带回和角回有机能障碍，很可能导致其与人际关系相关的精神变态特征出现——过度注重外表、说谎和瞒骗、自我为中心和操控他人。上述脑区不但组成了道德抉择所需要的神经回路，也和自我反省、情感视角（emotion perspective-taking，情感观点采摘）、整合情感融入社会思维等紧密相关。反观乔莉·简，我们可清晰看到，她的社会思维十分混乱。她无法站在受害者的情感视角思考问题。虽然她力图理解自己的行为情感，但她不能反躬自省——她不能整合情感融入社会思维。总而言之，为别人着想对于乔莉·简而言，是个不可能完成的任务。

以上情形，部分解释了乔莉·简的那些令人困惑的精神变态行为。根据我们对精神变态者的脑成像研究，我觉得，乔莉·简的道德神经回路已然完全崩溃，从而导致了她那些异常的变态行为。我相信，她那精神变态大脑的极端错误问题，大概就是出于这个原因。

解剖暴力　深入拼凑的大脑

我们在本章再三强调，暴力分子的大脑功能同正常人显著不同。最为不同的脑区，当然是前额叶皮层。前额叶皮层的功能在于正常的调节和抑制作用，一旦功能受损，冲动的反应性暴力行为便可能冒头。安东尼奥·布斯塔曼特杀人案之类的反应性冲动热血行为，就是因此而起。对于那些更为冷静缜密的主动性暴力罪犯而言，虽然前额叶皮层的调节和控制功能强劲，但边缘系统却像反应性暴力分子一样残缺不全。因此，他们也会走上暴力犯罪的道路。不同的是，燃烧着的暴力和攻击行为是在他们的精心谋划下爆发。

同时，我们还要指出，一个脑区出现机能障碍并不足以酿成暴力犯罪的结局。一个暴力分子的大脑中，一定是多个脑区出现了问题，不只是前额叶皮层的背侧和腹侧区域出了问题，杏仁核、海马体、角回和颞叶皮层也各有问题。我敢肯定，将来的研究会揭示出暴力行为更为复杂的一面。反社会分子的大脑是一个多个脑区都机能失调的神经系统，将多种因素拼凑在一些，才会得出相应的结果。

重要的一点在于，大脑功能减弱不但和罕见的极端暴力犯罪有关，我们还见证了，额叶-边缘系统之间的功能失衡——过度活跃的杏仁核与陷入委顿的额叶皮层不能发挥调控作用所导致的暴力，在虐妻等暴力行为中更为普遍。随着功能性脑成像技术日渐成熟，我们发现了人类进行道德抉择的脑部基础——“脑区网”（network of brain areas），它涉及多个脑区的联网与分工合作。对于像乔莉·简·托潘这样“道德疯狂”的精神变态者和连环杀手而言，这个“脑区网”运转不正常，甚至已然崩溃。他们缺失“感情”，不知道德为何物，不辨道德底限。他们之所以犯下那些骇人听闻的罪行，部分原因便在于此。

最后，让我们回到本章起点，回到兰迪·克拉夫特的故事上面。那些血腥恐怖的杀人恶行，如何才能得到有效遏制？兰迪是个严谨高效的计算机顾问，他的前额叶皮层功能强劲而没有任何问题，可以保证他工工整整地记下自己的每一笔肉欲血债。只能说，兰迪是个冷血杀手，他没有心肝——真的没有。接下来，我们还会继续通过人体去解剖暴力。我们的下一站将来到人体的中心位置，一探心血管系统和自主神经系统与暴力行为之间的关系。

第4章 冷血杀手

不受意志控制的自主神经系统

如果把自己想象成一个罪犯，即将犯下一桩滔天大案，利己但损人：可恶的丈夫殴打你，于是你在他的脖子上抹了一刀。你的老板蛮横霸道，你一把勒住他的脖子直至咽气。你盯上某户人家，半夜破门而入去打劫。有人夺走了你的女友，于是你展开报复。你觊觎公司的钱财，一下就卷走了几百万美元。你还可以有更为可怖的想象，比如绑架、虐待、强奸，又比如一条一条地夺走许多陌生人的性命。

请挖空心思想一想，想象你身处以下的环境之中：深夜，你在学校的酒吧里喝得酩酊大醉，神志完全迷失，激情脱离了控制。你的女友似乎有些厌烦了目前这段关系，刚才正和其他男人眉来眼去。现在，她想抽身走人了，理由非常牵强。当着众人的面，她就在酒吧里甩了你，然后头也不回地走了。那天晚上，你本来很想和她温存欢爱一番。结果，现在你又是难堪，又是生气。

夜色中，你朝着自己的寝室缓缓挪步。这时，前方一名漂亮女生引起了你的注意，你加快脚步跟了上去。不过，你一直非常小心，保持着安全的距离。而且，你没有发出半点异常的声音。此刻，你们已经离开了教学区，进入一片树林和灌木丛。这时，你追上了她。环顾四周，没有发现任何人。于是，你大胆伸出手，一把从后面抓住了她。你一手捂住她的嘴巴，一边把她拖进丛林深处，按倒在地上。然后，你掏出一把匕首，威胁要杀了她，逼迫她和你发生性关系。你强暴了她。你能听见和感受她的心跳，由于她的恐惧，那声音响得犹如惊雷，这让你的欲望更为高涨。最后，你伸出一只手捂住她的嘴，拿起匕首，一下子插进她的心脏。其间，你还兴致勃勃地盯着她的眼睛，凝视她眼里透出恐惧，看着她瞳孔渐渐放大，感觉她身体在痛苦蜷曲，听见她的呼吸渐渐有若游丝。

犯罪之后，你仔细掩盖了自己的各种踪迹。但是，第二天，你仍然听见警笛声在门外响起。你被捕了。你必须创造出不在现场的证据，以洗清警方对你的怀疑。你必须保持谎言之间的逻辑链条，一旦出现一点小小差池，也会送你落入死亡深渊。

面对如此情形，你的脑海中一定乱麻无绪。那么，在那些真正的杀手身上又会发生什么呢？本章中，我将带领各位见识一下正常人和真正罪犯之间的巨大差别——但愿彼此之间有着天壤之别。很显然，当你对他人施用强暴的时候，你会全身流汗，心脏狂跳不已。面对警察的盘问，你说不定会生出同样的感觉。也许，读到上面这个假设的场景，你的心中已经泛起一阵恶心。尽管只是假想，也许已经激发起了你极大的像厌恶这样的负面情感。不过，许多暴力罪犯在作奸犯科的时候，却从来不会因此流下一滴汗，无论罪行多么巨大，他们也不会感到丝毫的紧张和不安。

如此罪行之所以让你恶心，因为它刺激了你的良心（conscience）。仅仅是听到其中的细节，你也许就有些身体不适，更别提参与其中，身体力行。这不奇怪，你有一颗心（heart），那些罪犯可没有。我认为，一个人的良心取决于他的自主神经系统（automatic nervous system），它是身体的一部分，又称作内脏神经系统（也称植物性神经系统），在我们的情绪中起关键作用。但我们发现，某些暴力分子的自主神经系统异于常人，不像我们那样容易“紧张/焦虑”（nervous），更像我们休息时那般。这个发现，堪称暴力解剖学的一次重大突破。正因如此，这些暴力分子才会如此胆大妄为，毫无良心，从而掉进犯罪、暴力和精神变态行为的泥淖。从生物学的角度而言，他们的自主神经系统和我们完全不同。这就好像一架自主倾向的暴力机器。而这架机器的运作中心，正是一个人的心脏。

西奥多·卡钦斯基（Theodore Kaczynski）和拆弹专家之间似乎有着许多明显的共同之处。西奥多·卡钦斯基，小名特德·卡钦斯基，又称“邮件炸弹客”（Unabomber），在开始作为加州大学伯克利分校的一名教授之前，他就已经开始了致人死命的暴力生涯。在1978—1995年的17年期间，他先后策划了多起爆炸案件，导致3人死亡，23人受伤。卡钦斯基的炸弹要么通过邮件传递，要么通过飞机托运。作为教师，卡钦斯基最早是在西北大学从教，后来又先后移职犹他大学、范德堡大学、加州大学伯克利分校、密西根大学和耶鲁大学。他在美国航空公司的一架班机上留下炸弹，还把一封邮件炸弹寄给了联合航空公司的总裁当作见面礼。联邦调查局为了确认他的行踪花费甚巨，创下了FBI的历史纪录。偏偏卡钦斯基每次都能逃脱，让FBI完全束手无策。

然而，邮件炸弹客还是犯下了一个大错。他投书《纽约时报》和《华盛顿邮报》，寄去了一封洋洋洒洒3.5万字的宣言书。为了确保宣言能够见诸报端，卡钦斯基威胁两家媒体，如果他们不肯发表这篇作品，自己就会继续作案。在联邦调查局和辩护律师的默认之下，卡钦斯基的愿望得到了满足。宣言中，他猛烈抨击了社会的工业化进程，也把矛头指向了左翼思想界和科学家群体，他认为社会已经被这些势力所操纵，自由无法得到伸张。就这样，卡钦斯基的好运到了头。他和他的兄弟一向不和，偏偏兄弟偶然间捡起了那一份报纸，又在偶然间看到了那篇文章，还在偶然间从文章中发现了几处熟悉的字眼，比如“头脑冷静的逻辑学家”等等。又在偶然间，兄弟想起了自己和特德的几次通信，“头脑冷静的逻辑学家”之类的词语实在是太过扎眼。后来，探员们申请了搜查令，查抄了卡钦斯基位于蒙大拿州林肯镇的一处郊外小屋。小屋地处偏僻，而探员们也没有太多收获，许多联邦调查局的探员甚至无法相信卡钦斯基就是“邮件炸弹客宣言”（the Unabomber manifesto）的作者。直到1996年，卡钦斯基被抓了现行。FBI人员突袭他的寓所，在屋内的一张桌子上发现了宣言的草稿，旁边正好还有一枚炸弹。

好了，你现在能够发现卡钦斯基和拆弹专家之间有什么共同之处吗？至少有一点非常重要：他们都要应付足以致人死命、精巧复杂的东西。他们都需要钢铁般的神经，以及毫无畏惧的胆气。一位在波斯尼亚（Bosnia）服役过的英军拆弹专家，在谈到自己的工作时很是轻描淡写：“我这工作听起来危险……不过，我还从来没去过什么自觉危险的境地。”总之，他们都有忘却危险的能力。而且，拆弹专家和连环杀手都是高智商人士。在英国，一个人要想从事拆弹工作，必须首先在国家考试中以优异成绩取得至少三张普通中学教育证书（GCSEs）。其中，数学成绩属于必修课程。说到数学，卡钦斯基可是天赋异禀。他自小就是数学神童，16岁便上了哈佛大学深造。后来，他获得了密西根大学数学博士学位，再后来，他被邀请前往加州大学伯克利分校任教授。卡钦斯基智商惊人，11岁那年的一次测试显示，这一数值竟然高达167。[13]

卡钦斯基的所作所为堪称卑劣，不过，他既聪明又认真，在许多方面还很严谨理性，和一名拆弹专家非常相似。而且，随着深入研究，邮件炸弹客和优秀拆弹专家与我们的“测试对象”在生物学方面高度一致。我们还发现，低静息心率（low resting heart rate）是他们的共同体征。而且，对卡钦斯基这类罪犯，我们习惯称之为“冷血杀手”。不知道“冷血”只是一种比喻，抑或当真和血液的温度息息相关？

解剖暴力 杀人之心

要想解剖暴力，心脏是绕不开的器官。心脏是反社会和暴力行为的策动机关，起着关键作用。为了证明这一点，我们不妨做点动物实验。兔群中，那些攻击性强、占统治地位的兔子，和其他从属地位、无攻击行为的兔子相比，低静息心率是其显著特征。甚至，当实验人员刻意改变兔群中的尊卑秩序后，那些新上位的兔子纷纷出现静息心率下降的状况。这可不是兔子王国的独一现象，在猕猴、狒狒、树鼩鼱和老鼠的世界里同样存在。

总之，低心率有提升一个人的反社会和暴力的可能性，这个事实听上去太过简单，对各位看官而言可能过于震撼，一时难以接受。[14]如今，我们已经有了功能性脑成像这样高效敏感的测试工具，将某个生物学标记和暴力行为联系起来已经不是一件难事。那么，这种联系是否太过简单和容易了呢？关于犯罪和暴力的生物学结论能否经受住严肃的科学检验呢？

我在英国约克大学攻读博士期间，已经在有反社会倾向的中学男生身上发现了低静息心率这个特征。后来，我前往诺丁汉大学工作，在那里再次发现了类似的结果。也许，一两次只是巧合而已？于是，当我来到南加州大学工作的时候，便会同多名同事对心率-反社会行为之间的关系进行了荟萃分析（meta-analysis，又称元分析）。研究期间，我们调阅了能力范围之内的所有研究资料，它们大部分以儿童和青少年为对象。最后，我们一共搜集到40份实验报告，涉及人数多达5 868名孩子。这样大规模的全景实验，有助于我们通观全局，作出正确的判断。

结果清楚显示，那些反社会倾向的儿童确实具有较低的静息心率。[15]同时，我们还见缝插针地趁着研究对象在等待医学检查期间，通过紧张性刺激，对受试者的心率进行测试。实验内容大多是一些颇有难度的心算题目，比如从1 000倒数到7。如果你觉得这一题很容易，不妨亲自试一试。在这些实验当中，不同个体在心率上的差异更为明显。

根据我们的荟萃分析，静息心率的不同是调查对象反社会行为出现差异的一大原因，相关性大约占5%。你可能认为，5%并不是一个多么高的数字。但是，从医学角度分析，5%的相关性足以证明两者之间关系之强烈。要知道，抽烟和肺癌之间的相关性远低于5%这个水平，服用阿司匹林和预防心脏骤停死亡的相关性与之比较也是远远不及，抗高血压药物防止中风之间的相关性也低于它。以上三对关系在医学界已经非常重要和强烈，但是和心率-反社会倾向的相关性相比，这三对关系完全不值一提。[16]

事实上，医学界里只有尼古丁贴片与减少吸烟的效果的关系，以及美国大学入学考试（SAT，学术能力评估测试）成绩预测以后的大学文凭（GPAs，盖氏人格评估系统学说）之间的关系，可以和心率-反社会行为这对关系在相关性上一较高下。如果我们现在改变测试静息心率时的压力条件，看似无害的生物学标记百分比会骤然提升到12%，足以解释我们之间存在的反社会行为。乳房X光成像技术可诊断乳腺癌之间的相关度也不过只有12%，家庭验孕的准确度和体外受精的成功率也处于同一水平。以上三对关系，从临床医学角度来看已经形成铁证。如果相信它们之间关系紧密，就不该怀疑心率对于反社会倾向的影响力。这个发现具有重大意义。

低心率特征并非仅仅针对具有反社会倾向的孩子这一个亚群。它适用于所有的儿童和少年，适用于女孩和男孩。因此，低心率男孩比高心率男孩有更多的反社会倾向，女孩也是一样情形。它超越性别，无论年纪。

因而，心率可以部分解释两性之间的反社会行为差异。你不妨拿起秒表，测试一下自己一分钟内的心跳次数，然后把相关数据和兄弟、姐妹或配偶比较一下。如果你是女性，你的心跳一定比你周围的男同胞高出一截。在这方面，男人总体上始终要慢上几拍。同时，男女之间的反社会行为也存在差别。早在3岁的时候，男女在心率上的差别就已经有所体现，男孩每分钟的心率比女孩少6.1次心跳，远低于女孩的水平。[17]心率方面的男女之别，要比反社会行为方面的性别之差更早冒头。男人为什么比女人犯罪更多？两者相差悬殊的心率水平成了一个重要原因。

现在，我们抛开性别差异话题，比较一下不同世代的人在静息心率上面有何差别。双胞胎的研究反复发现，静息心率具有显著的遗传可能性。

我们还发现，对一个几代人有犯罪分子的家族来说，低静息心率是他们的显著特征。鉴于童年期的攻击性倾向和成年后的反社会行为有所关联，而反社会行为也是可以由父母传给子女的，其中，低心率大概是反社会行为可以一代接一代传递的遗传机制之一。

许多研究都把测量心率和反社会行为设置在同一时间节点上。但是，我们的研究则设计了一套更为有效的流程，既测量了研究对象早年的心率，又把早年结果和他们未来的反社会行为联系在了一起。这样的流程，我们称之“前瞻性纵向设计”（prospective longitudinal design）。我们在英格兰、新西兰和毛里求斯等地先后开展了 5 个纵向研究项目。项目的结果显示，一个人早在 3 岁时的低心率和他未来是否陷入违法、犯罪和暴力行为的泥潭之间紧密相关。真可谓 3 岁看老。

请注意，这些研究并非要展示一种因果律。我们并不是要从一个教室的孩子们中，基于这个单一的心率找出谁会是未来的反社会分子。当然，这也是我们研究的一部分。我们通过追踪孩子们的成长历程，一直到他们长大成人，分析他们一路上经历的各种问题变量，我们的因果模型进一步证明，某个人的早期低心率和其后成为暴力分子的概率之间确有联系。

那么，社会因素导致的犯罪和低心率会不会有关系呢？抑或说，低心率是导致犯罪的一种假象？剑桥大学的大卫·法林顿（David Farrington），世界上数一数二的犯罪学家。通过研究，他建立了世界上最好的、独立的早期预测暴力指标。法林顿找到了 48 个指标（家庭、社会经济地位、学术成就和个性——从较低社会阶层到较低智商至冲动个性等）。但他发现，所有 48 个因素中，只有两个独立因素同暴力行为特别相关：一是低静息心率；二是集中注意力差（poor concentration，或集中差）。实际上，对暴力的测量表明，拥有一颗低心率的心脏，比拥有一对罪犯父母更容易沾染暴力，这是导致以后犯罪的最佳社会因素之一。[18] 所有这些发现，让法林顿得出一个结论：“低心率可能是最为重要的暴力表征之一。”

现在，让我们换个角审视这种关系。低心率会增加一个人在将来成为反社会者的概率，高心率确实降低以后犯罪的概率。笔者特地长期跟踪了一群英国中学男生。这些人在 15 岁的时候都有反社会倾向，但长到 29 岁了却没有堕入犯罪的泥潭。我把他们的结果同另外 17 个反社会青少年在 29 岁之前变成罪犯的案例作了对比。同时，他们的对照组是 17 个从未有过反社会倾向和犯罪记录的研究对象。结果显示，英国组男生均有显著的高静息心率，比罪犯组和对照组都要高出许多。由此可见，高心率的心跳有利于预防成年犯罪。

从临床治疗的角度而言，那些能够升高心率效果的药品，无疑可以降低反社会行为。研究还显示，心率可以帮助预测哪些孩子可能从治疗当中获益，哪些孩子只会白费一场功夫。德国的一项研究表明，治疗之前属于遗传性的低心率孩子，通常对于行为治疗的反应较慢。一些孩子的反社会行为可能是由环境造成而非遗传因素，他们属于正常心率或高心率孩子，对于这些孩子，相关的干预治疗可能更为有效。由此可见，我们对于静息心率的研究，不但能够测试出某个孩子在未来沾染犯罪行为的风险，还能为治疗提供不可或缺的知识。

在医学方面，研究者还面临另外一个难题：有一种精神障碍疾病，并不一定伴有诊断上的特异性生物学标记。比如，许多与生物学相关的抑郁症，但他们也发现，焦虑症和其他精神疾病的许多患者都呈现抑郁症状态。但是，低心率-反社会行为的关系却是一个非同寻常和重要的诊断特异性表征，两者肯定有着因果关系。而其他的精神障碍疾病则大多以较高静息心率为表征，比如，酗酒、抑郁症、精神分裂、焦虑症等；仅有一些品行障碍的精神病症，比如反社会和暴力行为，可以和低静息心率扯上关系。

上述研究所关注对象，主要是暴力罪犯、精神变态者和品行障碍儿童。那么，一个人要暴虐到何种程度，心率才会低于常人呢？

一次，我带着家人在香港大学休假，却一直忘不了这个问题。香港这个地方闯红灯的人很少，哪怕四周没有汽车，大家仍然遵守规矩。不过，哪里都有违规的人。每次我带着儿子去公园玩耍，小孩子总能见到那么几个横穿马路的人，一些成年人也常违规。按照童言稚语，这些人都是一些“淘气的企鹅”——当时，有一部关于企鹅的动画片正在热播，主人公勇敢胆大，但也特别不守规矩。每当遇上这类事发生，我就想，这些“淘气的企鹅”是否也拥有低静息心率呢？

为此，我找了8名香港大学的学生帮忙，请他们搜集了622个香港学生的心率数据，同时也询问了解他们的行为习惯，包括穿过公路时闯红灯的次数。这一次的结果有些不同，违规者和蹈矩人之间的心率差别并不大，每分钟的落差不超过两次心跳，但它在正确的方向上有统计学意义。“淘气的企鹅”确实具有低静息心率。当然，这只是反社会行为这座冰山的小小一角，但我们已经证实，低心率覆盖了整个的反社会行为，哪怕它降至最微小的程度，都在此范围内。

以上这些要点综合起来，谁都难以否认低心血管兴奋和暴力之间存在着可复制的关系。当一系列的科学证据都指向了一个假说，这个假说的说服力可想而知。何况，相关证据链不但完整自洽，而且来自不同的视角之下，可信度非常高。

实际上，低心率可作为诊断品行障碍的重要生物学标记，已经得到了重要证据的佐证。目前，品行障碍和几乎所有的临床精神疾病如精神分裂症，都没有从生物学的角度定义。但是，要想确诊一个品行障碍症状，必须通过临床医生的问诊才行。品行障碍的临床症状包括撒谎、偷窃、斗殴、虐待动物等。医生必须确认这些行为的性质，同时取得孩子监护人的相关证言方可下达定论。生物学标记之所以不被列入确诊报告之中，主要有两个原因。其一，这些生物学标记不具有诊断特异性，它们和多种病症都有联系，并非指向单一的病症。其二，现实生活中，医生对问诊者进行大脑功能评估绝非易事，更别提还有成本上的巨大障碍。

但是，心率恰恰没有以上这些问题。首先，它具有诊断特异性，和病症之间的关联性非常强。其次，检测心率的成本非常低廉。想想看，你第一次去医生诊室的时候，难道不是先测血压，再量心率？而且，精神病学和临床心理学正在为各种精神疾病寻找确切的生物学标记，有心率这样确定的例子，自然是好事一件。当然，不是每个低心率的人都是后备的暴力分子。比如笔者，20 多岁的时候心率不过每分钟 48 次，我相信读者当中，也有许多低心率的守法人士。但是，某种程度而言，低心率就是一种暴力分子的重要特征。

解剖暴力 生活中的唤醒提升

低静息心率是反社会和暴力行为中一个最佳重复、最易检测、最有前途的生物学相关度表征。但是，问题在于，心率为什么会导致某些人的反社会行为？虽然简单的生物学测量可以揭示“作用机制”，但是，低心率如何导致反社会和暴力行为却非常复杂。让我们看一看其中几个较为流行的解释。

第一种观点是“无畏理论”（fearlessness theory，或称低恐惧理论），低心率被认为是无所畏惧的一个象征。实际上，我们常说的“静息”心率这个术语很有误导之意。调查研究中，研究对象会被引进一个全新的环境，同陌生人相会，然后戴上电极帽接受测试。他们的心率测试，是在一定的紧张性刺激下完成的，这个指数绝非“静息”可以形容。一些孩子天性害羞，容易焦虑，自然就呈高心率。但心性无畏的孩子往往测得低心率。

前文谈过，有些人天生充满胆气，社会表现也一贯良好，拆弹专家就是其中的典型代表，他们具有异乎寻常的低心率。要想拆除一枚炸弹，需要钢铁一般的神经。与此同理，反社会和暴力行为也需要一定程度的无畏勇气去施行。如果一个孩子缺少害怕受伤的感觉，那么他参与群殴的可能性就大大上升。一般人惧怕受伤，不敢参与其中。但对于无畏者来说，则根本不算问题。监狱往往有震慑效果，让人不敢随便逾矩违规。但是，对于这些不知害怕的罪犯而言，蹲班房也不是什么令人畏惧的事情，也就难以阻止其暴力行为。

无畏理论还得到了另一项研究的支持。该项研究表明，低心率同儿童时期形成的无拘、无束、无畏性格很有关系。一个学龄前儿童越是无拘无束，成人之后变得富于攻击性的可能就更大。相较同龄人，低心率青少年面临压力时通常表现得更为出色。因此，他们面对社会压力也会更加轻松，

第二种观点是“移情理论”（empathy theory），以此解释低心率-反社会行为的移情作用联系。实验证明，低心率孩子的感情移入（empathic，同情心）往往比高心率的孩子少许多。一个缺失移情作用（同情心）的孩子无法体会他人的感情，同时，他也更容易欺凌他人、迫害他人。正因如此，缺乏同情心的人更有暴力倾向，缺乏同情心的孩子也就更有反社会和暴力行为。

第三种观点是“寻求刺激理论”（Stimulation-seeking theory），以解释低心率如何导致反社会和暴力行为。该理论认为，低唤醒表现（low arousal represents）让一个人长期处于不愉快的生理状态，因此，这些反社会行为者必然会寻求增加他们唤醒水平的刺激，以达到最佳唤醒水平。当我们工作有效、生活安逸的时候，刺激水平也就处于最佳状态。设想一下，你一身疲惫地回到家中，哪一次不是立即寻求一些刺激？你可能会打开电视、泡杯咖啡、听听音乐、玩玩手机，或者干脆走出家门去开派对。这都是因为你平日里太累了，需要一点额外的刺激。当然，有时候你会反其道而行之，不开电视，关上手机，只想独自静一静。这说明你的唤醒指数已经有

点过高，需要回归正常水平找到平衡。

人类有着共同的需求，那些长久处于低唤醒水平的孩子也是如此。低心率的学龄前男童，不但容易引发较高的反社会倾向，也容易患上多动症，他们和正常心率的同龄儿童相比，更有可能沉溺于暴力视频中，他们这么做，当然是为了寻求强烈刺激。根据我的研究，3 岁左右的静息心率特征和这一年龄寻求刺激行为间几乎有着一致性。在 11 岁这个年龄，攻击行为和静息心率间的一致性也没有半点改变。青少年一旦长期处于低唤醒水平的生理状态，他们很可能通过一些歪门邪道来提升自己的唤醒水平，比如殴打某人、抢劫商铺、加入帮派，甚至吸食毒品。种种不法行为，表面上对于孩子们来说只是消愁解闷的乐子而已，实则是在生活中得到一个唤醒水平的提升。这个事实非常令人忧心。不妨回忆一下你自己的青葱岁月，感同身受一下吧。这样的边缘生活当然不是父母所愿，但是，孩子们却觉得这些举动非常刺激，而且可以给生活带来意义。如果我们做个纵向对比，就会发现，一个人一生中静息心率的最低点就是青春期，也是寻求刺激和反社会行为的最高点。同时，由于青少年喜爱寻求刺激，一个人一生的暴力巅峰也往往在接近 20 岁的年纪到来。

在我年幼无知的时候，也曾经有过寻求刺激的举动。假如你曾和我有相同的经历，应该知道那是一种不知何处可以发泄一身劲头的感觉。人在那个时候，总感觉自己坐立不安，精神空虚，甚至有一点隐隐的愤怒。心中那种莫名的压力需要释放。写到这里，我好像有点回到了当年。对了，面对如此的困境，人只会想逃离。找点什么其他的事情“缓解压力”，让自己好过一点。

这样的情绪，许多连环杀手都曾经经历过。杀人之前，他们经常沉溺其中，被紧张的压力和坐立不安的感觉所折磨。因此，他们才会寻找受害者，通过诱拐、折磨、强暴和杀戮进行排遣。排遣完毕之后，一点释然才会涌上他们的心头。

那么，这样寻求刺激的举动又是缘何而来呢？笔者认为，寻求刺激乃是一种性格特质，同时，也是生理处于低唤醒水平之下的一种反应。我只想告诉大家一个简单的医学常识：低心率是造成反社会行为的极度危险因子。当然，低心率不是自主神经系统导致某人演变为反社会和暴力分子的唯一表征。为了帮助大家从社会层面理解这个医学事实，我们不妨来到毛里求斯走一遭。

解暴剖力 共享童年气质，发散成年结果

毛里求斯是世界上最美丽的热带岛国之一，许多人来这里悠游度假，纵享浮华。这里安详宁静，充满和谐。论及度假，这里是天堂。要说做研究，也是一个不错的地方。过去的25年，我曾经39次来到这个岛屿。要想研究暴力，底特律那样的地方当然是上佳之选。不过，我个人认为毛里求斯是个更好的选择。每次来到这里，我总习惯下榻在拉皮罗格海滩酒店（La Pirogue beache hotel，或独木舟海滩酒店）。从机场到酒店所在的海边，一路上都能看见阳光、棕榈树、沙滩、火山，还有广告牌上“如此美味”的宣传语。我在非洲有过多次旅行经历，感觉这里的人最是热情优雅。总之，这里的人事物都是那么温馨而又不失异国情调，别有风韵。

毛里求斯面积不大，南北不过38英里（61.2公里），东西只有29英里（46.7公里）。岛国位于南回归线附近，属于非洲次大陆的一部分，四周是印度洋的汪汪海水，向西和马达加斯加岛隔海相望。这是个多民族聚居之地，1968年脱离英国统治，1992年成立共和国。根据2009年7月的统计数据，毛里求斯大约有居民128万人，是世界上人口密度第三大的国家。毛里求斯虽然是发展中国家，但却常常为人看作非洲国家的发展典范。1972年，我正是在此地开始了一项重要的纵向研究计划。

毛里求斯是个文化大熔炉，各民族之间和睦相处，少有冲突，成了这个岛屿闻名于世之处。在这个岛国，我们不妨结合先前关于低唤醒理念和寻求刺激理论，以及该国的社会现实，进行一番深入研究。

为什么选择毛里求斯？你或许会问这个问题。1967年，世界卫生组织（WHO）开展了一项调查，事关孩子的临床疾病在未来生活中的发展风险。世卫组织鼓励各国研究者开展此项调查，建议将发展中国家作为首选研究地点，并且最宜选择3岁孩童作为研究对象，运用生物学方法找出哪些类型的孩童最容易在将来出现精神健康问题。原本，世卫组织更钟情于印度。不过，毛里求斯的卫生部长积极争取，让世卫组织改了主意。毛方认为，本国拥有地理上的优势——这是个小岛国，也是低移民国，人口流出不大。相比于印度，这里的人口更为稳定，也是更好的研究对象。

1972年，英国约克大学的彼得·维纳布尔斯（Peter Venables）和美国

南加州大学的萨尔诺夫·梅德尼克（Sarnoff Mednick）共同开启了毛里求斯研究项目。彼得教授曾和我有过一段长达5年的师生之谊，1977年起，他一直担任我的博士生导师。萨尔诺夫也和我关系莫逆，毛里求斯项目诞生11年之后，即1983年，我听从萨尔诺夫的劝告移民美国，并在这里生根发展。当彼得于1987年退休后，由我负责该项目的研究。这个项目涉及1795名3岁孩童组成的出生队列，他们全都出生于两个小城之一，一个叫瓦科阿（Vacoas），一个叫卡特勒博尔纳（Quatre Bornes），两个地区都位于岛屿中部，而研究中心则设于卡特勒博尔纳。

研究模式如下：首先，儿童及家庭造访研究中心。3岁孩子由妈妈陪同来，一到就被新奇的玩具簇拥着。研究者要看一看，这些孩子到底是离不开安全的家或者更眷念母亲，还是更喜欢玩具？有些孩子一直守着妈妈，寸步不离，他们是新事物的刺激排斥者。有些孩子在玩具和母亲之间窜来窜去，把妈妈当成了“安全网”。还有一些孩子则大胆地走进了玩具的世界——他们就是那些寻求刺激者或探险者。而后，孩子们还会被集体放进一个沙盒之中，研究者对他们的一举一动进行记录。我们关注他们的社交策略和意愿，他们对于研究人员是否友好，也关注他们愿不愿意和他人聊天交流。以上这4个单独的行为指标共同构成寻求刺激水平的测试，象征着他们程度不同的寻找刺激水平。

8年之后，这些孩子已经11岁。这时候，他们的父母要接受问卷调查，就子女的行为问题进行评估。其中，攻击倾向是很重要的评估内容。我们需要知道这些孩子有没有“打架斗殴”、“攻击他人”、“威胁他人”的经历。笔者发现，一个研究对象如果在3岁时体现出更高的寻求刺激的愿望，那么他长到11岁一定更富于攻击性，其相关度可高达15%。当然，事情也有不少例外。但是总体而言，孩子的幼年行为和他们长大后的攻击性有着密切联系。

毛里求斯是个人间天堂，但是，这里的罪恶也处处存在，并不能免俗。有两个儿童给了我们很大的启示。他们的故事表明，虽然唤醒水平和气质能够在一定程度预测某人堕入暴力的可能性。不过，客观事实是复杂的，还有许多其他因素需要我们考虑。两位小主人公是一男一女，小男孩叫拉伊（Raj），小女孩叫若埃勒（Joëlle）。在一千多个小伙伴当中，他俩拥有最低心率和最高寻求刺激水平，同时，他俩的勇敢无畏也冠绝所有参与实验的孩子。总体而言，他俩参与实验所获得的数据，在世界范围内的3岁年龄段中可以各自排进他们性别的前六位。那么，这样两个孩子的人生故事后来会如何发展呢？

拉伊长大成人，寻求刺激的本性一直未改。他是一个邪恶和精神变态暴徒，喜欢骑着摩托横行乡里，恐吓他人、欺压邻里是他的家常便饭。我先后调查过900个犯有不同罪案类型的男性，他们的罪行从偷窃到袭击再到抢劫不一而足。在这900个最精神变态的个体中，拉伊也算一个极品。在谈到他的社交圈和如何与人交往时，连他自己也承认："很多人怕我。大多数人都很怕我。我就是个危险分子。"一见到别人不舒服，拉伊就舒服得不行。精神变态者都有很强的控制欲，拉伊也不例外。他的攻击性和暴力倾向在同龄人中非常出名。而且，这样的作为还给他带来了一定的地位和权力。说到自己如何构建朋友关系的时候，拉伊曾经直白说："做我的朋友不能胆小。"当一个人有这样的交友观，可以想见此人一定是个胆大妄为的角色，然而，他的朋友都渴望恐惧。

从3岁长到28岁，拉伊一直这样天不怕地不怕。他的行为日趋暴戾，而且，他从别人对自己的恐惧当中攫取了许多利益。他的犯罪手法由此固定下来。我们曾向拉伊提起他的女朋友，对此他略一沉吟，随后呵呵一笑道："是的……我觉得她也很怕我！"拉伊的各种表现，他的麻木、他的冷血，都显示他是个典型的精神变态者。大家可能还记得，我们曾经从进化的角度探讨过暴力和欺诈的成因，本书把精神变态当作一种成功的繁衍策略，因为这种策略可以征服和控制他人后获取资源，转化为最大的生殖适合度。

拉伊通过威胁和暴力手段胁迫他人，哪怕自己最亲近的人也不放过。他有让人战栗的天赋，这点天赋强化了他和女友相处时的性快感。某些变态强奸犯作恶时获得的快感，同拉伊有着异曲同工之处。他们都企图恐吓、操纵和控制受害人。

那么，这个恶棍难道真的如此无所畏惧吗？当然不是，还是有人、有时能够降住他。比如，当他遇到另一个自己的时候？对此，拉伊表示：

> 没有东西吓得倒我。有人想和我打架？他肯定不是我的对手。这就够了，这就够了。你知道我在说什么吗？我会把他们的脸一劈两半。你懂我的意思没有？

拉伊不知道害怕的感觉，也没有同情他人的能力。别人的痛苦，他无法感同身受。没有同情心（移情作用）可以阻止他挥刀劈向别人的面庞。他就是那种极端的精神变态，极端地毫无恐惧之心。

难道他对受害者没有一丝悔意？难道他就没有半点良心？拉伊说道："没有，那都是他们自找的。"精神变态喜欢诿过他人，粉饰自己的行径。他们习惯把"应得的惩罚"挂在嘴边，当作自己暴力行为的张本。他们认为，正是因为他人的行为，自己才施行暴力。这样的想法，让拉伊更加肆无忌惮。对于拉伊和其他精神变态者而言，人生就是一场"无边界的游戏"(jeux sans frontiers. 法语：法国无国界)。他们游戏人生，头脑中没有恐惧的概念。由此而来的后果，当然是麻木不仁、无人心、冷血无情。至于其中的原因，可以归咎为幼年间的一系列事情：包括低生理唤醒（low physiological arousal)、不知害怕的特征和寻求刺激的倾向。

小女孩若埃勒也是个天不怕地不怕的狠角色。当然，她的狠劲施展在另一片天地之中。长大后，若埃勒参选毛里求斯小姐，成了选美皇后。而后，她还在多个领域崭露头角，有着一段精彩人生。

若埃勒成年后，还记得童年时候的自己。她自幼喜欢探索，喜欢尝试一切事物，喜欢身先士卒的感觉。提及幼年时的回忆，若埃勒说："我渴望了解周围的所有事情。对我而言，最重要的事情就是表现自己。"和拉伊一样，若埃勒也希望掌控周围整个环境。当然，两人的方式是如此不同。若埃勒渴望探索，渴望周游世界，渴望展现那个不知恐惧为何物的自己。由此看来，寻求刺激的潜能并不一定指引人们走上犯罪的道路，若埃勒就是一个典型例子。她的人生没有暴力，生活非常充实。尽管在生物学上、气质上，她的体内也有反社会行为的种子。但是，若埃勒是个善良、慷慨、敏感的人。若埃勒有着其他的品质，可以保佑她躲过精神变态带来的种种极端恶果。也许，女性的世界里有着完全不同的基因和环境元素，一个女孩即便遭遇威胁，也可以因此逢凶化吉。

从广义上讲，拉伊和若埃勒所行殊途，而特德·卡钦斯基与拆弹专家也走上了不同的人生之路。这两种情况其实并无太大区别。生物学不是命理学，同样的生物学素质，也可能导致不同的结果。同时，这些早期的生物学警示标记可以起到警示作用，提醒一个人前进路上的种种陷阱。实际上，如果要理解自主神经系统及其造成的暴力行为，我们的良心是其中的关键。

解暴剖力　良心战胜犯罪

不知你有没有动过杀人的念头？答案大概是没有？如果你坚持“没有”之说，你还真有点虚伪。

其实，76%的“正常”男人都有过至少一次杀人幻想。至于正常的女人，62%都有过如此的想法，比例只比男性低一点而已。如果你有过杀人的念头，那么你想拿谁祭旗呢？男人大多会把同事列为头号对象，而女人则把刀锋更多指向家庭成员，继父继母是她们的第一选择。后一种杀人幻想，符合我们通过进化理论对于谋杀的推断——人总是倾向于杀害那些在基因上与己无关的人。那么，为什么会有杀人的念头呢？最常见的理由是爱人之间的争吵，不过，我们当中仅有3%的人只是通过幻想寻找杀戮的感觉而已。

这般想象中的暴力，在美国社会并不少见。对此，阿尔弗雷德·希区柯克（Alfred Hitchcock）最是敏感。在名片《火车上的陌生人》（*Strangers on A Train*，又译《火车怪客》）中，某个女角色就在鸡尾酒会上畅想一场谋杀，她说：

> 杀人是个好主意。我开车载着老公，去一个特别偏僻的地方，然后一榔头敲在他的脑袋上，再给尸体浑身浇满汽油，最后点燃整辆汽车。

杀人的主意让女人乐不可支，却让片子里的人吓了一跳。

各位读者，你们中的某些人我永远也不想遇见。但是，我总是把你们想象成一群没有杀过人的人。为什么呢？因为你如果认真地打过杀人的主意，而且细细地品味其中可能的每个场景，你最终是下不了那个手的。自有什么东西会阻止你取人性命。诚然，有些批评者让我恼火，我很想干掉他们，但是，我本人很难下定杀人的决心。这种事情，我们称之为“良心发现”（conscience kicks in）。所谓良心发现，是一种本能反应，是自主神经系统起了作用，将我们从悬崖边上拉了回来。而且，心率的高低与此无关。经典条件反射（classical conditioning）和自主神经反应（autonomic reactions）协同作用，阻止我们滑向反社会行为的深渊。当然，有时候这种作用也会推波助澜，助长反社会行为爆发。

“良心”（conscience）这种东西虚无缥缈，我们又该如何测量呢？汗水也许是个不错的指标。浑身冒汗是一种经典条件反射，可以通过皮肤电传导（skin conductance）来测量。要了解这样一个过程，我们应当在实验室里实验一番，随后钻进厨房好好看一看，最后再次回到厨房，如此快速往返，会帮助我们理解其中的原理。

在实验室里，皮肤电传导水平[19]可以通过细小的电极进行测量。我们把这些电极放置在指骨远端的指尖——一般来说，手掌的第一和第二根手指尖是最好的选择。接下来，我们给两枚指尖上的电极接通电流，电流非常微弱，受试者根本感觉不到它在流过。这个过程中，受试者出的汗水越多，电流的传导性就越好。这些电反应非常微弱，微弱到只有 0.01 微欧姆。因此，我们必须将其放大，放大到电脑软件能够将其检测出来。

同时，耳机里传出的单一声调，会使得受试者产生流汗反应。每个受试者对刺激的反应并不一致，反映了不同个体在加工声调过程中调用注意力资源的程度。当一个人将注意力集中在某一种声音上的时候，前额叶皮层、杏仁核、海马体和下丘脑都会被激活。其中一些“较低级”脑区——下丘脑和脑干，会直接刺激人体产生流汗反应。因此，当我们思考或者聆听的时候，身上流出的汗水会更多。虽然流汗反应只是一种外周自主神经测量，其重要性却不可忽视，这种测量虽然简单，但对于测量中枢神经系统的运行十分有效。皮肤电传导反应越大，投入的注意力处理程度就越多。

让我们回到那个让人挠头的问题上：如何准确量化“良心”。到底是什么东西帮助我们判断生命中的“对”与“错”？我相信，答案就在生物社会学理论（biosocial theory）中。我们可以把良心看作一系列的经典条件性情绪反应，一种情感上的响应。罪犯和精神变态者在条件性恐惧上表现迟钝——因为他们长期处于唤醒水平低下的状态。正因为条件性恐惧的缺失，他们才缺乏一个完整发达的良心。正因为没有良心帮助他们判断什么是对与错，他们才成为现在这个样子。[20]

它的原理如下：经典条件反射中，人们会学习和了解在时间点上前后发生的两个事件之间的关系。根据条件反射原理，当一桩最初的中性事件（条件刺激）发生，紧随其后的一桩毫无关联的厌恶事件（无条件刺激）发生，那么这个最初的中性刺激将会影响随后的厌恶刺激的性质。在巴甫洛夫对狗的经典实验中，狗儿先是听到一阵铃声，随后会得到一些食物。对于这些饥饿的狗儿而言，食物自然会诱发无条件刺激反应，自主产生一大堆口水。反复几次之后，狗儿们已经发展到一听见铃儿响就会满口垂涎。总之，它们已经知道铃声和食物之间的关系，并因此产生了条件反射。

现在，我们从实验室回到厨房，将狗换为小孩。其实，小孩子和巴甫洛夫的狗并没有太大区别。比如，他们每次从厨房里偷出一块饼干，就可能遭到一次责骂，甚至被扇一个耳光，这样的行为组合会让孩子们产生无条件刺激反应——他们会因此心情低落，内心受伤。类似事件发生几次之后，他们可能一看到饼干就会浑身哆嗦，甚至一想到偷饼干的情境都会有些不舒服。这种异样的感觉，会阻止他们实施偷窃。类似的“条件性情绪反应”在人之初时并不少见，通过一次次不同的情境积累，小孩子就会慢慢生出一颗所谓的“良心”。人们之所以只在脑海中杀人而不去付诸实践，就是因为良心在起作用。

在这个分析中，社会化的个体都会生出一种本能，一旦冒出偷窃物品或者袭击他人的念头，就会感到局促不安。这是因为相关的情景触发了他们早年间关于惩罚的无意识记忆。小时候，他们可能因为一些小错误——偷窃或表现出攻击性——遭受过惩罚。你可能有过这样的经历：某位朋友提起你们撞上的某次犯罪事件，你却怎么想也想不起来。现在，你应该知道自己为何如此健忘的原因了。因为那样的事情实在太过不愉快，会让你产生条件性情绪反应，所以你几乎从不予以考虑。正因如此，与犯罪有关的那些心思早早就被你从认知意识中删除干净，在你的雷达扫描屏上总是遍寻不见。

我发现，事情的有趣性不只这一面。有些犯罪行为并非如此“天然浑成”。比如偷逃税款，你可能很自然地虚报税款，一年的慈善捐款明明只有 100 美元，却被你夸大到了 200 美元。这种犯罪行为，看上去远不及其他的犯罪形式那么暴力。毕竟，你还是付出了 100 美元的真金白银，还不算是个坏人，对不对？也许，偷逃税款之类的犯罪之所以在我们看来不那么“邪恶”，而有些人从事起来也是那么心安理得，可能因为我们在童年时候没有因为偷逃税款而遭到过惩罚。当时我们年龄尚幼，不可能跟这些“白领犯罪”扯上关系。而父母惩戒我们的，更会因为是偷窃、欺凌之类的错误。正因如此，我们缺乏一颗制衡白领犯罪的“良心”。也难怪许多白领犯罪者看上去都像理智可信的好公民，甚至多数人可能认为，这些事情其实并没有多么严重。

抄袭的故事也大致如此。我在香港做过一项针对大学生的行为调查报告。报告中，67%的大学生坦承自己曾经把别人的论文当作自己的作品交差，66.6%的人曾经直接抄袭其他人的课堂作业和论文。当然，学校对于类似行为的打击一直很严厉，不过，大多数学生仍然愿意继续犯险。这样的事实，你应该一点都不陌生——因为你一定犯过同样的错误。此外，88.3%的学生曾经购买盗版软件和DVD影碟，94.2%的人曾经从网上非法下载音乐和电影。在这些方面，我们如此胆大妄为，还是因为童年时候缺失类似的惩罚记忆，也就没有因此而惭愧的一颗良心。有时候，父母的言传身教甚至会反其道而行之，比如，他们会帮助孩子完成作业，甚至还会津津乐道孩子们那糟糕的学生作品。不知不觉之间，父母会养成孩子们的“白领反社会习惯”，甚至会鼓励孩子从事“白领犯罪”。

目前，一些项目对成年罪犯、精神变态者和反社会青少年进行了系统性研究。研究结果显示，这些罪犯都缺失条件性恐惧。这个发现，无疑佐证了我们刚才的判断。然而，过着犯罪的生活方式可能导致一个人的条件反射变得迟钝，犯罪生活方式更像条件反射迟钝的缘由，而不是后者导致了前者。而且，虽然我们发现罪犯和精神变态者大多有条件性恐惧缺失的问题，但一个人在童年时期的条件性恐惧缺失是否可以与成年犯罪之间形成联系，还有待进一步的实验证明。因此，前瞻性纵向研究势在必行。

解暴剖力 今日无畏稚童，明日残忍暴徒

前瞻性纵向研究，自有能人可以施行。来自北京师范大学的高瑜（Gao Yu）就是这样一位能人。2003年，高瑜来到南加州大学，进入笔者门下攻读博士。高女士的研究针对条件性恐惧缺失诱发犯罪问题。她想知道，条件反射和暴力犯罪之间是否有着紧密联系。前者是不是后者的一种预警？她的研究将会延续很久，至少要耗费三代学人的精力。

我的博士导师彼得·维纳布尔斯，曾经在毛里求斯搜集过条件性恐惧数据并进行了长久研究。最后，教授得出结论：条件性恐惧和犯罪倾向毫无关系。对于他的结论，我当然是全盘接受。首先，教授是世界上精神生理学的泰斗，权威总是正确的；其次，他是我的导师，一般来说，学生总

不好忤逆老师，对不对？

高瑜可没有这方面的顾虑，她很有胆气，而且不易轻信。这次研究当中，新鲜的思维促成了全新的研究视角，也带来了创新和进步。迈克·道森（Mike Dawson）是世界上研究条件性恐惧的领军人物，他给了我们许多帮助。最后，高瑜充分研究了相关数据，并利用她在统计方面的专业知识，令人信服地展示了一个事实：3 岁孩童确有条件性恐惧这回事，同时，彼得的条件反射范式也确实存在。

同世上万物一样，每个人对条件性恐惧的反应程度也各有差异。有的人怕得要死，有的人毫无反应。高瑜抓住这一点，继续深入研究。想一想当年这些母亲带着 3 岁孩子进入实验室的情形——1 795 名孩童聚在一起，电极放在他们细小手指尖上以便测试皮肤电传导，一个个小脑袋上还戴着耳机以便接收声音刺激讯息。为了保证孩子们的安逸和舒适，我们让他们坐在妈妈的大腿上。随后，条件反射实验开始。

有时候，耳机中会传出一声低沉的声音，提醒小孩子们，10 秒之后将有一声巨大的噪音来袭。另一些时候，我们则不会通知这一声低响和后来的噪声之间的关系。条件反射实验一共三次，每一次，受试者的大脑都成功地分辨出了两者之间的关系。总体而言，孩子们对那一声低鸣的皮肤电传导反应更大。这一声低鸣和后来的尖锐噪声紧紧地联系到了一起，让孩子们有了条件反射，也在预先生出了恐惧。

一眨眼，20 年过去了。当年的 3 岁孩子长成了 23 岁的成年人。我们仔细研究了他们在岛上的成长过程及成年犯罪记录，1 795 名研究对象中有 137 人曾经遭到起诉。高瑜将每一个犯罪分子和一个没有犯罪记录的人作了对比，比较他们在性别、年龄、种族和社会困境方面的差异，一共涉及 274 名当年的受试者。流行性病学上的“病例对照设计”（case-control design）非常有效，它能确保任一群体差异不会给研究的关键数据带来偏差。而后，高瑜仔细研究了两组人员 20 年来在条件性恐惧方面的发展情况。

结果非常令人惊异。你可能还记得，只有在对那声低鸣产生更大的皮肤电传导反应的前提下，受试者才能体现出条件性恐惧的效果。那一声低鸣，我们称之为 CS +，它提前预警了后面那一声高叫。这一声高叫，我们称为 CS –，有的人对于它的来临毫无预知。图 4.1 显示了这次实验的结果。正常对照组展现了显著的条件性恐惧，他们对于低鸣（CS +）声音产生的流汗反应要大于对高叫（CS –）声音的反应。至于那些预备罪犯，他们在3岁的时候还没有显现条件反射这个功能。正是由于他们未曾显现条件性恐惧，我们将其称为“死亡态人”（flat-liners）。高瑜的发现，第一次证明了某人幼年自主条件性恐惧行为的损害和成年后堕入犯罪泥潭之间的关系。

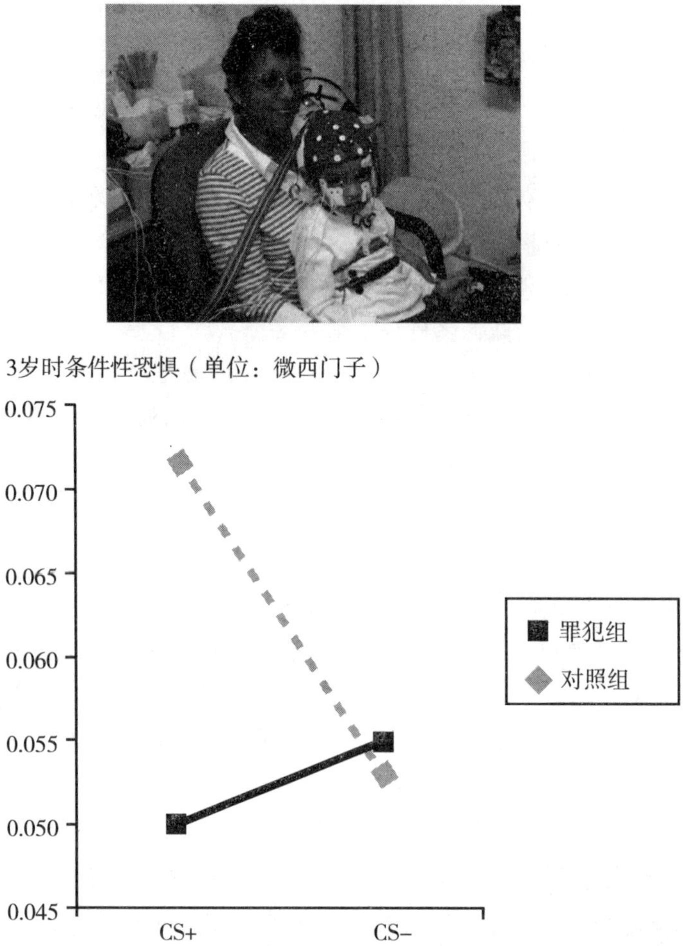

图4.1　一个人3岁时的条件性恐惧水平，很可能决定他在23岁时是否会犯罪。实验对象如果对CS+的反应大过对CS−的反应，说明他的条件性恐惧功能完好无损。

高瑜的发现，让我们的研究向前迈了一大步。因为她证实了“没良心”（lack of conscience，或良心缺失）的存在，可以追溯到一个人生命初期的粗暴行为上。良心让我们有了罪恶感，让我们不会轻易诉诸暴力。没良心，那么童年时期的品行障碍，少年时期的违法逾矩，成年时期的暴力犯罪，都很可能接踵而至。而且，没良心并不是社会环境的产物，而是神经系统生长过程中出现的自主神经反应低下——即是说，没良心是神经发育不全的结果。那么，大脑的哪个部分才是条件性恐惧的中心器官呢？答案是杏仁核。上一章中，我们已经发现那些胆大妄为的精神变态者似乎都已经把自己的杏仁核燃烧成灰烬。

手指算是人体结构的最末端，从手指起步，我们可以洞察大脑的内部工作机制，而神经功能障碍正是导致暴力的部分原因。有些条件反射低下的孩子成了罪犯。没人是天生的恶人，但是，有的人只是成长为了恶人。

生命不简单，生活很复杂。对暴力的解剖总有起起伏伏与迂回曲折，就像生物学塑造一个人，他会如何成长、如何定型，实在很难预料。大家都知道拉伊和若埃勒的故事，他俩有着一样的生物学素质和气质，却有着不一样的人生轨迹。你一定还记得兰迪·克拉夫特和安东尼奥·布斯塔曼特，两个如此迥异的个体，却走上了相同的杀手之路。起步不同，也有殊途同归的时候。

这其中的种种变数，是暴力生物学研究领域的一大片处女地。为什么不是每一个低心率的人都会变得暴力而又精神变态呢？两种不同类型的成年精神变态者会否有不一样的肇因呢？我认为事情就是如此。有些精神变态者的条件性恐惧并没有太大问题，而且，他们的自主神经系统和大脑功能都十分完备。你可以和他们开心共事，他们可能是很好的朋友，甚至可能是很好的伴侣。甚至于，你就可能是他们中的一员。

解剖暴力 成功的精神变态者

你忘不了对精神变态者的那一番进化论视角下的欺诈策略讨论，也还记得乔莉·简·托潘的故事。这些事情，可能让你对精神变态者有了深刻印象。他们是无所畏惧的刺激寻求者，还是自私自利、迷惑人心、浮夸虚伪之辈。罗伯特·黑尔（Robert Hare）是研究精神变态现象的领路人物，他创建了“黑尔精神病态评定量表”（Hare Psychopathy Checklist，又称黑尔精神变态测试清单）。对于自己研究对象的特点，他有着一番精妙的总结，全都写在他的《没良心》（*Without Conscience*）这本书的书名中。当一个人没有了良心，就等于拥有了精神变态者的特征。当然，我并不认为每个精神变态者都有额叶功能缺失或自主神经唤醒水平低下的问题。但是，那些成功的精神变态者——尚未暴露马脚或是逃脱了法律追究的坏家伙，一定有一些与正常人不一般的特质。

我曾经当过一阵子会计，我对于成功的精神变态者的兴趣要追溯到那个时期。当时，我刚刚从英国航空公司离职，准备前往牛津大学继续深造。我自觉头脑中的知识越来越丰厚，只是囊中的钞票越来越羞涩。不得已之下，我趁着第一个暑假返回伦敦，找了个临时工作补贴家用。我的工作是审计师，就在那个时候，我遇见的第一个成功的精神变态者出现了，他叫迈克（Mike），也是个暑期短工。迈克仪表堂堂，谈吐幽默，风度翩翩，很快赢得了同事们的喜爱。下班后，我们曾有几次去酒吧小酌，聊天中，迈克的精彩人生故事吸引了我的注意。他是个打短期工的老手，行事专业，渴望冒险。聊得深入之后，他还向我披露了一个怪癖：偷东西。只要有机会，他就会在工作的地方小偷小摸。当然，相关的事情他并没有说得太多，但我已经从中觉察出了一些反社会型人格者特有生活方式的痕迹。

当时，迈克的故事并未让我感觉十分震撼。其实，我那些打短工的同事当中，这样的边缘生活人何止两三个。而后，我几乎忘了这段往事，直到我来到洛杉矶继续学术生涯时。这之前，我已经在英国的监狱里对几个精神变态罪犯展开过研究。移民美国之后，我重操旧业，开始接触了几个已经被判处死刑的谋杀犯。当时，我突发奇想——那些逃脱法网的谋杀犯，是不是也和我面前这几个的面貌差不多一致呢？至少，他们在生物学上应该相当相似吧。当然，这样的比较研究可不好做。到底哪里才有“自由放养”的罪犯呢？这时，我突然想起了迈克——那些短期职介所（temporary employment agencies），一定少不了他这号人。

希望很渺茫，但好奇的想法驱使我来到附近一家提供短期工的职介所，开始了起步研究。我招募了一些短期工，他们只需要在我的实验室里工作三天。至于工作内容，也就是参加实验而已。实验中，我直截了当地问起了他们过往的犯罪经历。这件事似乎显得很傻很天真。哪个罪犯愿意吐露自己犯罪的实情？但是，事情正好相反，很快这些人就爽快地谈到了自己那些犯罪往事，有抢劫，有强奸，也有杀人案，欢快得就像金丝雀在鸣叫。终于，迈克给我留下的记忆结出了果实，实验室也招募了更多的临时工，以便广泛采集数据。

随后，我把所获数据纳入研究语境。研究显示，一般人群中男性的反社会型人格障碍（antisocial personality disorder）基础率，即终身再发性犯罪率在3%左右。而在我挑选的那几个短期职介所样本中，基础率骤升至24.1%，几乎是一般水平的8倍。[21]更有甚者，短期职介所注册人员当中的反社会型人格障碍者的成年犯罪比例达到42.9%。[22]也就是说，差不多一半的样本患有这种病症。由此可见，短期职介所就是一座反社会分子的金矿，有着丰盛的资源。

接下来，我们会更深入地挖掘“反社会型人格障碍”资源。我在十几岁的时候，也曾有过一段迷茫期。但是，相比于那些有着反社会型人格障碍的同类来说，我这点叛逆程度完全不值一提。他们这类人中，43%都曾经犯下过强暴罪行，53%曾经袭击过陌生人并至少造成对方擦伤或流血，29%的人曾经持械抢劫，38%的人曾经向他人开过枪，29%的人曾经策划谋杀甚至完成过杀人过程。[23]当我看过这份数据，突然悟出一个道理：如果上面这些调查对象是一群恶虎，那远在英国的迈克不过是一只小猫咪。[24]

为什么这些临时工并不避讳自己的罪行？你一定对此很感兴趣。对于这个问题，答案并不简单。为了避免法律纠纷，我们特地向美国卫生部申请了保密许可，因此，没有人能强迫我们公开调查数据，包括执法机构。如果我将其中的数据公之于世，很可能为自己惹上官司。那样一来，我将会沦为我的研究对象中的一员，成为其他犯罪学研究者的研究对象。所以，我的研究对象受到法律保护。而且，我和我的研究团队为他们创造了一个友好、专业、充满尊重的环境，研究人员也个个值得托付信任。对于这些人而言，这大概是平生第一次在如此舒适的环境下吐露心曲。而且他们清楚，我们不会泄露秘密。即便他们曾经是骇人听闻的强奸犯和杀人犯，我们也不会和外人谈起他们曾经的经历。

他们会不会撒小谎呢？我们觉得不会。因为隐瞒没有任何意义，也不会给他们带来任何收获。况且，对于一些病理性谎言，我们可以一眼望破。我们相信，这些研究对象都是反社会罪犯。其中的道理很简单：那些据实相告的人显然就是反社会分子；有些人虚与委蛇，用谎言告知他们的犯罪和欺诈故事，则属于病态撒谎者（pathological liars），而病态撒谎者也是反社会行为中的一种。其实，我们认为，社会大众中的犯罪分子和反社会型人格障碍者的基础率，远比估计中的要高。有些研究者认为相关数字被高估了，这种看法显然是错误的。

《精神病态评定量表》（Psychopathy Checklist）是鉴定精神病态患者的黄金标准。我们对于研究对象的评估和测试，也是基于这些标准。根据评估，研究对象几乎完全符合标准的描述。以男性而言，13.5%的人获得了30分及以上的高分。30分常常被看作一个“门槛”。一旦受试者所得分数持平或超越这个门槛，就有进监狱的危险。另有30.3%的人得分达到25分及以上。根据其他研究团队的统计，相关的数据甚至还要更高一些。[25]最后，我们的研究对象有三分之一被确定为精神变态者。

为什么短期职介所里有这么多的精神变态者？因为那里本来就是这类人的天然避风港，即便说短期职介所就是精神变态者的配种场也不为过。精神变态者通过压榨他人过活，同时，他们大多表面光鲜，这让许多人卸下心理防线。不过，这样的反社会生活方式总有穿帮的一天，精神变态者终归要露出马脚。一旦暴露，他们只能收拾行囊，继续寻找下一个社会群体的受害者。短期职介所正好是这样一个自由的场所。同时，相对于那些为长期职业服务的职介机构而言，短期职介所对于客户没有什么准入制度可言。究其本性，精神变态者既冲动又不可靠，很难从事任何持久的工作。相反，短期工作用时较短，雇主难以发现他们身上的毛病。精神变态者向来喜爱寻求刺激和新鲜经历，遍布全美国的短期职介所给了他们这点从一个城市到另一个城市的自由权利。当然，不是每个求助于短期职介所的人都是精神变态者，比如我，就曾经是那种地方的常客。但是，结合以上所有元素，没有其他地方能像短期职介所这样吸引足够多的精神变态者。

有了短期职介所，我们就有了丰足的精神变态者。接下来，我们需要从中挑选出那些因为违法而遭到定罪的研究对象。这些人曾经遭受法律惩治，自然就是“失败”的精神变态者；而那些从未被定罪的研究对象，当然就是“成功”的精神变态者。其实，成功者并不多，在我们的研究项目中，有16名失败的精神变态者，13名成功的精神变态者，26名普通受试者（对照组）。到了这一步，研究才刚刚开始。

我们开始研究之前，这个领域几乎是一片空白。唯一的例外发生在1974年，凯茜·维多姆（Cathy Widom）组织了一次富于创意的调查。从1974年11月至1975年7月，维多姆花钱在波士顿一家“嬉皮士”报纸上登出广告招募研究对象，广告内文如下：

招募：有魅力、富于攻击性、无忧无虑、冲动的不负责任者，而且善于掌控他人，永争第一。

维多姆深谙神经心理学测试知识，她发现，自己接触的非住院精神变态者的大脑额叶功能完全正常。此前，学界一直认为额叶功能失常乃是精神变态的病理表征。因此，维多姆表示："我们以前发现的那些精神变态者的特点也许并不完全，它们只能代表那些失败的精神变态者而已。"维多姆的合作伙伴，威斯康星大学麦迪逊分校的乔·纽曼（Joe Newman）可谓名头响亮，他是研究精神变态现象的领军人物。在纽曼的帮助下，维多姆重新检视了自己的发现。而后，她这次研究的缺点开始凸显。其一，维多姆没有设立对照组，未将正常人纳入研究范围。而且，研究对象中有46.4%的人都被打入"失败"之列，只是因为他们在生活中的一点小事曾经遭受过羁押而已。其二，维多姆等人缺乏精神生理学的数据对其假说进行有效支持。

然而，我们则不同。我们拥有一个精神生理学实验室，同时，我们也借鉴了维多姆和纽曼的理念。实验过程中，参与者需要经过社会压力源（social stressor或社会性应激源）测试。一开始，他们身处精神生理实验室，手指尖上套着电极以测量皮肤电传导率，手臂上则有专业仪器获取心率。研究人员努力让研究对象处于"静息状态"，尽量让他们放松"休息"。最后，研究人员还会评估研究对象的自主唤醒水平。

接下来，社会压力源测试就将开始。我们会要求研究对象发表一次演讲，讲述自己人生中最糟糕的错误。他们有两分钟时间作准备，又有两分钟时间完成演讲。演讲时，我们将进行全程录像。如果参与者稍有迟疑或者结结巴巴，研究人员会趁机加大压力水平，要求研究对象将个中细节讲得更加详细一些。按照罗伯特·黑尔的看法，作为准备时间的两分钟可以被看成"准条件反射"（quasi-conditioning），而我们则将其定义为"预期性恐惧"（anticipatory fear）。[26]我们的目标是测试精神变态者的条件性恐惧，看一看他们是否会自主响应。他们将会经历一段充满压力的演讲准备期，另外，演讲本身也不轻松。这一前一后各两分钟，都是我们的测试时间。

测试的结果见图4.2。对照组的心率和流汗率都明显增加，他们的这些反应完全在我们的预计之中。至于那些不成功的精神变态者，他们的反应也没有逃出我们的估计。因为，此前我们已经对非住院精神变态者的相关反应做过系统研究。结果显示，这些人的自主压力响应钝化，与静息基线（resting baseline）对比，流汗率和心率只有微小增加，反应非常有限。唯一出乎意料的是，成功的精神变态者和不成功的精神变态者相比，他们的表现有着天渊之别，一是他们的心率急速加快，二是皮肤电传导反应非常明显，和他们的静息状态相比增加极为显著。实际上，成功的精神变态者面对压力测试的表现，和一个普通人完全无异。维多姆 23 年前的结论有如预言，如今她的预言得到了我们的佐证。

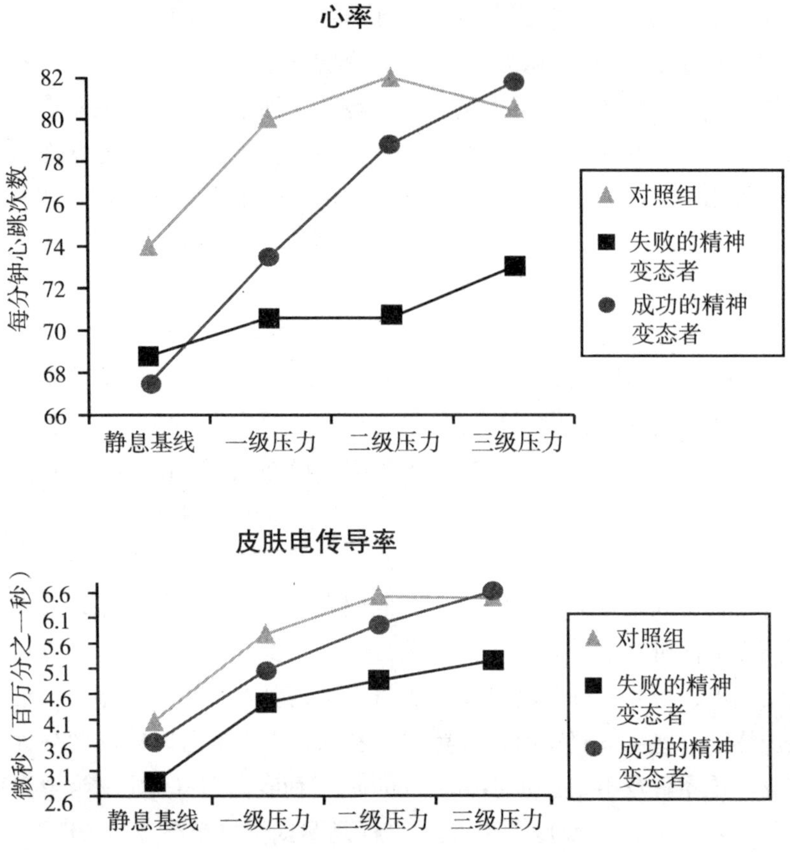

图 4.2　成功的精神变态者、失败的精神变态者和正常人的自主神经应激反应水平

我们还对三组对象进行了“执行性机能”（executive functioning，或执

行能力）测试。测试内容包括所有的认知能力——计划能力、专注力、认知灵活性，更重要的是在获得反馈后改变计划、行动过程中适时调整纠偏的能力。拥有这些能力，是每一位成功人士的必备条件。那么，我们的三组各有什么表现呢？看图4.3，普通测试者的表现显然要优于不成功的精神变态者。这个结果，相信大家都能预见得到。但是，成功的精神变态者不但胜过了不成功的同类，而且比对照组中的普通受试者也要优秀许多。

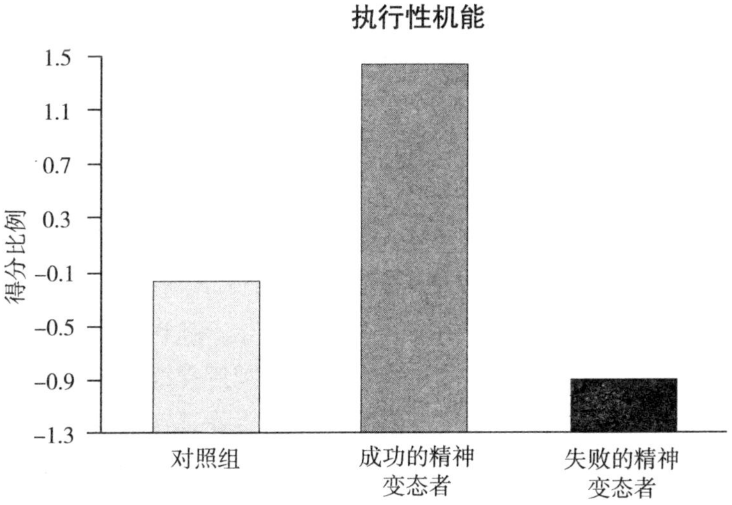

图4.3　成功的精神变态者具有超人的执行性机能

对于成功的精神变态者的这般结果，我们又能得出怎样的结论呢？要回答它，我们须暂时跳出暴力解剖学的小天地，来到决策解剖学（anatomy of decision-making）和神经科学的研究领域，以全新和不同的视角审视整个过程。安东尼奥·达马西奥（Antonio Damasio）曾经出版过一本震撼人心的名著，名叫《笛卡尔之谬》（*Descartes' Error*）。书中，达马西奥提出了自己创新的“躯体标记假说”（somatic marker hypothesis），将情感和认知合盘考虑，并列作为优秀决策的重要因素。笛卡尔有一句名言：“我思故我在”（cogito ergo sum），但达马西奥认为笛卡尔此言大谬。笛卡尔认为，人的意识和身体在本质上是分离的。但是，达马西奥有着不一样的看法。

在达马西奥看来，意识和身体密不可分，交互影响。优秀意识可以带来优秀决策，而优秀意识来自身体传递出来的“躯体标记”。这些躯体标记是身体处于紧急情况或艰难时刻下的厌恶自主反应——包括心跳加快、冷汗涔涔等，都是一些不甚愉快的感觉。人们会把经历过的负面情绪存储在大脑躯体感觉皮层中，而躯体标记则会唤醒这些过去的负面情感。躯体感觉皮层会将感情传递给前额叶皮层，而前额叶区域的主要职责就是权衡环境和制定决策。如果个体正在经历的境况可能带来负面后果，过往事件带来的躯体标记将向大脑的决策区域发出警告。这样一个过程既可以是有意识的，也可能在无意识状态下发生。总之，躯体标记的功能就是帮助大脑决策区域缩小和锁定选择范围。根据经典条件反射理论，预期性恐惧可以阻止我们实施反社会行为，免得招来可能的惩罚。这两种推论之间，显然有着很强的同一性。

我们总是强调：要想正确决策，我们必须抛弃感情——要冷静、沉着、镇定自若。但是，达马西奥并不同意这种传统观点。他认为，感情因素对于优秀决策非常重要。达马西奥运用认知和情感神经科学的专业知识，得出革命性结论：如果没有情感和躯体标记，我们不可能作出任何优秀决策。

现在，我们回到那些失败的精神变态者身上。他们情感迟钝，缺乏正确、适当的自主神经应激反应机制。我们可以把所有这些表征看作躯体标记的减退——一种意识和身体之间的相对脱节。达马西奥认为，笛卡尔的身心二元论（mind-body dualism）危害甚大，可能导致糟糕的决策。显然，某些暴力分子之所以走上犯罪道路，并由此身陷囹圄，其糟糕的决策机制肯定是其中的一个原因。

再说那些成功的精神变态者，他们有着完备的自主神经应激反应和预期性恐惧两种机制。由于身体和意识之间的连通性良好，并促生大量的躯体标记，有助于他们作出优秀决策。其中有些人甚至具有超凡的执行性机能。因此，我用“成功”定义他们为成功的精神变态者，并非毫无道理。

请注意，我们定义的“成功”，一开始只是指代那些没有被定罪的暴力分子。不妨设想这样一位成功的精神变态者，他在街上游来荡去，准备去附近的一家7-11连锁便利店（7-Eleven store）抢点钱花。这时，他的大脑有意识和无意识地正在算计相关的场景。一方面，他有意识地观察着邻近街道，确认监控摄像头的位置。同时，潜意识中他的大脑正将相关消息和场景汇总在一起，形成一幅全景式格式塔（gestalt，即格式塔理论）。他一直在蠢蠢欲动，不过在最后一刻，他收住脚步决定放弃行动。因为全景中的某些东西让他感到有些不舒服。他实在不能贸然下手，但也只是因为尚不具备“良好感觉”。

就在那一刻，一个躯体标记的警铃声大作，警示他，此前一次事故中他险些被抓进警察局，与这次颇为相似。或许，那一次，时间仿佛和这一次差不多，便利店里的顾客人数好像也是一样。那一次，他似乎也像这一次这般喝了点酒。种种因素综合在一起，既有视觉上的提醒，也有躯体上的暗示，警铃就此拉响。成功的精神变态者体内的自主应激反应系统高度敏感，可以帮助他们提前做出退却反应。而不成功的精神变态者的躯体标记不大灵光，自身的警报系统已然完全失灵，只能听由警笛响起，而后遭到逮捕，身陷囹圄。

由此可见，精神变态者中的失败者，因自主神经应激反应机制钝化，对周围危险信号毫无察觉。而他们那些成功的同类赢在自主神经应激反应功能更佳，因此才能逃脱侦查和追捕。[27]除了高人一筹的预警能力，成功的精神变态者还有较好的执行性机能。但是，他们毕竟也是精神变态家族中的组成部分。那么，又是什么东西让他们堕落至此？

我们的初始研究，给了我们两点最初的线索：其一，如图4.2所示，无论是在静息状态之中，还是在社会压力源之下，两类精神变态者均具有低静息心率。其中，成功的精神变态者的心跳尤其缓慢，每分钟心跳比一般人慢上6次，而且低于那些不成功的同类。由此可见，成功的精神变态者具有低静息心血管唤醒特征，此特征和寻求刺激的倾向联系得非常紧密，可以说是精神变态者的基本表征。其次，成功的精神变态者有一种其他两组受试者没有的社会心理障碍（psychosocial impairment）——他们中有不少人都并非在亲生父母身边长大，有人甚至从小就被寄养在孤儿院或是其他家庭。正因为缺乏父母亲情的羁绊和教化，这些人甚少和他人深交，社交关系也像一般的精神变态者一样止于表面。

我们的初步研究毕竟只限于实验室内，有必要在社会环境下利用有效方法对精神变态者作进一步研究。显然，这里的“成功”——也就是逃过警察的眼睛，显得有些要求过低。我们得出的结论，也许不适用于那些真正成功的精神变态者，他们中有商人、政客、学者和恐怖分子。这些社会顶层的精神变态者游离于研究之外，在我们社会中循环、生存，我们对他们几乎一无所知。不过，我们至少找到了一些线索，让他们的伪装和矫饰无所遁形。

解暴剖力 热血连环杀手

对成功的精神变态者的研究，也给了我们许多启示。也许，研究可以为我们提供一些线索，能够让一些连环杀手脱下伪装，无所遁形。一个人为何会成为连环杀手？这个问题至今没有得到解答。解剖他们所需要的资源实在过于巨大，要把他们集中一处搜集实验数据，根本是个不可能的任务。不过，连环杀手确有几个非常基本特征：多数是白人和男性，杀戮目标多为陌生人，很少用枪……除此之外，我们对连环杀手的成因就知之甚少。[28]

大多数研究者认为，典型的连环杀手属于“冷血型”暴力罪犯。但是，也许某些连环杀手的冷血行为源自他们那“热血”的身体特征？对此，笔者有一番假设：一些连环杀手拥有的特质，和成功的精神变态的特征大致相同。一名谋杀案犯曾经向我坦承：第一次杀人绝非易事。但是，一旦迈过第一道门槛，杀人这个念头根本不会带来任何负担。

杀手第一次杀人的时候，如果能够逃脱被捕的命运，那么他已经过了重要的一道门槛，接下来的杀戮完全不是问题。第一次动手可以让新手获益良多，帮助他们总结经验，变得更为高效。当成功的精神变态者完成执行性机能测验的时候，也曾经体现出类似的特质。[29]这些成功者知道何时出手，也知道何时见好就收。这样的能力到底来自哪里呢？按照前文所述，运转良好的自主神经系统可以提供躯体标记——身体警示铃声发出的信号迅速被捕获，警告个体可能的危险，以及提示撤退的时间。

当然，这一套说辞中也存在着一个悖论。我曾经提到，低心率是反社会行为的一个重要的可复制生物学标记，至少在静息状态下有这样的功能。假设你刚刚结果了某人的性命，你的心脏接下来的心率水平又该如何呢？大概会蹦跳得和受了惊的兔子差不多吧，至少我希望如此。也许你会为自己的所作所为而感到害怕——那是一定的。那么，同样的情况发生在连环杀手身上，他们的心跳又会如何变化呢？你一定会抢答：不会变——连环杀手总是冷血无情。但事情总有例外，迈克尔·罗斯（Michael Ross）就是这样一个例外。

罗斯天资聪颖，毕业于康奈尔大学。他是一个高智商连环杀手，在组约和康涅狄格州先后奸杀了8名年轻女子。每一次犯罪之后，都有三个感觉让他印象深刻。对此，罗斯自己曾经描述道：

我还记得，一开始我的感觉并不好，心脏总要怦怦地跳好一阵子，真的就那样怦怦地又蹦又跳。随后，我感觉双手刺痛，痛的部位正好是我用来掐住她们脖子的地方。[30]最后的感觉，我觉得应该是恐惧，面对眼前的一具尸体，难免会心生恐惧。

罗斯可能不是你想象中的那种与众不同的连环杀手。你可能有过杀人的幻想，并且觉得那很刺激。不过，如果你亲身尝试，就会发现这其实是个又脏又恶心的苦差事，苦得能让你呕吐一地。你肯定觉得，连环杀手肯定不会感觉恶心，只会乐在其中。如果你这样想，那就大错特错了。

有些连环杀手面对受害死者的时候，也会出现恶心和恐惧的反应。我目前和新加坡的监狱部门有合作关系。樟宜监狱内，关押了不少死刑犯。其中，约翰·斯克里普斯（John Scripps）给我的印象最深。斯克里普斯是第一个即将在新加坡遭受绞刑的西方人。在他身上，有着冷血精神变态杀手的各种特质。一次，他将无辜的杰拉德·洛（Gerard Lowe）殴打致死。后者并未做过任何伤害斯克里普斯的事情。[31]而后，斯克里普斯准备将洛的尸体斩首。他还记得当时的心路历程：

尸体就像一头猪，或者什么类似的东西。我切破他的喉咙，然后划着刀刃围绕脖子割了一圈。如果操作得当，现场不会搞得很脏。[32]

斯克里普斯是个没心的恶人，但是，那一刻他呕吐不止。有人问他，最后那一刻受害者有没有任何意识。对此，斯克里普斯答道：

他尿了，而且大便失禁。那味道非常难闻。大便完全不听使唤。对了，我立马开始呕吐。他就那样拉了一摊大便。但是，他也没办法忍住不排泄出来，对不对？

鉴于斯克里普斯的无情、残忍和冷血麻木，他在现场呕吐不止似乎显得有些矛盾。对此，我们也能找出解释。学界有人研究了一次作案和多次作案的杀人犯供出的12个案例，发现负责情感的边缘系统能在杀戮过程中被“点燃”或突然开窍，导致杀手们的自主神经系统呈现超活化态，从而引发恶心、呕吐、大汗淋漓、大小便失禁乃至眩晕等症状。这种边缘系统被激活的解释可能非常不真实，我们必须谨慎待之。不过，我们由此可知，杀人魔约翰·斯克里普斯并非是一个不知恐惧为何物的人。他的特征更符合那些成功的精神变态者，唯一区别就是他落入了法网而已。

如此看来，一个好人和连环杀手的区别其实也没有想象中的那么大。迈克尔·罗斯有着完备的自主神经应激反应机制，和短期职介所里那些成功的精神变态者简直一模一样。他的内脏心血管系统对压力和恐惧非常灵敏，又具备高度的情感意识，两者构成了躯体标记系统。系统运转良好，说明罗斯的前额叶皮层的腹侧和底侧区域工作顺利，对于人的社会背景也并无理解障碍。在压力情况下，罗斯会出现预期性恐惧，就像成功的精神变态者经历情感压力测试所流露出的反应一样。罗斯有很强的执行性机能和决策能力，难怪他的犯罪过程那么井然有序，总是悄悄摸到受害者周围，计划每一步都不至于破坏当时的社会背景。他从不懊悔，而且非常以自我为中心，这是成功的精神变态者拥有的共同特点，也是所有精神变态者共有的特性。前文提到过，成功的精神变态者往往缺少亲生父母照顾，而罗斯正好也有一个破碎的家庭。以上这些特点，也许才是罗斯和正常人不同的关键所在。

每次杀人的时候，迈克尔·罗斯的心脏总是狂跳不已。2005年5月13日，罗斯的心脏再次加速跳动，这一次，他在康涅狄格州迎来了自己的死期。不过，他可不像约翰·斯克里普斯那样是出于恐惧。相反，这只是注射死刑带来的生理反应。对死刑犯，美国的几个州惯常使用氯化钾作为行刑药品，其作用之一便是提高心肌细胞的静息电位，加大心室的极速跳动力度。命到终点的死刑犯就这样有了一次别样的生命体验。缓慢的心血管功能、低心率原本是罪犯的一个重要生物学表征，但是，一种液体改变了犯人们的这种表征，并最终结束了他们的生命。死刑不失为一种解决问题的方式，但是，也许我们能有更为有效的方式，在一个人生命诞生的初期便改变那些可能导致犯罪的自主因子，防止孩子成长为罪恶满盈的成人暴力犯。后面的章节中，我们会提及相关的案例，还有通过提升有反社会倾向青少年的低唤醒水平，进而改变他们人生的可能性。那样的话，我们就不用依靠氯化钾一类的致命药品了。

解暴剖力 无畏还是勇气？

人们为何要去杀戮？这个问题从来没有简单的答案。为什么有的人是一次性的冲动杀手，而有的人成为了连环杀手？或者，为什么西奥多·卡钦斯基始终执迷于他的公共恐怖行动？我们认为，自主神经系统的机能障碍可能是其中一个因素，而低静息心率也是一个导致反社会行为和暴力行为的危险因素。低心率可能导致冷血杀戮。卡钦斯基正好符合这个心冷如铁的暴力罪犯的条件，他的静息心率只有每分钟54次，在我现今所有的短期职介所人员资料中，这个水平可以排入前3%。要知道，能在短期职介所留档的人多是低心率，能名列前茅绝对属于“超低水平”。卡钦斯基不但有低静息心率，而且也没有惧怕的概念，在这方面，他完全可以和拆弹专家相比。当然，把他的暴力罪行和其他杀手归因于一个简单的身体过程有些过于粗暴。

关于心率假说的话题，我曾与美国哥伦比亚广播公司（CBS）的丹·拉瑟（Dan Rather）有过交流，大家都知道他是《晚间新闻》和《48小时》节目的著名主持人，那一次，我们在纽约见面，一起参加《60分钟》的访谈节目，主题是关于谋杀的遗传学，并且他显然对低唤醒水平和无畏的话题很有共鸣。他甚至披露自己也是低心率一族，似乎正是因为如此，丹在出道之前曾经做过一段时间的拳击手。他自称自己有无畏的感觉，还特别喜欢虚张声势。难怪他在访谈美国总统的过程中，显得那样针锋相对、咄咄逼人。为了自己的新闻风格，丹没少受到外界的猛烈批评。他虽然和杀手有着相似的生物学风险因子，却并没有选择暴力作为归宿。毛里求斯小姐若埃勒有自己的发泄渠道，丹·拉瑟也一样。他通过唇枪舌剑、探求真相，将低心率可能带来的种种困扰转换成了职场中前进的动力。[33]

因此，对邮件炸弹客的疑问也好，其他杀手的谜题也罢，它们的答案都非常复杂，甚至远远超出了低生理唤醒（low physiological arousal）的范畴。在这方面，我们有许多线索，解惑犯罪动因。比如，卡钦斯基至少兼具分裂型人格障碍和偏执型人格障碍等多重特征，这些特征包括古怪的信仰、偏执情结、缺失密友、行踪诡异、感情迟钝等。以宾夕法尼亚大学拉奎尔·古尔（Raquel Gur）为代表的一些精神病学者甚至认为，卡钦斯基患有妄想型精神分裂症。就连检方团队所聘请的精神病学专家也承认，他们检控的这个人有分裂型和精神分裂症人格障碍。这些临床症状全部都基于生物学原因，也是反社会和暴力行为的风险因子，我们将在稍后详解。而且，据卡钦斯基的母亲所述，儿子很小的时候曾有与自己和家庭分开的一段经历。在卡钦斯基9个月大时，因为疾病被迫住院治疗，之后，他因此变得孤僻寡言、反应迟钝、害怕分离。因此，离别焦虑症可能导致离群孤独和自我封闭，给交流与谈情说爱带来障碍。这些毛病，在卡钦斯基身上体现得淋漓尽致。接下来的内容中我们将会见识，人在成长和成型的关键时期若遭遇亲情分离或解体，将会如何影响大脑和触发生物学的风险因子，进而引发暴力、毁灭人生。邮件炸弹客为何走上暴力之路，也会就此得到部分的答案。

也许，我们还能解开一个更大的谜团——找出精神病患者和民族英雄之间的界线。同样是低唤醒水平（under-aroused）和无畏无惧的个体，为什么有些人以取人性命沦为暴力罪犯作结局，另一些人则因为无私和勇敢而拯救了许多人的性命？电影《拯救大兵瑞恩》（*Saving Private Ryan*）中，汤姆·汉克斯（Tom Hanks）扮演的角色正是英雄的典型代表，他展现了巨大的勇气和英雄气概，一心要拯救身陷战火之中的大兵瑞恩。但是，当他即将踏上D日（D-Day，诺曼底登陆日）前夕的奥马哈海滩的那一刻，我们分明能看到他的恐惧。也许，这就是民族英雄和冷血莽夫之间的区别，前者知道恐惧的滋味，却仍然能够选择无私，选择舍生取义。

另一部电影《拆弹部队》（*The Hurt Locker*）里，杰里米·雷纳（Jeremy Renner）饰演的威廉·詹姆斯（William James）军士，也是一位英雄。他的作为，更深切地界定了超凡勇气和无知无畏之间的区别。詹姆斯带领一队拆弹小组活跃在巴格达前线，我们很难对这个角色下一个简单的结论：到底是一个言过其实、追求刺激、违规逾矩的精神变态者，还是一个不怕危险、豁出生命，拯救战友和伊拉克平民性命的超级英雄？詹姆斯同前妻和孩子之间存在情感障碍，看上去跟许多普通的精神变态者无甚区别。对于这个角色的复杂性，我们很难一言以蔽之，就像我们很难简单定义许多暴力分子一样。[34]

实际上，无论是电影里的这些虚构人物，还是邮件炸弹客那样有血有肉的真实杀手，他们所引发的讨论都触及了我们这本书——暴力解剖的核心话题：不同的生物、心理、社会的风险因子，都可能塑造这样的结局

——要么是暴力，要么是无私的英雄主义。暴力和恐怖行为不能简单地和低生理唤醒水平画上等号。[35]然而，其中的某一种活性因子，如果同其他因子交互作用后整合在一起，也许可以帮助我们更透彻地了解像卡钦斯基这样的杀手。

迄今为止，《暴力解剖》的前四章展现了大脑功能减弱如何诱发一个人暴力行为的诸种情形。接下来的章节，我将陪伴大家，从中枢神经系统走进周围自主神经系统（周围植物性神经系统），详解其复杂多样的功能。我们将会看到，在暴力解剖的组件中，破碎的心脏如何导致令人心碎的暴力之果。同时，我们将一一审视人体结构各部件和暴力之间的关系，这种审视将一路奔向我们的大脑而去。隆布罗索坚信，暴力的秘密就在颅骨之内——在一个生理和结构变异的大脑里。他的想法有道理吗？或者，他的脑子是否有问题而完全失去理智？为什么有些人的心灵如此邪恶？为什么有些人的中枢神经系统会成为其堕落犯罪的原因？也许，因为暴力分子有一个破碎的大脑？

第5章 大脑损伤

暴力神经解剖学

有时候，你是不是觉得圣诞节有点烦人？佳节期间，我们都神经紧绷地蜷缩在家里，忍受着所有腻透了的圣诞布丁和火鸡，忍耐着电视里数不完的专题节目和体育比赛。还有那无尽的宿醉和沉闷的气氛。亦有不期而至的礼物，以及由此而来的如何还回人情的冥思苦想。我们都祈祷新年快点来临，早点解救大家逃出火坑。此番境遇，有时候你肯定也有相同的感受。那一刻，我们突然明白为什么埃比尼泽·斯克鲁奇（Ebenezer Scrooge）要处心积虑地偷走“快乐的”圣诞节。那一刻，我们真想这个吝啬鬼的图谋快点得逞。

赫伯特·温斯坦（Herbert Weinstein），一位65岁的广告公司经理，也觉得长达12天的圣诞假期很烦人。1991年1月7日晚上，温斯坦和妻子芭芭拉（Barbara）大吵了一架，地点就在他们位于曼哈顿公寓的12层。这是温斯坦的第二次婚姻，二婚当中的种种微妙之处，你一定懂的。这一次，老婆很是咄咄逼人，一直在攻击温斯坦和前妻所生的几个子女，言辞异常犀利。温斯坦呢，他只想早点结束这场争吵，越快越好。于是，他转身准备离家避一避。然而，主动退却可不是结束争吵的最佳策略。芭芭拉更生气了，决心把动嘴升级成动手。很快，她几乎是飞起来扑向了丈夫的背影，开始抓挠他的面庞。

霎时间，赫伯特体内起了化学变化。他一把掐住妻子的脖子，死死地掐住，直到她咽下最后一口气。她死了，尸体躺在地板上。这个样子似乎不大妥当，于是赫伯特打开窗户，举起妻子的尸体，把她从那里扔了出去。芭芭拉直直地从12楼跌下去，跌向了东七十二大道，直挺挺地卧在人行道上。赫伯特觉得，这个样子很像一场意外事故，应该不会引起怀疑。但是，妻子的“睡姿”似乎仍然有些不大妥当。于是，他迈出公寓楼，准备再摆动一下妻子的尸体。很不走运，警察来了，温斯坦遭到逮捕，随后被指控二级谋杀罪。

案件的一切都对温斯坦不利。但是，他很有钱，请得起高素质的辩护团队。他的律师几次提出质疑，认为这个案子不大一般。因为，温斯坦并无犯罪或暴力前科。于是，律师们要求对自己的当事人进行一次结构性脑磁共振成像（MRI）扫描。随后，辩护团队又为温斯坦安排了一次正电子成像术（PET）扫描，以绘制他的脑功能图。现在，你把自己想象成当事人陪审团的一员，看一看图 5.1（见彩图）中的两幅扫描图：左图是脑结构磁共振成像扫描结果，右图是脑功能正电子成像结果。我知道你不是世界上的顶级神经科学家，但是，你注意到没有，温斯坦的脑子已经破损了。图上右侧，他大脑的前额叶皮层有一大片消失得无影无踪。为什么会发生这样的事？没人知道，温斯坦自己也是稀里糊涂。其实，他大脑的左额叶疯狂生长了一个蛛网膜囊肿（subarachnoid cyst），这个囊肿取代了他额叶皮层和颞叶皮层的脑组织。

安东尼奥·达马西奥（Antonio Damasio）是世界上顶级神经科学家，庭审前应邀出席了一次医学听证会，大家想听听他的意见，看看温斯坦的理性思考和控制情绪的能力是否丧失。录取的皮肤电传导数据和脑成像扫描图都证明，温斯坦的大脑确实受损，已失去控制情绪和作出理智决策的能力。于是，辩护团队趁机提出温斯坦精神错乱，而当庭法官理查德·卡拉瑟斯（Richard Carruthers）也被达马西奥的观点和成像专家的证据、证词打动，于是，庭审前的听证会上，控辩双方几番讨价还价达成协议，控方同意以过失杀人罪起诉温斯坦。过失杀人罪不过 7 年刑期，而二级谋杀罪很可能为温斯坦带来 25 年的牢狱生涯。

刑事犯罪审判史上，温斯坦一案具有重大历史意义。此前，没有法庭愿意采纳正电子成像术（PET）[36]脑扫描图作为呈堂证供。这是第一次利用脑成像数据在死刑案件审前为罪犯讨价争取轻刑，这是破天荒头一遭。

赫伯特·温斯坦一案，再次显示了大脑对于暴力行为的重大影响。说得准确一些，我们可以在图 5.1 中发现，温斯坦的大脑左前额叶皮层出现了结构性缺失（左图），导致大脑的功能性异常（右图），从而导致他的暴力犯罪。

温斯坦的脑囊肿成因尚不知晓，我们只知道它很有韧劲，能够长时间生长。囊肿本身可能是良性的，但专家判断，它能导致大脑功能的极度紊乱，让温斯坦大大失却了理智思考的能力。一旦失去理智，人只会变得更加疯狂，这为温斯坦精神错乱的辩护大大增加了可信度。

还记得第3章关于额叶皮层的内容吧。我们知道，这个脑区同反应性暴力（被动性攻击）行为非常相关。那天晚上，温斯坦发狂之前，先是和芭芭拉有一阵唇枪舌剑，后来又遭到老婆的抓脸手袭击。这些都是攻击性言语和深具身体上的刺激，导致温斯坦回以暴力。笔者曾经说过，大脑前额叶皮层是调控司职情感的边缘系统，一旦它的功能缺失，乃是家庭暴力的一大成因。丈夫由于遭受情感的挑衅刺激，才采取反应性暴力动手殴打妻子。请注意，温斯坦从来没有暴力前科，也不曾做过任何形式的反社会行为。有鉴于此，我们才把大脑病症当作温斯坦这次极端反应性暴力犯罪的直接原因。

本章中，我们将用4种不同的方法重构温斯坦案例。我们还会提出一个暴力解剖的新观点——某些暴力罪犯的大脑结构完全异于正常人。

首先，赫伯特·温斯坦的大脑结构实在异常，令人触目惊心。但是，据我的观察，许多穷凶极恶的暴力罪犯并非像他一般出现脑结构异常。相反，他们的大脑乍一看并无特别异常之处，甚至一些经验丰富的神经放射学家（neuroradiologists）都无法看出其中的异样之处。不过，这些结构异常在脑成像仪和最先进的分析工具面前将暴露无遗，毫无遁形的办法。

其次，温斯坦的大脑结构出现异常，应当是他进入成年之后，但我认为，绝大多数暴力罪犯在生命最初时的大脑发育期就已经出现问题。为此，我提出了一个关于暴力和犯罪的“神经发育”理论（neurodevelopmental theory），这个理念直指罪恶的种子早在生命的最初时就已经种下。

第三，我们将涉入暴力行为的成因。温斯坦案例告诉我们，即便人到中老年，也无法逃脱医学疾病可能导致的大脑损伤及带来的种种后果，那么，对于那些年轻的罪犯而言，情况又是如何呢？其实，相关的事例在第3—4章中已经屡见不鲜——我们运用脑成像技术和精神生理学方法得出结论：暴力分子都有功能性脑损伤。打个比方，他们的脑袋就像熄火的汽车，又好像老是死机的计算机。总之，他们的脑子有毛病，在一些事情上不能正常运行。迄今为止，我们把这些毛病都看作软件问题，要么是出生时不顺利，打乱了正常发育程序；要么是由于营养不良成为罪魁祸首。但现在，我认为，罪犯们的脑子出现硬件故障的可能性更大。换言之，罪犯们的大脑本来就是残次品——大脑在解剖结构上就和正常人有所不同。

当阅读隆布罗索写于19世纪的经典名著《罪犯》（*Criminal Man*）时，我不得不同意他的部分观点。犯罪学的祖师爷一直认为，许多罪犯的大脑结构异常，是他们沉沦暴力、堕落犯罪的原因。当然，隆布罗索认为，犯罪之源在于他们小脑的形状或者种族的差异，这些观点也许出了方向性错误。但是，罪犯的大脑结构异于常人，这个结论完全正确。听上去，我们仿佛又回到了“天生罪犯”和“基因决定论”的时代。于此，我愿意再次澄清：虽然我一再强调遗传学基础对于暴力犯罪行为的决定性作用，但是，我也强调环境的影响从来不可忽视，特别是环境能够改变大脑的结构这一点上，我们在许多罪犯的身上已经见识了。

第四，温斯坦杀妻案属于严重暴力犯罪。那么，大脑结构异常是否只和此类严重暴力行为有关呢？我当然不会如此狭隘。实际上，大脑结构异常同各种形式的反社会行为，以及延伸到非暴力性质的犯罪都有关联性，甚至包括欺诈犯罪和白领犯罪。说到这里，我们将会陪同大家，回到过去，回到往日的洛杉矶走一遭，从那些短期职业介绍所开始我们的探寻之旅。

解剖暴力 大脑培根切片

应该还记得兰迪·克拉夫特和安东尼奥·布斯塔曼特这两个人，以及他俩在罪行和生物学方面的差异。1994年，蒙特·布克斯鲍姆和我，会同我的同事洛里·拉卡斯（Lori LaCasse），运用正电子成像术（PET）对谋杀犯进行了功能性脑成像扫描。我们得出结论，许多谋杀犯都有前额叶皮层、杏仁核和海马体功能减弱问题。至此，我们三人让杀人犯的大脑功能异常情况第一次大白于天下。当时，我们都欣喜若狂。

然而，同行的质疑随之而来。一方面，我们的研究数据大多来自法医样本。要知道，犯人本身就是问题人群，他们的所有资料可能经过辩护律师的刻意筛选，由此得出的结论是否适用于普罗大众，委实需要画个问号。另一方面，这些事例的主人公都是杀人犯，我们的研究结果能适用于那些表现出广泛的反社会行为范畴吗？此外，虽然我们已经揭示了功能性异常的存在，但是，隆布罗索的“生理脑异常假说”（hypothesis of physical brain anomalies），尚未有人真正进行过实验，我们又该如何应对这种挑战呢？

以上问题的答案，都来自短期职介所。你可能还记得第4章中笔者在加州的一些经历。那一次，我真是从短期职介所里挖到了金矿。有些职介所招募了大批精神变态者和有反社会型人格障碍的个体。这些自由放养的暴力罪犯可谓作恶多端，犯下的罪行罄竹难书，包括强奸、抢劫和谋杀。在你阅读本书的同时，他们可能正在忙着作奸犯科。这次实验过程实在艰苦，幸好我得到了罗伯特·舒格（Robert Schug）的鼎力相助，那时他在我门下攻读博士，具有一流的法医学技术。舒格为了评估我们的研究对象是否属于真正临床上的精神变态者，很是劳累心神。实验中，解剖磁共振成像（aMRI）是我们常用的一种扫描技术手段。aMRI 和功能性磁共振成像（fMRI）不同，解剖磁共振成像可以提供大脑解剖的高解析度图像，可以帮助我们更好地认识研究罪犯的大脑结构。

一次磁共振不过4分钟时间，然后我们就可以得到某个人的很多脑结构图像。接下来，艰难的工作才刚刚开始。脑扫描后，我们利用计算机工作站先进的电脑软件与大脑解剖的详细知识结合，对图像进行分析研究。通过研究我们发现，眶额叶皮层和杏仁核在脑扫描中呈现得非常清晰，宛如大脑中的地标一般。我们还会像使用培根切片机（bacon-slicer，熏肉切片机）一样运用成像仪，将大脑从视觉上切割为1毫米厚的薄片。从前额到后脑勺，这样的薄片足足超过100片。如此轻薄的脑切片，让图片的空间分辨率变得相当可观。我们对大脑组织的观察完全可以精确到1立方毫米级，其中的原理同数码相机和数字电视完全一样，像素越高，解析度越好，图像也就越清晰。

每帧脑切片上，都带着神经解剖学的“地标”——脑沟回。脑沟回正是我们努力查找脑结构问题所在的区域。看图5.2（见彩图），左图是一张前额叶皮层的切片图，右图是颅骨暴露四分之一的三维切片图，展现了我们的一位测试对象的潜在大脑组织。切片看上去就像一片熏肉，肥瘦搭配，有红有白，红色是瘦肉，白色为脂肪。其实，我们的脑切片也有两种组织类型。我们首先跟踪的是每张脑切片图中的“灰色”物质——灰质，即绿色区域代表的瘦肉，即是整个神经组织，而夹杂其间的白色块状地带代表脂肪——叫做白质。这样，我们就能计算神经元的面积。将穿过所有切片的灰色神经元面积加在一起，就能得出我们感兴趣的某一脑区皮层的体积。

35年前，我曾经在英国航空公司做会计工作，也为波音747机群提供审计服务，由此落下了一点职业病。当然，简单的计数和复杂的会计工作有着很大区别。但是，对数目的敏感和对复杂昂贵机械的兴趣已经深入我的骨髓之中。

那么，我们在前额叶皮层中有何收获呢？我们发现，那些被诊断有反社会型人格障碍的研究对象——终生未能摆脱反社会行为的人，有一个特点：他们前额叶皮层中的灰质体积下降非常严重，足足减少了11%。他们的白质体积实际上仍然正常，但问题在于脂肪过于肥厚，而瘦肉斤两不足，意即神经元不足。由第3章的内容可知，前额叶皮层主要参与大脑的许多认知、感情与行为的功能，相关功能一旦受损，个体参与反社会和暴力行为的危险性就大大增加。

以全脑容积计算，反社会个体和对照组并无太大区别。因此，前者的脑功能缺陷更可能与前额叶皮层有关系。但是，也许脑损伤并不能成为反社会行为的原因。要知道，反社会型人格障碍者多有酗酒、吸毒的不良习惯，前额叶皮层中的灰质大量减少，更可能是出自这些坏习惯。为了解决这个问题，我们特地招募了另一组研究对象，这些人没有反社会型人格障碍，但都是酒鬼或者瘾君子。我们比较研究发现，反社会组的前额叶皮层灰质体积比酒－药滥用对照组减少了14%，这两组之间的差别，甚至大过了反社会组同没有酗酒吸毒习惯的正常人对照组之间相比较所得出的比例。

因此，酒精和毒品不是导致大脑结构性损伤的元凶。但是，问题仍然存在。前额叶皮层的结构性损伤是一种普遍现象，在其他类型的精神病患者身上也不少见。同时，我们还知道，反社会型人格障碍者很有可能患有其他类型的精神疾病，包括分裂型人格、自恋和抑郁等病症。那么，脑损伤是不是真和反社会型人格障碍毫无关系呢？也许，脑损伤只是多种临床精神疾病的一种表征，同反社会型人格障碍并没有什么独特的联系？

为了解惑，我们又招募了一组研究对象，他们患有精神疾病，但都不是反社会型人格障碍症患者。而且，这组研究对象所拥有的许多临床症状和表征，都和反社会型人格障碍症患者同病相怜。这一次的结果并无太大不同，反社会型人格障碍组的前额叶皮层的灰质体积，比精神病对照组减少了14%。由此看来，其他的精神疾病不足以解释我们所发现的成果。

那么，家庭因素能否成为问题的原因呢？我们认为，在这个案例中显然不是。我们在对犯罪的研究中综合考虑了多重社会风险因素，包括研究对象所处的社会阶层、婚姻状况、童年是否受到过虐待等。但是，无论在何种情况下，前额叶皮层－反社会行为之间的联系始终坚固如一。而且，没有一个研究对象曾像赫伯特·温斯坦那样出现过明显的脑损伤和病变。

排除了种种可能性之后，仍有一个微妙的早期渊源导致这种结构性障碍。假如受试者出生前后遭受规模微小的脑损伤，导致大脑发育不全，而后历经婴儿期、孩童期和青春期仍然未能得到改善。那么，无论造成损伤的原因来自外界环境还是源于遗传基因，我们都必须予以认真考虑。关于这种“神经发育”理念，我们还会在以后的章节中继续讨论。

现在，请回看图5.1（彩图）赫伯特·温斯坦的磁共振成像脑扫描图，脑内巨大的结构性损伤一览无余。但是，如果将正常人和反社会型人格障碍者的脑磁共振成像图进行对比，你一定看不出后者减少的那11%的灰质体积。这点损失不过0.5毫米厚，夹在图5.2中涂成绿色的粗大外层皮层带里自然不会起眼。它们的区别不但你难以发现，有时还会瞒过世界上最出色的神经放射学专家的慧眼。实际上，许多神经放射学专家都分不清正常人和反社会型人格障碍者大脑扫描图的区别，常常会犯张冠李戴的毛病。

我们为什么能分辨正常人和反社会型人格障碍者在大脑上的区别？因为我们没有采取一般脑科医生所采取的那些方法：他们要么热衷于用肉眼寻找明显的肿瘤；要么像神经放射学家经常做的那样，匆匆观察一下相关的脑切片，企图从中看出一些明显的病理特征；要么干脆指望在脑切片中发现一个大窟窿。相反，我们会花费数个小时，利用脑成像软件计算前额叶皮层中所含灰质体积的精确值。只有这样做，才能找出那些拥有重要临床医学意义却又微小得难以发现的差别。温斯坦的例子属于极端情况，好似一棵脑损伤罪犯的大树树冠。树冠之下，许多人的病情和他同样严重，只是创伤相对而言并不显眼。在临床治疗的实践中，这些人的病情常常被医生所忽视。

我们必须面对它。我们的研究率先发现和揭示了反社会群体所共同拥有的脑结构异常。当然，我们的发现可能纯属侥幸。因此，我决定做一次荟萃分析（元分析），将12个关于暴力分子脑成像研究的项目来个系统归纳。而后，再从中发现他们的大脑到底是哪一个区域出现了结构性损伤。自从我那次荟萃分析之后，学界对于暴力罪犯的前额叶结构性异常的兴趣突然陡增，相关研究层出不穷。看来，我的发现并非侥幸。

为了让我们的发现更有意义，以及更好地了解这些大脑结构性异常问题所带来的影响，我们必须赶紧去一趟爱荷华州的一家神经科医生诊所，拜望诊所的一位神经科学家。此人不是别人，正是为赫伯特·温斯坦辩护的安东尼奥·达马西奥。

此前，我略略提到了达马西奥的卓越创建，他如何改变了我们对大脑工作全过程的认识。达马西奥曾经在爱荷华大学工作过，现在南加州大学进行研究。他的研究对象大多生活不幸，这些人因为各种原因遭遇头部创伤而导致大脑受损。不幸中尚有万幸，科学家可以对他们进行研究，比较他们大脑受创的区域，同时把他们和某个特定脑区受损的患者仔细比对。而后，我们可以对各个脑区的重要功能作出区别。达马西奥的妻子汉娜（Hanna Damasio）也是一位杰出的科学家，同时，他的身边还有一群能干的同事。因而，安东尼奥对于前额叶皮层部分区域及其周边区域的功能有了准确的推断，其中，杏仁核的功能也在他的研究范围之内。

达马西奥有一组病人，他们的局部受损脑区正好在腹侧前额叶皮层，位于额叶皮层下方区域。它包括位于眼睛正上方的眶额叶皮层，以及位于鼻子中线后的腹内侧前额叶皮层。这组病人在认知、情感和行为特征的模式上都异于正常人，和那些脑区外部受损的病人也有着显著区别。

第一个区别在情感层面，这些病人的皮肤电反应系统不完整和非常迟钝，由于腹侧前额叶皮层受损，当面对灾难和毁灭等社会主题图片时，他们的皮肤电传导率几乎无动于衷。腹侧前额叶皮层的作用之一在于分析社会情感事件，它会合边缘系统及其他脑区协力合作，根据社会场景产生相应的情绪反应，流汗反应只是这种功能的一个外部表征。一旦神经系统功能受阻，人就会变得感情麻木，就像我们前面描述的精神变态者和反社会型人格障碍者一样麻木不仁、缺乏同情心。

第二个区别在认知层面，这些神经病人是昏招迭出的决策者。神经病学家安托万·贝沙拉（Antoine Bechara）发明了“爱荷华赌博任务”（Iowa gambling task）的心理测试，将这个特点体现得淋漓尽致。测试中，受试者需要把纸牌按主题放入四类中的一类里，并可以因此得到金钱奖励或者遭受惩罚。但是，这个测试的奥秘在于纸牌之间的级别差异，如果受试者选择 A 级或者 B 级，他们可能在一开始获得较大面额的奖励，但最终将会迎来一场同样巨大的惩罚。相比之下，C 级和 D 级虽然在开始阶段奖励不多，临到最后的惩罚也同等微小。这等规则，受试者在开始游戏前并不知道。游戏中间，他们一共需要对付 100 张纸牌。游戏进行到一半时，一些受试者选择摈弃 A 级或者 B 级牌，摈弃高回报/高风险的游戏模式，转而搜集 C 级和 D 级牌，以获取更高的收益。这样的游戏策略无疑非常明智。但是，腹侧前额叶皮层出现局部损伤的受试者却想不到这一层，他们始终追寻 A

级和 B 级牌不肯放弃。

游戏过程中，不同群体受试者的流汗反应也很有意思。普通受试者在游戏进行到一半的时候，就已经意识到什么牌好、什么牌坏。在此之前，他们总是倾向于选择那些坏牌。贝沙拉的观察重点在于流汗反应，这是一种躯体标记，提醒大脑，前方可能的威胁。人的身体会在潜意识中感觉到情况不妙，应当改变游戏策略。但是，大脑意识的反应很有可能慢上一拍。躯体标记一旦出现，普通的受试者会改变策略，同时意识到情况的发展步骤。至于那些腹内侧前额叶皮层受损患者，他们的身体根本不会发出任何预警，因此他们也只能傻乎乎地继续昏招迭出。

通过游戏测试，精神变态者的生活为什么总是陷入困顿，也就有了合理的解释。他们的决策能力非常糟糕，常常会自毁前程。当然，那些不幸和他们有所交集的人也会受其连累。第 4 章的内容已经告诉各位，一个自主神经系统受损、缺乏情感反应的人，面对危机时总是缺乏思考能力，总是一味冒险求强。这样一来，他们当然容易脑子充血、破坏规矩，甚至鲁莽行事、不负责任。反社会型人格障碍症的 7 种表征之中，这一下子就冒出了 4 种。据此，我们可以看出前额叶皮层的结构异常和反社会型人格之间的关系。同时，前额叶皮层的结构异常还可能成为自主神经系统功能异常的肇因。相关的内容，在上一章有过详细描述。

第三个区别在行为层面，这些患者的行为和精神变态者十分相近。150 年前，世界上就出现过一个相关案例，揭示了大脑和人格之间错综复杂的关系。这个案例就是众所周知的菲尼亚斯・盖奇的故事。神经科学出现之前，这个故事已经家喻户晓。当然，故事的内容非常值得再讲述一遍。

解剖暴力　菲尼亚斯・盖奇的奇案

盖奇是一个受人爱戴和尊敬，又责任心强的作业班长，在美国大西部铁路公司工作多年。1848 年 9 月 13 日是决定他命运的一天。那天，盖奇正在指挥一队工友将一块巨石搬出铁路轨道。工友们在巨石上凿了一个洞，往里面添加火药和砂石，准备将其炸毁。不知不觉中，时间已经来到下午 4 点半。

接下来，一位学徒在填好火药的炮眼上面慢慢倒入砂石。整个过程中，盖奇都拿着金属捣固杆站在旁边，捣固杆约有三英尺七英寸（1.1 米）长，直径也有一点一五英寸（2.92 厘米）。他的工作是用捣固杆将火药上的砂石敲打固定，以便加强爆炸效果。工作进行到关键时刻，盖奇却有些走神。几个工友正在谈天说地，吸引了他的注意。几秒钟过后，盖奇转头走向巨石，满以为火药上面的砂石已经得到加固。可是，事实上工作并未完成。很快，盖奇操起捣固杆，继续向砂石发起撞击。撞击擦出了火花，引爆了炸药。瞬间，捣固杆变成了足以致命的长矛，直接朝着盖奇的脑袋飞去。

盖奇被击倒了，他右手捂着脑袋、趴在地上一动不动。捣固杆的尖端插进了盖奇的左颊下端，从头部中间生生穿过。如此一来，盖奇的头骨上出现了一个大洞。震撼的效果，在图 5.3 中可以见识。捣固杆并未停止飞行，它像导弹一样蹿向天空，波及范围超过了 80 英尺（24.38 米）。这时，盖奇仍然躺在地上，一点也不能动弹。

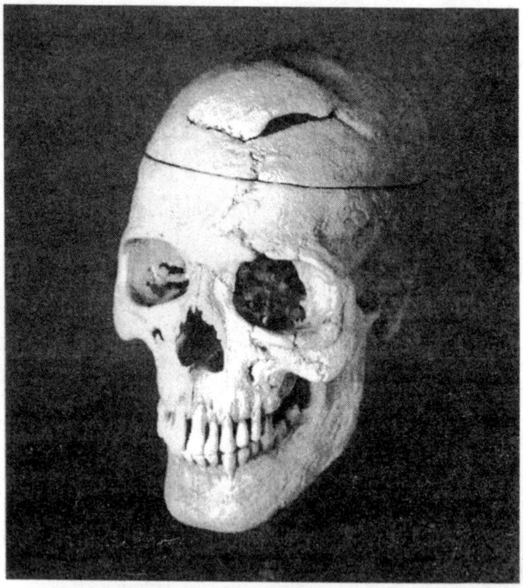

图 5.3　菲尼亚斯·盖奇的颅骨损伤情况

所有的工友都认为盖奇死定了。但是，几分钟过后，躺在地上的盖奇开始动弹和呻吟。大家这才发现他还活着。于是，工友们蜂拥上前，用牛车把盖奇拉到了最近的小镇。大家把他抬上了一家旅馆二楼房间，一名医生已等在那里。要知道，那时候可是 19 世纪中叶。一个被捣固杆击穿脑袋的人能得到怎样的救治呢？也就是抹点大黄粉末加蓖麻油而已。

你一定觉得盖奇小命不保了。但是，大黄粉末和蓖麻油发挥了神奇的效力，盖奇奇迹般地活下来了！他失去了左眼，但是三个星期不到，他就已经能下床活动。一个月不到，他可以在镇上走来走去。就这样，他开始了新生活。但是，盖奇的朋友、熟人和老板都发现，他们的朋友、熟人和下属好像变了一个人，“不再是那个盖奇了”：

> 他时不时地表现得很失礼，常常口出脏话。以前，他从来不会这样。而今，他对工友缺乏尊重，他们一旦违背他的意愿，他就显得非常不耐烦。有时候，他固执得要命，而且优柔寡断、反复无常。过去那些被证明毫无可行性的主意，被他一而再地挂在嘴边。他本来是个文弱书生的样子，受伤后脾气却像个粗蛮汉子。受伤之前，盖奇虽然没怎么上过学，但是头脑还算好用。大家都觉得他精明能干、长袖善舞，而且精力充沛、富于执行力。正因如此，大家才觉得他好像换了一个人。因此，朋友和熟人才觉得他“不再是以前那个盖奇了”。

在这桩奇案中，盖奇从一个性格自律、深受尊敬的铁路工人，变成了一个疯疯癫癫、几近精神变态的怪人。许多大脑额叶遭受创伤的患者，都有着同样的经历，都会变得冲动、不负责任、生活糜烂和沉溺酒精。于是，盖奇被开除了，老板觉得他已经不再可靠。而后，他换了好几个工作，搬了好几次家。在这期间，盖奇曾经带着那根金属捣固杆进行全国巡游，纽约站安排在巴纳姆的美国博物馆（Barnum’s American Museum），他就那样被观众围观（见图5.4）。1851年，盖奇来到新罕布什尔州的汉诺威，在一家度假酒店找到一份看护马匹的工作。后来，盖奇变得愈发大胆。他先是远赴智利打工，在那边当了好几年的马车夫。后来又回到美国，在加州的农场之间辗转做农场工。1860年5月21日，盖奇死了，死的时候还很年轻。死前，他的癫痫几度发作。那一次事故，盖奇虽然死里逃生。但是，捣固杆穿脑而过，带走了他所有的优点和美德，给他的生活留下了不可磨灭的痕迹。

当时，许多医生都认为盖奇的故事纯属闲人胡诌，他们根本不信有人能从这样一场事故中死里逃生。不过，盖奇确有其人，他的经历也确有其事。那么，他的经历是否只是不可复制的小概率事件呢？或者，前额叶皮

图 5.4　菲尼亚斯·盖奇手握捣毁他前额叶皮层的捣固杆现身纽约巴纳姆的美国博物馆

层遭遇事故伤害，是不是真能改变一个人的性情，让一个普普通通、遵纪守矩的老好人变成胆大妄为、颇似精神变态者的反社会分子呢?

这两个问题，都可以在安东尼奥·达马西奥和其他研究者的实验室中找到答案。许多证据显示，遭受头部创伤而导致前额叶皮层受损的成年人确实生出了冲动的反社会倾向。如果受损部位发生在底侧前额叶皮层和腹侧前额叶皮层，所造成的后果将会更加严重。

你可能会反驳，成年人的大脑已经相对定型。也许，孩子们正在发育的大脑更有可塑性? 那么，如果未成年人遭遇前额叶皮层损伤，会不会表现出同样的反社会行为呢? 研究显示，头部遭遇此等损伤的孩子普遍表现出了品行障碍和外化行为问题（externalizing behavior problems），这也证明了我们的判断。同时，另有一些孩子表现出了像焦虑症和抑郁症这样的内化行为问题（internalizing behavior problems）。显然，头部受伤确实容易导致青少年变得冲动而不守规矩。

如果前额叶皮层损伤发生在婴儿期，后果又当如何呢？显然，婴儿的大脑有着更好的可塑性。也许，他们可以依靠这种可塑性，早早地恢复健康和正常。不过，类似的案例在临床史上非常罕见。但是，婴儿期所受到的前额叶损伤，确实和将来的反社会和暴力行为息息相关。达马西奥的研究案例中，有两起特别具有代表性，一例为女性，一例为男性，都在16个月大时遭受了前额叶皮层的选择性病变。[37]他们很早就表现出了一定程度的反社会倾向。进入青春期后，这种倾向又升级为各种轻罪。待到成年时，他们已经变成了货真价实的罪犯，而且还伴有冲动性的攻击行为和非攻击性的反社会行为。同时，两人还有自主神经系统功能减退、决策能力低下、难以从反馈中吸取教训等问题。这些问题，在安托万·贝沙拉和安东尼奥·达马西奥的实验中已经被反复提及。成年时期遭遇前额叶损伤的人，大多体现出以下三种症状：类似于精神变态者的行为、自主神经系统功能衰退、躯体标记减退。

我知道你还有些怀疑。毕竟我们所做的实验非常有限，到目前为止只有两起：除了盖奇的遭遇，还有一起涉及9个遭受额叶受损的孩子，实验将追踪孩子们人生的第一个十年，观察并记录他们的相关行为。9个孩子受伤之后，都出现了行为方面的问题。其中有7个孩子出现品行障碍，剩下的两个孩子也有易冲动、不安定的行为，甚至屡屡表现得难以自控。

将以上案例综合起来，我们可以得出结论：前额叶皮层受损可以直接导致反社会和暴力行为。这个事实非常重要。脑成像扫描研究显示，谋杀犯和有反社会倾向的人大多有前额叶异常问题，两者之间的关系可见一斑。但是，到底是前额叶结构和功能损伤导致犯罪和暴力，还是暴力造成了脑受损？毕竟，暴力分子经常卷入斗殴，因此很可能遭受“闭合性”头部损伤。即便脑袋不至于开了瓢，也可能因为撞击留下脑内伤。这样的情形并非不可能发生。根据脑科学研究案例显示，无论一个人是在婴儿期、青春期还是成年期遭遇头部创伤，都会在随后出现程度不等的反社会、暴力和类似精神变态者的行为。相关研究已经提出了十分有利的证据，证明前额叶受损和暴力、冲动型人格之间的因果关系。

解暴剖力 深挖前额叶皮层

通过磁共振成像（MRI）研究，我们知晓了一个事实：反社会个体都有结构性脑损伤问题。同时，临床诊断表明，遭受头部创伤的病人可能患上前额叶皮层结构性受损，从而导致反社会行为和躯体标记缺失，以及糟糕的决策能力和社会行为失范。我们招募的那些反社会临时工，在行为上和安东尼奥·达马西奥研究的那些神经病临床案例的患者几乎一模一样。这些来自不同社区的类似临床事例进一步刺激了我们的兴趣，对前额叶皮层的深入剖析，也就势在必行。下面，我们先探讨两个问题。

首先，达马西奥和贝沙拉研究项目中的头部损伤病人表现出的自主神经系统功能减退和情感麻木问题，和我的案例中那些反社会临时工表现出的躯体标记受损特征十分相似。这和我们曾经测试的假说十分吻合。第4章中，我们让实验对象经历压力测试，要求他们就自己做过的最糟糕的事情进行演讲。达马西奥指出，这种实验基于躯体标记假说，非常适用于前额叶皮层的研究。因为实验可以刺激一些负面情绪——尴尬、羞愧和罪恶感。这些情绪，都为腹侧前额叶皮层所管辖。

我们发现，这些反社会、精神变态者的前额叶灰质的体积出现了显著下降，同时，他们的皮肤电传导反应和心率反应在社会压力源测试期间也显著减退。显然，实验对象确实缺少躯体标记，同达马西奥的前额叶患者结果吻合。此外，我们将反社会人群中前额叶灰质体积显著下降的设为一组，另一组的灰质体积接近正常人水平。我们发现，前一组人群不但有前额叶结构受损问题，而且还有明显的躯体标记衰退的问题。就此，一个联系着躯体标记衰退、前额叶结构损伤和反社会行为之间的三角关系凸显出来。不仅我们的调查对象如此，达马西奥和贝沙拉的病人也如此。

其次，我们要探讨的第二个话题是结构性损伤的定位。既然反社会和精神变态者的前额叶皮层内部出现问题，灰质体积大为减少。那么，这样的情形到底发生在前额叶的哪个部分呢？达马西奥曾就我们的研究撰写过一篇评论，对我们的发现提出了疑问。我们认为，眶前额叶皮层和内侧前额叶皮层这两个区域受损是问题之所在。对此，达马西奥并不同意。回想一下盖奇的那次事故，捣固杆从他眼部下方穿进了脑颅，直接穿过了盖奇的整个前额叶皮层。汉娜·达马西奥仔细重构了事故的全程，认为盖奇的大脑受创最严重的部分在腹侧前额叶和眶前额叶处——整体而言都位于大脑底部区域。同时，内侧前额叶皮层和中间前额叶皮层也是事故的重灾区，看图5.5（见彩图）。如果我们准备更加精确地定位反社会个体前额叶中哪个区域的灰质体积下降最为严重，我们将会有怎样的发现呢？

要细分前额叶皮层的各个区域，必须涉及切片中更为复杂的脑沟回的地标识别和示踪技术，这个工作将耗时多年，不过终有成功的那一天。在图5.6（见彩图）中，就是我们已经完成的工作。图中影像来自我们的一位反社会研究对象。我们截取了贯通额叶皮层的一张脑切片图进行研究。为方便观看，不妨将图片从顶部12点按顺时针方向移到底部6点处。这样一来，你可以清晰看见其中的额上回、额中回、额下回、眶额回和前额叶的腹内侧区域。[38]请问，图中哪一个区域出现了严重的容积减少，从而直接导致了实验对象的反社会型人格障碍倾向？

图5.6的5个区域中，有3个区域的情况尚属良好。安东尼奥·达马西奥对此曾作过预测，他的预言也基本符合事实。反社会个体的眶额回两侧的体积减少了9%，右腹内侧前额叶皮层的体积减少了16%。总体而言，前额叶皮层的腹侧区域结构受损和反社会与精神变态行为联系最为紧密。1848年的那次事故中，盖奇受创最为严重的脑区正好也是这个区域。

图上第三个部分对于我们的启示也非常重要。根据统计，我们的反社会对象的右额中回的体积减少了20%。在第4章，我们曾经讨论过旨在测试“执行性机能”的实验。实验中，反社会个体和精神变态者的执行性机能非常低下，根本不能预设计划、管理自身行为，至于作出正确判断并由此笃行，更是一个不可能完成的任务。在神经生理学的研究中，背外侧（dorsolateral）前额叶皮层被认为同一个人的执行性机能息息相关。我们知道，“dorso”指代顶部，而“lateral”则代指侧边，因此“背外侧”所在区域正好位于前额叶皮层的上部侧边。图5.6指代了这一区域的具体坐标。有图可依，我们会发现，背外侧前额叶皮层和额中回几乎完全重叠。如果这一区域遭受创伤，所带来的后果也将非常严重和深远。

根据功能性成像和脑损伤研究获得的知识，额中回的基本功能非常丰富，而暴力分子的额中回功能常常有所减退。第一，额中回是布洛德曼第9、10和46区的所在地，这里交会着重要的神经元回路，还负责促进条件性恐惧反应的灵敏度。我们知道，罪犯和精神变态者的条件性恐惧反射较弱，相关内容在上一章已有解释。第二，额中回还在抑制行为反应方面扮演着中心角色，因为暴力分子的另一大特色就是难以自控，约束不了自己的冲动行为，相关的事实我们也早已知晓。额中回还同道德抉择关系密切，而这正好是暴力分子的大脑弱项，也是他们缺失道德判断和经常打破道德底界的原因。额中回的另一大功能在于帮助人们认清眼前利益和长远利益之间的关系，如果额中回功能良好，人们舍近求远的可能性就更大。可是，罪犯的眼里永远都只有近前的短期利益。一旦出现同情或疼痛刺激，额中回就会活跃起来。相形之下，反社会分子没有同情心的特点已经出了名。作为前额叶的亚区，额中回的活跃期还包括以下情形：每当我们反躬自省或是掂量自己的想法或情绪，额中回就会开始工作。当然，暴力分子没有自我反省能力。他们伤害他人，从来也不会因此有所三思。

显然，反社会型人格障碍者的额中回从结构到功能都几近残废。额中回同人的认知、感情和行为特征这三大能力息息相关，而反社会分子的这三个功能都已经瘫痪。因此，他们才会展现出反社会倾向。从大脑结构到功能的衰退，最后导致反社会行为，这是一条完整的逻辑链条。

同理，腹侧前额叶皮层关系着一个人能否有效决策。而且，这个区域还可以纠正和控制与惩罚相关的行为，同时行使神经生理学谓之的“持续反应”（response perseveration）职责。对了，暴力累犯进出监狱就像进出酒店的旋转门一般频繁。这些人认为，班房不过就是一张长期铺位加一叠永久早餐券，一旦“休整”完毕，他们总是像客人一样离开，而后又会像客人一般再次到来。整个过程中，他们毫不悔恨，更别提从中吸取什么教训。他们总是本性难移，哪怕进了监狱服了刑，也还是依然故我。这种现象，心理学家习惯称之为“持续缺陷”（perseveration deficits）。腹侧前额叶皮层负责的其中一个功能便是条件性恐惧反射，同样，这也是一种暴力分子缺少的东西。显然，他们的腹侧前额叶皮层存在缺陷。腹侧前额叶皮层还和人们的同情心和同理心有着密切联系，而且还可以提高一个人察言观色、体味他人感情状态的敏感性。众所周知，罪犯和精神变态者可不是这个世界上的贴心人，这再次旁证了他们大脑这一区域的结构和功能缺陷。与额中回一样，腹内侧前额叶的功能远不止于此，一个人的洞察力和行为自制力也都取决于大脑的这个部分。暴力分子缺乏自控，而精神变态者从不自知。同时，腹侧前额叶皮层的另一大作用在于降低负面情绪，从而帮助缓和父母和子女的关系，可是，暴力分子对待父母也总是凶神恶煞的。同时，腹侧前额叶的另一项功能在于管控情绪，制止冲动，又是一项拥有攻击倾向的人不具备的东西。

背外侧也好，腹内侧也罢，让我们将两个区域的结构结合起来。显然，大脑的这些区域如果遭受结构性损伤，的确可能造成社交、认知和感情上的劣势，从而导致一些人的反社会行为和反社会人格。事实上，大脑的腹侧前额叶和额中回区域涉及反社会行为的多种功能的危险因素——糟糕的条件性恐惧性反应、缺乏洞察力、没有自制能力，全都涉及可反复的神经认知的风险因子。它们一旦结构受损，便可能造成反社会行为。

迄今为止，我们深挖了前额叶皮层的结构，并发现了腹侧前额叶皮层和额中回等脑区对于防治犯罪的关键作用。接下来，我们将在另一个层面继续探讨前额叶皮层。同时，我们还将回答一个虽然角度不同、但同样重要的基础性社会问题——为什么男人比女人更加暴力？

解剖暴力　男性大脑——犯罪的心灵

大家都知道，男人比女人“坏”一些。没人能回避这个事实。那么，为什么会坏一些呢？传统观点习惯从性别的社会化差异出发，研究和探讨犯罪与暴力方面的男女之别。如果你有女儿，不用说她肯定是玩着洋娃娃长大的。如果是儿子，你肯定给他一把玩具枪，让他和其他小男孩互相开仗。在社会学派看来，这些教育方式的差异就是男孩和女孩不同的原委，也是男孩比女孩更喜欢欺负别人的缘由。这一切似乎非常简单。但是，一切真像社会学家想象的这样简单吗？

从男女不同的前额叶皮层结构，我们能得出另一个答案。你知道我们在招募短期工进行研究，但你不知道，我们预设的研究内容之一便是男女重罪犯的差异比较。但是，我们很快放弃了这项内容。为什么？因为女人简直就像天使，基本不会犯下什么重罪，自然也稀缺女性重罪犯可供我们研究。只有男人，才是制造混乱的罪魁祸首。我的团队费尽心力，最后才搜集了区区17个女性暴力罪犯。但是，她们的犯罪和暴力程度实在轻微，再加上我们的经费一直处于紧张状态。于是，随着各方面都进入困难期，我决定放弃对女性的研究，把全副精力用于研究大老爷们。现在看来，这个决定是个错误。不过，17名女性也足够形成研究样本，帮助我们去测试差异化社会是犯罪的性别差异的原因这一“逆向假说”(counterhypothesis)。这个假说深具争议：男人之所以成为犯罪的主力军，究其原因是不是因为他们在基础大脑上与女性有着本质区别?

为此，我们比较了男性和女性在前额叶部分的脑容量，发现男性的眶额叶皮层灰质体积比起女性减少了12.6%。眶额叶又名眼窝前额叶，正好位于前额叶皮层的底部。我们知道，男性的腹侧区域的灰质体积减少和人的反社会程度有着正向相关关系。我们的分析表明，女性的腹侧灰质体积减少也与她们的反社会程度呈正相关。同样的情况适用于男性和女性。无论是反社会的男性还是女性，都有着同样的大脑效应。这是1分钟前你的前额叶皮层的工作记忆，请你不妨记住这一点。

当然，男人在反社会和犯罪程度方面肯定超过女性，世界各地莫不如此。这个事实并不新鲜。但是，如果我们仔细审视犯罪的性别差异，并将前额叶的腹侧灰质体积减少当作性别差异的主要考察指标，相关情况又会出现什么改变?改变在于，如果男性和女性的前额叶的腹侧灰质体积减少完全相等，相关的犯罪性别差异可能降低77%。由此可见，犯罪方面的男女之别，一大半的原因在于双方大脑生理特点上的差异。

我并非说犯罪的男女性别差异完全来自大脑。我绝不会忽视不同的社会化过程和其他社会因素的影响。但是，我必须强调，男女在神经生物学上的差异绝对不应该被忽视，这些差异部分导致了犯罪上的男女有别。同时，我们还有一个惊人的发现：在那些关乎反社会行为的额叶区域，男女之间存在着许多差异。至于那些无关犯罪的前额叶区域，男女之别似乎降到了零。

其实，这些发现并不意外。许多研究者早就通过磁共振成像记录下了这种在前额叶灰质上的性别差异。我们根据脑成像研究得出结论：男性在眶额叶皮层的灰质体积减少比女性多16.7%。三个其他的研究者发现了同样的性别差异证据，包括一项对465名正常成年人进行的大规模研究，最终得出了一样的结论。除了上述差别，男性的眶额叶皮层活性也不如女性，这个差别在共同参加一系列关于认知和情感的测试项目的时候体现得很明显，包括言语影响、工作记忆、对威胁性刺激元素的加工处理，以及在负面情绪下的工作记忆，都是项目重点考察的大脑功能。简而言之，男人的大脑和女人不同，如此简单的差异，不容我们有所忽视。

解暴剖力 三个故事——预警的三根和弦

现在，我们已经知道罪犯的前额叶皮层有着结构性损伤。我们曾经探讨过同一脑区的功能性减退问题。我们通过一项荟萃分析，对 43 例大脑成像研究、涉及 1 262 位研究对象的文献综述最终发现，前额叶的结构和功能性衰退同暴力行为的关系并非单一现象，而是一个普遍规律。前额叶的结构性损伤也可以解释男女在犯罪率上的区别。无论这种损伤是出于环境因素还是遗传原因，或者兼而有之，它都有可能让一个人蹈向反社会、缺乏自控、冲动的生活道路。

继续探讨之前，我们必须强调一个重要的事实：无论是社会因素还是神经生物学因素，某一种因素并不绝对就能导致暴力和犯罪。1848 年，菲尼亚斯・盖奇在佛蒙特州的遭遇，只是关于精神变态和反社会行为的前额叶功能障碍理论的开始。接下来，历史上还有三起类似事件，就像预警的三根和弦一样，不断提醒我们，弄懂前额叶功能障碍理论的路还很长。

解暴剖力 西班牙版盖奇

第一个故事同菲尼亚斯・盖奇的遭遇非常相似，我们称之为“西班牙版盖奇事件”（简称 SPG）。这一次的主人公是个 21 岁大学生，住在巴塞罗那。故事发生在 1937 年，正值西班牙内战期间，没有人能确保自身安全。一天，主人公身处一座房屋的楼上，发现自己遭到了反对派的跟踪追击。他几乎被逼入了绝境，不得不打开窗户，爬上窗沿，准备顺着外墙的排水管爬下楼去。这可真是一次需要胆气的逃亡行动。

不幸得很，排水管年久失修，一旦受力，管子就像脱了皮一般垮塌落下。我们的主人公只好死死抓住管子不放，乞求自己小命可保。随后，他的脑袋砸在了一扇金属大门上面，一根尖头金属门条插进了他的左额，又从他额头的右侧穿出。主人公的左眼球严重受伤，前额叶皮层也彻底报废。整个效果和捣固杆穿过盖奇颅骨的故事几乎完全一样。

救援的人很快来了，大伙七手八脚地切断、移走了金属门条。整个过程中，主人公的意识完全清醒。他甚至努力自救，帮助援兵把自己从金属门条上拔了出来。很快，他得到了救治。大家把他送到了巴塞罗那的圣十字圣保罗医院（Hospital de la Santa Creu i Sant Pau，加泰罗尼亚语）进行抢救。图 5.7 的左上方是一张脑磁共振成像图，距离此次事故已经过去了痛苦的 60 年，磁共振成像技术已经深入医院，而西班牙版盖奇终于有机会为那次可怕的灾难存照留念。图中可见，当事人的前额叶皮层所遭受创伤规模不小。像原版盖奇一样，他失去了左眼，不过好歹幸存了下来。主人公康复得很快，不久之后就可以独立行走。而后，他开始了新生活——彻彻底底的新生活。他经历了盖奇一样的性格转变，变得不耐烦、极易冲动、焦躁不安。同时，他总是变更主意，做什么事情都没有长性。

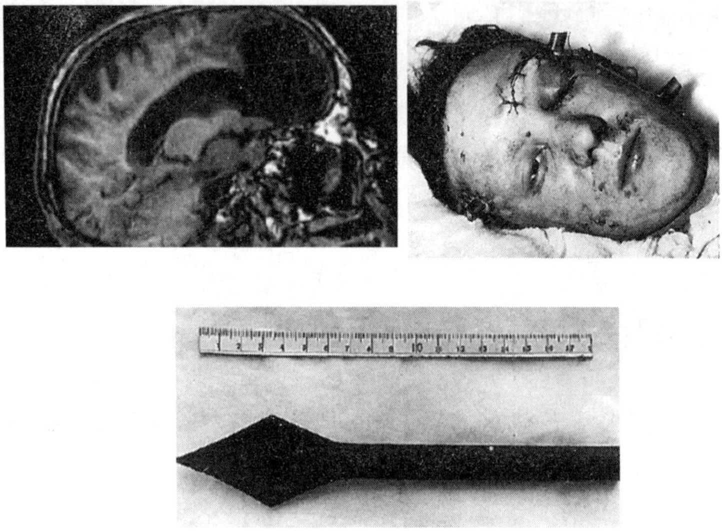

图 5.7　西班牙版盖奇的脑磁共振成像（MRI）扫描图及令他受伤的尖头金属门条

由此可见，美国原版盖奇和西班牙版盖奇几乎有着一样的人生轨迹。他们都从一场不可思议的头部创伤中幸存下来，他们也都变得格外冲动。但是，区别在于，西班牙盖奇并没有走上美国盖奇那样的反社会、精神变态人格之路。其中的原因又是为何？

答案之一：环境是不可忽视的因素。灾难发生时，西班牙的盖奇正处于热恋期间，当时，他已经和青梅竹马的爱人订婚。罗马帝国有句谚语：

爱能克服一切（amore vincit omnia，拉丁语）。到了近现代的巴塞罗那，爱情帮助一个人克服了前额叶损伤通常会导致的反社会后遗症。爱人一直和西班牙盖奇站在一起，三年过后，他们结婚了。反观他那位美国前辈，可就没有如此一位贤妻，也缺少家人的支持。西班牙盖奇的余生没有搬过家，也没有变更工作。美国盖奇所遭遇的漂泊和浪荡生活，他从未体验过。

或许你有些惊异，事情怎么可能如此发展呢？如果有此一问，说明你已经算一个老练的神经心理学家了。因为你知道，前额叶损伤肯定会造成注意力涣散的问题。病人恐怕很难完成任何工作任务，也无法改变处理问题的策略，甚至失去计划能力。确实，经过执行性机能测试，西班牙盖奇的大脑额叶显现出了严重损伤。但是，环境再次发挥了作用。他出身富裕家庭，父母拥有一个家族企业，如此一来，他自然有了终身饭碗。他那糟糕的执行性机能，注定了他不是一个好员工，只能做一些基础的手工作业，而且还需要专人监看。不过，这多多少少也算一份工作，由此而来的保障和职业功能是不言而喻的。

答案之二：幸运女神对于西班牙盖奇的眷顾不止于此。他有一位忠诚贤惠的妻子和一对充满爱心、富裕的父母支持，还有两个可爱可亲的孩子。他们对于他的康复也起到了很大作用。他的女儿回忆：

> 小时候，我就知道爸爸需要“保护”。虽然我年纪小，也很快意识到了“问题”之所在。当然，有时候我也会有所怀疑。17 岁那年，我也成了保护父亲的一员。直到现在，我仍然在保护他。

西班牙盖奇的大脑虽然受损，但是头颅却可以高高扬起。每天，他都会自己买好火腿带回家，和家人一起分享。他有一份工作，也有家人的关爱，他还享受着四面八方而来的爱意。各位读者一定也有这样的经验，深知亲情和爱情能够征服许多困境。于我而言，西班牙盖奇的案例象征着社会因素的重要性，可以帮助一个人克服前额叶受损带来的种种困扰，规避可能的暴力和反社会行为。

事故毁掉了美国盖奇的前额叶，同样类型的事故也让西班牙的盖奇遭受了同等的痛苦。但是，后者并未因此走上反社会道路。接下来，我们将拨响另一根警告的琴弦。这一次，我们的主人公在头部受损之前，就已经养成了反社会的个性。

解暴剖力 犹他州顽童的俄罗斯轮盘赌

第二个故事大约发生在2000年，主人公只有13岁，一个来自美国犹他州的男孩。他的故事，很有点约翰尼·罗顿（Johnny Rotten）的风范。他很短命，他的人生简直一塌糊涂——他的毛病包括品行障碍、鲁莽冒险、多动症以及注意力缺陷障碍。而且，他的父母早已被剥夺了监护权利，他只能寄养在别人的家庭里，这也是他的一大不幸。他是个坏孩子，但是请注意，基因问题加上幼年糟糕的家庭环境，才是他如此不堪、如此顽劣的根本原因。

一天，他孤单地玩着俄罗斯轮盘赌。他摆弄着一把点22（5.588毫米）口径手枪，试着自己的运气。犹他州是个风景旖旎的地方，不过，对于这个生性多动、爱寻刺激而又品行失序的男孩，一切似乎都没有意义。于是，他把手枪对准下巴，枪筒向上，扣动了扳机。随着手指一动，弹夹开始运转，命运的轮盘也转动起来。这一次，手枪开火了，他成功地在自己的前额叶皮层上开了一个窟窿。

故事里再次出现了医院的场景。这一次，我们的主人公也奇迹般地死里逃生。图5.8上半部显示了他入院时的脑CT（计算机X射线断层）扫描图，下半部则是他入院两天、接受手术之后的脑CT扫描图。你可以清晰看见，他的前额叶皮层紧临中部处已经完全损毁，损毁的方式和盖奇遭到捣固杆的那一击非常相似。如果他的本意是一枪正好穿过前额叶皮层中部的正中心，那他这一枪的准头可真不怎样。

故事的蹊跷之处还不在于此，而在于以后的结局。结局会怎样？故事基本上没有结局，没有发生任何事情。一次俄罗斯轮盘赌的失手引发脑损伤，几乎没有改变这个孩子的任何东西，无论是社工还是养父养母，从心理学家到法务人员，凡是接触过犹他州男孩的人都觉得他没有改变那么一星半点。他还是那样品行不端、顽劣不堪。但是，他并没有变得更坏。而且，其他任何认知障碍，在他身上也找不到痕迹。

美国人凡事喜欢问个“咋回事?”（What gives?）大家现在也一定非常好奇。神经生理学家艾琳·比格勒（Erin Bigler）是负责汇总和报告此事的医疗人员。她认为，这个孩子不过是成功地打穿了自己头脑中那些本就已

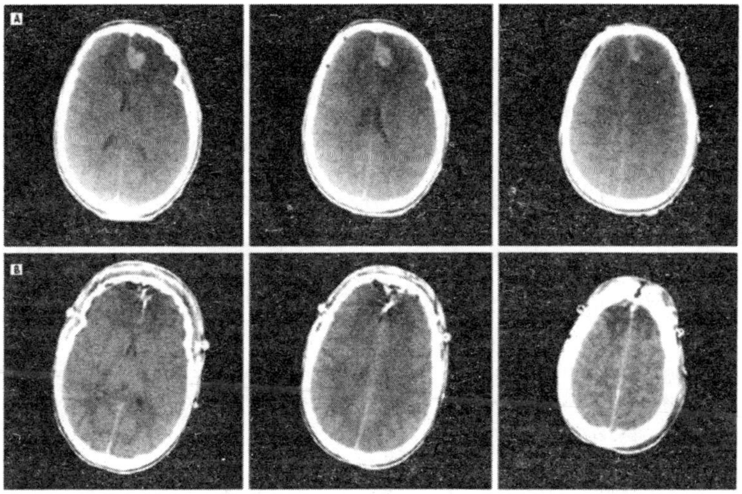

图 5.8　犹他男孩的脑 CT 图，入院时（上），手术后（下）

经功能失效的区域——也就是那些造成品行障碍的大脑前额叶皮层中部。这个案例点明了一个事实真理：前额叶损伤并不一定会造成当事人性情大变，甚或把他引向反社会方向的道路。当然，也许美国和西班牙的两位盖奇才是常态，而本案的主人公只是偶然而已。

解剖暴力　费城弩箭人

第三个故事再次凸显了刚才我们谈到的真理，并在层次上还有所提升。前额叶受损带来的后果，有时候实在是出乎人意料。显然，这又是一次意外，而且故事内容和美国盖奇那一次大致相仿。这一次的主人公和犹他州玩俄罗斯轮盘赌的顽童一样，已经身处迈入反社会型人格世界的前夜。但是，事故改变了他的人生，而且结果实在惊人。

主人公 33 岁，来自费城，自打他出生后，反社会和暴力行为就贯穿在他的生命之中。他的暴力行为带有病理性，而且还时不时陷入抑郁状态。实际上，说他深受抑郁症所扰也不过分。一天，他抑郁得决定自行了断。但是，他选择的工具有些特立独行的意味，不是手枪，而是一把弩。他就那样拉好弓矢，对准自己下巴，扣动扳机，准备斩断烦恼，一了百了。

箭矢穿过了他的前额叶皮层，就像盖奇遭受捣固杆的重击一样足以致命。而后，又是熟悉的西班牙盖奇的抢救情节。不过，这一次主人公能够捡回一条命的过程有些怪异。他被送到我所在的大学医院——宾州大学医院。医生们准备把弩箭从他的脑中取出。图 5.9 显示了主人公的颅骨 X 光片和脑 CT 扫描图，其中，卡在大脑中的金属箭矢清晰可见。而且，你可以发现，箭矢带来的损害局限在前额叶皮层中部。这一点，同盖奇和犹他州男孩的案例一模一样。其实，我们谈论的三起案件莫不如此，子弹、弩箭和其他锐器都是从下巴穿入大脑，又从颅骨顶端穿将出去。

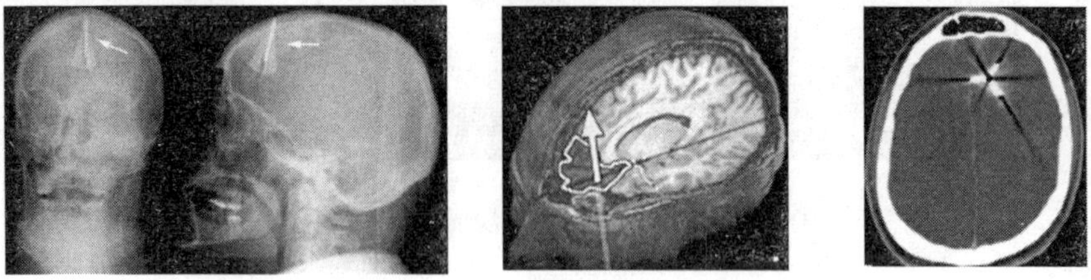

图 5.9　费城弩箭人的大脑 X 光片（左）和 CT 扫描图（右）

然而，新的曲折故事发生了。费城弩箭人和盖奇一样，经历前额叶损伤后性情大变。但是，两人却是同路殊途。盖奇原来是个老实人，事故让他变得精神失常、疯疯癫癫。这位费城弩箭人正好相反，原来疯疯癫癫、易怒易躁，甚至还有抑郁倾向。一箭穿脑之后，他倒是成了一个安静温顺、乐天知命的好人。

一夜之间，他不再受到病理性暴力倾向的困扰，抑郁症也就此消失无踪。仿佛这不是一次自杀，而是一次极端的神奇治疗。当然，他的头脑并非毫无异常。用主治医师的话说，病人现在经常“莫名其妙地乐呵呵”，一个曾经包裹在抑郁情绪中的人，由于脑子损坏，留下这一种神经精神病学的征兆。他成了一个简单快乐的人。

第三个案例展现了大脑和行为之间关系的复杂性。同样的前额叶皮层结构和功能损伤，却可能带来完全不一样的后果。实际上，一个抑郁症患者在历劫之后变得快快活活，其中的道理也并不让人惊异。前额叶受损的一大表征在于“稚气性滑稽”（Puerile jocularity），费城弩箭人大概就是这样一位神经病学症状患者，和他同病相怜的还有西班牙盖奇。后者能够成天反反复复地讲一个笑话，然后一直呵呵傻笑自得其乐。因此，下次各位出席派对，碰到那种行为乖张、饶舌多话的人不妨留个心眼。他们讲着蹩脚笑话乐不可支，可能是有原因的。你不妨记上一笔，而后好好查一查他们的底细。没准他们的脑袋挨过那么一杆子，要么就是被插过一杠子，或者挨过枪子，甚至被弩箭穿脑而过……当然，也可能他们只是大脑额叶机能障碍的长期患者而已。

显而易见，我们用前额叶皮层解释犯罪的结论必须谨慎，不是每个前额叶皮层受损的案例都会以反社会行为作为结果。但是，前额叶结构同暴力的根源之间确有关系，已经得到了磁共振成像和神经学研究的明证。因此，研究者也不能低估前额叶皮层受损导致暴力这种假说。

接下来，我们将从神经发育的角度再次开始旅程。前面，通过神经学的研究，大家知道了童年或成年后大脑受创，可能是某些暴力行为的诱因。现在，我们将运用结构磁共振成像（sMRI）技术，描绘出大脑发育出现错误的具体时间。这个时间，有时候甚至早在一个人出生之前。

解剖暴力 拳王乃天生?

我们在序言说到，切萨雷·隆布罗索相信，生理大脑的差异会导致犯罪行为。因此，有的人是天生的罪犯坯子。当然，肯定没有哪个罪犯是“天生的坏人”，我相信，有些罪犯的大脑在“神经发育”过程中出现了异常，他们的脑子因而没有长成正常的样子。

要想判定最早期的大脑发育不良问题，“透明隔腔”（cavum septum pellucidum）的存在就是神经系统疾病的一个重要表征。每个正常人都有由两片灰质和白质融合而成的“透明隔”（septum pellucidum），它将两个侧脑室完全分隔开来。侧脑室位于大脑中心，是充满液体的空间。请见图5.10的左图，正常人的脑成像图，在图中心位可看到黑色空间，这就是侧脑室，有一条细长的白色直线，即所谓的透明隔，将黑色的侧脑室一分为二。早先，在胎儿期的大脑发育过程中，两个侧脑室中间还有一个较小的、充满液体的、像缝隙一样的洞穴，或称作“空腔”（cavum），见右图中心区，夹在两片灰-白质中间的空腔。再看图5.10的右图，在图中心位可看到黑色缝隙（空腔）被两片白色透明隔（两条白色细线）分隔围成。当胎儿期进入第二季之后，大脑的发育开始加快，边缘系统和中线结构——海马体、杏仁核、隔膜和胼胝体开始发育并逐渐成型，迫使两片灰-白质互相靠拢，直至几乎合二为一。出生后3—6个月，两片灰-白质的融合才会宣告结束。但是，如果边缘系统结构发育失常，位于两个侧脑室之间的空腔也就不会因为挤压而消失，反而残留下来。因此，有的人脑中会出现所谓“透明隔腔”。所以，右图的大脑显然不正常，各位不需要经过神经放射学训练，就能看出夹在两条透明隔中间的黑色空腔——透明隔腔。

在我们招募的那些短期工研究对象中，19个人的大脑里面都有透明隔腔存在，如图5.10的右图所示，这个比例当然比一般人群要高出许多。透明隔腔是大脑最早期发育不良的一个可见表征，我们称作“空腔组”。如果我们同时对脑内残留透明隔腔的人和普通人进行精神变态、反社会型人格障碍方面的测试，前者的分数一定远远高于后者。同时，前一类人当中被控犯罪的人数也要多过后一类人。

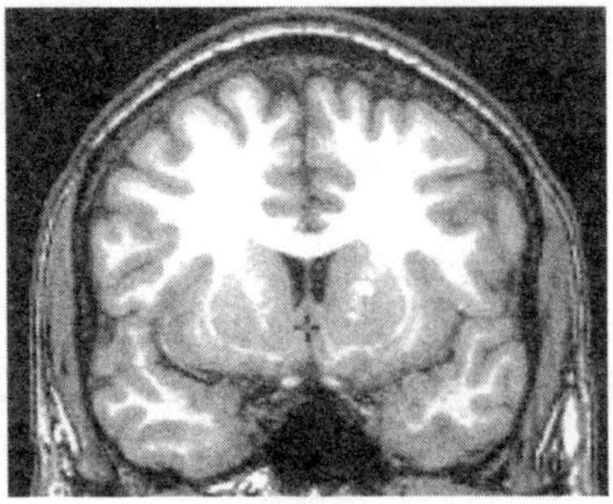

正常人大脑

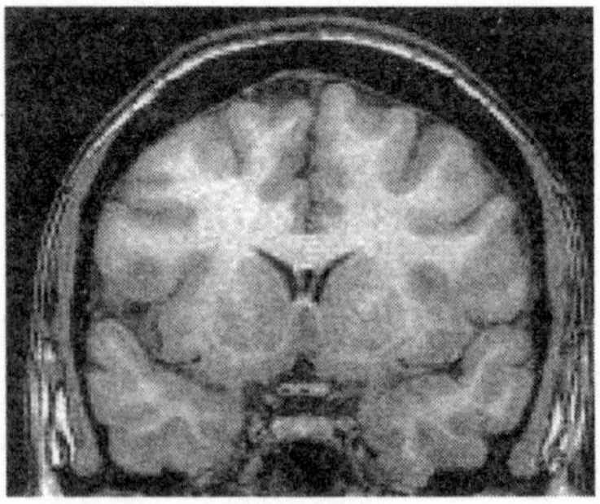

残留透明隔腔大脑

图5.10　透明隔腔是正常人和罪犯的可视标记之一

这种研究模式称之“生物高风险”（biological high risk）设计，但不太常用。我们将具有某种神经生物学异常表征的人群和无异常人群进行比较研究，得出两组人不同的行为。不过，研究模式并不止这一种。我们可以反其道而行之，将精神变态者和非反社会人群比较研究，找出两组人不同的神经生物学表征——透明隔腔的残留程度。这种研究方法非常可行。因为在胎儿发育前期，每个人的透明隔并非完全严丝合缝，缝隙的出现总是带有连续性，其原理和穿牛仔裤有些相似。你穿上牛仔裤的时候并不会把拉链完全拉上，而总是会留下一个小小缝隙。因此，可以这么说，我们可以测量透明隔的“拉链”（zipped up）松紧程度。

我们发现，精神变态者的透明隔闭合不完全的程度远高于普通人，也反映了一定程度的大脑发育中断。当然，不只精神变态者，其他反社会型人格障碍者、曾经因为犯罪遭到起诉和定罪的人，也有着相同的毛病。因此，大脑中透明隔腔的高频率出现，实际上是反社会行为者的普遍问题。

传统上，经典临床设计总是将患者和非患者进行比较，通过生物高风险设计找出其中的结果。其实用其他研究手段，我们也能得出同样的结论。比如，从大脑发育的角度出发，一个人在孩童甚至出生前的早期神经发育程度，就奠定了他在日后出现犯罪和精神变态行为的可能性。如此看来，隆布罗索的观点有些道理。当然，传统的犯罪学家和社会学者并不愿意承认这个事实。

目前，我们并不知道何种特殊因子导致了大脑边缘系统发育不良，从而促使透明隔腔的出现。但是，研究表明，如果母亲在怀孕期间酗酒，相关问题便有可能出现。笔者强调神经发育异常的作用，并不是在宣扬遗传宿命论，实际上，母亲酗酒这类外在因素像环境一样也在起着重大影响。

关于透明隔腔和犯罪的联系，还有一件趣事可分享。我们发现，大脑发育不良和一些反社会型人格特征关系密切，可能导致一生的反社会行为，比如漠视后果、缺乏同情、富于攻击性等等。有趣的是，拳击手的大脑中出现透明隔腔的可能性远高于常人。这个现象又能说明什么问题？可能因为拳击手的头部饱受重拳击打，遭致大脑损伤所致。也有可能是因为天赋异禀才成为拳击手，对不对？有些研究者认为后一种推测才是事实：职业拳击手的脑内天生就带有透明隔腔，所以最后才顺理成章地入了这一行。

这个推论听上去颇具挑衅意味，不知拳击界人士会否欣然接受。持此论者认为，透明隔腔促使人生出好斗的性格。好斗的人更容易迷恋拳击这项运动，因为拳击可以发泄他们的天性。那么，我们招募的那些短期工所遭遇的头部创伤和其他磨难，会不会在他们的大脑之中催生出透明隔腔呢？为此，我们特意对他们进行了筛选。但是，无论受试者的组成如何改变，相关的结果始终如一：透明隔腔同反社会、精神变态和攻击性行为的关系根深蒂固。

对某些人来说，生命早期的神经发育障碍，可能让司职情感的边缘系统部分失去效力，把他们一步步拽上犯罪的道路。再加上额叶的机能障碍，他们甚至无法控制一些基本的本能——比如性冲动或攻击行为。

解暴剖力 不知害怕的杏仁核

大脑很复杂，犯罪成因不简单，两者非常合衬。我们一再强调这个事实，也有很重要的意义。接下来的几十年里，神经生物学将进一步解释大脑内各个系统之间错综复杂的关系。就本书而言，我们的认识之旅已经从表面的前额叶皮层走进了深入脑内的裂隙——透明隔腔。接下来的一站位于边缘系统，通过紧靠大脑中心一旦失衡的边缘系统，我们就可更多了解暴力的知识。精神变态者的边缘系统发育状况也不理想。那么，成员众多的边缘系统里，哪个神经区域该对此负责呢？我认为，元凶非杏仁核莫属。

杏仁核的外形酷似杏仁，故而得名。它位于大脑深处的皮层褶皱内，正好是颞叶内侧面。请看图 5.11，杏仁核也是一对双生器官，左右大脑半球各具一个。图中从上到下四分之三处、呈白色光亮的部分就是杏仁核的确切所在。杏仁核所处的大脑区域同情绪的产生息息相关。在神经科学研究者看来，论及和人类情感的联系，其他脑区完全不能和杏仁核相比。你可能还记得，精神变态者的首要特征就是缺乏感情和情绪。根据这样一个简单的医学知识，再加上杏仁核所具备的功能，我们很容易就能够想见那些精神变态者的问题可能出在哪里。显然，他们的杏仁核功能出现了异常——这至少可以作为一种简单的假说作参考。

假说听上去简单，长期以来却无人通过实验予以证实或批驳。后来，我们开风气之先，对一些精神变态者进行了仔细的脑扫描，并对他们的左、右杏仁核作了细粒度分析。这一次，加州大学洛杉矶分校的阿特·托加（Art Toga）和凯瑟琳·纳尔（Katherine Narr）参与了我们的研究项目。我们用上了最先进的艺术映射技术，对精神变态组和正常组的大脑区域的形态进行了详细考察。阿特·托加和他的实验室发明了一种新技术，可以在像素极高的情况下对大脑杏仁核的形态进行解析。此前，大多数针对杏仁核的功能成像研究都把它形容为一个单一结构（unitary structure）。出现这种现象，很大程度上是由于杏仁核的激活模式涉及众多脑区，并不局限于任何特定的亚区。对此，我的学生，来自中国台湾的杨亚玲（Yaling Yang）有了突破性的发现：杏仁核由 13 个不同的亚结构（substructure）或核（nuclei）组成，每个亚结构都有不同的功能。那么，精神变态者的杏仁核

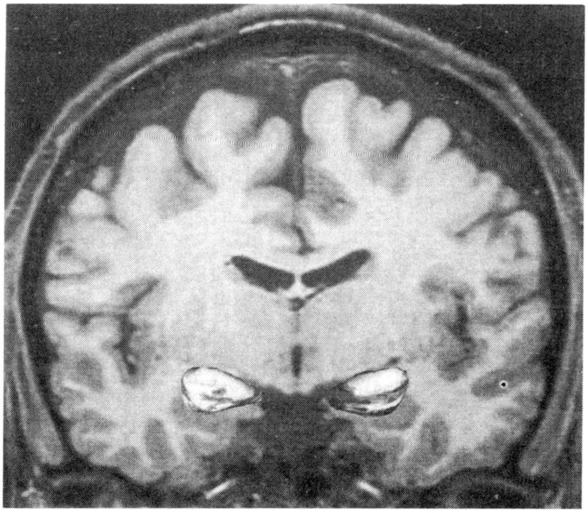

图5.11　正常人脑切片显示的杏仁核位置，左右各一个，位于脑内深处

是不是出了问题呢？如果真有问题，杏仁核的哪个核（亚结构）是问题的关键呢？

直观的答案请看图5.11，一帧磁共振成像脑扫描图，杏仁核的位置正好在颞叶内侧。那些呈黑色的部分，便是精神变态者的杏仁核结构性损伤的区域。杨亚玲发现，精神变态者的左、右杏仁核都出现了损伤，相对来说，右杏仁核所遭受的损伤更大一些。总体而言，精神变态者的杏仁核体积减少程度可以达到18%。那么，精神变态者的杏仁核在哪些亚结构上遭受的损伤最为严重呢？

对此，杨亚玲出色地绘制了杏仁核的亚结构图，看图5.12（见彩图）下图。精神变态者在杏仁核的13个亚结构（核）中，有3个遭受了最为重大的损伤，它们分别是中央核、基底核和皮质核。那么，杏仁核的这3个亚结构又各有何种功能？

杏仁核的中央核（central nucleus）同自主神经系统的功能关系紧密，也和人的注意力和警觉性息息相关。显然，它在经典条件反射功能上也扮演着特别重要的角色，我们知道，条件性恐惧反射是形成“良心”的关键，而精神变态者和罪犯在条件性恐惧反射及注意力方面都存在缺陷。基底核（basolateral nucleus）则是一个同“回避学习”相关的杏仁核亚结构。所谓回避学习（avoidance learning），即是通过学习和获取经验来避免从事那些可能带来惩罚的行为。暴力分子中不乏累犯，他们显然在这方面存在功能缺陷，正是因为缺乏相关的学习能力，他们才不顾蹲班房的危险屡次堕入犯罪泥潭。皮质核（cortical nucleus）同积极的教养行为有着密不可分的联系，我们知道，精神病父母的作为都是一团糟。总之，杏仁核这 3 个亚区的结构性损伤所带来的功能性缺失，精神变态者在亲社会行为方面表现如此之差，也就毫不出奇。

我们认为，杏仁核的这些亚区出现结构性损伤，可能和胎儿期神经发育不良有关。即是说，我们怀疑精神变态者在生命早期的大脑结构发育中出现了某些重大错误。关于这些可能是早期的“健康伤害”问题，我们将在后面的章节中讨论——像酗酒和尼古丁摄入过量等，甚或一些畸胎剂。都会干扰正常边缘系统的发育，正如我们在边缘系统中讨论透明隔腔时一样。所以，它们可能是环境因素导致的。

当然，遗传因素也可能导致杏仁核发育不良。腹侧前额叶皮层和额极（frontal pole，大脑最前面）等暴露在外，更容易遭受环境因素影响而导致头部创伤。杏仁核位于大脑深处，一般不受这些环境因素的伤害。但是，基因的影响不可小觑，可以让杏仁核的发育产生结构性畸变，我们在精神变态者身上屡见不鲜。

有人认为，杏仁核畸变可能是犯罪和精神变态的结果而不是原因，这种假设会不会是真理呢？另有人认为，冷酷、无情、麻木的个性可能会缩小杏仁核，这种看法有没有根据呢？脑成像只能证明它们之间在成人时的相关性，但不能证明它们之间的因果关系。要彻底证明两种现象之间的关系，我们需要一场旷日持久的纵向脑成像研究，从一个孩子的出生延续到成年期。只有如此，才能发现杏仁核受损是发生在童年晚期的反社会行为之前还是之后。

但是很遗憾，这样的实验目前还没人着手进行，所以不用屏息等待答案。要想得到从打小孩出生开始就进行脑成像研究，直至一个异常的杏仁核导致成年人暴力与犯罪的答案，所花费的时间实在太长。总之，我们的研究假定某个人的杏仁核受损导致了成年后的反社会和精神变态行为，而不是相反。

缺失条件性恐惧能力是杏仁核功能衰退的显著标记。第 4 章里我们已证明，一个人在 3 岁左右体现出的条件性恐惧缺失和他 20 年后的犯罪行为之间有着预见性的联系。当时，高瑜（Yu Gao）还找出了童年早期杏仁核功能和成年时犯罪行为之间的关系。当然，两者之间是否为因果关系，还有待证明。不过，两种行为之间的先后顺序和发展逻辑已经被高瑜梳理清晰。显然，缺失条件性恐惧出现在前，违法犯罪在后，两者相距时间还很久。前者也更像是后者的肇因。高瑜的发现，正好可以适用于杨亚玲的成果。精神变态者的杏仁核出现问题，也极有可能是他们形成冷酷、无情、麻木个性的原因。我这两位学生来自中国台湾海峡两岸，她俩联手打了一场针对暴力的漂亮仗，科学对犯罪的大脑之源的认识，因此大大地前进了一步。

解剖暴力 巡逻的海马体

让我们离开大脑的额叶控制区域，来到大脑深处的边缘系统情感地带。在此，我们将理清几个关于暴力分子大脑解剖上的基础性错误。其实，这些解剖异常并不止于这些脑区。接下来，我们的研究对象是海马体，这个关键脑区形似一只海马，参与许多重要功能，从记忆力到空间能力等。当然，作为一名精神变态者，海马体也是一个容易受伤的器官。而且，精神变态者在海马体上的结构异常，还显得有些与众不同。

罪犯的海马体呈现的功能性受损，我们在前面几章已有所介绍。许多研究都表明，海马体的功能异常可能来自结构异常。我们在研究中发现，有一组精神变态者的一对海马体大小不一，右海马体明显比左边的大。[39]其实，这种结构异常在正常人群里也不罕见。但是，精神变态者在左、右海马体结构上的不对称更为显著。更加有趣的是，在我们的谋杀犯样本中，海马体的不对称性非常显著，只不过这次的不对称性体现在功能上。

异常的原因我们尚不知晓，但已经有了一些有趣的线索。如果参与实验的老鼠从小就被迫生活在不同的“家庭”里，它们的海马体将出现极不对称的现象：右海马体总要比左海马体大上一些。同老鼠一样，在人生的第一个 11 年里，许多精神变态者也是从一个家搬到另一个家，频率比一般人高出许多，他们到不同家庭的平均水平达到 7 次，而一般人只有 3 次。

母亲在怀孕期间酗酒，也是海马体左右不对称的另一个重要因素。脑扫描显示，曾经患过胎儿酒精综合征（fetal alcohol syndrome）的儿童，左右海马体显著失衡，右海马体的体积极夸张的比左边大，比正常对照组高出80%。如果你读过有关杀手的案例簿，这两个线索你应该非常熟悉。一般而言，暴力分子早年间都有一个破碎的家庭，可能还有个吸毒成瘾、漠不关心孩子的母亲，他们的童年生活可谓颠沛流离、居无定所。这些因素综合到一起，就是精神变态者的海马体异常的社会和环境原因。

其他研究者也有类似的发现，比如酗酒的暴力分子，其海马体的体积普遍比正常人小很多。还有学者发现，精神变态者的海马体区域常常出现结构性凹陷，正是这种现象部分导致了自主神经反应和条件性恐惧的减退。我们在中国的研究也发现，杀人犯的海马体常常出现体积萎缩现象。[40]

我们更须熟知海马体的另一个功能——促进记忆。海马体除了让你记住男朋友哪天过生日，开车到沃尔玛该从哪个高速公路出口下道外，它还有什么作用呢？海马体可以敏感地发现那些危险情绪。比如，它可以让你印象深刻地记起某个包含危险的场景，或者记清某段危险经历带来的各种感觉，从而帮助你体内的条件性恐惧功能。现在不妨回忆一下，如果某件不愉快的事情落在你身上，你通常会是怎样的反应？当你开始回忆，你的海马体已经开始工作了。它像杏仁核一样，在条件性恐惧中发挥着重要作用。有了海马体，你才会有良心。有了海马体，你就像有了一个灵验的护身符，它可以帮助你控制和纠正自己的行为。反之，罪犯们通常都有海马体缺失的困扰。总之，海马体是边缘系统神经回路的一个关键结构组件，有帮助人类控制情感行为的功能。

通过动物实验，我们发现，海马体还可以通过投射到中脑导水管周围的灰质和穹隆周围的下丘脑外侧区的讯息，以控制人的暴力倾向。这两个深藏在皮层下的结构，对于控制暴力行为极其重要，无论是防御性、反应性攻击，还是主动性攻击，都可以得到有效抑制。比如，出生时海马体受损的老鼠，在成熟后暴力行为加剧。正如我们才讨论过的，海马体异常可能和透明隔腔异常相关，因为透明隔是视隔海马体系统（septo-hippocampal system，或海马皮层系统）的构成部分。专家乔·纽曼（Joe Newman）认为，视隔海马体系统可能在精神变态者的脑回路中扮演了一个角色。

海马体和杏仁核都位于颞叶皮层内侧，但是并不处于大脑的正中心。大脑正中心的是胼胝体——一个由两亿多个神经纤维构成的巨大物体，负责联系大脑的左右两个半球。这些神经纤维束，称为“放射冠”（corona radiata），一直在从脑内最中心向大脑半球的外部区域发散信息，将不同的脑区联系在一起。我们对胼胝体和它的放射冠的体积进行了测量，发现精神变态者和反社会型人格障碍者的这部分体积要远远大于正常人。从形态上看，他们的胼胝体及放射冠的神经纤维更长、极薄。神经纤维由白质组成，形态本来就呈细长型。我们可以推断，精神变态者脑内的连通性可能有些过分充裕——即是说，他们的两片大脑半球之间交流得过多，就好像串了线。

这是怎么回事呢？我们会想，精神变态者和反社会型人格障碍者浑身都是缺陷，好像搞笑的小丑一般。但是，他们也有许多高过常人的优势，特别是在外表方面。论口才，许多精神变态者更是常人难及。他们能说会道，外表俊朗，在欺诈方面堪称艺术家，能把你哄得团团转。世界上数一数二的精神变态行为研究专家罗伯特·黑尔（Robert Hare），曾经运用双耳分听实验（dichotic listening task）对一些精神变态者进行测试。[41] 黑尔发现，不少精神变态者是“单侧性”语言，可以轻松获取和分析两只耳朵来的不同信息，而不会陷入混乱。这方面的天赋，他们远远胜过常人。同样的现象，我们曾在年轻的精神变态者身上也发现过。

这个发现有何意义？我们大多数人都用左脑处理语言过程，因此，语言能力被看作左脑的专利。而精神变态者则可以让左右脑同时参与到这一进程当中去。他们作为一个整体如此擅长辞令，也就不足为奇。因为他们的两片大脑半球都同时投入了语言信息处理之中。当然，他们脑内胼胝体中数目众多的神经纤维也可能因此发挥作用。

对精神变态者（psychopaths）的定义，我们需要再次牢记——这是一类特殊人群，他们隶属于暴力罪犯，却又和一般的暴力罪犯有所不同。无论我们从何种角度对精神变态者进行观察，他们都会呈现出一副与常人迥异的过度“古怪”（wired）状态。

解剖暴力　贪婪的纹状体

我们对暴力之源的解剖，已经从大脑的表面——皮层，进入到了较深层的脑区——皮层下。接下来，我们将去另一个隐藏着的深层脑区——纹状体漫游，见识一下它的景致。从进化的角度，纹状体是一个旧脑（原脑）结构，同寻求奖励和回报的行为息息相关，这种行为是所有物种最基本的功能——生物本能。我一向认为，精神变态者可能对于奖励和回报过分敏感。生活中一旦出现任何好处，他们都会克尽全力予以争取，就好像要赢得一场比赛，即便造成负面后果，也在所不惜。

这个想法，我一直想用实验去证实。离开诺丁汉来到洛杉矶，我终于得到了这样一次机会。初到美国的时候，我还只是助理教授。一个助理教授要想泛舟学海，总是非常艰难的。当时，我参与了英国和毛里求斯的两个研究项目。但是，我一直渴望拥有自己的实验室，组建一支专属团队，不受他人影响和桎梏，可以独自开展研究。为了达到这个目的，我必须展现出相应的能力才行。

说起来容易，做起来真难。在洛杉矶，我深感挫折。我没有钱，也讨不来资助。我想开展研究，就必须降低成本。还好，有两个学生愿意趁着暑假时间和我并肩工作，这算是我的第一点幸运。当时，和我们三人一道工作的还有玛丽·奥布赖恩（Mary O' Brien)，她是一名高级教授的毕业班学生，对于儿童的反社会行为很感兴趣。

我的第二点好运和地利有关。在洛杉矶的鹰岩（Eagle Rock）小镇附近有个感化中心，里面住着一群少年犯。那个地方离我住所不远，我不用花钱费力长途跋涉，也有大批研究对象可以观察。为此，我特地申请了加州高等法院的许可，进入感化中心开展研究。感化中心是监狱的替代机构，这些少年犯为了避免服刑，特地来到这里接受治疗和指导。我那几个学生都是女生，而少年犯则是清一色的男性。感化中心里的 43 个少年，有 40 个都同意参加我们的实验。

我的好运还不止于此。当时，我手头很紧，为了省钱给房子首付，我甚至戒掉了橙汁。甚幸，我通过一场纸牌赌博和一点塑料筹码，总算凑足了我在洛杉矶的第一次实验经费。算是我的第三个好运。

好运故事是这样的：感化中心里有几个小老千喜欢打牌赌钱。他们特别沉迷一种纸牌游戏：每张纸牌上都有一个数字，搜集数字可以得到相应的筹码。总之，就是一场寻求回报的游戏。不过，一半以上的纸牌不但不会带来收益，反而会让人蚀钱。这种纸牌被称为“惩罚卡”，参与游戏的人可以通过“摸”（touching）对纸牌进行选择，或是收下，或是放弃。游戏涉及 64 张牌，参与游戏的人当然是以赚取金钱为目的。为了达到目的，了解牌面所代表的意义和功能非常重要。我们一边玩游戏，一面判断参赛者是否属于精神变态者。相关的依据是他们在牌桌上的行为和个性。而后，我们会将两组人员进行对比。

测试结果如何？我的学生安吉拉·斯卡尔帕（Angela Scarpa）的研究显示，少年精神变态者对于筹码的热情明显高于非精神变态者，他们赢钱的效率也更高。这一结果，再次证明了此前研究中我们对成年精神变态者特性的判断。参与我们调查的精神变态者对游戏规则的领悟甚至要高出其他人一筹。显然，精神变态是具备学习能力的，只要我们采用适当的奖励机制。斯卡尔帕的研究结果汇总成为论文，发表在著名的学术期刊上，也是该期刊第一次刊载以“少年精神变态者”为主题的研究文章。那个时候，我们的这种作为被看作是“制造”精神变态者，自然是无人喝彩。

20年过去了，我们仍在思考当时的所获和所得。两组精神变态者在行为上的差别，能否代表他们大脑存在着差异呢？就此疑问，我的学生安德里亚·格伦（Andrea Glenn）对短期职介所里的精神变态者再次展开调查。纹状体是一个重要的脑区，和寻求奖励的冲动以及冲动行为联系紧密。人类一旦寻求刺激，纹状体就会随之启动。它总是和奖励、名利联系在一起，而且促使我们从奖励的刺激中学习经验。以上这些特征，听上去是不是有些精神变态行为的意味？我们发现，精神变态者的纹状体比起一般人要大上10%。无论年龄、性别、种族、脑容量还是社会经济状况，都不能妨碍结论成立。在吸毒者、酗酒者当中，相关事实也不会改变。

经过推理，我们认为，纹状体尺寸的扩大可能同精神变态者对于奖励刺激的敏感度有关，和他们不懈追求名利更是脱不了干系。当然，他们在追名逐利的道路上绝不孤单，我们都是他们的同伴。我们都希望功成名就、自我实现，人人都想有很多的钱可花，有漂亮房子可住，有好东西可吃，有好工作可做，有逗趣的好朋友陪伴左右——当然，别忘了还要有快活似神仙的床笫生活。但是，我们和精神变态者不同——诱惑面前，我们可以说不，但精神变态者却不能自已。他们一旦贪念上什么东西，巴不得立即就据为己有。利益、好处对于他们就好似毒品，让他们兴奋，引诱他们走向邪恶和堕落。

我们的发现并非一家之言，其他的研究早已指出，反社会型人格障碍者身上也有类似的症状出现。同时，酗酒的暴力分子的纹状体也普遍有着增大的迹象。对于那些富于攻击性的半大孩子和成年人，这个现象同样适用。2010年，我们的研究成果得以发表。仅仅两个月之后，一项功能性脑成像研究再次证明了我们的结论。这次研究完全由另一个团队组织和实施，但是所得的成果却和我们完全一致。他们的研究表明：更易冲动和在反社会程度上高出一筹的群体，对于奖励刺激也是高度敏感。只不过，这些研究者所仰仗的证据和我们不同。他们通过观察发现，每当这些受试者得到一点奖励，他们大脑中的某个区域就会开始活跃。这个区域正是伏隔核（nucleus accumbens）。我们在第2章谈论过多巴胺和奖励刺激的问题，而伏隔核正是大脑中多巴胺奖赏神经回路的重要组成部分。虽然证据不同，但是，反社会分子面对名利的时候比我等更为兴奋，已经成为多方确认的事实。

暴力分子无比看重利益和收获，在他们眼中，金钱不但可以开口说话，甚至还能起誓发愿。金钱对他们来说实在太有吸引力，45%的精神变态者都是因为钱财而进行犯罪活动。研究还显示，精神变态者更禁不住金钱的诱惑。要想让他们违反道德，所付出的金钱代价要比利诱非精神变态人群小得多。然而，另一个发现则有点让人不安：那些有攻击性行为和品行障碍的孩子，似乎特别乐见他人陷入痛苦之中。欣赏受害者的不幸，更是让这些孩子非常享受。这些行为，和一些冷血连环杀手毫无二致。有了这些特点，加上大脑额叶受损以及随之而来的失矩行为，最终酿成了一杯苦涩的鸡尾酒——暴力罪犯。

迄今为止，我们先后审视了精神变态和反社会罪犯大脑中的多个区域，包括杏仁核、海马体、胼胝体和纹状体的结构受损，以及相应的各种功能减退。但是，仍然有一个事情我们未曾触及。大脑的这些区域产生结构性异常，不大可能由于一些离散的疾病过程或明显的外伤所致。疾病和外伤导致这些脑区的结构体积萎缩的事例并不少见。但是，实验的结果出现了更为复杂的现象——为什么精神变态者的右海马体要比左海马体大出许多？为什么纹状体和胼胝体出现了体积增大？为什么精神变态者的胼胝体比正常人的更为细长？以上问题，都有待进一步研究和解答。

相比一场疾病或一次直接外伤，大自然塑造了神经发育过程中的畸变，更可能是精神变态者脑区受损的肇因。其间，纹状体和它的伴生构造——尾状核和豆状核（caudate and lenticular nucleus），不仅没有变小，反而出现了增大。精神变态者的婴儿期和童年期，这些脑区结构的发育一直处于异常状态。因此，我们可以得出结论，精神变态和反社会行为源于——至少是部分源于——神经发育不良。如此说来，岂不是有天生的犯罪坯子？当然不是。要说一个婴儿的大脑能不能慢慢发育成为犯罪的肇源？完全可能。

解暴 剖力 匹诺曹的鼻子和说谎的大脑

有时候，大脑结构异常造成的结果也不总是那么负面，甚至还会给当事人带来意外的优势。为了拓展我们的神经发育理论的讨论，接下来我们将会好好讨论一下这个话题。同时，请别忘记那个核心问题——暴力和精神变态罪犯的大脑可能遭遇变故，出现畸形。那么，除了暴力和精神变态罪犯，其他类型的罪犯是否也有同样的大脑问题呢？各位读者和我有时候也会吐出一两句谎言，难道我们的脑子也有毛病不成？对于那些不甚严重的犯罪行为，背后有没有同样的大脑结构问题呢？

撒谎是个普世现象。某种程度而言，我们中的大多数人每周之内的大多数时间都生活在谎话之中。几乎任何话题都可能成为编造谎言的由头。那么，一生中的哪个时刻我们撒谎最多呢？据社区调查显示，我们第一次与新人约会时。这个现象，倒是很好地解释了我们为什么会撒谎——显然，撒谎是为了留下好印象。如果你一直保持傻愣愣的实诚，只会一次又一次地错失品尝初吻的机会。而且，世俗人情也容不得这样的生活习惯。比如，我觉得你的新发型相当难看，但你一定不乐见我直抒真实意见。你的 T 恤衫俗气到了极点，我敢直说吗？你的新男朋友的做派我实在看不过眼，但我只能憋在心里。因此，有些谎言我们必须挂在嘴边，疏通日常的人际关系。比如，“这个发型和你真配!”“你穿这件 T 恤好有个性!”“你的新男友和你简直是天生的一对!”这样的谎话一旦出口，我们会立即获得对方的爱意和好感。有时候，谎言并非作恶，更像在行善。没有人是圣人，但绝大多数人也不是精神变态罪犯，不会一天到晚把谎言挂在嘴边。

当然，有一小撮属于例外。精神变态者拥有的 20 个特征中，病理性说谎和欺骗占据一席。他们在这条谎言之路上走得太远，早已进入了无时不刻都是谎言的境界：他们出口的每一句话里面，都是左一个谎言，右一个谎言，中间也是谎言。有时候，他们脱口而出的谎言还算是出自善念；有时候，谎言中的恶意非常明显。每次和精神变态者交谈之前，我总要细看他们的档案。我拜访过几家戒备森严、隔离严格的监狱，都是长期囚犯。监狱方面详细记录了犯人的身世、行为和个性，并将相关资料提供给了我。我正好可以利用这些资料，找出犯人们自述中的破绽。他们一旦露馅，我就可以据实予以批驳。犯人们的任何谎言，应该都逃不过我的判断。

一旦进入操作层面，我才发现这些防范措施其实没多大用处。精神变态者天生擅长撒谎。有时候，你觉得他们已经露出了马脚，但人家却可以气定神闲，眼皮也不动一下就将谎言和事实抹成一体，给出看似毫无破绽的解释。若不是我准备充分，恐怕早就觉得遭受愚弄而起身离席了——遇到这种情况，我总是表现得很镇定，只不过会一次次把高级缓刑监督官招来，再一起埋头把手上的卷宗内容再读个一两遍。然后，我才会恍然大悟：原来自己上了当。相关的经历你可能需要经历一番，才能够置信。

这次实验，我最终没能如愿找出罪犯中那些说谎成癖的精神变态者。对此，你可能觉得有点惊讶。后来，我在那所监狱里工作了整整 4 年，又经过 30 多年学术研究的历练，才总算把眼睛擦亮了一些。各位读者，虽然你我素不相识，只要我有机会和你见个面聊上一次，不出一个小时，我就应该能够确定你是不是一位精神变态说谎者。我的这点能力，我想晚点再说。其实，面对谎言一头雾水的可不只有当年的我。要判断一个人说谎与否，恐怕正在捧卷阅读的你也肯定没什么把握。

请别生气，我无意质疑你的识人能力。实际上，警官、海关官员、联邦调查局探员、假释官员和我们同病相怜。他们辨别谎言的本事，不比当年的我强过多少。但是，这些人都很自以为是，其实他们弱爆了。他们甚至一点觉察不出自己的错误。有些医生也是如此，他们被病人刻意捏造的假症状骗得团团转，最后，只能开出处方、把人家想要的药品或者准假单拱手奉上。

为什么我们面对骗子的谎言如此眼拙？因为你自以为骗子露出的那些谎言把柄，实际上都和骗术毫无关系。想一想，你毫无专业背景和证据，也缺乏必要的语境去识破骗局。但是，你却自以为得计地根据对面那个人的说话和行为方式开始做出判断——比如，看看他有没有眨眼睛，看看他说话当中有没有犹豫，看看他们有没有焦躁情绪，看看他们有没有偏离主题——你可能觉得判定谎言的证据就是这些。可惜，它们和说不说谎没有一点关系。骗子大可以故意设下陷阱，引诱我们主动跳进去。人们之所以如此容易被谎言蒙蔽，就是因为这个原因。

估计你会说，大人说谎也许很难猜，但小孩子的心思总该一览无遗了吧？对不对？

可惜不对。我曾经就儿童说谎问题开展过一次研究。研究中，不同年龄段的孩子坐在教室里接受实验人员的询问，整个过程都有录像机监控摄影。孩子们的背后放着一件有趣的玩具。这时，实验人员告诉孩子们，自己要出去一会儿。在此期间，孩子们绝对不能转过身去窥望那个玩具，瞥一眼都不行！而后，他果然站起身来走出了教室。过了一阵，他回来了。当然，有的孩子很守规矩，有的孩子则早就打破了规矩。无论他们如何行动，所有的事情都在摄像机里反映得一清二楚。好了，询问又来了——有谁没有看那个玩具啊？有孩子据实相告，也有孩子说谎。而后，实验人员拿到录像证据，进行了小规模的放映。显然，观看者都不知道小小年纪的受试者竟然如此擅长撒谎。也许是运气使然，本次测试的机会水平正好 50%。即是说，这段录像恰似硬币的两面，50% 的孩子在撒谎，50% 的孩子非常诚实。

这盘录像带曾经作为一群大学生要解决的考试难题。显然，判断一群孩子是否说谎，似乎要比任何其他的考题都简单。但是，聪明的大学生们却吃了瘪，准确率只有 51%，几乎和瞎猜没什么区别。

再看看海关人员的识别能力，他们有识人无数的经验，但成功识破可疑旅客的比率——不过 49% 而已，比机会水平还低一个百分点。好在他们的分数没有被大学生们拉下一长截。

接下来，我们再看警察面对谎言的表现。按理说，他们成天走街串巷、久经世故，精神变态者绝对逃不过他们的火眼金睛——试试看再说吧，其实他们的成功率只有 44%，远低于机会水平，也比大学生和海关官员低。下次你被交警以交通肇事的理由拦住去路，而且你屡次解释他还不听的情况下，不妨跟他说一说我们这次实验，没准可以收到奇效。

让我们继续。对 11 岁孩子组的撒谎测试正确率只有 39%，也许 11 岁的孩子已经足够成熟，撒谎严丝合缝之故吧。那么 4 岁孩子的谎话总会稚嫩吧？不！我们针对 4 岁组的正确率只有 40%。以此类推，5 岁 47%，6 岁 43%。各位身为父母的读者，也许你觉得自己可以一手掌控自己的孩子，但是谨记，即便你的孩子刚刚学会走路，其思想的复杂性也不是你可以完全洞悉的。事实就是这样恐怖、这么残酷。很抱歉，吓着各位父母了！你们面对自己的孩子，其实和笔者面对一个精神变态者一样一无所知。

但是，请别放弃希望。我家有两只淘气猴儿，今年 10 岁，已进入捣蛋胡闹高峰期。诚然，我家的安德鲁和菲利普都是撒谎高手——哪家的孩子又不是呢？不过，我如果真想知道真相，总是会在开口问话前约法一章：

强调诚实的重要性，要求儿子们说实话。研究显示，和孩子们讲道德、立规矩非常有效。然后再要求他们讲真话，可以把准确率从 40% 提升到 60%。

这项针对孩子的研究让我和我的团队悟出了一个道理，我们知道了一个精神变态者成为盖世骗子的诀窍所在。要看出一个人有没有说谎，我们人类可能不在行。但是，也许机器能够深入洞悉这些马基雅维利主义者（Machiavellians）的内心世界。精神变态者面对我们可能说谎自如，但是，他们的签名也许就会让他们的大脑深处一览无余。那么，病态撒谎者的大脑有时候会不会比我们一般人更为好用？转得更快？

研究中，我们对于参与者进行了评估和调查，看看他们有没有一生说谎习惯。针对反社会型人格障碍和精神变态者的精神病学问话（psychiatric interview）是可以仰仗的评估手段。同时，调查问卷也是常用手法。每次实验的结果，研究人员都会进行反复核对。

有一天，我们的研究者惊讶地发现，参与者说瞎话的程度实在不一般。那天的一次问话中，参与者异口同声地宣称自己刚刚遭遇了一起摩托车事故，他们的脚后跟在事故中受了伤。整个过程细节清晰，令人信服。第二天，另一名研究人员在其他楼层遇到了同一批参与者，发现他们行走如常，毫无脚伤的痕迹。直到研究者再次问起，他们才想起自己的那次谎言。这样的谎言有着典型的病理性特征：满口胡言，但却没有明确的目的和动机。

最终，我们确定了接受测试的 12 个病理性说谎者。他们的行为符合相关的特征，他们的言行也证明了自己的身份。也许你会好奇，我们到底是通过何种方法确认他们有没有撒谎。答案很简单——实话实说，我们也不清楚他们口中絮絮叨叨的那些人生经历是否真实。他们说自己一生都在欺骗、欺诈、骗人，假如这些事情全部属实，他们可就是货真价实的病理性说谎者；假如事实并非如此，他们也是在撒谎不是？按照这个逻辑，我们可以将受试者进行分组，让他们接受相关的脑扫描。

我们将受试者分为两组，一组是 21 个“正常人”，至少他们自称没有反社会行为，也没有病理性撒谎的习惯。另一组是 16 个自称犯罪累累和病理性撒谎的人，不过他们并不被看作病理性撒谎者，只作为“反社会者”接受测试。两组人员均作为对照组，得出的测试结果将和病理性说谎者所在小组进行对比。

这项前沿性研究，要归功于杨亚铃在该领域的一次不寻常的发现。结果看图5.13（见彩图），病理性说谎者的前额叶皮层的白质体积增大，相对于正常人组增加了22%，和反社会者组相比则高出了26%。其中，前额叶皮层的腹侧和底部白质体积增加的迹象尤为明显。你应该想象得到这个结果，撒谎者有着更高的言语智商，但这个现象并不足以解释三者在大脑结构上的差异。肖恩·斯宾塞（Sean Spencer）是研究谎言的专家，他在一篇文章中表示：白质增加是病理性说谎者独一无二的病理特征，其他的精神疾病和临床失调症无一例与此异常相关。

为了深刻理解这一发现，我们回顾一下第3章的内容。我们曾讨论过，说谎作为一种复杂的执行性机能，是如何需要大量的大脑额叶处理、促生加强功能的。据实相告总是很简单，而编造谎言则困难得多，需要大脑处理更多的资源。我们认为，病理性说谎者脑中增多的白质，会让一个人的认知能力突飞猛进，促进他谎言的可信度。因为，白质增多，反映了他前额叶皮层和其他脑区之间协调性和紧密性的增强。同时，我们不妨再想一想撒谎的本质。

撒谎涉及心智理论（theory of mind），需要很强的脑力。当我告诉你：我出生在1月7日星期三晚上11点的时候，我必须知道你对我相关信息的了解程度——知道你掌握哪些信息，又不了解哪些信息。而且我必须掂量你的判断能力，想一想你会认为哪些信息可信，哪些信息不可靠。总之，一切就好像读心术一般，需要我的颞叶和顶叶的各亚区集体开动起来，通过前额叶皮层将它们整合起来。同时，我们还讨论过身体语言的问题。很多人把某些肢体动作当成撒谎的表征。可是，研究显示，撒谎者一般不会有什么不必要的手势和动作。相反，当我就自己生于1月7日的事实向你据实相告的时候，我大可以手舞足蹈，挑高眉毛，时不时还抬起头，仰望一下天空，这一切只是显示自己逍遥自在，心中不虚。

说谎者才不会如此潇洒。他们会死死坐定一动不动，因为他们的全副精力都贯注在了编造故事上面，所有的脑区都被用于处理相关信息。如此压抑的心境，会让前额叶发挥作用，严格管控大脑的驱动和躯体感觉区域。这些区域正好和人的动作有关。大脑中白质含量越多，会帮助我们缓解因为撒谎带来的僵硬和不适。说谎者一面表演和讲述虚构的剧情，一面还要注意让自己别看上去太过紧张。要做到这一点，他们需要抑制边缘系统以及杏仁核等脑区的作用。因此，前额叶-边缘系统之间联系的重要性再次凸显。前额叶皮层中白质越丰富，相关功能也就越是强劲。

我认为，病理性说谎者脑内的白质之所以如此丰富，乃是由于神经发育出现了问题。当然，问题带来的结果是白质体积的增加而不是减少。从神经发育的角度而言，整个孩提时代，人的大脑一直出于扩张状态。10—12 岁左右，大脑重量已经达到成年人水平，同时，白质体积也在这一时期趋于成熟。而且实验显示，孩子们的说谎技术也在 10 岁左右步入巅峰期，随后还会持续进步，连续迈上新高点，创造新巅峰。同时，神经发育和孩子们说谎能力的提升呈现平行发展的趋势，由此可见，病理性说谎者脑内前额叶白质的增多，确实促进了他们谎言的内容和水平。从这个视角出发，前额叶皮层白质增多和欺骗行为之间的确存在因果关系。

总之，白质增多可能“造就”了病理性谎言。但是，也许事情正好相反，谎言才是白质增多的原因所在。说到这里，我们不妨再回顾一下经典作品。《木偶奇遇记》是 19 世纪末的意大利童话名著，你一定记得主人公匹诺曹（Pinocchio）的怪病——他一说谎，鼻子就变长。也许，前额叶皮层白质增多和病理性谎言的关系与此有些相似——说谎越多，白质越多。

这个推论，我们称之为“匹诺曹的鼻子”假说。假说听上去荒谬，实际上却未必不合理。我们的大脑有一定的可塑性（plasticity），比如，钢琴家练琴的时间越多，脑中的白质也就相应增加。这个现象在广大琴童中也很常见。同理，从小练习撒谎，也可以促进白质的增长。即便在成人当中，相关的事例也不少见。一个人要想在伦敦开出租车，必须花 3 年时间参加培训，牢牢记清这个城市的 25 000 多条大小街道。后来的一项脑磁共振成像（MRI）研究发现，伦敦的哥作为一个群体，其海马体的体积平均水平比一般人大了许多。相形之下，伦敦的公共汽车司机无须为了培训伤身费脑，海马体的体积也就有所不及。

人们在健身房挥汗如雨，可以练出一身腱子肉。同样的原理适用于我们的大脑。就病理性说谎者的案例而言，他们的犯罪生活方式促生了他们那适应于犯罪的大脑。意大利的隆布罗索早在 19 世纪末就揭示了一个道理——大脑损伤导致犯罪。当然，有的时候，环境也会反作用于大脑，说谎导致大脑的结构变化和功能变迁。

解暴剖力 白领罪犯的五彩大脑

我们知道，即便像撒谎这样的小小不端行为也有其生理基础。那么，那些不极端的、非暴力的反社会行为，也应该适用于同样的道理。白领罪犯不会像蓝领罪犯一般，常常在大街小巷弄得双手沾染血腥。就连犯罪学家也对白领罪犯另眼相看。学界普遍认为，贫穷、糟糕的社区环境、失败的教育和失业状态都可能造成犯罪——确切地说，这些都是导致蓝领犯罪的风险因子。但是，银行家、企业经理和政治家也会违法逾矩，却似乎有着别样的原因。人们不会把原因归结到他们个人身上，而会将矛头指向社会制度，指向这种制度造成的亚文化氛围，以及在这种氛围下茁壮成长的骗子手们。根据传统犯罪学说，白领犯罪的施行者都和你我一样，皆是心智正常的普通人，只不过工作上的诱惑太多，让他们一时之间迷失了方向，做下了错误的判断。

如此说来，伯尼·麦道夫（Bernie Madoff）这样的庞氏骗局（ponzi scheme）巨盗，其实也不过是一个无辜受害者，一时之间错误地踏进了一家腐败企业而已？又或者，麦道夫这种人的脑子和我们有所差异，就像我们和蓝领罪犯之间在头脑方面大不相同一样？

伯尼·麦道夫通过庞氏骗局卷走的钱财预计超过 648 亿美元，许多人一生的积蓄就这样化为乌有。作为投资顾问，麦道夫经验老到，但是骗局的原理却非常简单。他以高回报为诱饵，诱使投资者把钱投入证券项目当中。麦道夫这一套屡试不爽，因为上当的人总是络绎不绝；每一批新来者捐出的钱，自然就成了孝敬上一批投资者的“回报”。偶然间，一位投资者发现了其中的蹊跷——偌大的金融帝国，却只有一名会计管理担保业务！如果你像笔者这样，有过从事会计行业的经历，就该知道这种情况有多么严重。要不是这一次露出马脚，麦道夫的骗局本还可以继续下去。

当然，麦道夫案只是极端个案，一个文员趁着上班搞点小偷小摸才是更为常见的白领犯罪。实际上，我们可以把工作场合发生的类似行为都归入白领犯罪一类。只不过，目前还没有人通过生物学和心理学的理论对白领犯罪进行研究，即是说，我们并不清楚白领犯罪者和一般人在个体上有何区别，哪怕是社会学派的犯罪学者，也没能在社会层面上给出一个合理的“个体差异”理论解释。威名远扬的犯罪学家埃德温·萨瑟兰（Edwin Sutherland），于1939年首次提出“白领犯罪”概念。他从上流社会的眼光出发，对“白领犯罪”倒是别有一番见解：所谓“白领犯罪”，不过是职场新人把握机会、追求上进的表现而已。人在职场，上司的身教、同事的言传都会促使一个人走上白领犯罪的道路。无论是社会因素，还是个体差异，都不足以解释这种犯罪现象。

其实，各大企业为了实现利润最大化斗得你死我活，乃是美国商界的常见生态。其中每个个体的行为，自然不会和生态环境相去太远。而且白领犯罪不比抢劫——犯罪者不会直接伤害和威胁任何个人。更妙的一点在于，犯罪者永远不用和受害人正面相逢，负罪感自然因此消减了大半。白领犯罪如此容易，又如此轻松，有心上位的聪明人自然会趋之若鹜。

读到这里，各位读者应该非常了解我对于犯罪的大体观点。要说白领罪犯的头脑和心性和他们的领子一样清白无瑕，不知大家信否，反正我是不会置信。萨瑟兰等人认为白领罪犯之所以堕落犯罪，主要是因为环境比人强。这种解释实在太过偏颇。毕竟，身处同样的工作环境中，面临同样崩坏的商业伦理，洁身自好、远离犯罪的白领也是大有人在。

威廉·劳弗（William Laufer）是宾夕法尼亚大学沃顿商学院的法学研究和商业伦理学教授，我能够开展针对白领犯罪的研究，一路有幸得到比尔（劳弗的昵称）的帮助和引荐。在他的提醒之下，我才发现了这块不为众人所知的领地。后来，我们通力合作，对参与项目的几位志愿者的犯罪行为进行了评估调查。志愿者十分坦白，自愿报告了他们多多少少都干过一些类似于白领犯罪的行为：比如伪造材料骗取工作单位和政府的经济补助、非法使用电脑牟取利益、揩公司的油、装病请假等等。当然，这些罪行都属于芝麻绿豆的小事，比尔和我身边的这些人倒还不至于像伯尼·麦道夫那般大奸大恶。但是，这些志愿者的犯罪行为和麦道夫的行径一样，都是白领犯罪当中的种种罪状的一部分。

比尔和我认为，白领犯罪研究是一块处女地，每前行一步都可能会有全新发现。研究中，我们将21名犯有芝麻绿豆小错的志工和21名货真价实的白领犯罪者进行对比，试图找出两者的主要区别。研究对象的选择很有讲究。我们特地对他们进行了背景摸排，确信其中没人曾在工作场合之外犯过罪。毕竟，我们需要的是百分之百纯粹的白领罪犯。研究对象确定后，我们开始按照背景对他们逐一分组：分组依据包括年龄、性别、种族等等，确保背景相似的人之间进行互相比较，以排除其他因素可能的干扰作用。总之，两两比较的研究对象之间应当只有白领犯罪程度上的区分，而没有其他方面的区别。接下来，我们会利用神经生物学测度方法对研究对象展开比对，由此得出了相关的结论。这些结论之中不乏有趣之处。

第一，这些白领罪犯都参与了威斯康星纸牌分类游戏，这是判定罪犯“执行性机能”的最佳方法。这项神经认知任务，旨在测试人的专注能力、计划能力、组织能力、应变能力、工作记忆能力和克制情绪能力。在这些方面，白领犯罪的施行者都显现出了高人一筹的实力。执行性机能方面的优势，几乎可以被看作是白领罪犯的一大群体特征。即便在一场简简单单的认知任务测试中，白领犯罪实施者的表现也更加优秀。说来很是讽刺，这些罪犯所拥有的神经认知能力，完全可以和成功的商界精英相提并论。

第二，白领犯罪者在面对中性听觉刺激和“类似言语”刺激的时候，身体会出现强烈的皮肤电传导反应。同样的一场演讲、一段对话，无论是初次聆听，还是反复耳闻，白领犯罪者的皮肤电传导反应都要大过一般受试者。这说明他们不但能够聚精会神，专注能力甚至还好过常人。专注能力之强，也体现了白领犯罪者的腹内侧前额叶皮层、内侧颞叶皮层和颞-顶交界区（temporal-parietal junction）功能的强劲。在我们之前论及的犯罪分子身上，这些脑区通常存在机能障碍。两相比较，差异非常明显。

第三，也许是最为有趣之处，白领罪犯和正常人在大脑结构上存在差异。比起正常人，他们大脑皮层的许多区域在厚度上更胜一筹。相关的差异，在图5.14（见彩图）中清晰可见。图上半部标示红色和黄色的部分就是白领罪犯领先正常人的地方。图下半部标明了相关的布洛德曼区域（BAs）。由图可见，位于右上方前额叶皮层底部的腹内侧前额叶皮层（布洛德曼11区）的灰质显得尤其厚实，胜于常人。同时，大脑右半球两侧、外表面的皮层带也有明显增厚现象。这些区域都用色块标示出来，包括右脑前额叶皮层的一部分（额下回——布洛德曼44区）、右脑运动皮层（中央前回——布洛德曼6区）、右脑躯体感觉皮层（中央后回——布洛德曼1、2、3区），以及构成右脑颞-顶交界区的右后颞上回（布洛德曼22、41和42区）、构成右脑颞-顶交界区的下顶叶区（布洛德曼39、40和43区）。

那么，从白领罪犯大脑结构的优势之中，我们又能得出何种有趣的结论呢？

首先，额下回同大脑的执行性机能息息相关，包括协调思想和行动之间关系的能力、感知任务中目标变换的能力、制止不当反应的能力、适应不同任务的能力和进行矛盾推理的能力。白领罪犯和一般受试者差异最大之处在于右脑。因为拥有出色的执行性机能和增厚的大脑皮层，白领罪犯的认知灵活性自然高人一筹，自控能力也比其他犯罪分子好上许多。

其次，大脑腹内侧区域和人们对于未来事件行动的决策能力有着紧密联系。此外，这一区域还是产生皮肤电传导反应的源头。如果一个人该区域的大脑皮层更厚，他无疑会拥有以下各种优势：更好的执行性机能、更灵敏的皮肤电传导定向、更佳的唤醒水平和更好的专注力。这些优势，恰好是白领罪犯的专长。别忘了，大脑的腹内侧区域还和人类追求名利的本能息息相关。我们要想趋利避害，同样离不开腹内侧区域发挥作用。有趣的是，我们发现白领罪犯大脑腹内侧区域的前后部分都有所增强。进一步的脑成像研究显示，大脑腹内侧前端同追求名利的本能尤为相关。爱钱如命的人，这个部位的机能一定非常发达。相反，大脑腹内侧后端则负责管理一些更为具象的奖励刺激，比如一餐饭、一杯酒。大家可以在图 5. 14 中看到，两组受试者在这个部位上并无太大区别。因此，白领罪犯大脑腹内侧前端的增厚，使得他们热衷追逐金钱之类各种虚无抽象的利益。至于其他的奖励驱动，对他们则起不了那么大的诱惑。

其三，大脑中央前回的前端部分同一个人自省自察的能力有着紧密联系。同时，这个区域还是一个人作出决策、制订计划、修订规划和随机应变所必须仰仗的大脑机关。你要想判断他人的意图、唤醒社会知觉，同样离不开中央前回前端的出谋划策。白领罪犯执行性机能之高超、社会认知之灵敏，和他们大脑中央前回的强大功能密不可分。

其四，躯体感觉皮层的增厚，可以促进躯体标记功能。关于这个功能及其相关大脑区域，我们在前面的章节中曾经有过长篇大论。大家应该还记得，躯体标记和大脑的两个区域关系密切，首先是躯体感觉皮层——这也是躯体标记的发端之处。同时，腹侧前额叶皮层也和躯体标记功能脱不了干系，而这个区域，正是白领罪犯大脑增厚的一处所在。普通的犯罪分子大多在躯体标记方面有缺陷，他们的决断能力也往往低下得可怜。不过，白领罪犯可没有这样的烦恼。同行的弱点，正好是他们的强项。

其五，右脑颞-顶交界区乃是人类养成社会认知和定向的重要依托。所谓社会认知，即是加工社会信息、理解他人观点、洞悉他人想法的能力。颞-顶交界区也参与了定向的进程，将人的注意力引导向外部事务，同时促进对这些事务的反应，即为定向能力。布洛德曼 41 和 42 区还是初级听皮层（primary auditory cortex）的重要组成部分，这些区域的皮层厚度越大，人对于听力刺激的定向能力也就越强。这个特点，我们在白领罪犯身上多有发现。这些人可能由此更有察言观色、洞悉人心的能力。借此能力，他们可以占据有利位置和职位，更有犯下罪行的机会。

现在，我们可以进行一下总结，把这些几乎不被认为是犯罪的表面现象所蕴含的神经生物学知识归纳一番。所谓白领罪犯，拥有相对更强的执行性机能，有时候，他们制定好策略的能力远胜常人。对于他们周围发生的事乃至犯罪过程之中，他们的注意力也更为集中，保持长时间专注力的能力更强于常人。他们有着高超的社交意识，知道如何读懂他人的心思。他们特别贪婪，对于金钱、荣誉的追求似乎永无止境。他们为了利益，愿意以身试法，涉足犯罪。他们善于机变，特别明白见人说人话、见鬼说鬼话的道理。他们精于算计，对行动的成本和效益心中有数。总之，白领罪犯是一个大脑特别好使的群体，值得我们运用神经生物学好好研究一番。

在第 3 章，我们记录了暴力分子大脑运行的软件故障。在本章，大家见识到了他们大脑中的基础性硬件毛病，如赫伯特・温斯坦的故事。故障不同、毛病不一，最终都可能导致他们的功能性脑损伤，从而走向暴力犯罪的结局。这个硬件缺陷在大脑额叶皮层，影响行为抑制功能后生成严重后果。如果杏仁核一旦不能控制情绪，也会诱发不可想象的结局。

当然，外部环境因素也很重要。特别是脑部创伤，极可能导致大脑结构损伤。而且，我们还见证了不寻常的大脑异常，比如胼胝体、纹状体、海马体等不牵涉体积变小的广大脑区，它们一旦受损，也是行为失范的重要前兆。透明隔腔的存在，象征着一颗倾向暴力的大脑，它的容积扭曲带来的大脑畸变和异状，统统关乎“神经发育”假说。当然，经由神经发育而成的大脑畸变和异状，似乎只和暴力犯罪关系莫逆，对于那些非暴力的反社会行为，似乎没有什么影响之力。

罪犯的大脑确已破损，他们的生理大脑——思维器官与常人有异。相关的差别甚为巨大，不容我们忽视。然而，请别把遗传学和宿命论混为一谈，这个世界上并不存在什么“天生”的罪犯。确实，通过品读前面的章节，你应当深信许多可能导致暴力行为的生物和遗传倾向性。不过，除了强调内因，本章同样指出了环境在塑造大脑结构异常上的重要性，外因也是暴力罪犯的成因。

但是，仅仅认识到这些，并不足以找出暴力之源，我们的模型还过于简单化。某些神经生物学的作用叠加某些环境的影响，最终导致暴力行为——这样的结论太过简单。后面的章节中，大家将会见识到，生物学因素和社会因素的交互作用，搅和一起，经过复杂演变，才酿就了暴力的结局，那么，我们需要解决的问题是什么样的外部力量造就了大脑的结构和功能异常。在下一章，我们还会继续讨论关于罪犯的“神经发育理论”，我们会聚集到超越个人大脑掌控的人生初始阶段，看看当时的健康状况是如何影响成年之后的生活道路。其实，暴力的种子早在胚胎期就已种下，而不仅仅只是一个构想。这些种子在子宫内培育，然后诞生降世，经过产后早期的养育予以暴力的框架，终有可能发出暴力的芽。

第6章 天生杀手

早期健康的影响

1946年6月2日，上午10点，彼得·萨克利夫（Peter Sutcliffe）来到了这个世界。他的出生过程很是艰难，西约克郡宾利（Bingley）妇产医院的大夫们都认为，这个孩子活不过当晚。那个时候，第二次世界大战刚刚落幕才一年，英国的新生儿死亡率非常之高。不过，小彼得虽然只有5磅（2.27千克）重，却仍然不失战斗的本性。由于遭受了分娩创伤，这个早产婴儿一出生就为生命与病魔斗争了整整10天，最终顺利出院。

尽管遭到降生时的生物学打击，弱小的彼得仍在宾利市渐渐长大，成了一个漂亮小男孩。那时，他的秉性很正常，成长背景和我很相似。我们在出生的时候都曾经遭受分娩并发症的折磨，个性也都属于羞怯型。我们都出生在英格兰北部，又都是典型北方工人阶级家庭的孩子。说到个头，我俩在同龄人中都算小巧型。说到家庭，我们两家都亲戚众多，而且也都深受天主教文化的洗礼。彼得逃脱了夭折的危险，活到了成年岁月。不过，他能避开死神的召唤吗？1967年，萨克利夫在宾利墓园充当掘墓人。某一天，他的人生发生了转变。那一刻，他正扬着铁锹，开掘一处新墓室。挥锹间，旁边一处波兰式墓地的十字架似乎传出了一个模糊、回荡的声音，萨克利夫认为自己听得一清二楚。后来，当事人曾经追忆当时的场景：

> 声音喃喃作响，似乎有种神奇的效果。好像我能够听清这种响动，是来自神的独特恩典。随后，天空开始下雨，我从山坡上往下张望，仿佛进入一种圣洁的幻境。我极目看过山谷，看向四周，想到了天堂，想起了人间，想起了人人所应有的使命。那一刻，我感觉自己圣职在肩，上帝选中了我，要去完成某项使命。

那么，上帝委托了何种圣职需要这个掘墓人去完成呢？萨克利夫一直在寻求答案，终于，他似乎找到了这份职责的所在。原来，上帝厌恶那些出卖肉体的罪人，于是派遣他来到人间，整肃那些罪恶的性工作者。

那一次的关键性精神病体验，让萨克利夫似乎变了一个人。此前，他已经组成了幸福的家庭，妻子是波兰移民学校的教师。然而，那一次的“神启”，让萨克利夫不满足于仅仅在墓园里挖穴。他开始成为许多无辜生命的掘墓人。他从一个艰难爬出母亲子宫的婴儿，长成了英国最为骇人的妓女连环杀手，一个精神分裂症谋杀犯。在约克郡，萨克利夫杀害了13名性工作者，并将她们的子宫全部拖出撕裂。[42]

在本章中，我们将接触好几个案例。案例中的人还没有开始呼吸他们人生的第一口空气，就已经注定与暴力结缘。他们的降生，代表着几个危险的暴力分子来到人间，这种说法一点也没有夸张。一个人诞生之前的健康状况，很有可能决定他和暴力之间的距离是近还是远。我们这一章对于暴力的解剖，也将从公共卫生的角度开始。

解暴剖力 暴力：一个公共卫生问题

本书前几章已述，犯罪和暴力与生物学根源有着解不开的关系，并且得到了铁证的支持。我们先后见识了进化、基因、中枢神经系统和自主神经系统（植物神经系统），对于人的行为所施加的巨大影响。如今，我们对暴力解剖的工作已经渐渐得到了社会学派的接受，他们不再否认暴力有其生物学基础的部分原因。

在此情况下，再去争论一个人的大脑缺陷是否会导致暴力，已经是一个过时的问题了。[43]既然大家都认为大脑缺陷会导致反社会和暴力行为，这个问题不妨就此改一改：“我们发现的成人暴力罪犯，在其生命的初始期到底发生了什么事情，导致了他们大脑的异常？”这个问题非常重要，我们一旦能够确认那些在生命早期肇事的玩意儿，防治暴力的事业也就成功了一半，因为我们可以藉此及时进行新的干预和预防研究，从而制止一个孩子滑向暴力犯罪的深渊。当今世界，暴力犯罪已经成为一个难以忍受的问题，高谋杀率不仅发生在美国，也渐次在世界其他国家和地区泛滥。掌握相关的知识和相应的技术，才是打击暴力犯罪的最好工具。

在本章和第7章，我将从公共卫生的角度探讨暴力问题。这样的讲述方式也许有些奇异，设想一下，我们将像讨论肥胖症、艾滋病和禽流感一样的方式讨论暴力。不过，这样的讨论方式非常流行，也非常有益。目前，美国疾病控制和预防中心（CDCP）[44]已经把暴力列为一种严重的公共卫生问题。世界卫生组织（WHO）更为高瞻远瞩，在其第一份关于暴力的全球报告中指出：暴力已经成为重要的全球性的公共卫生问题。

现如今，暴力已经成了一种横扫全球的流行病，年龄介于15—44岁的人群中，暴力已经成了最大的致死原因。在美国，暴力是夺人性命的第二大原因。美国的卫生保健系统为此靡费甚巨，每年，疾病控制和预防中心都要付出700亿美元的代价应对暴力问题。请注意，实际的花费远不如此。如果加上医疗上的损失，收入上的降低，以及为帮助受害者而建立的公共项目所需金钱，每年的整体花费不会少于1 005亿美元。

实际花费总是令人震惊。根据世界卫生组织估计，仅仅枪伤一项就让美国的公共卫生保健系统一年付出了1 260亿美元，而刀伤和刺伤也开出了一份价值510亿美元的账单。在英格兰和威尔士，每年暴力的代价也高达638亿美元。[45]而哥伦比亚和萨尔瓦多的情况更为夸张，全国GDP的4%都花在了同暴力有关的健康问题上，这还不算相关的法律和司法费用。按照美国的GDP水准进行换算，4%可以达到5 000亿美元！这些钱原本可以派发到许多更有用处的地方。

暴力让我们白花了许多冤枉钱，这点毋庸置疑。但是，暴力真是一个公共卫生问题吗？我们真的需要像本书这样从医学角度思考暴力问题吗？结论是必须这样。时至今日，暴力犯罪的面貌已经天翻地覆。接下来，我会解释其中的缘由。公共卫生是医学的一部分，涉及4个方面的问题。一、暴力为何频发和在什么样的情境下发生？二、催生暴力的原因是什么？三、如何治愈暴力？四、如何在全民中普及治疗方法？社会学派认为，暴力无关乎医学，对此我们不敢苟同。确实，临床医学更为关注患者个体而非社会大众，和我们的研究重点完全不一致。但是，医学工作者如今越来越多地介入到暴力问题的预防和治疗当中。甚至连牙医也不甘人后。

乔纳森·谢泼德（Jonathan Shephard）就是这样一位牙医。他在卡迪夫大学的口腔医学院担任教授，专攻口腔颌面外科学。1991年甫一上任，谢泼德教授就发现，卡迪夫城的酒吧殴斗之风相当盛行，由此带来了海量的面部创伤受害者。而且，这些斗殴事件甚少见诸报端和其他媒体。对此他深感震惊。此后，谢泼德和当地执法机构展开合作，利用手中的案例数据，帮助警方锁定了卡迪夫城中的几个暴力犯罪热点。同时，他还向啤酒瓶制造商提议，请他们将普通玻璃啤酒瓶换成钢化玻璃啤酒瓶，免得暴力酒客轻松砸碎酒瓶当成斗殴利器。如此一番苦心经营的公共卫生举措，又换回了何等效果？卡迪夫的暴力致伤率大为下降，整个城市的安全环境大大好转，不仅仅成为了威尔士最安全的城市，也成了英国最宜居的城市之一，谢泼德教授功莫大焉。[46]如果牙医都能做出如此大的贡献，其他卫生领域的医学同侪自然不遑多让，也能为降低暴力问题尽一份力。

正因如此，本书的基调也将由此一变。前面几章，我们一直致力于人体内生物性功能的黑暗元素，现在，我们要看一看外部的社会环境。正是由于这些影响生命早期的环境因素，前面那一桩桩大脑和生物创伤才会成真。就让我们从彼得·萨克利夫的故事开始讲述。故事的开始，还要从孩子降生的那一刻说起。

解剖暴力 天生恶人

1991年，我到丹麦访学。当时，哥本哈根皇家医院（Rigshospitalet）给我留下了深刻印象。皇家医院诞生于1757年3月30日，由时任国王弗雷德里克五世（Frederick V）倡导建立，堪称丹麦的国家象征。医院共有员工8 000人，每年接诊患者超50万人。丹麦女王玛丽的两位后代——克里斯蒂安王子和伊莎贝拉公主都在此出生。其中，王子在2005年10月15日来到人间，引发丹麦全国欢腾，人们奔走相告，纷纷点起烟火，高声欢呼雀跃。正午时分，皇家卫队还鸣枪二十一响以示庆祝。但是，不是每个在皇家医院出生的男孩都如此幸运，他们来到这个世界的过程远不如王子贵胄那般顺利，也不会受到如此热烈的欢迎。

1994年，我发表了一篇论文，将自己关于皇家医院的一项调查公布于世，调查对象为4 269名男性，全部于1959年出生在这家医院。[47]我们延请了专业产科医师，会同专业助产士一起对实验对象降生时的种种特征进行了检查。我们重点留意了以下事宜：接生钳子提取、臀位分娩、脐带脱垂状况、先兆子痫，[48]以及生产过程所耗时间等，目的在于了解他们出生时是否伴有分娩并发症。一年后，社工人员会登门拜访实验对象的家庭，对母亲进行访谈。我们想知道她们对于这次怀孕的具体态度到底如何？其间是否有堕胎念头？子女是否在出生后的第一年和父母长时间分离（以 4 个月为底线）？通过以上三个指标，我们可以知道母亲是否有排斥孩子的意愿。17 年后，当年的婴儿已经 18 岁了。这时候，我们会检查丹麦全国的法庭记录，看到底有多少实验对象曾在此期间因为暴力犯罪遭到逮捕。[49] 得到相关数据后，我们将据此对实验对象进行分组。所有人将被分为 4 组：第一组为普通受试者，他们既无分娩并发症，也未在出生第一年遭遇母亲的冷落和遗弃；第二组出生时伴有分娩并发症，但仍然获得了正常的母爱；第三组出生时没有分娩并发症，却遭到母亲排斥；第四组最为可怜，他们既患分娩并发症，在出生后的第一年又遭遇母亲的排斥或抛弃。

结果很惊人，看图 6.1 的上部分。前三组人员并无显著差异，暴力指数 3% 左右。第四组为生物社会组，在遭受生物学和社会因素双重打击的境遇下，暴力指数也位居 4 组之首。这组有 9% 的人成为暴力罪犯，是其他三组平均水平的 3 倍。其实，实验人群中患有分娩并发症并在婴儿期遭到母亲排斥的不幸者不足 4.5%，但这个小群体在全部 4 269 名受试者中确是犯罪大户。实验对象所涉嫌的罪案之中，18% 来自这些人，几乎是平均水平的 4 倍。[50] 这个实验很好地揭示了生命早期的生物学因素和社会因素如何交互作用，以及它们和成年后暴力犯罪问题之间的关系，堪称经典。

实验的时间截至 18 岁，由于许多暴力事件都在 18 岁之后才开始涌现。因此，生物社会交互作用的理论是否适用于成年后的暴力犯罪？或者，它对于早年暴力的决定性影响是否真有那么强大？这些问题需要进一步的实验证实。在实验对象 34 岁那年，我们再次搜集了他们的相关数据。这一次，研究对象中暴力罪犯的人数几乎扩大了三分之一，而我们也有机会就此进行更多的细节研究。结果显示，生物社会交互作用对于早期犯罪具有决定作用。但是，对于成年后的暴力犯罪活动，交互作用的影响力相对有限。同时，我们还发现，交互作用和暴力犯罪联系密切，和非暴力犯罪则没有那么大的关联。由此看来，特别暴烈的出生过程可能带来暴力行为。

让我们回头审视一下“母亲排斥”（maternal rejection）的三个要素，其中的每一条都很重要吗？显然不是，只有前两条很重要。首先，孩子出生后的第一年，是否得到母亲照顾或寄养在公共服务机构得到有效看护确实很重要。其次，母亲是否有过堕胎的举动也非常重要。这两个要素和出生时的分娩并发症可能产生交互作用，将一个孩子引上暴力犯罪之路。反

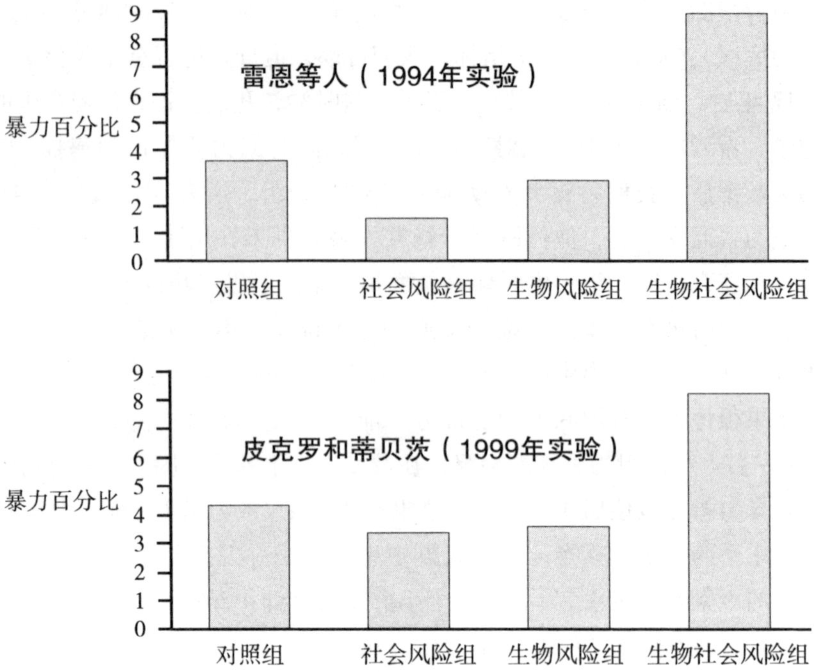

图 6.1　分娩并发症和早年负面家庭环境的交互作用，可能导致成年暴力犯罪

之，如果一位母亲无意怀孕，又没有作出任何举措避孕，实际上对孩子的长期成长根本无关痛痒。[51]此外，交互作用主要作用于那些严重暴力犯罪，比如抢劫、强奸、谋杀。但是，它和那些程度较轻的暴力形式却无甚关系，比如恐吓。因此，我们的结论应当修正如下：出生时的分娩并发症可能和出生早期的母亲排斥形成交互作用，从而在成年后导致某些严重暴力行为。

我们的哥本哈根实验的一大缺陷在于参与人员的构成，因为实验对象几乎全是白人婴儿。而且，欧洲国家的谋杀案发生率比美国要低。我们不敢肯定，实验结果是不是跟丹麦的独特国情有关系。如果把同样的实验加诸黑人婴儿身上，或是放到其他国家进行，结果还会一样吗？这些问题，最早来自两名美国犯罪学家，他们把“坏妈妈生坏孩子”假说实验引进了黑人社区，邀请867名非洲裔美国男女宝宝参与了所谓的“费城围产期协作项目”（Philadelphia Collaborative Perinatal Project）。研究人员将受试者出生时的分娩并发症数据进行了搜集和汇总。两位主导人亚历克斯·皮克罗（Alex Piquero）和史蒂文·蒂贝茨（Steven Tibbetts）遵循了哥本哈根实验的基本流程，也将实验对象分为4个组。[52]皮克罗和蒂贝茨的发现在图6.1中可见。他们得出的结果和我的发现并无差别。显然，出生时的分娩并发症和糟糕的家庭环境是一个人长大成人后走上暴力犯罪道路的重要诱因。我们在哥本哈根的首次发现并非出于偶然。

分娩-生物社会因素（birth-biosocial）的交互作用，在丹麦和美国得到了证实，那么，其他国家是否也如此呢？目前看来确实如此。一项涵盖了7 101名瑞典男性的调查显示,妊娠并发症加上糟糕的养育，确实和成年后的暴力行为互相呼应。加拿大的一项研究调查了849名男孩，发现严重的产科并发症和家庭不和睦可能让研究对象在17岁时蹈向暴力犯罪。芬兰的一项研究共调查了5 587个男性案例，结果显示，家庭中的独生子女[53]如果遭遇围产期并发症的交互作用，触犯暴力犯罪的比例会上升4.4%。再者，如果分娩并发症和糟糕的家庭环境合流一处，孩子踏上反社会行为之路几乎不可避免，相关的研究在夏威夷和匹兹堡等地多次进行，最终的结果并无太大差别。事实上，无论在世界何方何地从事该项调查，调查的结论都会始终如一。[54]由此看来，分娩并发症和不良家庭环境的结合，很可能是解开暴力成因的生物社会的关键之匙。

对此，你一定会问为什么恰恰是分娩并发症和不良家庭环境如母亲排斥结合在一起，就塑造了成年暴力？首先，分娩并发症很可能损伤婴儿大脑。遥想我出生之时，全身发蓝，就是一个“蓝婴”（blue baby），因在家里出生而没有重症监护治疗。从小到大，我都是个不折不扣、无可救药的路痴。到了新地方，更是常常一头雾水、不知所措——总之，我的空间感极差。许多婴儿和我一样，出生伊始全身发蓝，这是由于遭受了一种分娩并发症，叫做“缺氧症”（hypoxia）——部分缺氧。我们的大脑需要氧气代谢葡萄糖，而葡萄糖作为燃料为脑细胞提供能量。一旦缺氧，脑细胞会在短短几分钟之内大量死亡。偏偏负责短期记忆和空间能力的海马体对此特别敏感，也难怪我会成为一个路痴。许多暴力犯罪分子也都有空间能力和记忆力不佳的问题。另一项研究显示，出生时遭遇供氧不足是许多人缺乏自我控制力的一大原因。自控能力不足，是犯罪和冲动型暴力行为的主要风险因子。相关的事例，前面的章节有过大量叙述。许多暴力分子的海马体都遭受过结构和功能上的严重损害。常见的分娩并发症还包括先兆子痫、产妇大出血和母体感染，这三种疾病都可以导致胎盘供血不足，从而导致胎儿的脑细胞大量死亡，蒙受损伤的不只是海马体，还有额叶皮层等脑区。因此，分娩并发症有多种神经通路可以催生出暴力的恶之花。

刘江红（Liu Jianghong）在毛里求斯通过对出生队列的大数据分析，揭示了分娩并发症和儿童行为问题之间的另一层特殊关系。她的研究显示：分娩并发症、低智商和反社会行为三者有着相互作用。我们在毛里求斯的研究延续数年。研究对象出生之时，我们就对他们在产前、产中和产后的分娩并发症进行了摸排。待到他们长到11岁，我们又对研究对象的智商水平进行了测试，同时还特别留意他们在11岁时是否出现外化行为问题——攻击性、少年犯罪和多动症等。刘江红的研究显示，分娩并发症和儿童期的外化行为问题脱不了干系。同时，她还发现，分娩并发症在11岁时导致了低智商。低智商又是外化行为问题的一大诱因。由此，分娩并发症、低智商和反社会行为之间稳定的三角关系得以完整呈现。低智商成了联系分娩并发症和反社会行为之间的链条——分娩并发症导致低智商，低智商又成为了儿童后期行为不端的原因之一。所谓行为不端，即是攻击性、反社会行为或者多动症等。一个人的智商水平建立在完好的大脑功能之上，和其他的神经认知能力测试指标一样，智商是检验大脑功能的有效手段。

刘江红并非唯一发现分娩并发症与行为问题、少年犯罪、成人暴力这个直接链条关系的研究者，另有5项研究项目也得出了类似的结论。其中，一项在荷兰的研究甚至找出了分娩并发症和男女孩子外化行为问题之间的直接关系。总之，还没有研究能够驳倒生物社会交互作用假说，反倒证明了分娩并发症和暴力之间的直接联系，证明两者之间确有关系。与此同时，分娩并发症和行为问题之间是否存有直接联系？关于这一点，研究者并未达成共识。早前，我在哥本哈根的那次实验就没能确定两者之间的直接作用。当然，社会过程至关重要，似乎作为一种可触发处于休眠态的分娩并发症的风险因子，无疑可能导致一个人最终走向暴力。

我们的哥本哈根研究，发现了“孩子被母亲排斥”（maternal rejection of the child）同暴力程度有着极为密切的关系，至少在孩子出生后的头4个月之内，妈妈的态度将会起到关键作用，决定他是健康成长、还是会沾染暴力。母亲的关切，当然是一种社会因素。那么，为什么这种社会风险因素如此重要呢？要回答这个问题，我们不妨先来看一个故事：1907年，英国爱德华国王在位时期，主人公约翰·鲍尔比（John Bowlby）出生了，他生活在伦敦，每天和自己的母亲只有一个小时的相处时间。当妈的认为，自己不能成天和孩子腻在一起，过多的关心只会宠坏了他。鲍尔比7岁那年，就被送进了寄宿学校。那里的生活叫人生不如死，鲍尔比甚至认为："一条小狗都不该被千里迢迢地送进什么寄宿学校，何况一个7岁的孩子。"

母亲的冷淡待遇，寄宿学校的惨淡生活，这些早年经历真切地改变了约翰·鲍尔比的职业选择。他获得剑桥大学的心理学学位之后，立即投身监狱，开始致力于纠偏少年犯的行为。而后，鲍尔比继续学业，成了心理分析学家和精神病学家，提出了著名的"依恋理论"（attachment theory）。第二次世界大战临近尾声的时候，鲍尔比出版专著，结合自己的早年经历，以及长期和少年犯接触的经历，阐释了母亲的关怀对于孩子健康成长的重要性。由此可见，早在几十年前，这本《44个少年犯》（*Forty-four Juvenile Thieves*）的著作，已经预见了我们在哥本哈根实验中得出的结果。

在《44个少年犯》中，鲍尔比介绍了44个少年的故事，讲述他们的家庭生活如何冷酷，而冷酷的家庭环境又是如何将他们推进犯罪的火坑。在书中，鲍尔比提出了一个大胆而富有创新的论点：母亲和婴儿之间关系的疏离，可能让孩子无法形成健全的人格，也无力建立正常的人际交往关系。他研究的那44个孩子，无一例外都自幼年起长期缺乏母爱、缺乏温暖、缺乏持久的亲情。结果，这些孩子一个个都堕入犯罪的深渊。他们这样的"病例"，被约翰·鲍尔比定义为"无情的精神变态者"（affectionless psychopathy）。根据鲍尔比的描述，有两个"无情的精神变态者"曾在医院里滞留了9个多月，其间，他们的父母没有来探望过一次。

鲍尔比的理论提出多年之后，其他学者从社会研究的角度对他的犯罪和少年犯罪理论提出了些许补充。通过他的工作，我们了解到出生早期的生物因素和母亲的角色对于行为的重要影响。所谓出生早期，对人类而言，大致起于出生后6个月至2岁时。其间，如果母亲在宝宝出生后的第一年拒绝履行母亲职责达4个月以上，孩子的社交人际能力将会遭受重创。我们的哥本哈根实验中，许多婴儿都曾有过类似的遭遇，不少人在长大成人后都变得冷漠无情，甚至成了精神变态者。还记得那个沉溺于"肉欲欢愉"中的护士"乔莉"·简·托潘吗？她在5岁前也有过同样的经历，最终成为一个杀手护士，很显然，缺失母亲是助推她从事精神变态暴力活动的重要风险因素。

在这方面，鲍尔比本人也是一个绝好的例子。为什么他没有因为母亲的冷酷而变得同样冷酷无情？为什么他不是他所定义的"无情的精神变态者"中的一员？原因很简单，他还有其他的家人，他们都对他关怀备至。

尤其是他的保姆，几乎可以算作他的另一个母亲。一些研究者甚至指出：所谓“母亲”更像是一种职责，其血缘关系并不重要，婴儿需要的只是一个可以付出关切的对象而已——任何人都行。即便没有血缘关系，一位保姆也可以兢兢业业地代行母职。有时候，父亲也可以担负起母亲的义务。许多人和生母从未谋面，却很幸运地拥有负责任的哥哥、姐姐或者亲戚，并因此没有走上邪路——所谓长兄如母，寓意就是如此。总之，一个小孩子只要能得到足够多的爱意和关怀，就不会变得人情不通、冷漠麻木。

彼得·萨克利夫的案例可鉴：一个人的命运，也许在他呼吸第一口空气之前就已经定下几分。当然，萨克利夫走到这一步，不仅仅是分娩并发症的“功绩”，他还是个严重的精神分裂症患者，这让他加速滑向暴力犯罪的深渊。关于精神分裂症的影响，我们会在稍后进行重点讨论。也许有人会问：如果先天的生物学因素如此重要，一个人在母体中长到 9 个月大的时候，要想改变他的暴力倾向是否就已经有些晚矣？对此，科学家正在进行专门研究。毕竟，相关的发现尚属新颖，暴力解剖的触角才刚刚伸向人类的子宫。你知道，我们的学说主要关注基因，接下来，就让我们深入创世纪和人类起源的传说，从遗传学的角度好好看一看其中的基因机制。

解暴剖力 该隐的标记

该隐（Cain），亚当和夏娃的一个儿子，乃是地球上第一个谋杀犯。他夺去了自己哥哥的生命。如果你相信基督传说故事，该隐就是杀人罪的开山老祖。事实上，大约 20% 的谋杀案都源于家庭纷争，属于手足相残。其中，三分之二的家庭内谋杀案源自反应性暴力——罪犯们一时心烦意乱或受到外部刺激，才会做出杀害亲人的举动。

该隐杀兄的全过程，就是一次反应性暴力的上好例证。此前，他对上帝的不满已经持续了很长时间。上帝欣然接受了亚伯（Abel）——也就是该隐的兄长——献上的祭祀之羊，却回绝了该隐的献祭谷物。对此，该隐怀恨在心，并迁怒于亚伯。最终，该隐杀死了自己的兄长，而后，按照传说，上帝将一个诅咒施加在杀人犯该隐身上作为惩罚——该隐将会永远浪迹天涯，不得停歇；即便从事稼穑之事，到头来也会了无收获。

早年间的犯罪学家一直致力于发现烙在罪犯身上的所谓“该隐标记”。

犯罪学之父——隆布罗索，就是这方面的狂热分子。为此，他不辞辛劳，在意大利进行了上千次的罪犯解剖，潜心生理观察，最终得出了一个“天生罪犯”所具备的皮相特征。总结起来，隆布罗索眼中的罪犯都拥有“隔代遗传”（atavistic stigmata）的多种该隐标记——也就是一些异于常人的生物学“返祖现象”。

那么，隆布罗索眼中的该隐标记都体现在哪些方面呢？你不妨张开自己的右手，掌心向上，放松肌肉；手指略略蜷曲——好了，现在看看自己的手掌，不知道那上面是会出现一条延绵到底的掌纹？抑或是两条交合一处的纹路？假如你的情况属于前一种，那还真叫倒霉。按照隆布罗索的说法，你有着非常明显的返祖特征，在进化上要低人一等。

现在可脱掉鞋袜，身体站直，低头看你的双足。你看到的大脚趾和二脚趾之间是紧密相连呢，还是有着一道阔大的间隙？哦，你现在身边有客人，不便做出如此不雅的动作，那就请伸出舌头，对镜自照。请问，你有没有在自己的舌面中心发现一道丝线状痕迹？若有，那你身上就又多了一个该隐的标记。如果大脚趾和二脚趾也并不拢，那又是一个恶魔的痕迹。

以上这些谈资，都属于咄咄怪论，而且充满了荒谬。但是，这就是隆布罗索理论的大致内容。在他看来属于“返祖”的种种特征，现代医学称为“细微生理异常”（minor physical anomalies）。这些异常和妊娠期疾病有着直接关系，它们大约是妊娠期第三个月或第四个月时，胎儿的神经发育不良现象留下的标记。比如，妊娠初期胎儿的耳朵初始位较后来的位置相对低一些，胎儿4月后，双耳才会慢慢向上移动。此时，如果胎儿大脑发育中断，发生耳原基不完整的胚胎迁移，他们的双耳基本上不会迁移到正常位置，会滞留原地，导致低耳位，也就是俗话中“耷耳朵”的成因。低耳位被视为胎儿脑发育异常的一种间接表征。各位读者不妨找面镜子，看看镜中自己的尊容。不知你的双耳位置是位于双眼之上，还是双眼之下？如果属于后一种情况，那你身上又多了一项该隐的标记。

为了方便你自检，我们不妨把其他的细微生理异常作一介绍，包括：耳垂紧贴脑际、易生静电的头发、弯曲的小手指、裂纹舌……这些特征可能是环境致畸因素作用于胎儿身上，如缺氧、失血、感染，或胎儿暴露在酒精中，都可能导致以上表征。这些表征，如果你不幸中招一两处，也不用惊慌，类似的表征起码要集齐十几处，才会影响一个人的性格。

目前，还没有人对连环杀手的细微生理异常，比如暴力的标记或其他外貌特征进行过系统的评估。但是，对不同年龄层的、各种各样的反社会人群已经做了系统评估和探索性研究，既有调皮捣蛋的孩童，也有成年暴力罪犯。相关成果已集结成文，发表在《科学》杂志上。如今，我们已经清楚，细微生理异常同人类的攻击性有着密切关系，这种关系甚至可以追溯到3岁小孩身上。同时，另一些研究者也在学龄前那些举止冲动、倾向暴力的小男孩身上发现了更多一致的细微生理异常。同样的理论也适用于小学男生，异常特征越多，就越是倾向暴力。到了中学阶段，14岁男生身上的细微生理异常可以作为17岁那年犯下轻度暴力罪的前兆，当然，这样的关系只存在于细微生理异常和暴力犯罪之间，非暴力性质的犯罪活动则不受这种联系的制约。这样的影响和家庭等社会因素完全扯不上关系。但是，从生物社会交互作用的角度上看，7岁小孩身上的各种细微生理异常就已经可以构成危险的犯罪信号，成为他17岁那年以暴力触犯法律的提前预告。由此，生物社会交互作用再次彰显。这样的作用，我们在探讨分娩并发症，即生物学和社会因素的交互作用同反社会行为之间的关系时，曾经多次提及。

现在，我们离开学校，看看那些已步入社会、酿成暴力犯罪的罪犯。在他们身上，各种细微生理异常也很明显，12岁那年的异常特征和21岁那年的暴力犯罪生涯之间存在着前后关系。这种关系之间的生物社会交互作用在于：孩子身上的细微生理异常越多，走向暴力犯罪的可能也就越大，不过，这样的孩子也大多生活在动荡的家庭环境当中。就像分娩并发症的作用一般，负面的社会心理因素可能“触发”一个成年人体内的邪恶生物因子。当然，相关的案例只和暴力性质的犯罪活动有关。

事情很吊诡。隆布罗索的理念之中，有不少令人生厌、貌似歪论的惊人之语。但是，百年过后，当我们再看他的开创性理论时，会发现其中也有一定道理可言，像返祖特征与刑事犯罪这样的该隐标记与理论，至少在皮相的层面如此。而且，隆布罗索在《该隐的起源》（*Cain in Genesis*）一书中，再三强调了“返祖罪犯”家庭关系的不协调。实际上，犯罪学之父并未忽视犯罪的社会原因，而其他学者却一直对他的理论视而不见。

从科学的角度出发，我们可以找出另外一项证据，证明犯罪的种子源自一个人的人生早期——也许在他还未出生的时候，就已经埋下伏笔。

解暴剖力 从掌心到手指

你是否经常审视自己的手指？答案多半是否定的，手指确实算不上多么起眼的人体器官。但是，你真不妨多看看右手的 5 个指头。[55]把掌心对准自己，看看掌心上方 5 根手指的长度，特别比较一下食指和无名指的长度。一般来说，人的无名指都要长过食指，右手的情况尤其如此。然后，你找上一位异性朋友，看看谁的优势更大？通常情况下，男性都会获胜。这样的情况不但发生在人类当中，狒狒、老鼠和鸟类也是如此雌雄有别。

那么，又是什么原因导致了这种性别差异呢？遗传学是一种解释，基因难脱干系，碰巧的是，这一个基因组[56]不但影响手指长短，还影响生殖器的长度。此外，胎儿期接触激素尤其是雄性激素，也对手指长度起着关键作用。妊娠期 10—18 周内，体内的睾丸素（testosterone，睾酮）含量会急剧升高，正是这个缘故，我们才看到出生时的性别差异。睾丸素不仅可以让神经系统和行为变得男性化，也会改变食指和无名指的长度比例。[57]睾丸素含量越高，无名指相对于食指的长度优势也就越大。男性的无名指长过女性，也就是出于这个道理。[58]

睾丸素导致手指长度有别，这种说法相对而言具有更强的说服力。一些研究发现，患有先天性肾上腺皮质增生症（congenital adrenal hyperplasia）[59]的孩子，无名指也相对较长，这无疑是睾丸素分泌过剩的副产品。毕竟，先天性肾上腺皮质增生症的病因就在于胎儿接触了过多雄性激素。同样，腰围相对于臀部比较大的女性也常拥有较高的睾丸素水平，她们生下的孩子通常也有着修长的无名指。然而，测试胎儿期雄性激素水平并不容易。所谓的手指长度，也只能被视为胎儿期雄性激素水平的间接证据。[60]

那些无名指修长的男子，会表现出何等的男子汉气概呢？首先，他们争胜欲望强烈，男性特征突出，身体强壮，随之而来，自然会有一点攻击性倾向。在波兰的研究证明，该国顶尖的男子田径运动员个个无名指修长，和普普通通的运动员相比，田径精英们在这方面的优势非常明显。这样的现象不只限于田径场，也不是波兰独有的现象。我们对英国的男性交响乐团成员作过调查后发现，他们的食指也比一般人更加修长。同时，英格兰职业足球俱乐部中，一线队队员对预备队队员的一大优势，也体现在无名指长度上面。作为英国人，我能清晰地记得保罗·加斯科因、杰夫·赫斯特、斯坦利·马修斯、彼得·谢尔顿、格列·霍德尔、肯尼·达格利什和奥齐·阿迪莱斯纵横球场的飒爽英姿，当然，他们无一例外地拥有长于常人的无名指。你如果也是球迷，不妨仔细研究一下本国那些绿茵英雄，肯定也会得出同样的结果。实际上，我们曾实地考察并统计了加斯科因等人为代表的29位顶尖国际足球明星的无名指长度，发现他们在这方面比起其他275位足球同行更胜一筹。而且，代表国家队出场次数越多的足球运动员，其无名指也就越长。

无名指长度不但关乎球技，更与寻求刺激和冲动的性格相关。一个人的无名指越长，可能越有爱冲动和寻求刺激的人格特质，相关内容见前几章的反社会和暴力行为。研究还发现，缺乏同情心（移情作用）的人，以及反社会、精神变态罪犯，往往在食指长度上高过平均水准。另有证据表明，男人的无名指越长，魅力指数也就越高，虽然这些证据颇具争议。同时，罹患多动症的孩童通常也是无名指修长之辈，多动症和品行障碍之间的唇齿关系，我们已经非常清楚。男同性恋者的无名指长度，通常介于男异性恋和女异性恋两者之间。当然，事情总有例外，但是无名指长过食指，确实是一种男子汉气概十足的特征——代表一个人喜爱寻求刺激，同情心较为淡漠，性格过度活跃。

有鉴于此，较高攻击性——十足的男性特征——和修长的无名指联系到一起也就毫不出奇。在加拿大，性好肢体冲突的男大学生就普遍拥有较长的无名指，[61]修长的无名指同暴力行为之间的关系非常密切，可以和睾丸素和暴力行为的紧密程度相比。在美国，修长无名指的男大学生的攻击性倾向更强，对于与男性相关的游戏活动也更加热衷。我们曾在中国开展过类似研究，结果表明，11岁男生的攻击性倾向与无名指的长度成正比关系。同一个结果，在不同的文化环境下得到印证。

我们通常认为，家庭暴力和针对陌生人的暴力在性质上有所不同。长期以来，家庭暴力研究领域的话语权都被社会学派把持，而无名指长度与产前睾丸素水平之类的生理标记，一直被主流社会有意忽视。事实证明，这些特征标记才是家庭暴力活动的关键所在。无名指较长的男性，更有可能对自己的配偶实施武力威胁。这些事实，对于社会学派无疑是当头一棒。同时，这些男性对妻子或女友拳打脚踢的可能性也更大。如果他们的女性伴侣胆敢红杏出墙，触发一场家暴的可能性相当之大。

当然，从无名指长度看暴力倾向这回事更适用于男性，对于女性则无甚效力。社会关系中，男主外、女主内，男拼搏、女温驯是常态——就连丛林中的人猿泰山和简也是如此。那么，女性有教养而男性攻击性强的刻板印象又有怎样的深刻背景呢？我认为，两性之别主要在于攻击性的落差，男人的攻击性远强于女性，女人自然显得温驯了许多。当然，攻击性的种类千差万别。有时候，男女间在攻击性上并无太大差别，所谓“地板效应”（floor effect）正是如此。从进化角度而言，女性抚育下一代付出的心血更多，自然不愿意用暴力方式让自己的努力付诸东流。相关内容在第 1 章已着墨甚多。作为母亲，女性对孩子的生存能力比男性更加关切。她们清楚，如果自己滥施暴力，只会降低孩子的生存能力。因此，女性更倾向于使用“软暴力”形式，而非充满血性的身体攻击，比如说人坏话、嚼人舌根、抢人男友、毁人家庭等。实验证明，“软暴力”同女性无名指的长度也有极强的相关性。无名指越长的女性，说坏话、嚼舌根……越是起劲。同时，一个人的无名指越长，以牙还牙、以暴易暴的报复心也越强。这种报复心，就是我们讨论过的“反应性暴力”。

暴力形式多种多样，无处不在，政治领域也概莫能外。那么，政界的暴力和无名指有何关系呢？假设你是一国之主，正和邻国为了一处争议领土上的钻石资源闹得不可开交。试想，你会作何反应？谈判是一种选择，战争也是一种解决手段。和与战，并非完全取决于你的个人意愿。你的无名指长度，也起着举足轻重的作用。为了证实这一论点，我们邀请哈佛商学院的部分大学生参加了相关实验。请他们设身处地想一想，要战争还是要谈判。我们要看一看，有多少学生选择不宣而战。正如你可能想到的，结果毫不出奇，男生诉诸武力的渴求明显大于女生。男生中，32% 选择武力讨伐；女生只有 14% 赞同。其实，早在一岁的时候，男婴表现出的攻击性，包括扔东西、打同伴，就已经胜过女婴许多。更有趣的一点在于，受试人员的无名指越长，选择不宣而战的可能性就越大。手指长短带来的差别，一点不小于两性之间的藩篱。如果你是贵格会（Quaker）的教徒，选择教区候选人的时候，可要先注意一下他们的无名指长度再做决定。

为什么无名指比食指长——一种该隐的标记，是暴力个体的特征呢？显然，修长的无名指本身同犯罪毫无瓜葛。但是，造成无名指莫名变长的原因，却也会引发暴力。子宫内的睾丸素含量，是让无名指变长的根本原因。在第 4 章，我们已经见识了睾丸素含量同暴力行为之间的渊源。睾丸素不但关乎暴力，也关乎我们无名指的长度。胎儿发育期接触的睾丸素含量大，可能让一个人的大脑变得“男性化”，从而使其行为也趋于男性化，热衷于感官刺激、体育活动，以及低移情（low empathy）、强控制欲，当然也包括富于攻击性。

问题的情形大致如此。但仍然有个关键性问题需要解答——到底是什么原因导致子宫内的睾丸素含量升高？怀孕期抽烟是其中一个重要原因。准妈妈吞云吐雾，会导致体内睾丸素较高，让腹中胎儿无名指莫名增长。我们猜测，母亲吸入过量尼古丁，可能让母体内的睾丸素含量增高，雌性激素则随之降低，胎儿被动接触了过量睾丸素。动物实验显示，尼古丁的确是子宫内睾丸素激增的肇因，显然，抽烟和睾丸素含量高确有关系。鉴于这种联系，烟民母亲的儿子通常比非烟民妈妈生下的男孩在无名指长度上更占优势，也就毫不出奇。

吸烟、睾丸素与反社会、攻击性、暴力行为的最初发展之间存在着非常严密的因果关系。我们用脑成像研究头部创伤和颅脑结构与功能障碍之间的时候，完全没有发现如此齐整的关系。那么，我们何以知道这些因素之间的因果关系呢？超声波检测可以绘制子宫内部的图景，从而肯定我们的判断。当然，图片毕竟像素有限，从中难以判断胎儿的无名指长度。科学家在土耳其做过相关研究：他们搜集了 161 个胚胎，全部都是妊娠期不同时段流产得来。研究人员测量并记录了胚胎的手指长度，发现了其中的男女之别。这种区别最早出现在孕期第 3 个月。显然，人类的攻击性本能在生命的萌芽期就已经埋藏下来。

手指之间的长度比例就像一扇窗口，我们可以从中一窥妊娠期胎儿发育中发生的种种事情。由此，隆布罗索的部分理论得到了证实，而产前妊娠阶段对于人的成长施加的重要作用也有待我们进一步深究。当然，母亲对于孕期的激素水平总是无能为力。孩子在孕期接触高含量的睾丸素，并在出生后变得倾向暴力，不应该是母亲的错。但是，母亲的一些不良习性，也可能导致孩子的悲惨命运。

解剖暴力

孕期吸烟

吸烟有害健康。但是，吸烟还可能在生成暴力人格方面起到奇效。如果你的母亲是一根老烟枪，连怀孕期间也烟不离手，那么你沾染暴力的风险将会相当之大。我们知道，准妈妈抽烟不但会影响胎儿的脑发育，还会给子女带来罹患各种品行障碍的风险，以及生成暴躁易怒的性格。无数研究明示，母亲孕期吸烟和孩子患上品行障碍之间的关系，以及吸烟导致成年后暴力犯罪的风险非常大。这些研究项目庞多，有的研究规模之大让人咋舌，从中搜集的资料之广博、数据之翔实，都进一步证明了两者之间的因果关系。

埃默里大学的心理学家帕蒂·布伦南，在丹麦开展的出生队列研究项目涉及 4 169 名男婴。她发现，如果准妈妈每天吸烟 20 支，孩子成人后暴力犯罪的可能性会提高两倍。同时，帕蒂还找出了母亲吸烟数量和孩子成年后暴力犯罪之间的倍增剂量效应关系。布伦南的研究引发了学界的震动，而其他国家的同类实验也证明了她所言不虚。

芬兰的一项涉及 5 966 名婴儿的出生队列研究也显示：母亲怀孕期吸烟，会致使孩子在 22 岁前留下犯罪案底的可能性提高两倍。对芬兰样本的追踪研究发现，母亲孕期吸烟的孩子到 26 岁时暴力犯罪和复犯的可能性会继续增加两倍。美国的研究显示，母亲在孕期每天抽烟 10 支，儿子罹患品行障碍的可能性会上升整整 4 倍。

这些样本都是白人（高加索人）。这一规律对其他种族是否适用呢？至少非洲裔美国人如此：母亲孕期吸烟，孩子长大后容易出现品行障碍和暴力行为问题，在非洲裔美国孩子中同样成立。美国的一项研究结论：母亲在孕期每天抽半盒香烟，会让孩子出现品行障碍的可能性上升 4 倍多。还有美国学者专门研究了一些 3 岁孩子，母亲曾在怀胎进入第三期时有过吸烟史，孩子们在 3 岁时的行为问题上升了 6 个百分点。新西兰的研究显示，吸烟母亲的后代出现品行障碍的可能性要比平常人大两倍。同时，威尔士的儿童和青少年也有不少因为妈妈在怀孕期间犯上烟瘾而出现反社会行为的情形。总之，在世界各地，研究者都有同样的结论。

当然，对于这个结果，你可以有合理的怀疑：在世界各地，那些怀孕期间也烟不离手的准妈妈，是否普遍存在教育程度不高、对孩子移情甚少、做事不够细心、专业知识有所欠缺？因为她们难以为孩子提供良好的成长环境，就此吸进一肚子烟雾毒害孩子也不出奇。有研究显示，怀孕期仍然坚持抽烟的准妈妈中，有72%的人都遭受过身体虐待或性强暴。有一点需要提醒大家：为了排除社会因素的干扰，研究人员还特地对样本进行了分组。经过比对，一系列吸烟-反社会关系都被证明不够格成为暴力的直接肇因。无论是经济状况、社会地位、母亲受教育情况，还是母亲怀孕时年龄、家庭规模、抚养不力、父母不称职、严重的分娩并发症、出生时的体重，抑或是家庭矛盾、遗传精神疾病、家族精神病史、注意力集中/多动症、母亲吸烟或吸毒……种种原因，都和暴力没有直接关系。除了以上这各种毛病，还有许多东西决定着一个人的命运。经过多次实验，我们已经确立了吸烟和暴力之间的剂量倍增效应关系，而且，我们还可以进一步确定：母亲孕期吸烟，孩子长大后暴力犯罪，两者之间的因果已然成立。[62]

母亲怀孕期间抽烟越多，孩子将来走上反社会行为的可能性就越大。相关的结论，得到实验的反复验证。同时，随着读者对本书的内容了解越来越深入，还会了解孕期吸烟和其他因素结合在一起发挥作用后促进暴力的概率。

我的读者中，估计少不了烟不离手的现代女性。我真心希望，你在怀上小宝宝之前，一定要戒掉自己那点小爱好。而且，就算你从来不主动招惹尼古丁，也不能完全脱离危险。你周围的人——丈夫或同事——如果继续吞云吐雾，腹中的宝宝仍然在遭受毒害。宾夕法尼亚大学的丽萨·加茨克-科普（Lisa Gatzke-Kopp），我过去的一名学生，她发现，母亲在孕期大量吸入二手烟，可能导致孩子更容易出现品行障碍，往后更容易滋生反社会行为。我的另一位学生辅助加茨克-科普完成了此次实验，他们发现，即使排除了父母可能的遗传因素、相关的家教因素，以及其他生物和社会因素的影响力之后，二手烟和品行障碍乃至暴力行为的关系仍然成立。

为什么怀孕期间的少量烟雾，可以让胎儿出生后走上好勇斗狠的人生之路？从胎儿接触尼古丁到反社会行为，中间的作用机制到底如何发挥效力？经过脑扫描发现，许多成年暴力分子都有严重的脑损伤，其中的原因可以部分归咎于吸烟。动物实验也找出了香烟中导致暴力的两大神经毒素——一氧化碳和尼古丁。尼古丁通过胎盘直接影响胚胎。首当其冲遭受冲击的是子宫的供血机制。供血量减少，胎儿接受的营养和氧气也会跟着降

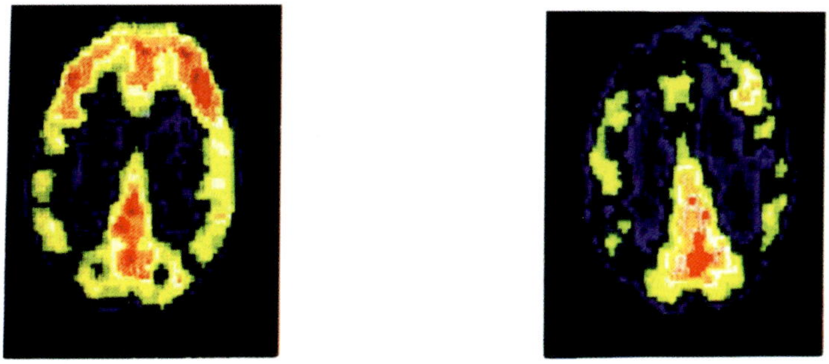

正常人　　　　　　杀人犯

图 3.1　正电子成像术（PET）扫描显示的人脑水平截面图鸟瞰，谋杀犯的前额叶皮层（顶部）功能减弱，正常人的活跃。呈现红黄暖色的区域大脑部功能相对活跃

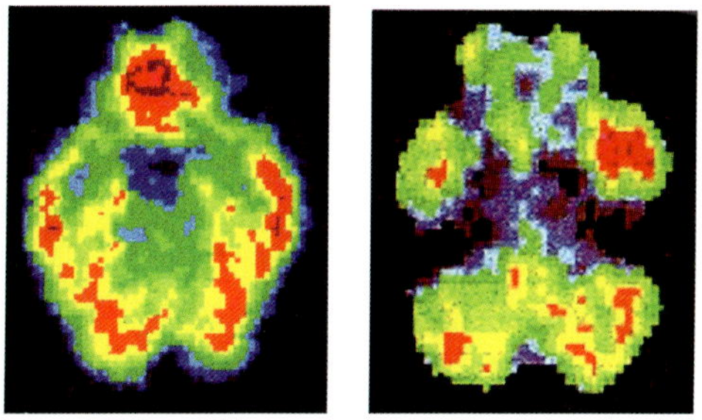

正常人　　　　布斯塔曼特

图 3.2　鸟瞰正电子成像术（PET）脑扫描水平截面图。右图显示冲动型杀人犯安东尼奥·布斯塔曼特的眶额叶皮层（顶部）活动减弱，左图为正常人脑扫描结果

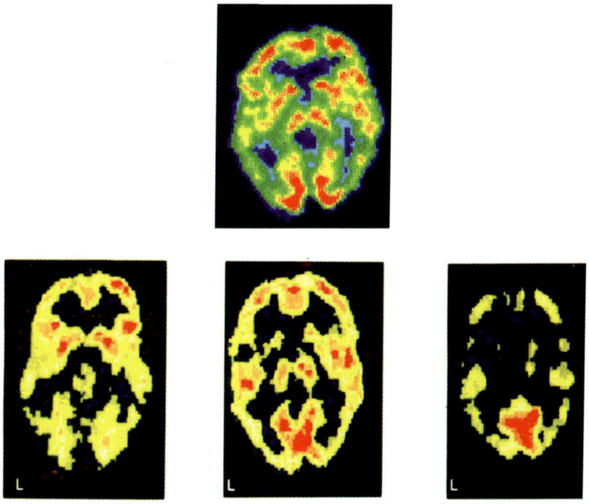

正常人　　　　连环杀手　　　　杀人犯

图 3.3　功能性脑扫描（PET 扫描）鸟瞰图，正常人（下左），连环杀手兰迪·克拉夫特（下中），一次性冲动杀人犯（下右），作者本人（上方）

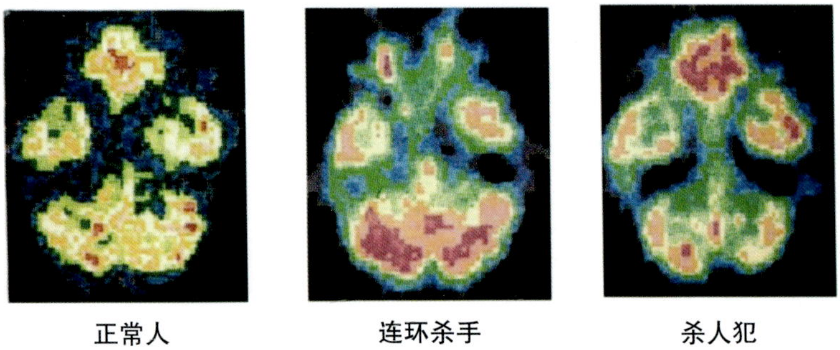

图 3.4　正电子成像术（PET 扫描）鸟瞰图，显示前额叶皮层（顶端）功能减弱情况，重点关注反应性谋杀犯与主动性谋杀犯、正常人的比较。红色、黄色代表大脑功能高度活跃，冷色部分代表大脑功能极度低迷

图 3.5　海马体（左）与海马（右）的形态比较

人行桥上的个人道德困境

一辆有轨电车已经失控，前方 5 个工人的性命危在旦夕。你站在他们头顶的人行桥上，旁边站立着一位体形硕大的陌生男子。

如果你想拯救桥下 5 位工人的性命，只能把那个陌生大块头推下桥去。牺牲陌生男人，可以救下 5 个工人。

你会作何选择呢？牺牲陌生人拯救 5 条命，是不是一个合理的选择？

图 3.6　人行桥上的个人道德困境

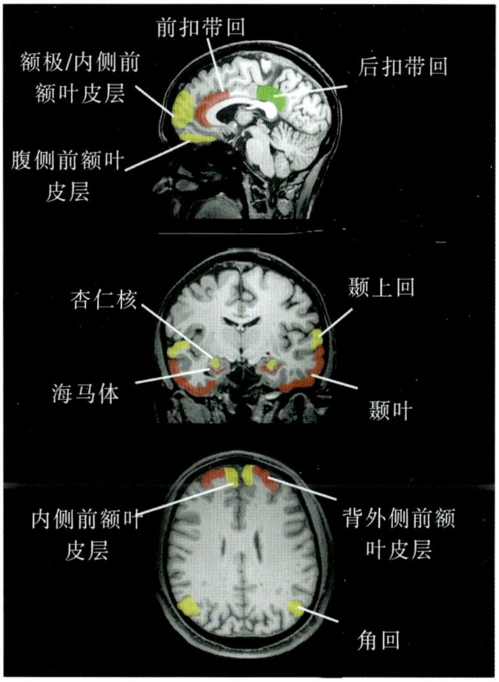

图 3.7　磁共振成像（MRI）扫描截图：大脑侧视图（上方）、正视图（中间）和鸟瞰图（下方）。正常人作道德抉择时的脑区（绿色），反社会分子专有（红色），正常人和暴力分子作道德抉择时的共同脑区（黄色）

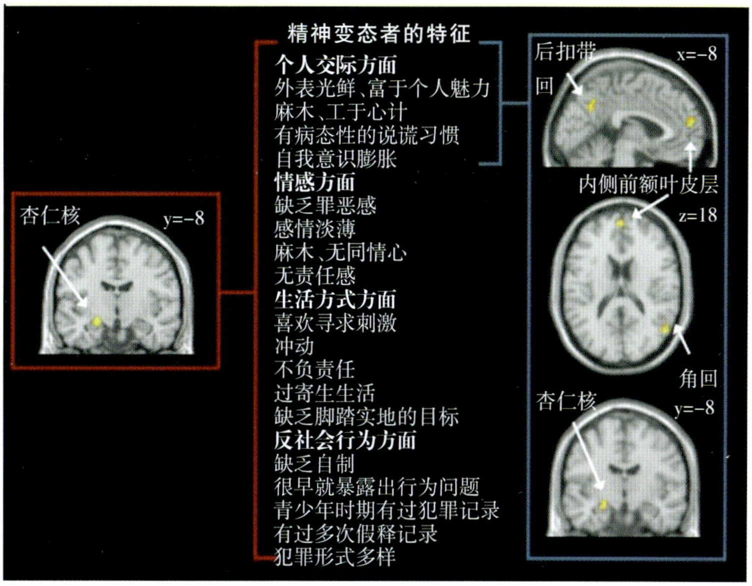

图 3.9　精神变态者的杏仁核功能状态

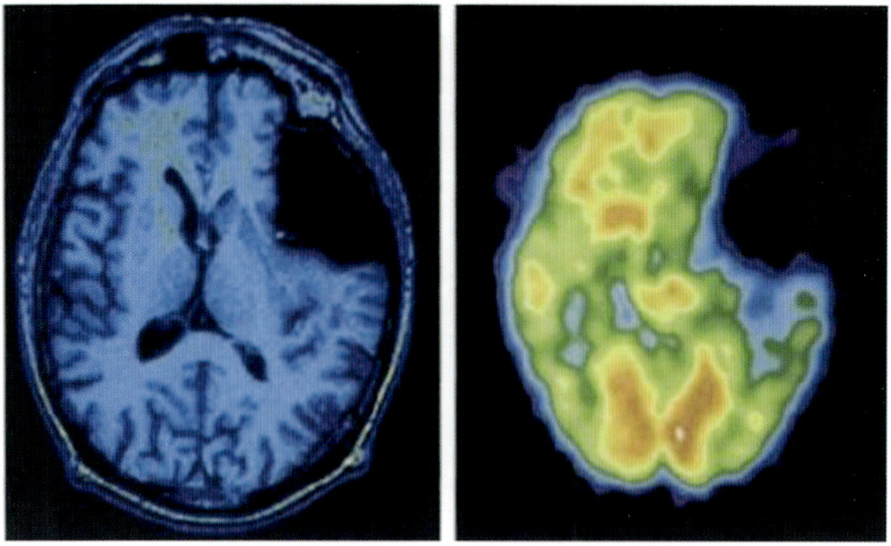

图 5.1　温斯坦的脑磁共振成像（MRI，左）和正电子成像术（PET，右）扫描图

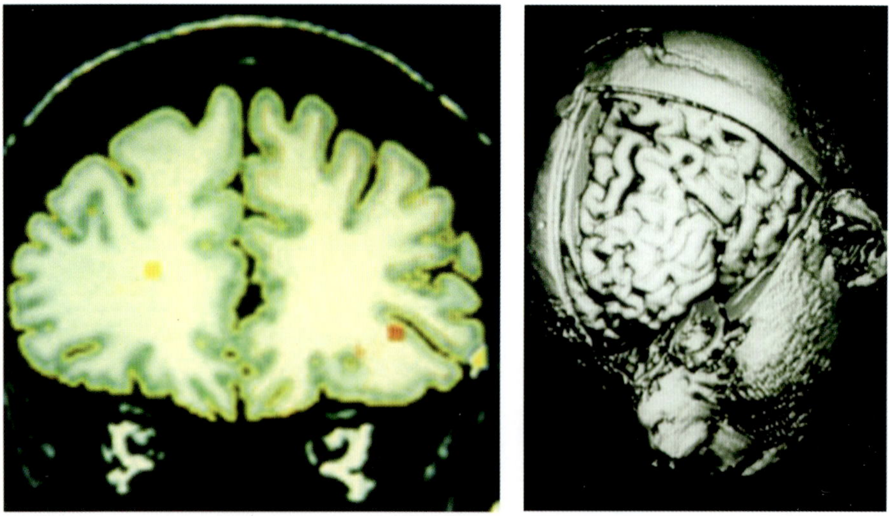

图 5.2　结构性磁共振成像扫描下的前额叶皮层（右图），以及左图中的一帧前额头切片：广泛的轴突白质（白色）分隔开神经元物质（绿色）

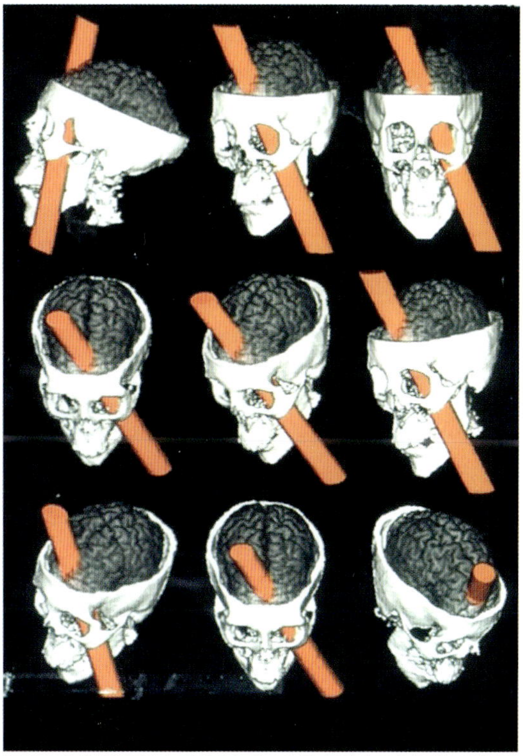

图 5.5　捣固杆击穿菲尼亚斯·盖奇颅骨还原图

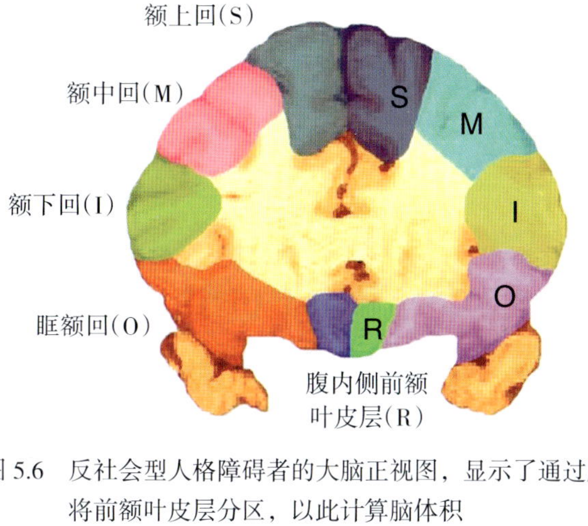

图 5.6　反社会型人格障碍者的大脑正视图，显示了通过脑回将前额叶皮层分区，以此计算脑体积

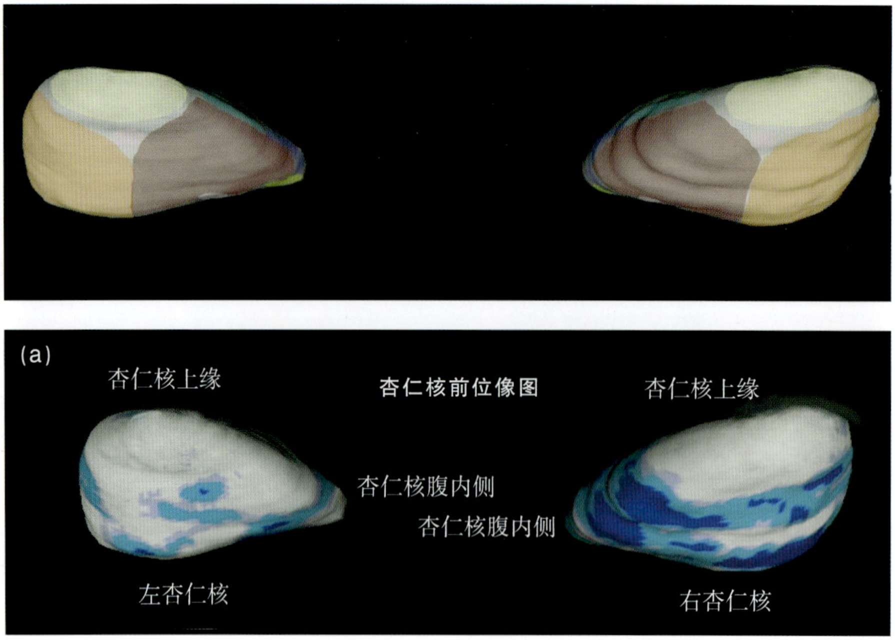

图 5.12　正常人的杏仁核（上），精神变态者的杏仁核（下）

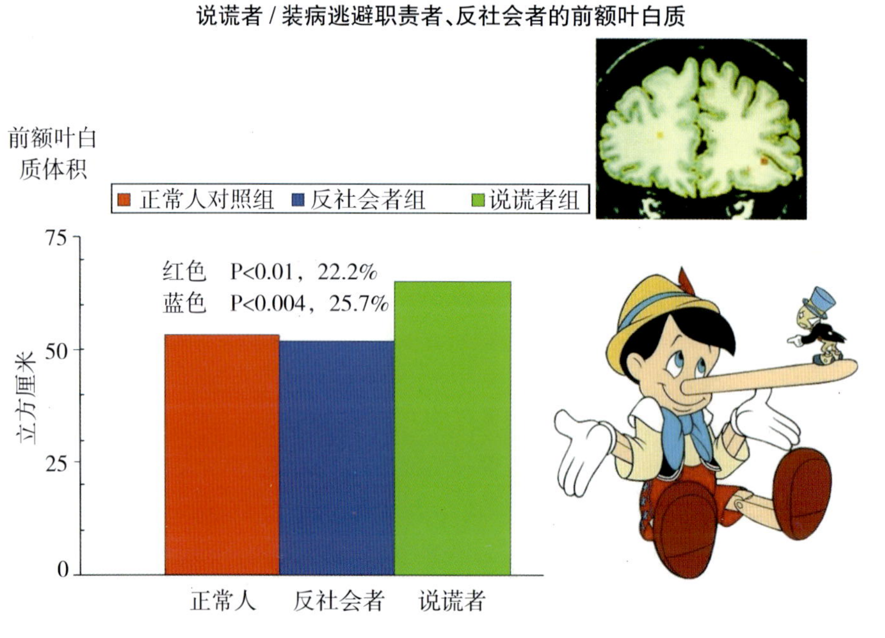

图 5.13　主图揭示了病理性说谎者、正常人、反社会者在前额叶皮层白质体积上的差别。右上角为脑成像冠状切片图，显示了贯通大脑前额叶皮层的白质

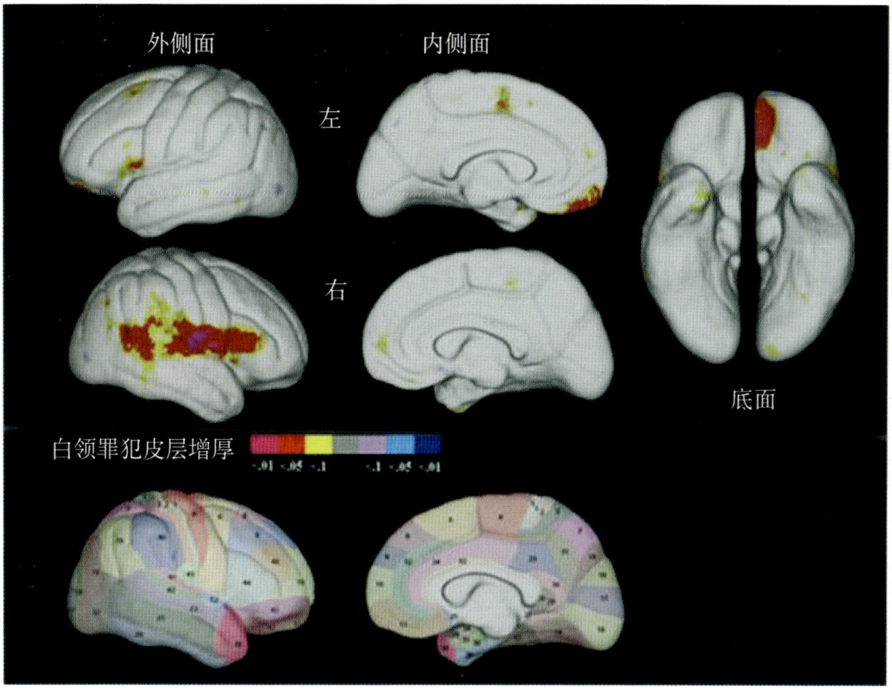

图 5.14　正常人的杏仁核（上），精神变态者的杏仁核（下）

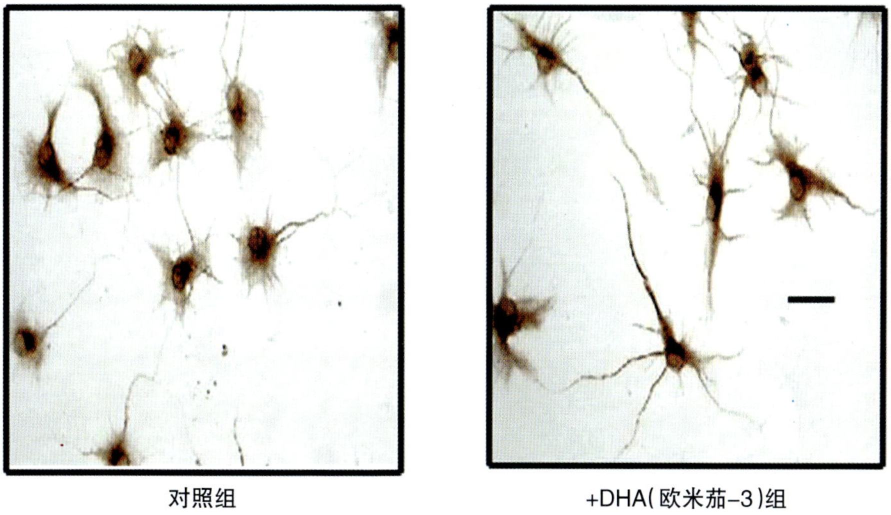

图 7.4　动物神经元轴突生长比较

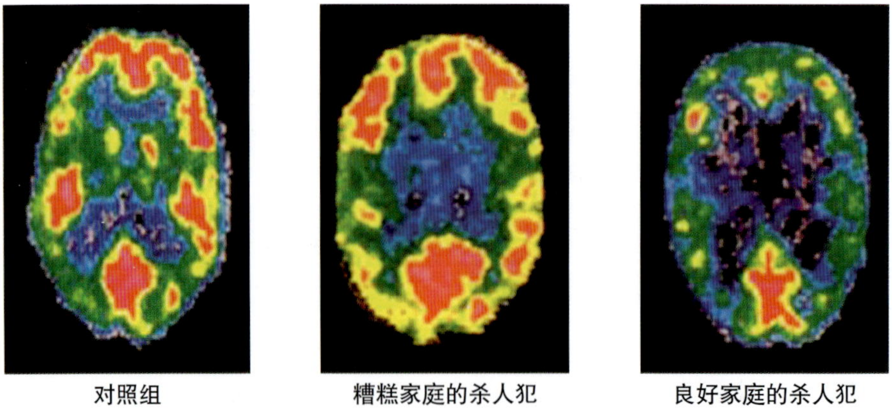

图 8.4　正电子成像术（PET）扫描鸟瞰图。揭示了来自良好家庭杀人犯的前额叶皮层功能减弱（顶端）情形。红色和黄色部分显示该脑区功能处于活跃状态

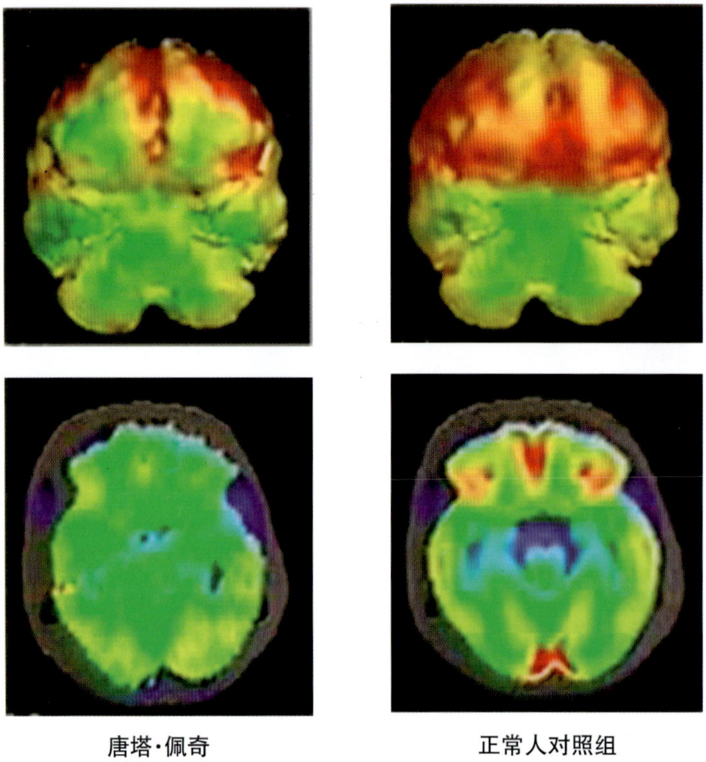

图 10.2　正电子成像术（PET）扫描图显示谋杀犯唐塔·佩奇（左）和正常人（右）比较，其腹侧前额叶皮层功能显著减退。上面为大脑鸟瞰图，下面是大脑正视图

低。低氧状态下，极易造成大脑损伤。研究显示，受到冲击的胎儿常常出现大脑周长缩小的现象。这个现象，当然是大脑发育不良的重要表征。研究人员对相关的成人进行了脑扫描，发现他们大脑皮层的眶额叶较薄和额中回甚厚——这两个脑区都和暴力行为息息相关。稍后，各位读者将会在本书中看到更多相关的内容。

吸烟会损伤胎儿大脑，同样会恶劣影响婴儿的大脑，进而可能导致儿童和青少年的神经心理障碍，乃至成年人。实验证明，类似的损伤确实存在，相关对象的选择性注意力、记忆力和对语言刺激的反应能力都会由此降低。有学者研究了6—11岁儿童，发现母亲孕期吸烟和儿童算术与拼写能力下降之间的剂量效应关系。同时，我们还发现，暴力分子的神经认知功能都遭遇过严重创伤，数学和拼写能力的低下，也是他们学业不济的重要原因。总之，胎儿在孕期遭遇吸烟的侵害，会损伤神经认知通路，是他日后沾染反社会和暴力行为的一大前兆。

而且，即便胎儿接触的尼古丁非常之少，也会给去甲肾上腺素神经递质系统带来不可磨灭的损伤。相关的损伤，我们早前曾讨论过。去甲肾上腺素由于烟草的影响而减少，也会导致负责同情心的交感神经系统活性减退。此前，我们曾经利用皮肤电传导（流汗率）试验对于研究对象的交感神经兴奋进行过测试，发现反社会个体在这方面显得相当迟钝。而且，实验中的母鼠如果摄入平常人类烟民所吸收的尼古丁含量，其后代身上的心脏M2-毒蕈碱乙酰胆碱受体（M2-muscarinic cholinergic receptors）就会增加。一旦胆碱能受体抑制自主神经系统的功能，老鼠罹患心脏病的几率因此大大上升。正因为吸烟和受体之间的这层关系，许多反社会分子才会呈现低静息心率。而皮肤电传导性质的条件性恐惧的迟钝，也和这种自主神经功能的衰退有关。实际上，只要胎儿接触香烟，掌管同情心的交感神经系统就会因此怠工，人也会因此变得狂怒焦躁，易受刺激。

你可能认为，如今的妈妈应该都充分认识到了吞云吐雾对未出世孩子的危害有多么巨大。可是，在美国，仍有四分之一的怀孕母亲烟不离手。到了大洋彼岸的英国，四分之一的烟民母亲，即便怀孕了也不愿戒掉自己的不良嗜好。即便到了今天，吸烟母亲仍然在给许多孩子蒙上暴力犯罪的阴影。

解暴剖力 孕期饮酒

1992 年，杀人犯罗伯特·奥尔顿·哈里斯（Robert Alton Harris）在圣昆丁（San Quetin）监狱伏法，他因为背负两条人命被处以毒气死刑。25 年来，加州还是第一次执行死刑。哈里斯犯罪手段极其残忍，落得如此下场也是应当。1978 年，哈里斯伙同自己的兄弟一起准备外出行窃。兄弟俩准备先抢劫一辆汽车，再去银行大干一票。很快，他们就瞄准了一辆绿色福特汽车。汽车里，两个年轻人正在大嚼汉堡包。在哈里斯两人的枪口胁迫之下，年轻人将汽车开进了湖泊边的一片密林之中。年轻人原以为，只要乖乖听话就会平安无事。但是，哈里斯背弃诺言，将两人残忍枪杀。审判席上，陪审团的团员们都被哈里斯的残忍深深震惊。

当时，哈里斯正要下毒手，受害者中的一位——16 岁的迈克尔·贝克（Michael Baker）开始哀求饶命。据哈里斯日后对狱友的吹嘘，冷血的他告诉受害者："别哭了，像个男人一样去死吧。"男孩眼看求告无望，转而向上帝祷告。哈里斯继续冷嘲热讽："上帝帮不了你，小子，你还是去死吧。"杀人之后，哈里斯抓起男孩没吃完的汉堡包开始细嚼慢咽，他的冷酷由此可见一斑。哈里斯一边吃，一边慢慢擦拭枪上沾染的血迹。哈里斯的冷血和残忍，让陪审团印象深刻。考虑到他曾经因为谋杀罪锒铛入狱一次，而且刚刚出狱便再次谋害人命。因此，他们一致判定他应该以命偿命。

为什么哈里斯如此冷酷无情？原因在于胎儿酒精综合征（fetal alcohol syndrome）。所谓烟酒不分家，就此有了"新解"。既然抽烟能给孕期胎儿带来如此严重的负面后果，饮酒造成的灾难也不在话下：母亲在孕期饮酒，酒精可能破坏胎儿的大脑，成为他出世之后一步步走向暴力犯罪的先兆。

1973 年，儿科医生肯尼思·琼斯（Kenneth Jones）第一次发现了这种疾病，首次确立了胎儿酒精综合征的四大特点：一、源自怀孕期间母亲接触酒精；二、导致颅骨表面异常；三、造成生长发育迟滞；四、造成中枢神经系统（CNS）障碍，从而使得患者出世之后患上学习障碍、智商低下。四大特点当中，第二条显得尤其触目惊心。如果想对相关异状有个直观印象，看图 6.2 中婴儿的惨相就一目了然。在一家医院，能同时看到两个不同的婴儿患上同一种可怕的疾病，最后都沦落到了同样可怖的境地，这种情形不多见。据统计，在1 000名新生儿中，仅有3例该病患者。但是，胎儿酒精综合征毕竟少见，“胎儿酒精效应”（fetal alcohol effects）才是影响大众的主要问题。后一种症状影响之下，人会出现前者的一到两种症状，程度要轻微一些。这种疾病在大众人群中的比例达到了1%。

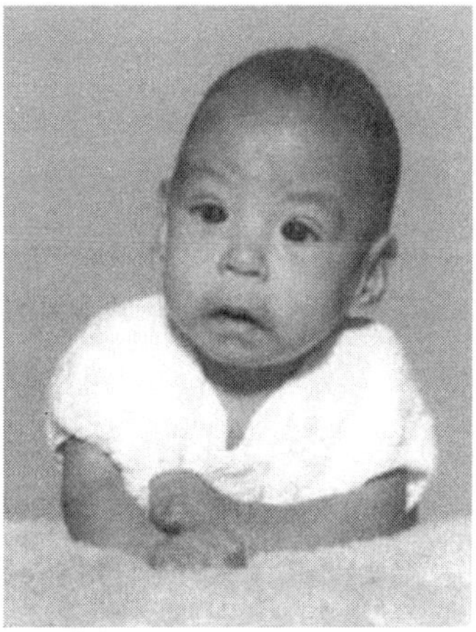

图6.2　胎儿酒精综合征患儿

胎儿酒精综合征同犯罪的关系则更让人吃惊。安·施特赖斯古特（Ann Streissguth）供职于西雅图的华盛顿大学，她和同事对胎儿酒精综合征的研究最为深入。尽管胎儿酒精综合征并不多见，但施特赖斯古特还是在太平洋西北部的岛屿上搜集到了473例病患。这个数字委实不小，让人不觉感叹她的工作能力。其中有的人患有胎儿酒精综合征，另一些虽然没有此病，却也有个怀胎时候仍然不忘杯中酒的母亲，染上了胎儿酒精效应。施特赖斯古特连续14年追踪研究对象的反社会行为，发现其中61%的人有过少年犯罪经历，60%曾经被开除出学校，45%的人性生活有异状——比如涉嫌乱伦、兽交和当众自慰等等。其中，50%的男生和33%的女生都有被捕乃至被起诉的经历。

施特赖斯古特的研究从胎儿酒精综合征开始，止于受试人员的反社会行为发生之时。另一种方式则开始于人群中的反社会个体，旨在检测他们当中罹患胎儿酒精综合征和胎儿酒精效应的比率。这正是戴安娜·法斯特（Diane Fast）和她同事做的研究，他们发现，胎儿酒精综合征占到了总人群1%的比率，占到胎儿酒精效应的22%，差不多是预期基准比率的3倍。

母亲怀孕期间摄入酒精和子女后来出现行为问题的概率之间的关系也就此坐实。

母亲孕期饮酒与孕期吸烟的后果同等严重，有三分之一的因素导致胎儿酒精综合征-反社会关系。对此，有的人可能会提出异议。准妈妈抽烟喝酒可能只是偶发事件，其他社会因素可能才是导致研究对象产生反社会行为的原因。为了澄清这一误解，研究人员专门进行了收养实验。爱荷华大学的雷米·卡多雷（Remi Cadoret）发现，如果一个孩子的生母在妊娠期间沉溺酒精，即便孩子日后被其他家庭收养，也摆脱不了品行障碍乃至成年后反社会行为的高发率困扰。他们陷入类似问题的可能性，远远大过那些生母在孕期没有饮酒习惯的收养儿童。卡多雷选取的研究对象大多在出生后即被收养，远离了亲生父母的影响，他们的反社会行为显然和亲生父母的言传身教等社会因素毫无干系。经过研究，母亲在孕期酗酒与否，和孩子日后会不会走上犯罪道路确实存在因果关系。

那么，这种关系有着怎样的作用机制呢？相关的作用机制同人的大脑有着密切联系。酒精可以干扰乃至破坏胎儿大脑发育的进程。图 6.3 中的两个大脑分别属于两个不幸夭折的婴儿，其中一个遭到过胎儿酒精综合征的折磨，另一个则没有。他们在来到人世 6 周之后不幸死去。右图可鉴，患病婴儿的脑组织大面积萎缩现象实在触目惊心，其中，胼胝体受害尤为严重，从连接两片大脑半球的白色神经纤维束，就可以一窥病情的严重。同样，糟糕的执行性机能和自控能力几乎肯定也是胎儿酒精综合征的直接后果。

动物实验表明，孕期后半段正是大脑快速发育的关键时期，此时如果母亲摄入大量酒精，将会直接造成神经元的损失。与此同时，酒精还会影响谷氨酸能神经递质发挥功能，最终造成海马体可塑性大大下降，而学习能力也因此变得低下。饮酒的危害并不亚于吸烟。患有胎儿酒精综合征的人只要在稍稍长大后接受脑扫描，就会发现自己的大脑结构和功能已经因为母亲贪念杯中酒而遭受大面积重创。

如果孕妇稍加控制，一周只喝一次酒，能否摆脱胎儿酒精综合征的风险呢？不幸得很，饮酒与吸烟一样，饮酒量和反社会行为及其他的外化行为问题有着明显的剂量效应关系。母亲孕期饮酒越多，孩子沾染相应问题行为的可能就越大。研究者发现，一些非洲裔美国妇女每周至少要饮酒一次——可谓相当克制，不过，孕期中她们这个习惯也没有改变。结果如何

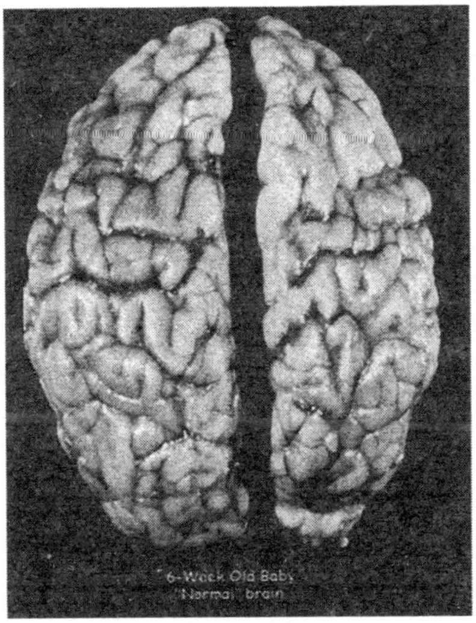

正常婴儿大脑

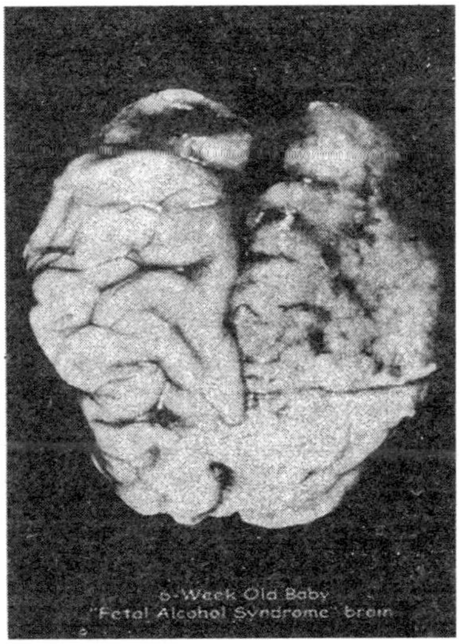

胎儿酒精综合征患儿大脑

图 6.3　出生 6 周的正常婴儿（左）和胎儿酒精综合征（右）患儿大脑

呢？她们的孩子长大后的攻击性倾向和违法问题也是层出不穷。实际上，研究结果明示，准妈妈在任何一个怀孕时段，饮用任何酒类，都能让孩子长大后涉及少年犯罪的概率提高 3 倍。为了证明其中的因果联系，研究人员还专门进行了动物实验，事实再次证明，接触酒精多少和大脑结构损伤之间确实存在剂量效应关系。总之，怀孕期间还继续开怀畅饮或者自觉是浅酌，实在是对孩子的健康不负责任。

综上所述，你相信世界上有天生杀手吗？如果天生杀手等同于“暴力犯罪是不可改变的命运”，那么答案是否定的。当然，一个人出生之初乃至出生之前，身体上已经出现了与暴力起源密切联系的多种影响健康的因素，比如分娩并发症、胎儿大脑发育不良、孕妇吸烟饮酒、睾丸素过量接触……这些因素都很可能是暴力人生的前奏。因此，该隐的标记虽然体现在生物学的基础方面，其形成过程却和外部环境难逃干系。总之，它们并非基因造成的天生缺陷。生物学因素和社会环境不可避免的交互作用，乃是暴力生物学必须考虑的重点内容。

对于暴力生物学来说，找出那些暴力易感人群的特征最是紧要。很多人的命运，确实在生命早期就已经确定了一大半。同时，许多不同的健康因素交织碰撞，也可能造成有害的后果。下一章中，我们将介绍这一杯由各种健康风险因子混合调制成的暴力鸡尾酒。要成为彼得·萨克利夫这样的人，区区一次分娩并发症远远不够催生为谋杀犯。生物学原因造成的精神疾病，乃是塑造彼得·萨克利夫犯罪生涯的关键因素，同时，还有许多其他的原因需要提及和研讨。

第7章　吃出来的暴力

营养不良、金属和精神健康

1944—1945年之交的阿姆斯特丹，实在不是一个宜居之地，对于身怀六甲的母亲而言尤其如此。当时，著名的"荷兰饥饿的冬天"刚刚降临。1944年6月，盟军已经在诺曼底登陆。这次大捷造就了许多后果，不是每一种都那么积极。虽然已经登上欧洲大陆，盟军仍然一度受阻于莱茵河流域之外，荷兰的大部分国土仍然被纳粹盘踞。9月，身处伦敦的荷兰流亡政府号召国内铁路工人举行罢工，以支援盟军的行动。号召得到了响应，却也遭到了纳粹报复。德国占领当局决定切断荷兰西部的食品供应，大片地区遭受影响。

局势很快严峻起来。首先，那一年的冬天来得特别早，出奇的寒冷和凛冽。运河结了冰，食物运输无法正常进行。德军一面逃窜，一面在途中大肆破坏，将大量桥梁和码头悉数捣毁，给交通运输带来了无比的困难。其次，荷兰大片耕地遭到战争破坏而荒芜，自然无法给人们提供食物。人们本来就肚腹空空，加上这两大不利因素，痛苦的感觉顿时翻了一番。

饥荒开始出现。1944年11月，每个城市居民每天只能领取1 000千卡路里的食物。到了次年2月，局势更趋恶化。食物配额下降到每人每天不到580千卡路里。绝望之中，人们饥不择食，他们甚至把郁金香球茎吞进肚子。对于城市居民，更是深受食物配额制度之害。几千人因为饥肠辘辘患上了并发症，最终不幸死去。至于尚在人世的几百万荷兰人，生活也艰难得就像身在地狱。直到1945年5月，荷兰解放，人民才结束了这段长达8个月的苦日子。

苦难岁月结束了，但反社会型人格的集中表现窗口似乎才刚刚开启。当然，暴力的种子早在那个饥饿的冬天就已经种下了。那段日子，不但处于妊娠期的母亲在挨饿，隐藏在视线之外的小小受害者——她们的腹中胎儿也在忍受营养不良的折磨。直到1963年，饥荒的恶果才真正显露出来。那一年，曾经忍饥挨饿的胎儿已经长到了18岁，正是服义务兵役的年龄。进入兵营之前，他们接受了精神病学体检。体检内容包括对反社会型人格的评估和核算。[63]后来，这次体检的数据被用于流行病学研究。研究的课题非常具有独特性，事关胎儿期营养不良和未来行为习惯的关系。

纽约州精神病研究中心的理查德·诺伊格鲍尔（Richard Neugebauer）是这个研究课题的主持人。他和同事将100 543名男性受访者分为两类：第一类人出生在荷兰西部各大城市，包括阿姆斯特丹、鹿特丹、莱顿、乌得勒支和海牙。饥馑冬日期间，他们的家乡受灾严重。第二类人则出生在荷兰北部和西部，遭受饥荒的影响较小。

调查结果如何？第一类人长大成人之后形成反社会型人格的可能性，要比第二类人整整高出2.5倍。其中，第一类受试者中的有些人在胎儿期的头两个季度贯穿了整个饥馑冬日，他们的表现尤其具有代表性。从此后，胎儿期营养不足可能导致成年后反社会行为这个推论，开始为世人知晓。

在本章，我们将集中探讨营养、毒素和精神健康问题，同时，还将继续强调环境对大脑机能障碍的重要影响，以及这种影响和犯罪之间的密切关系。我们的研究始于人体的五脏六腑，然后会先后谈及牙齿和头发，最后回到大脑上面。经过深入细致的研究，以大量的调查和动物实验为佐证，暴力解剖学（Anatomy of Violence）将得出一个令人信服的结论：铁、锌、蛋白质、核黄素（维生素B_2）、欧米茄-3（多元不饱和脂肪酸，即深海鱼类）等营养元素的缺失，很可能是某些人堕入暴力犯罪深渊的直接原因。

当然，营养不良和反社会行为的联系达何种程度尚不确定，它们之间的联系可大可小，还有待我们继续深入研究。同时，如果一个人营养不良，又长期暴露在铅和锰之类重金属元素的环境之下，所造成的结果更是难以设想。在本章的最后，我们将从生理健康跳回心理健康的领域，审视一些重大的精神疾病及其生物学根源是如何导致暴力行为的。

我对营养不良和暴力之间的关系产生兴趣，缘于一次外出学术会议。那一次，和我同去的是一名绝顶优秀、精力充沛的研究者，名叫丹尼·佩恩（Danny Pine），来自哥伦比亚大学，以研究品行障碍儿童的心率和认知功能著称。佩恩戴着一副闪闪发光的眼镜，下巴蓄着一团乱蓬蓬的大胡子。我们步行前去参加诺伊格鲍尔（Neugebauer）的学术报告会，一边走一边聊，他很健谈，几乎一路喋喋不休：“阿德里安，咱们马上要和理查德见面了。他那个荷兰课题太棒了——二战、饥荒、犯罪。绝对很有意思，你肯定会很感兴趣的。”说罢这席话，丹尼神秘兮兮地眨了眨眼睛，露出一脸怪笑：“见到理查德的时候，千万别忘记问他郁金香球茎的事哦。”

郁金香？这件事跟郁金香有什么关系？我只记得一首歌和郁金香有关：“又是一个春天到，我再带来阿姆斯特丹的郁金香花儿。”但这跟我们的学术会议有什么关系呢？随后，我第一次见到了理查德·诺伊格鲍尔，第一次见识了他的研究项目，第一次听说了“荷兰冬季饥荒”这回事。当然，还有那时候人们以郁金香球茎充饥的故事。这段故事发生在那段日子的最后几个月。要知道，郁金香的球茎含有毒性。晚些时候，我们会谈到毒性物质和暴力行为的关系。理查德告诉我们，项目中仍有许多未解课题。由于他们的研究对象只限于成年男性，那么女性面对同样的境况会有什么样的反应呢？同样的理论是否适用于未成年人的攻击性和反社会行为？贫困之类隐藏着的社会因素是否有着决定性的作用？

当时，以上这些问题在我的脑海里反复浮沉，终于，我下定决心要参与这个研究。这一次，我们的测试地点位于毛里求斯，参与者有1 559人，全部为3岁孩童。母亲带着他们来到实验室，先是接受专业人员的营养测试。营养不良有5个内外表征，我们想从受试者中找出带有这些表征的孩童。首先，受试者将进行一次血检，确定血液中血红蛋白的含量。我们可以借此了解他们是否缺铁。其次，我们会一一测试和确定孩子身上的另外4个外部表征。你年纪尚幼的那一阵，嘴角是不是带有小小的裂纹？这些裂纹时有时无。有时候，它们还会发干、变硬，我只要拿舌头去舔舐那些缝隙，自己的感觉就会好一些。当你的身体缺乏核黄素（维生素B_2），你的嘴角上也会出现同样的症状。同时，缺乏维生素B_2（核黄素）和尼克酸（niacin，维生素B_3），身体也会出现如此反应。

紧接着，营养师会仔细检查每个孩子的头发。他们重点关注孩子头发的颜色。毛里求斯的大部分孩子都是一头黑发，这很正常，孩子们要么是非洲原住民、要么来自印度或中国的移民家庭。不过，有些孩子的发色却是微微带着金黄，这可不是他们父母为了时髦刻意打扮自己的宝贝。在当地，这种孩子有个名字叫做“夸希奥科”（kwashiokor），当地语言中“红头发”的意思。“夸希奥科”是一种缺锌、缺铜和缺乏蛋白质的表征（恶性营养不良症，又称夸休可尔征）。缺乏以上这些营养物质，可能导致头发色素沉积异常，而失却本来的黑色。

除了头发颜色，营养师们还对孩子们头发的疏密度非常关切。如果某个孩子头发又疏又稀，那么他的体内一定缺乏铁、锌和蛋白质。关于头发的测试还没有完，营养师会剪掉每个孩子的一绺头发，而后努力将其拽直。如果这个动作完成得非常容易，说明头发的主人体内缺乏蛋白质。至此，以上这 5 个临床表征，大致可以代表一个人营养不良。

内容进行至此，应该介绍我的妻子——刘江红（Jianghong Liu）出场了。那时，江红是南加州大学的护理学研究员，为此次实验贡献不少，是我这次研究背后的驱动力量。如果某个孩子出现了上述表征之一，江红就会把这个孩子归为营养状况不良一类，至于那些没有出现表征的孩子，当然属于正常的受试者。完成对 3 岁孩子的研究之后，她又相继评估了 8 岁、11 岁和 17 岁三个年龄段的相关数值。与此同时，我们还请孩子们的父母和老师评估了他们的攻击性、反社会和多动症行为。相关的结果，在图 7.1 中非常明显。你能从中发现一个现象：无论年龄层如何，营养不良的孩子都显得更加冲动，更加富有攻击性，也更有反社会行为倾向。他们在侵略性、不法行为和多动症倾向这三个“外化问题行为”（externalizing behavior）方面均远远超过普通孩子。

且慢，营养状况较差的孩子行为不端，可能并非由于营养不良所致。他们的父母可能受教育程度不高，收入也偏于低下。也许，这些社会风险因素才是孩子的行为问题的原因。至于营养不良的问题，可能和孩子的暴力倾向并无关系，只是间接反映了营养不良孩子暴力倾向背后的社会原因而已。有鉴于此，刘江红特意列出了贫穷等 13 条可能影响孩子暴力倾向的社会因素，并根据这些因素，对受试者进行分门别类。

这些因素之中，贫困自然位居第一。不过，营养不良和暴力之间的关系根深蒂固，并没有出现丝毫的偏差。无论参与测试的孩子来自混血人家庭，抑或属于纯正印度人，不管他们是男孩还是女孩，只要营养状况不良，任何种族、任何性别的孩子都更可能倾向暴力。同时，我们还在 17 岁年龄段的受试者中发现了一组剂量效应关系（dose-response relationship）。图 7.2 显示，一个孩子所显现出的营养不良表征越多，就越有品行障碍的高比值。相关的结果，大大加强了营养不良和品行障碍之间的关系。

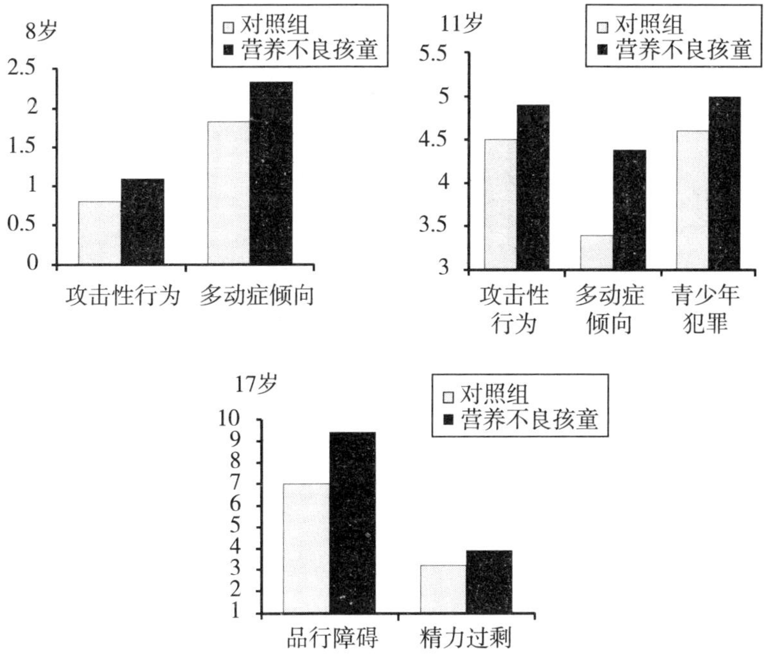

图 7.1　营养不良孩子和对照组在三个年龄段的外化行为问题得分比较

当然，营养不良孩子的类型有许多种。类型不一样，影响力也有细微不同。比如，缺铁的代价相当惨重。动物实验显示，铁元素与 DNA 合成、神经递质的产生和作用息息相关，同时，铁元素还可以帮助大脑形成白质（white matter）。总之，铁元素对于大脑非常重要，缺乏铁元素自然会妨害相关的大脑结构与功能。事实确实如此。实验表明，食谱中选用含铁的食物，可以帮助儿童提高认知能力。

我有过口角炎病史，病因是缺乏核黄素。核黄素的缺位，标志着体内的维生素 B_2 含量不足，也有可能导致认知能力提高缓慢。因为维生素 B_2 可以促进血液对铁元素的吸收。反之，缺乏核黄素也意味着体内的铁含量不大充足。如果你有类似问题，不妨尝试着多吃一些富含维生素的食物，比如玉米片之类，然后你的病情就会慢慢消弭。

我们的实验横跨数个年龄段，涉及许多种问题行为类型。最后的结果显示：营养不良可能抬升成长期的孩子行为问题的比率。但是，一个基础性问题来了——营养不良到底通过何种机制影响人的行为？营养方式——

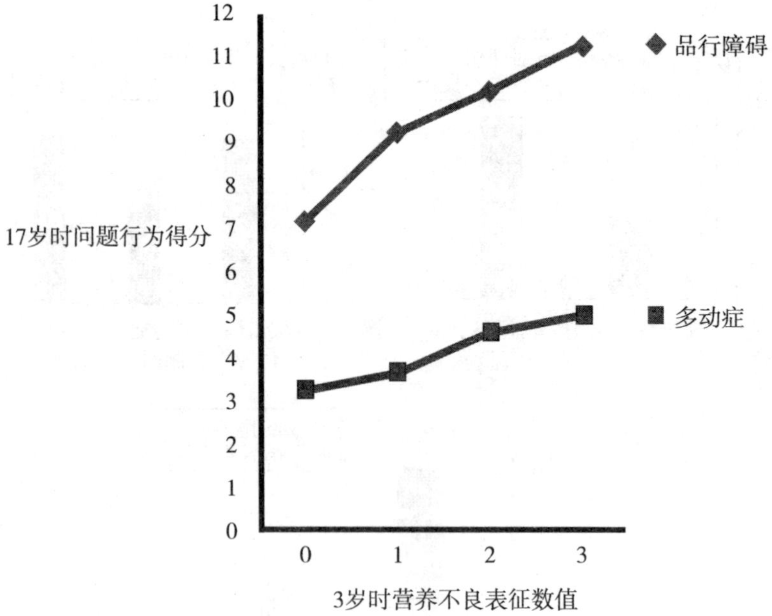

图 7.2　3 岁时的营养不良表征和 17 岁时的问题行为之间呈剂量效应关系

具体说是缺乏营养，是如何演变为暴力和反社会行为的？要回答这些问题，我们必须回到基础，回到大脑，回到认知功能上来。

刘江红发现，3 岁年龄组中营养不良孩子的智商往往偏低。在 8 岁和 11 岁年龄组中，也有着相同的情形。至此，她再次发现了一组剂量效应关系：营养不良的水平越高，智商的水平就越低下。如果一个孩子拥有 3 种不同的营养不良表征，那么他/她的智商将会下降整整 17 分，简直就是暴跌。试想，你的成绩本来位居全班中游，后来却成了班上的倒数 11%。原因不是你不努力，只是由于你没吃过什么好东西。营养不良对于认知能力的打击堪称全方位，无论是言语智商还是空间（非言语）智商，都会因为营养不良而大打折扣。

毛里求斯的小学生年届 11 岁的时候，必须参加一次全国性升学考试，以决定将来前往哪一所中学继续求学。这一点，和我那时候的英国完全一样。考试分为英语、法语、数学和自然 4 门功课。对于该国广大少年儿童而言，说是一考定终身也不夸张。我们对于考试的结果作了分析，再次发现了一组剂量效应关系——如果某个小学生的营养状况不良，他的考试成绩也不会好到哪里去。同时，11 岁年龄组所接受的神经心理学功能测试和阅读能力测试，也都反映了同样的结果。总之，营养状况不良会导致学业不济和认知功能减退。当然，一个孩子身处的家庭环境和接受的家庭教育，与其智商水平和营养状况息息相关。但是，我们的实验慎重考虑了这些因素，确保了诸如此类的社会环境指标不会改变测试结果。营养状况不但能够决定一个孩子的智力水平，还对他的升学考试成绩有着直接影响。这是事实，我们必须接受。

从营养状况讲到认知功能，再重新回到行为问题上来。我们对于“营养不良如何促生暴力的机制?”这个问题已经得到了部分解答。那么，营养不良对于认知功能是否有着影响呢？智力水平低下是否会导致孩子肆意破坏和反社会行为呢？看起来，这两个问题的答案都是肯定的。刘江红所得出的调查结果证明：孩子的营养状况越差，智商水平也就越低下。通过数据技术调控，营养状况好坏不同的孩子完全可以“显现”出同样的智力水平。同样的把戏，也可以施加到对于反社会行为程度的测试上来。同时，这种把戏还可以作为粉饰认知水平同营养状况的一种可能机制。营养不良导致智商低下，而认知能力的不足则引导人们走向反社会行为的边缘。

这样的解释完全说得通。你的学业生涯也许非常成功，但是，那些低智商的学业失败者就没有这么幸运：他们不会阅读、不会算术，而其他孩子却是日日在学习，天天在进步。日子过了一天又一天，一周又一周，一月又一月，一年又一年，久而久之，一个人就会堕入失败的深渊。

一个孩子学业不济，很容易导致自尊心低下，甚至失去希望。这些失败的孩子一旦有了破坏的力气，也许会对整个体制进行报复和打击。请注意，虽然我们一再强调大脑营养不良的消极行为对于暴力倾向的影响，社会因素同样也在研究的范围之内。实际上，营养不良也可以看作一种社会因素。正是由于社会原因，孩子才不能获得足够多、足够好的食物。由此而来，他们的大脑功能遭到损害，而认知能力也大为下降。一些孩子堕落犯罪和暴力，也是因为如此原因。整个过程就像一座让人收不住脚的斜山坡，相关的事例，我们即将见识。

解剖暴力　欧米茄-3和暴力：鱼儿的故事

事物之间总是有些奇异的联系。比如，一个地区是否充斥着暴力和其他不端行为，也许取决于这个地区的人们吃了多少鱼，听上去很怪异吧？我们不妨认真审视一下其中的数据关系。你的爷爷肯定告诉过你：吃鱼健脑。老人家的话可能真有道理。如果吃鱼真能健脑，显然吃鱼多少和犯罪活动也有因果关系。

让我们从一个不为人重视的犯罪学话题开始谈起。这个话题很重要，只是大家习惯予以忽视而已——为什么世界各国的暴力犯罪率如此不一样，是什么原因导致不一样？对于这个问题，有着诸多不同的答案。有的人老调重弹，有的人致力于把常识推翻。其中，失业率的差异是一个大家公认的原因，而城市化规模的不同也能解释犯罪率的国家间差异。很多学者投入了很大的心力，力图把这种差异归结于社会原因。万幸的是，他们获得的数据支持了他们的观点。比如，国内生产总值（GDP）是一个很大的影响因素。GDP越低的地区，暴力犯罪率越高，相关度高达68%。假如我们认为贫穷导致犯罪，那这样一个数据无疑可以为我们的观点提供重大支持。毕竟，更高的GDP水平，意味着更高的政治发展、更好的民主程度和更好的教育环境。

社会机制的不同，收入的不平等，也是导致各国、各地区犯罪率有高有低的一大原因。基尼系数（Gini index）越高的国家和地区，谋杀率通常也处于高企状态。两者之间的相关度达到57%。如果一个国家的贫富差距越大，这个国家的谋杀案也越是高发。丹麦、挪威、瑞典和日本都以均富闻名，同样也以低谋杀率而著称。相反，哥伦比亚、博茨瓦纳和南非的贫富悬殊相当巨大，谋杀现象也非常猖獗。至于美国，水准正好处于两类国家中间。

有趣的是，心理信仰也是造成差异的原因之一。我们当中有嗜钱如命的财迷，也有为爱而不顾一切的情种，你不妨扪心自问一下自己属于哪一种人？每个人在信仰选择上都有着程度上的差异，和个人一样，国家和社会作为一个整体也拥有价值倾向。不同的国家和社会，对于爱情、社会地位、金钱、权力和人际关系的认识也有所差异。试想有这样一个社会，人人都认为爱情胜过金钱。可以预见，这样的地方一定和暴力很少结缘。其中原因就像披头士乐队唱的那样——“你只需要爱”（all you need is love），当然就没什么工夫去考虑占据资源之类的俗务，也就不会由此走上暴力犯罪的道路。

当然，爱情不能当饭吃。吃饭很重要，尤其是吃鱼，这可是一件同犯罪率攸关的大事情。乔·希伯恩（Joe Hibbeln）是美国国家酒类和酗酒研究所的一名科研人员，说到鱼油问题，他可是世界上数一数二的权威。希伯恩比较了美国境内每一年的鱼产品消费量和谋杀案发案率，发现两者之间深有关系。这种关联度达到了 -0.63。[64]

请看图 7.3，大家会发现希伯恩的说法颇有些道理。我们以日本为例，这个国家的谋杀案发生率一直很低，每 10 万人里只有 1 宗而已。同时，日本民众每年都要吃掉相当于自身体重的鱼肉。再看看保加利亚，这里的人民每年消费鱼制品不过 4 磅（1.8 千克），而谋杀案发生率是日本的 10 倍。再看看几个东亚国家的情况，中国每 10 万人中的谋杀案有 4.3 宗，新加坡 3.8 宗，韩国 3.0 宗，日本 1.2 宗，几乎呈下降曲线，和这些国家的鱼制品消费量正好完全一致。

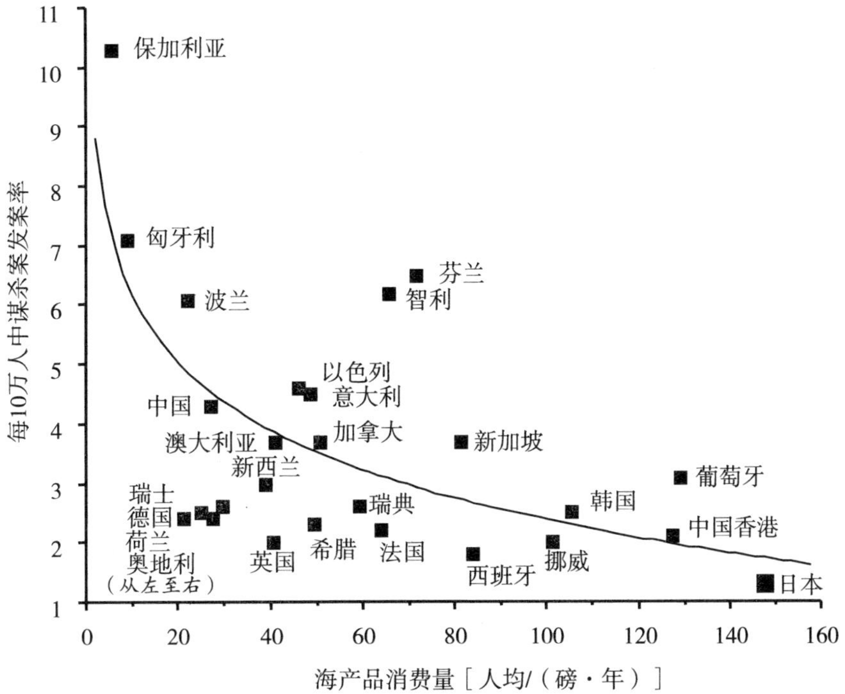

图 7.3　世界各国及地区海产品消费和谋杀率之间的关系

2005 年，我来到宾夕法尼亚大学犯罪学系参加求职面试。当时，我向各位面试官公开展示了乔·希伯恩研究得来的数据，听着我的分析，一位面试官突然抛来一个问题："等一等，咱们美国在哪儿?"确实，图上列出了26个国家和地区，却偏偏没有美利坚合众国的身影。当时，我未来的同事们似乎没有觉察出事情有些蹊跷，但是他们肯定感觉到美国的情况有些不妙。带着好奇心，他们查阅了美国的相关数据。结果呢? 美国的鱼制品消费量位居保加利亚和匈牙利之间，在那份26个国家和地区的榜单中，保加利亚位居倒数第一，匈牙利正好是倒数第二。至于美国的谋杀案发生率，则是一个大大的"9"——十万分之九，这个水平在那份榜单当中位居季军，前两名正好是东欧的保加利亚和匈牙利。显然，鱼儿和犯罪率之间的联系，一点也不下于GDP和犯罪率的关联。毕竟，前两者的关联度达到了-0.63。

当然，国家间的暴力犯罪率差异是一回事情，一国之内的暴力犯罪率差异又是另外一个话题。有证据表明，即便在一国范围之内，鱼制品消费量也和反社会行为差异有着强烈的关联度。一项研究调查了英国布里斯托尔（Bristol）的11 875名孕妇，其中，妊娠期间吃鱼更多的孕妇诞下的孩子，在7岁之前表现出的亲社会行为（prosocial behavior）水平要强过其他孩子。同时，如果妈妈在孕期甚少吃鱼，孩子所表现出的反社会行为水平也要更高一些。

在美国，有人对芝加哥、明尼阿波利斯（Minneapolis）、伯明翰、亚拉巴马（Alabama）四地的3 581名调查对象作了研究。研究显示，很少吃鱼的人表现出的攻击性和戾气要远远超过那些一周至少吃一次鱼的被调查者。同时，血液中总脂肪酸含量较低的男孩脾气更大，行为上也问题多多。把调查对象换成可卡因瘾君子，结果也完全相同。即便是一条狗，当体内欧米茄-3含量降低，也会出现更多的暴力倾向。因此，要想让狗儿乖乖听话，那就给它们多喂食一些富含欧米茄-3的食物吧，这可比让它们穿上整洁漂亮的外套更能规范它们的行为。

吃鱼可以阻止暴力犯罪——就让我们姑且相信这个结论，哪怕相信一分钟也行。想想看，如果哪位动了坏心眼，塞给他一嘴的寿司和三文鱼，也许就能使之弃恶从善，多好啊！可是，这样的结论怎么可能符合科学呢?

当然，我们真能通过实验为这个现象找到原因，原理相当有说服力。实验对象为一群老鼠，实验内容是它们的日常食谱，或者说食谱中欧米茄-3物质的含量。前文有述，暴力分子都有大脑结构和功能障碍，影响他们神经系统的化学物质也缺乏。事实上，鱼类制品是富含鱼油的食物，而鱼油又是欧米茄-3的富矿。所谓欧米茄-3，是一种多元不饱和脂肪酸，它主要有两种成分：DHA（二十二碳六烯酸）和EPA（二十碳五烯酸）。它们有何作用呢？DHA在神经元的结构和功能上扮演关键角色。而且，大脑皮层丁重的6%都由DHA构成，它可以影响血脑屏障的功能，控制那些通过血液循环进入脑部的物质。同时，DHA还可以加强染色体的功能，促进脑细胞之间的通信和沟通。脑细胞膜的30%由DHA组成，并依靠DHA控制细胞膜酶的活性。DHA还起着保护神经元、防止细胞死亡的作用，还可以帮助细胞体积的扩张。

DHA能够刺激神经元轴突生长。图7.4中（见彩图），食谱中富含欧米茄-3的动物体内神经元呈树枝状分支的数量明显多于那些摄取普通食谱的同类。脑细胞的树枝状分支可以接受来自其他脑细胞的讯息，分支越多，接收讯息的功能也就越强。图7.4还显示：前一个动物体内负责传播电信号的轴突也要比后一个动物体内的同类轴突显得更长，并有一个更好的髓鞘引导电脉冲。同时，DHA负责调控血清素和多巴胺等神经递质，正如第2章所述，暴力罪犯的这些神经递质均出现异常。我们还知道，DHA参与调节基因的表达。因此，理论上DHA可以帮助我们打开防止暴力的基因——或者关闭那些促进和增强暴力的基因。

早些时候我们曾谈到，暴力分子的认知功能通常受损，认知能力处于低下水平。这项动物实验显示，欧米茄-3可以增进学习和记忆，这一点对于改善孩子的学习也适用。因此，理论上欧米茄-3不仅有提升脑力的作用，实际上它还可以改进认知功能上的差异——认知功能可是增进学业、通向人生成功的必备能力。

因此，欧米茄-3不但能够促进脑功能，还能改善脑结构。从前面章节已知，暴力分子的大脑在结构和功能上都存在很大缺陷。因此，把鱼类制品消费量同暴力犯罪率扯上关系，看来完全是合情又合理的。

说到这里，你也许还是难以置信。事情不可能这么简单吧？并且，相关性也不一定代表因果关系，对不对？没错，你的看法都正确。但是，后面章节的内容会显示，欧米茄-3的摄入确确实实帮助降低了反社会行为的发生——这么多的案例，似乎可以说明多吃鱼确实是降低犯罪率的一大原因，展现了两件事情之间的真正联系。

现在，你可能还是有些半信半疑。也许会说：这些关于营养不良的研究对美国或其他富裕之国又能有什么用处呢？看看我们周围吧，哪个人不是红光满面，而且想吃就吃、想喝就喝？研究营养不良，大概只对毛里求斯这样的发展中国家有用吧？

你这么想，其实也有些道理。初到美国的人都会被这里的食物吓一跳。不但品种繁多，分量也很厚道。小餐馆里的一份饭食，往往也属于大号。更别提那些甜点，堆积成山不说，而且还很美味。看看美国的食物，再看看美国人民，你会发现两者都是那么大号。美国的肥胖率达到 30.6%，英国也不遑多让，肥胖率直逼 23%。相比之下，德国人中只有 12.9% 属于胖子，荷兰是 10%，韩国和日本的肥胖率则只有 3.2%。一言以蔽之，美国人不缺吃喝。但是，为什么美国的暴力犯罪率仍然不容乐观呢？

要了解这个问题，我们需从三个不同的视角进行补充。首先，如果你和一个成年杀人犯正面相遇，或者偶然看见一张成年杀人犯的图片，显然，你不会从他的脸上找出什么营养不良的痕迹。但是，他们中的某些人在童年时期曾有过遍寻垃圾箱、翻找剩饭食的经历，连环杀手亨利·李·卢卡斯（Henry Lee Lucas）和唐塔·佩奇（Donta Page）就是其中的两个典型案例。佩奇的幼年在华盛顿郊区的贫民窟度过，那时候，他常常饥肠辘辘，没吃没喝，因此变得骨瘦如柴，身材矮小。但是，当他残忍地强奸并杀害佩顿·塔特希尔（Peyton Tuthill）的时候，体重已经暴增到 300 磅（136 千克），完全就像换了一副躯壳。成年罪犯的外形恐怕会误导你的判断，掩盖他们童年时候的饥饿岁月，而正是大脑发育期间的营养不良，可能造成他们日后的犯罪行径。

其次，所谓营养，其实可以分为两类——大量元素和微量元素。美国孩子都不缺大量元素（又称宏量元素）——比如碳水化合物、脂肪和蛋白质。[65]但提到微量元素，情况就是另外一码事了。所谓微量元素，包括维他命（维生素）和多种矿物质——比如铁、锌。对于这些元素，我们每个人每天的需求量大概只以微克或毫克计，因此才有“微量”之名。但是，微量元素对于身体和大脑的成长、发育与健康的意义仍然不容忽视。世界卫生组织曾经发表公报，声称全世界的少年儿童都有缺铁或缺锌等微量元素问题——这也是一种营养不良，委实让人感到震惊。

第三，我们投入了大量资源研究营养的“生物药效率”（bioavailability，生物利用度）问题。这里所谓的生物药效率，指的是营养物进入血液、作用于大脑的功效。生物药效率深受两方面因素影响：一、基因因素：每个人的胃肠道功能不一样，对于营养的利用度自然也有差异；

二、环境因素：比如食物抑制剂和促进剂都可能影响营养的吸收。即便两个人摄入同样、同等的微量元素，所得的效益也可能天差地别，微量元素进入血液和作用于大脑的程度绝对处于不同的水平。

因此，一个人的外形体貌可能具有欺骗性，而其丰盛伙食也不足以完全证明其营养状况既充分又良好。大块头不一定有好营养。至于基因和环境这两大暴力元素进进出出、不断上演的竞技场，更是可以把大脑所需的关键营养素完全埋葬。接下来，我们将接触人体内必需的一系列微量元素，同时，也要看一看它们对于暴力行为的影响。

解剖暴力　大威力的微量营养

何为微量元素？微量元素包括维生素和铁、锌一类的重要微量矿物质。不知你小时候生过痤疮没有？不知你是不是像我一样，指甲上留有白色斑点？这些都可怀疑是体内缺锌的反映。

如果老鼠体内的锌元素突然大量流失，它们的暴力指数会立即飙升3倍。动物实验表明，一只怀孕中的母老鼠如果遭遇缺锌状况，也可能连累小老鼠们出世后具有暴力倾向。这个道理同样适用于人类。在美国，有暴力行为和攻击性倾向的孩子与成人体内含锌量明显偏低，同含铜量对比之后尤其如此。[66]土耳其方面的一项针对精神分裂症患者的研究表明，拥有暴力倾向的患者体内的锌、铜含量比也处于较低水平。

铁是另一种重要的微量元素。许多研究表明，有攻击性和品行障碍问题的儿童大多缺铁。另一项研究调查了青少年轻罪问题，结果显示，三分之一的青少年轻罪犯体内铁元素含量偏低。至于那些缺铁的学龄前儿童，他们大多对于积极情感反应迟钝，而这正是品行障碍儿童的重要表征。

现在，让我们回到大脑的话题上来，更好地了解微量元素匮乏和暴力行为之间的一番因果。铁、锌等微量元素可以帮助神经递质的生产，对于大脑发育和认知能力发展具有重要意义。动物实验中，如果研究人员刻意让孕期中的母鼠摄入含锌和蛋白质较少的食物，它们的后代将会出现大脑发育不全的问题。同样将缺锌食谱施加到成年动物身上，也会带来“被动回避学习障碍”（passive avoidance learning deficits）。这是一种认知障碍，可以使得人类或动物无视惩罚，许多暴力分子从来不知悔改，屡教屡犯，就是因为他们身上出现了同样的障碍。

同时，微量元素和涉及暴力的特定大脑结构也紧密相关。对于暴力分子而言，他的杏仁核和海马体都受损严重，而大脑的这两个区域原本应该挤满了含锌神经元。但是，锌在人类妊娠期间的大量缺失，会削弱孕期大脑发育过程中DNA、RNA和蛋白质的合成——脑化学构造块，从而导致很早期的大脑异常。锌还有另外一项使命：生成脂肪酸，而脂肪酸对于大脑的结构和功能有着十分重要的意义。铁和锌一样，对大脑而言不可或缺，铁对于神经递质的生产和功能有着重大影响。

那么，什么原因导致了铁和锌的缺乏呢？可能是缺食鱼类、豆类和蔬菜之故。请记住，微量元素对于胎儿期的大脑发育作用重大。研究显示，30%的怀孕母亲由于社会经济地位低下，有着体内缺铁的问题。同时，如果准妈妈不准备在怀孕期间戒掉烟瘾，也可能妨碍母体向胎儿传送锌元素，令胎儿的大脑发育蒙受营养损失。研究中，孕妇抽烟和孩子长大成人后沾染暴力之间的联系也得到了证实。

氨基酸也是大脑发育不可或缺的重要物质，因为它们构成了蛋白质。所有22种氨基酸中，有8种对于人体是必需的，而我们体内又无法自行生成，只能通过食物和其他途径进行补充。动物实验证明，一旦食物中色氨酸（tryptophan）摄入减少，动物就会变得更具攻击性。与之相应的是，摄入高色氨酸含量的食物，有助于减轻动物的攻击行为。同样的道理亦适用于人类，无论男女老幼，一旦体内的色氨酸含量降低，[67]面对挑衅都会显得更加难以自制。同样，一旦补充色氨酸，攻击行为也会随之降低。

色氨酸能够修复大脑功能，抑制我们的冲动行为。因此，色氨酸水平的降低，自然和暴力行为的高企有着分不开的关系。脑成像研究显示，色氨酸一旦降低，右前额叶皮层的眶额和底侧区域的功能也会陷入低潮，而受试者面对刺激，也就很难控制情绪。早前我们发现，前额叶皮层的底侧部分是许多暴力分子的病灶所在，色氨酸水平的降低，更让这个控制行为的大脑区域严重受损。我们可能因此无法自制，冲动中一拳打在他人脸上。同时，色氨酸还是合成血清素（5-羟色胺）的重要成分，大脑中血清素含量低下可能造成反应性攻击行为。相关的神经递质原理，第2章中关于冲动型暴力分子的内容曾经有所描述。

那么，哪些食物才是色氨酸的富矿呢？想要补充色氨酸，菠菜、鱼类和火鸡都是不错的选择。前面的章节中，鱼制品中的欧米茄-3已经被证明可以抑制暴力行为。各位家长除了鼓励孩子多吃鱼肉，也绝对不要忽视菠菜对于暴力的抑制作用——虽然大力水手（Popeye）可不是什么非暴力的行为模范。

解剖暴力　甜食魔咒

甜食，是许多人难以割舍的心头爱。假如我们每天吃下一吨的甜食和甜饮料，一定会变得精神奕奕，好像能上天摘星星。不过，随后易怒烦躁、头昏脚轻的感觉会接踵而至。严重的情况下，甚至会让我们晕晕乎乎地一头栽倒在地。丹·怀特（Dan White）杀害旧金山市长乔治·莫斯科内（George Moscone）和市监督员、同性恋活动人士哈维·米尔克（Harvey Milk）的时候，据说体内便出现了如此反应。

那个时候，丹·怀特的人生正处于低谷。他刚刚从越南战场回国，退役之后先是做过警察，后来又去了消防队。怀特一辈子都在高危环境中工作。事发之前，他冒险经营起了一家以薯条为特色菜的餐馆。生意很不顺利，钱的周转也出现了问题。此前，警察局和消防队工会一直通过旧金山市监事会（San Francisco Board of Supervisors）对他进行强大支持。可是由于他辞去了监事会的工作职位，与两者也就断了联系。

怀特和哈维·米尔克的关系一向不睦。后者支持建设青少年罪犯感化中心，地点就位于怀特所在的社区。说来，建设感化中心还是天主教会的主意，但是怀特虽然信仰罗马天主教，却对感化中心来到本社区非常反对。而且，他不喜欢同性恋者，偏偏米尔克又是个出了名的基佬。后来，怀特辞去政界职位，一心一意打理薯条餐馆，但生意失败了，怀特不得不拉下脸面去找市长莫斯科内，想讨回监事会的一官半职。市长莫斯科内赞成，但是，米尔克却表示强烈反对，不让怀特回来。

当时，怀特的体内激起一股反应性暴力的怒火。他抄上枪，翻越窗户、躲过金属监控装置，冲进了旧金山市政厅。他跑进市长莫斯科内的办公室，几乎双膝跪地，哀求他收回成命。可是，市长还是拒绝了。因此，怀特开枪打死了他。而后，他又来到米尔克的办公地点，一枪结果了政敌的性命。

都是奶油夹心蛋糕惹的祸。怀特的律师和精神病医生都表示，他们的当事人正在遭受抑郁症的折磨，而且，他成天用垃圾食品、垃圾饮料和精制糖麻痹自己，性情可能因此变得不可控制。怀特，一个白人男子，人到中年，属于工薪阶层，秉持异性恋，三代之内皆系正宗美国人，还是一个虔诚的罗马天主教徒。他长年为国而战，在一次消防任务中，他还拼死从火场中救下了一对母子。事有凑巧，怀特的这些背景和参与此案的、主要由白人工薪阶层组成的陪审团成员非常投契，他们的价值观和人生观都是那么相似。听到怀特遭遇的那些人生坎坷，好几个陪审员都禁不住感同身受，大流眼泪。法庭上，怀特被控一级谋杀，可能被处死刑。结果，他被判犯有故意杀人罪，刑期7年零8个月。

判决书一出，旧金山同性恋社会立即炸开了锅。同时，代理市长戴安娜·范斯坦（Diane Feinstein）也对法庭的判决进行了谴责。她表示："事情很简单，丹·怀特逃脱了谋杀罪责。"

然而，旧金山警察局的各位警官则站在老战友这一边，他们甚至踊跃捐款，凑足1万美元以支持律师辩护团。事情越来越不可收拾，最终酿成了一场轰轰烈烈的"怀特之夜骚乱"（White Night Riots）。当天夜里，1 500多名同性恋者聚集到米尔克生前居住的卡斯特罗（Castro）社区。一开始，活动还只是追念逝者，后来，5 000余人集体涌进临近的市政厅，开始大打大砸，其间，抢劫财物的丑行也屡见不鲜。多部警车遭到焚毁，而后大批警察出动，他们先是平定了市政厅的局势，又径直开拔进入卡斯特罗社区的各大酒吧，对其中的酒客进行殴打，这些酒吧都是同性恋人士的社交场所。一场骚乱过后，61名警察受伤入院，同性恋者也付出了100多人挂彩进医院的代价。最终，事主丹·怀特选择自杀了断。

所有这一切，难道都源于一个小小的奶油夹心蛋糕?

显然，一个奶油夹心蛋糕没有这样大的威力，也许日复一日、持续不懈地大吃、特吃奶油夹心蛋糕，真能让人性情大变。但是，需要澄清一点：所谓丹·怀特依靠"奶油夹心蛋糕脱罪"（Twinkie Defense）的传言，的确只是媒体制造的街巷传言而已。丹·怀特的律师在庭审过程中几番提及垃圾食品对人类行为的影响，倒也是一种事实。那么，他们的看法有没有道理呢？垃圾食品难道真能摧毁一个人的理性？怀特案尘埃落地之后许久，相关的话题仍然经久不息。在"怀特之夜骚乱"中，一名抗议者甚至面对记者大作反讽，当时他先是纵火点燃一辆警车，而后又戏谑地告诉记者："我晚饭吃过很多奶油夹心蛋糕，千万别忘了告诉各位读者。"

怀特的行为和垃圾食品有没有关系，已经不可考证。即便真是垃圾食品致使他犯下谋杀罪，我们可能也难于置信。毕竟，媒体已经把它确定为一种借口——既掩盖了怀特的犯罪事实，也为接下来米尔克支持者的不当行径找到了理由。如果要从食品的各类成分中找出一个导致暴力的凶手，精制糖无疑是最好的候选者。多项研究表明，青少年罪犯食谱中的精制糖成分一俟下降，其反社会行为也会呈现减轻趋势。其中，有些研究对象改过自新的幅度和速度非常明显。在另一项争议性研究中，数名年龄 12—18 岁的青少年罪犯参与了一项为期两年的双盲对照实验，结果显示，由于食谱的改变以减少精制碳水化合物（糖类）的摄入，研究对象的犯罪复发率下跌了近 48%。动物实验也表明，老鼠血糖含量偏低和攻击性之间存在因果联系。

现在，让我们把视线投向南美大陆，关注生活在秘鲁的库沃拉（Quolla）印第安人部落，另一个食谱与暴力关联的实例。库沃拉部落以高谋杀率著称，而且，部落同胞之间常常爆发持久的暴力争端和武装冲突。为此，外人甚至送给他们一个有点偏颇的标签——“也许是地球上最邪恶、最讨人厌的族群”。

一名人类学家长期追踪秘鲁库沃拉部落的生活情况后得出结论：部落成员的许多攻击行为实际上毫无目标和针对性，而且也找不出任何原因。同时，人类学家还发现，库沃拉人经常挨饿和渴望糖。那么，他们那些缺乏理性的暴力行为是否和体内低血糖水平及由此而生的反应性低血糖症（reactive hypoglycemia）有关呢？葡萄糖耐量试验证明，低血糖水平和库沃拉人的攻击性行为——无论是动手还是动口——之间存在着因果联系。好啦，下次当你心头涌起一股无名火时，不如立即吃点快速营养食品以恢复一下自己的血糖水平——当然，一个奶油夹心蛋糕可不够。

下面，我们离开秘鲁前往芬兰。马蒂・维尔库宁（Matti Virkkunen）是赫尔辛基大学的一名精神病学专家。经过长年系统研究，维尔库宁发现，暴力犯罪分子体内新陈代谢存在严重失衡，他的结论正好和前面的血液葡萄糖耐量测试一拍即合。维尔库宁还发现，暴力分子更容易罹患低血糖症。究其原因，主要在于攻击性精神病患者体内的胰岛素分泌水平较常人高出许多，这就能解释他们的低血糖水平。

后来，马蒂再次对另一组芬兰暴力犯罪分子进行了相关调查，发现低葡萄糖代谢和低水平胰高血糖素激素乃是暴力分子之中的普遍现象。同时他还发现，可以从低血糖和肝糖元的生成预测暴力分子未来 8 年的走向，某些研究对象果然在8年之后犯下了更多的暴力罪行。综合马蒂的两项研究，低血糖和葡萄糖代谢障碍与累犯率的关联度达到了27%。

如果马蒂·维尔库宁等人的推论正确，那么垃圾食品、低血糖症和低葡萄糖代谢又是如何把一个人推上暴力和攻击性之路的呢？首先，食谱中过高的精制碳水化合物（糖类）会导致血糖水平的异常波动。其中，白面包和白米饭是类似食品的典型代表。这些食品富含麦麸、胚芽等多种全麦食品不具备的营养成分，却独独少了食物纤维。因为缺乏纤维，这类食品非常容易被人的胃肠道所吸收，导致血液中的葡萄糖含量急剧升高。如此一来，体内的胰岛素分泌量也会随之不适当加强。胰岛素的功能在于吸收多余的葡萄糖并将其转化为糖元，作为多余能量以备未来之用。但是，过量的胰岛素只会导致大量葡萄糖被逐出血液循环之外，成为废品。我们的大脑每分钟需要至少80毫克的葡萄糖才能运转无碍，如此的浪费，对于大脑当然不是什么好消息。一旦葡萄糖低于标准水平，人就可能出现紧张和易怒的情况。紧张、易怒，加上一点如临危崖的感觉，一个人便可能走到实施暴力的边缘。维尔库宁等人的实验表明，一个人体内的血糖水平一旦降低，哪怕当时他并未遭遇任何刺激，心中也会升起一股无名火。

最近的一项研究表明，如果某个人从10岁起每天坚持食用糖果甜食，那么不到34岁，此人成为暴力狂的可能性要比正常人高出3倍。相关的结论是威尔士卡迪夫大学的斯蒂芬妮·范古森（Stepanie van Goozen）及其同事研究过17 415起案例之后得出的，这些人均是1970年在英国出生的婴儿。范古森（van Goozen）等人会首先统计研究对象当年吃糖的频率，而后再研究他们日后的生活轨迹。为了防止其他因素的干扰和影响，范古森等人对于研究对象的选择非常谨慎。但是，无论他们如何分组，相关的结论总是不变。

如果吃糖和暴力之间确有因果联系，那么这种联系的背后又有何种营养学原理呢？答案仍然同低血糖症有关。小孩从10岁开始天天吃糖，可真不是一个良好的饮食习惯。糖果中的高热量、高糖分会导致体内糖分沉积过多过快，而低血糖症和暴躁的脾气则会随之而来。因此，一个爱吃糖的孩子很可能突然在学校操场上发飙，一拳打在同伴脸上；一个吃糖成瘾的成年人在酒吧里大耍破碎玻璃瓶玩，也就毫不出奇。总之，各位正在阅读本书的家长朋友，少给你们的孩子吃糖吧。

解暴剖力 重金属造就重案犯

然而，甜食还不算最凶恶的食品。有些东西可以潜入你的身体，搅乱你的大脑与心神，让你的肌肉发生收缩。其中，各种重金属更是导致犯罪的直接原因。下面，我们不妨来认识一下这些危险元素。

1 致命的铅

通过第3—5章的内容，我们已经知道暴力罪犯都有着大脑的结构和功能受损的问题，他们的前额叶皮层尤其是受害的重灾区。同时，我们还猜测，这些脑损伤带来了各种灾难性的后果：包括感情、认知和行为方面的失衡，并最终塑造了暴力。导致大脑结构和功能损伤的各种重金属中，铅元素可谓最大的罪魁祸首。

首先，也是最重要的一点，铅具有神经毒性，意味着它会杀死神经元，同时损毁中枢神经系统。几个世纪以来，人类对于铅的神经毒性效力早已知晓得一清二楚，也尝试过多种方法进行解毒。我挚爱的英国国饮——苹果酒（cider），还和铅有着一段渊源。17至18世纪时，德文郡一带流行着一种唤作“德文郡疝气”（Devon colic）的疾病。当时，德文郡所在的英格兰西南部是著名的苹果产区，当地人民也把苹果酒当成家常饮料。因此，一直以来许多人都把发酵过的苹果酒当作疝气的病原。直到18世纪，一名叫乔治·巴克斯特（George Baxter）的医生才为德文郡的苹果洗却了冤屈。巴克斯特认为，病因并不在苹果本身，而在榨汁机中的铅块。此言一出，榨汁机生产厂家也摒弃了产品设计中含有铅元素的材料和成分。说来也怪，德文疝气也随之慢慢退出了历史舞台，证明巴克斯特所言不虚。

研究人员对一些长期暴露在高铅工作环境下的工人进行了脑成像扫描，证实了铅的神经毒性对人脑的巨大损害。研究者集中调查了某铅化工厂内的532名工人，脑扫描结果表明，工人们的骨铅水平（bone lead level）高得惊人，平均达到14.5 μg Pb/g（每克骨质中含14.5微克铅），远远超过安全水平上限。[68]同时，骨铅水平越高的工人，多个脑区的体积出现缩小的现象，即便多次根据年龄和教育程度对研究对象进行分组调控，这个现象也没有太大改变。事实上，额叶皮层特别容易缩小，[69]有趣的是，这些受损的脑区都和暴力行为息息相关。铅对于工人大脑的破坏程度，竟然可以和5年不愈的大脑早衰症相提并论。

总之，铅矿工人大多忍受着大脑体积萎缩的折磨。那么，对普通人群而言，血液中的铅含量又在低等至中等的何种水平呢？为了解答这个问题，研究人员开启了另一项实验——血铅水平测定。这次共有157名辛辛那提（Cincinnati）的普通市民参与测试。

研究对象最小的只有6个月大，最大的6岁半，每个孩子做23次血铅水平测定。通过实验，研究人员再次证明了一个事实：研究对象体内的铅水平越高，脑体积就越低。其中，一些研究对象的大脑前额底外侧区域受创尤其严重，这个位置正是腹外侧前额叶皮层的所在地。而且，这些人日后都显现出了程度不等的反社会型人格倾向，甚至变成了精神变态者。研究对象6岁那年，他们血铅水平的平均值只有8.3×5μg/dL（每100毫升血液含41.5微克铅），这个水平不可谓不高，但还在“安全”范围内。所谓“安全”范围由美国疾病控制和预防中心（Center for Disease Control and Prevention）一手制定，下限为零，上限是10.0×5μg/dL（每100毫升血液含50微克铅）。不过，即便铅的水平处于“安全”范围，也会给人脑带来巨大伤害。同时，研究人员对受试者进行了跟踪研究，从6岁孩童开始，一直追随到他们长成23岁青年。一路下来的脑研究报告显示，铅接触和大脑结构损伤确有因果联系。[70]

以上各项研究都清楚地记录了铅对于人大脑的危害。同时，研究还指出了大脑中受害最烈的区域——前额叶皮层，亦是在暴力人群中最常见的脑部受损区域，而长期与铅接触的影响尤其严重。接下来，我们要深度了解高铅水平和反社会行为之间的关系。

在这方面，匹兹堡大学赫伯特·内德勒曼（Herbert Needleman）的研究可谓开创先河。研究显示，体内高铅水平的男生不但被教师评定为行为不端和暴力行为的群体，自我评定的犯罪指数也领先于其他研究对象。内德勒曼的研究深具影响。同时，其他国家的至少6个研究也通过实验，多次证实了铅元素和暴力倾向之间的关系。此外，动物实验证明，仓鼠一旦长期暴露在高铅水平环境下，其暴力倾向会日趋增强。实验的结果，让铅元素和暴力之间的因果联系进一步坐实。

因此，一个孩子长期暴露在铅环境之下，很可能就此变得行为不端，是滋生反社会和暴力行为的危险因素。那么，铅对于成年人犯罪又有何影响呢？如果铅能够让人走向犯罪，两者在生命的初期又是如何发生联系的呢？一些研究人员招募了一批孕期中的非洲裔美国妇女展开了有效的方法学研究，最终为我们解开了这两个问题的答案。研究证明，一个人无论是身处胎儿期还是出世之后，只要血铅水平在他们身上显著呈现，就都有可能形成 20 岁之前或成年后的暴力行为，导致成年暴力犯罪，这样的例子屡见不鲜。研究还显示，一个人在胎儿期的血铅水平每增加 5 微克，长大后遭到逮捕的可能性就会增大 40%。[71] 根据美国疾病控制和预防中心指定的铅暴露上限标准，从出生至 5 岁期间，环境的铅水平一直低于 5 微克，便属于“安全”范围。但是，即便在环境铅水平数值的“安全”范围之下，相对的健康风险都足以令人触目惊心。

研究还进一步证实，生命初期的血铅水平高低已经成为成年后堕入犯罪的重要前兆。同时，我们还知道了一个事实：一个人长到 21 个月大的时候，将会迎来一生中体内血铅水平的巅峰时刻。个中的原因很简单。婴幼儿总有吮吸手指的习惯，而他们的小手也总是喜欢到处摸来摸去，摸完餐桌上的馅饼，又去摸花园里的泥饼。大家都知道，铅元素可以在四周环境和泥土中存在数年之久。随着时光转换与技术进步，天然气已经从含铅发展到脱铅阶段，但是，过往的铅仍在四周和土壤里广泛存留，遍布各地的主要道路和高速公路都是富含铅元素的重灾区。

胎儿期和婴幼儿期的高血铅水平无疑是非常不妙的，但是，年纪稍大的孩子暴露在富铅环境之下则更为危险。南斯拉夫的一项研究披露了相关情况的危险性。研究发端于 1992 年，正是克罗地亚和塞尔维亚之间种族纷争的高潮期。这一次，研究对象全部是怀孕期的准妈妈，全数来自两个临近铅矿的小镇。研究显示，一个孩子 3 岁时候暴露在富铅环境之下导致的高血铅水平，远比在母亲子宫中接受的高血铅水平要危险得多。美国的一项同类研究也佐证了这一观点：一个孩子 7 岁那年的反社会行为和他当年血铅水平之间的关系，远远超过他在 5 年前的血铅水平的羁绊。由此可见，一个人在度过 21 个月大时的血铅水平巅峰期之后，仍然可能遭受环境铅暴露的戕害。

铅元素给犯罪研究带来的启示良多。1993 年，发生了一件让许多犯罪学家颜面尽失的变故。此前，专家们言之凿凿，认为美国的暴力犯罪率会随着新时代的到来步步攀升。谁曾想到，1993 年竟然成了分水岭。此后，暴力犯罪率竟然节节下降。比如，7 年之内，纽约的暴力犯罪率下跌了

75%。对此，社会学派的同仁们搜索枯肠，给出的理由千奇百怪。可是，没有一种能够真正说明历史上犯罪率的起跌涨落。不同国家、不同地区的暴力犯罪率为何不同？社会学派更是毫无解释之力。那么，神经犯罪学又有何表现呢？一些批评家指出，神经犯罪学乃至生物学同样无能为力。面对跨越时代的暴力犯罪率的变化，生物学是否真的黔驴技穷了呢？大概是吧。

然而，事实并非如此。里克·内文（Rick Nevin）就是一个不信邪的人，他发表了一篇被埋藏在一本不起眼的环境杂志上的研究论文，记录了1941—1986年间美国环境铅水平的惊人变化，同时，他注意到23年后美国暴力犯罪率的变化趋势。环境铅水平先扬后抑，而暴力犯罪率有着同样的历程。从20世纪50年代到70年代，铅水平一路走高，到了80年代，暴力犯罪率也随之高企。待到70年代初环境铅水平开始下降，暴力犯罪率同样面临下行。但是，这种影响要到90年代和21世纪头10年才会显现。23年的时间差距，其实很好解释——受到高铅水平影响的年青一代需要慢慢长大，铅水平过高的恶果，只能在23年后方能看清。同样，环境铅水平下降带来的良效，也需要时间来印证。总之，铅的毒性和暴力犯罪之间的关系，再一次得到证明。这一次，两者如影相随的相关度达到91%。

内文走遍全球，在多国多地开展了同样的研究项目。结果显示，英国、加拿大、法国、澳大利亚、芬兰、意大利、联邦德国和新西兰的事例均表明，他用铅水平解释暴力犯罪率变化的历史轨迹完全有理有据。各个国家的文化背景相差甚大，更为实验的可信度提供了保证。而且，内文进一步证明，一个国家环境铅水平下降越快，暴力犯罪率得到遏制的速率也就更高。同样的现象，在城市范围内也得到展现。自此以后，铅水平和暴力的渊源可谓得到了国际认证。

但是，内文的发现并未引起学界的足够重视。为此，作家凯文·德拉姆（Kevin Drum）深感不平。德拉姆撰写的政治博客和专栏颇有影响力，借此，他联系了许多犯罪学家，向他们展示了内文的研究成果。他未曾料到，犯罪学专家们对此并无兴趣。究其原因，只能怪人心叵测。因为，社会学派更愿意相信，暴力犯罪率的跌宕起伏关乎政策，关乎枪支管控，甚至取决于毒品流行的终止。如果暴力犯罪率和大脑功能失调关系更深，可用生物学理论的力量来解释，那么各位社会学派权威都会因此名誉扫地。

2 残忍的镉

1984年7月18日下午3时40分，圣迭戈的圣伊塞德罗（San Ysidro）社区，一个中年男人步入邮局旁边的麦当劳快餐店。他的手中握着一支9毫米口径的乌兹冲锋枪，走进快餐店后便扣动扳机，连发257颗子弹，导致21人死亡，19人受伤。詹姆斯·奥利佛·休伯蒂（James Oliver Huberty）由此犯下了一桩惊天血案，他手下的受害者最小只有7个月，最年长的已达74岁。

到底是地球上的什么东西让休伯蒂变得如此残忍？经过研究，我们认为镉元素非常可疑。那次惨案伤亡惨重，休伯蒂最后也落得个被特警击毙的结局。当时，狙击手躲在隔壁邮局的屋顶上，才最终一枪结果了狂性大发的休伯蒂。威廉·沃尔什（William Walsh）以化工工程师的身份参与了休伯蒂案的调查。对狂徒的头发进行化验之后，沃尔什表示，此人能够如此残忍，自己一点也不心惊，因为“他体内的镉含量之高，我们见所未见，简直就是世界纪录”。除了镉，休伯蒂体内的铅含量也非常之高。他可谓有了走向暴力犯罪的“双保险”。

休伯蒂的体内含多种重金属有无神秘之处呢？休伯蒂曾在联合金属公司（Union Metal）担任过多年的焊接工，他体内的镉含量如此出众也就毫不出奇。而后，休伯蒂辞去了焊接工工作，原因何在？他告诉老板：“矿里的烟尘快把我逼得发疯了。”

镉元素造就了一个杀手的可怖之处不仅体现在休伯蒂一人身上，也并非美利坚一国的问题。当然，美国的这起事例显示：暴力罪犯毛发中的镉元素含量远高于一般人群。研究人员针对行为失序的美国小学生进行了类似的检测，发现了同样的高毛发镉水平问题。中国的中小学情况同样为我们的推论提供了例证。中国是世界第一产镉大国，而广东省韶关市的大宝山矿（Dabaoshan mine）则是一个产镉富矿。矿业生产制造的大量废水经由河川流经许多村庄，为当地居民营造了一个重金属肆虐的生活环境。据统计，当地土壤中的镉含量足足超标了16倍。后来，研究人员针对矿井附近少年儿童的攻击性和违法行为展开调查，发现13%的犯罪同镉元素的影响脱不了干系。要想解开暴力的生物学关键环节中的病理成因，镉元素是其中不可忽视的重要一环。

当然，和镉矿比邻而居的毕竟属于极端情形。对于一般人而言，镉的危险又主要体现在生活的哪些角落呢？目前，欧盟已将镉视为可能致人死亡的危险元素，禁止电力设备采用含镉材料。反观美国，镍镉蓄电池的运用非常广泛，全美国75%的镉元素都被利用于此。诚然，电池中的镉含量不足以对环境造成太大危害。但是，由于美国还没有形成回收含镉电池的制度，镉元素大可以在垃圾场和地面下形成大量蓄积，从而造成危害。

那么，最容易遭受镉危害的人群是谁呢？非广大烟民莫属。一支香烟中，10%都为镉所占据，吞云吐雾之间，镉元素可以通过肺部被人体完全吸收。[72]相比其他人，烟民体内的镉含量要高出整整5倍。即便没有吸烟习惯，也不能避免镉的侵袭。食用动物内脏也有可能摄入大量镉元素。从源头上看，人体内98%的镉来自谷物。相反，海鲜和鱼类则只占1%。前文有述，多吃鱼类食品和暴力犯罪的降低之间有着密切联系。

当然，镉元素能否造成危害，还要看你身体内的其他金属元素的脸色。比如，铁可以阻碍肠道吸收镉元素，而素食成性的女性体内含铁水平往往较低。于是，女性素食主义者通常有镉含量超标的问题。如果她们在不沾荤腥的同时还有吞云吐雾的习惯，镉含量更是呈倍数级增长。为什么体内含铁水平能和暴力行为扯上关系——因为体内低铁水平的人其大脑容易染上镉含量超标的毛病，这大概是其中的一个原因。

3 疯狂的锰

埃弗莱特·“雷德”·霍奇斯（Everett“Red”Hodges）是扑克界的传奇人物，他口才极好，又有领袖魅力，他的每一句话，似乎都有让人信服的魔力。不过，“雷德”家门不幸，下一代不是沦为罪犯，就是成了犯罪活动的牺牲品。霍奇斯有两个儿子，一个生性叛逆，未及成年便已是警察局的常客；另一个曾经被人拖进停车场大肆殴打，落下了严重的脑损后遗症。“我儿子差点被谋杀。”霍奇斯在一次访问中表示，“家人所经历的痛苦我感同身受，那种代价简直让人无法承受。”

雷德还认为，如果美国的刑事审判制度能对研究暴力的神经犯罪学更为重视一些，他的儿子以及许多其他年轻人本不该走上那样一条暴力犯罪的道路，他们的家人也不会承受如此沉重的代价。

加州贝克斯菲尔德市（Bakersfield）的油田生意让霍奇斯收益颇丰，他特地拿出一百万美元成立了专门的医疗基金。霍奇斯大撒金钱，只是为了证实自己的一个猜想：锰，才是让人走上犯罪道路的罪魁元凶。加州大学欧文分校的路易斯·戈特沙尔克（Louis Gottschalk）参与了扑克大亨牵头的罪案研究项目，他采集了 3 名暴力罪犯的毛发样本，发现其中的锰含量比起对照组至少超标 3 倍。达特茅斯大学的罗杰·马斯特斯（Roger Masters）则放眼全美各地，发现了一个规律：空气中锰含量越高的地区，其暴力犯罪率也要高于其他地区许多，即便排除经济和社会因素的多重影响，这种关系也没有任何改变。

锰到底有没有这么可怕？对锰的争论一度成为了政界的烫手山芋，谁是谁非，一时间很难判定。反对者认为，霍奇斯等人给出的证据掺杂了其他因素，并不足以证明锰和暴力犯罪之间确有因果关联。要彻底弄清锰和暴力犯罪的关系，有研究者决定从牙齿做起，进行一项长达数年的研究。人类臼齿的尖端是锰元素进入体内的重要通道，一个人还在娘胎里的时候，锰就开始通过臼齿对其施加影响，几乎就在此时，胎儿的大脑也在开始发育。通过对不同研究对象臼齿中的锰水平进行检测，再对他们出生后的生活轨迹进行比对，研究者发现，研究对象出生之前体内的锰含量越高，日后陷入反社会行为的可能性就越大。研究过程中，使用了专门的测量方法衡量研究对象的反社会行为，为求降低其中的偏差和疏失。

为什么有些胎儿的体内会聚集海量的锰元素呢？原因只有一个——缺铁。我们知道，体内缺铁可能导致一个人的攻击性和反社会行为。同时，缺铁也会让人体对锰元素的入侵大开方便之门。体内缺铁的妇女，吸收的锰含量是正常妇女的整整 4 倍。

新生婴儿体内锰元素的另一大来源是大豆婴儿配方奶粉。相较母乳而言，这类婴儿配方奶粉中的锰含量高出了整整 80 倍。有研究发现，母乳喂养长大的宝宝在智商方面，要比食用高锰含量的婴儿配方奶粉的孩子高出许多。因为新生婴儿的肝功能并不健全，难以将如此多的锰排出体外。而过多的锰元素则可能导致大脑功能发育不良，进而导致低智商。

通过这两个发现，我们已能大致勾画出暴力分子可能的出生和成长轨迹。一般来说，怀孕妈妈都有体内铁含量下降的苦恼。如此一来，胎儿处于母体之内，天生就对锰的侵袭缺乏抵抗力。如果他们在呱呱坠地之后又不幸饮食了大量富含锰的豆类婴儿配方奶粉，其结果可想而知——首先，他们的大脑会变得迟钝。高锰水平可能破坏孩子的多重大脑功能，包括认知速度、短期记忆和双手的灵巧度，都会大打折扣。我们已经从前面的内容中知晓了一个事实：神经认知功能障碍会诱发暴力，催生一个人蹈向犯罪的前兆。

其次，锰还会降低人体内血清素（5-羟色胺）水平。血清素身为一种神经递质，有着抑制冲动、熄灭怒火的作用。一旦血清素水平降低，就会诱发冲动性暴力。鉴于此，研究人员连续开展了15次不同的实验，走访了世界各地——包括智利、英国、埃及、波兰、巴西、美国、苏格兰和加拿大，研究了许多锰暴露环境下的工人。这些工人身上的共同点：除了高锰含量的工作和生活环境，就是那克制不住的坏脾气——他们无一例外地具有攻击倾向、满怀敌意、敏感易怒和情感障碍，是常常困扰他们的问题。在智利，人们甚至为这些人的毛病量身打造了一个名词“锰躁狂”（locura manganica，西班牙语）。“锰躁狂”患者多有暴力、情绪紊乱、非理性行为，而且脾气非常火爆。前文提到的辞职焊接工兼杀人狂詹姆斯·休伯蒂似乎就是疯狂的金属中的一位病友，当然是另一种疯狂的金属——镉。

患有“锰躁狂”的工人常常卷入一些“愚蠢”的暴力犯罪行为之中，他们的犯罪行为显得“损人不利己”，皆因脑损伤导致的情绪调节障碍和冲动性行为酿成。毋庸置疑，智力低下是一个人成为暴力分子的危险因子，而这种危险因子，某种程度上是因为锰的过量摄入而引起的。

4 神秘的水银

接下来，我们将论及水银对人脑的影响，以及这种影响和暴力犯罪之间的关系。你可能认为，即将到来的内容和上面的描述将会大同小异——如果这样想，那可就大错特错了。实际上，水银是一种颇为神秘的重金属，它和暴力行为之间是否有所联系，我们现在都难下定论。不过，水银对于人脑和人体器官有着重大戕害，已经是板上钉钉的定论。人体内的水银大多来自同矿物质的接触。同时，假牙中常用的汞合金、餐桌上的鱼类食品也是重要的来源。

尽管水银的毒性很大，但是就我个人的观察来看，反社会和暴力的人身上并没有出现普遍的水银超标现象。同时，学界在社会大众层面上对于水银含量和认知能力之间的关系也罕有研究。更有甚者，仅有的两项研究得出的结果还出现了针锋相对的状况。其中的一项研究开展于法罗（Faroe）群岛。研究人员在这个位于苏格兰和冰岛之间的小地方发现，研究对象体内的水银越多，大脑的认知功能越是孱弱。但是，另一组在毛里求斯附近的印度洋小国塞舌尔开展工作的研究人员却和同行唱起了反调。

根据他们的发现，人体内的水银含量和认知能力根本就是风马牛不相及。如此的反差，让批评家们也不知所措，无从下口，最后只能以“文化差异”聊作解释。

许多东西看上去互不相干，联系到一起却能成为解开矛盾的答案。法罗群岛和塞舌尔的地理环境，或许正是两次实验出现截然不同结果的关键。这两个地方都濒临大海，因此，人们体内的水银很可能从口而入。他们盘中餐的很大一部分——鲨鱼、箭鱼、马鲛鱼等等，都是海洋生物链的最顶层，也是人体内水银的重要来源。对于各位准妈妈而言，这些鱼儿都应在禁食之列。说到海产，就不得不提到法罗群岛的国菜——巨头鲸。从头到尾，鲸鱼身上的每个器官都会成为当地人的盘中餐。法罗群岛首府附近的人们尤其中意此味美食。其实，巨头鲸本身并非凶残的食肉兽，鲸肉中的水银含量也并不高。但是，鲸肉中也有一道致命缺陷——缺硒。

硒有何用？它是一种矿物质，也是重要的微量元素，保护大脑应对“氧化应激”（oxidative stress）反应。有时候，脑细胞会吸入过多的氧气，由此而生的大量自由基对于DNA和细胞膜有着摧毁性作用，也是致使脑细胞成批死亡的元凶。硒元素不但可以帮助大脑抵御氧化应激及其负面效应，而且对汞（水银）也别有一番吸引力。硒就像磁铁一般，将水银紧紧吸附到周围，使其无法进入大脑组织当中，也就无力对大脑的认知功能形成损害。

事实上，海床无时无刻不在溢出水银，许多海洋生物却可以安之若素，大概是体内的硒元素起了防备作用。再说那两次南辕北辙的实验结果，法罗群岛这边的研究对象平日里的食物水银含量很多，而硒元素则寥寥无几，由此而来的认知偏差和脑功能受损也就成了自然而然的结果。反观塞舌尔那些参加实验的妇女，她们一周之中至少有12顿饭都离不开鱼和海鲜，频率几乎是美国妇女的12倍，体内的水银含量定然不会很少。但是，为什么塞舌尔却没有落得和法罗群岛一样的境地呢？很简单，塞舌尔人拒绝了低硒食物——巨头鲸。他们的菜谱里有的是富含硒元素的海产和鱼类，有助于排解多余的水银，排除了脑部受损的危险。这些食物让他们规避了水银带来的负面影响，同时还提供大量的欧米茄-3。关于欧米茄-3抵御暴力的作用，我们会在往后的章节中详细介绍。

解暴 剖力 精神疾病造就恶人

通过以上事例，我们已经发现各种生物学因素如何在环境和人体生理健康中发挥作用，从而导致一个人恶向胆边生。我们还看到了某些重金属如何戕害大脑，诱发人们滑向暴力。当然，健康是由多方面构建的，暴力也不是食谱和环境里的毒素可以塑造的。接下来，我们将进入精神健康的领域。人体生物学上的损伤很可能导致人出现精神疾病，而精神障碍则是人走向犯罪的一大诱因。在这方面，疯男人固然可怕，疯女人也和疯男人一样可怕，甚或更为可怕。心理疾病的病因深深根植于基因和神经递质中，我们的脑子一旦出现功能性障碍，暴力的阴影便可能降临。各类精神疾病当中，精神分裂症和暴力之间的渊源最为深厚。

我一向对于精神分裂症很感兴趣。当初，我之所以放弃会计生涯，投身犯罪学研究，也和这种兴趣脱不了干系。别误会，我无精神病，虽然英国航空公司繁琐无当的各类报表确实让我很是抓狂。那时候，我常常感觉自己计算数字快要崩溃了。有时候，我甚至认为自己已然患上了精神分裂症。这种疾病，确实大大改观了我的人生。人的一生中都会出现这样的一刻。一件看起来毫不起眼的小事，在刹那间就会让我们的生活天翻地覆。也许，你偶尔拿起的一本书，比如我这本《暴力解剖》，就正好是你人生转折的关键。总之，人生的拐点可能来得出人意料，看起来无关痛痒。

我的拐点降临在1973年的初夏。一个星期六的早上，午饭之前，我正身处伦敦希斯罗机场，厌倦了这份撕裂人心的工作。此前的几个月里，我的生活一直糟糕透顶，选择从事会计行业，看来真是一个特大错误。我也不知道，为什么自己错得如此彻底。那天，我带着浓浓的愁绪，如饥似渴地在机场的豪恩斯洛（Hounslow）书店里翻来找去。吃饭的时候，我习惯手不释卷。我甚至记得那天午餐的食物：一片美式肉桂苹果派加一点冰激凌。我就那样扫视着一本又一本书，直到R. D. 莱恩（R. D. Laing）和亚伦·埃斯特森（Aaron Esterson）的《理智、疯狂和家庭》（*Sanity, Madness, and the Family*）映入眼帘。这本书的内容是关于精神分裂症的研究，一共收录了11位病人的案例。当时，医学界普遍认为精神分裂症源自大脑基础性病变。对此，莱恩有着不同意见。他信奉存在主义精神病学，认为环境才是致人罹患精神分裂症的主要原因。在莱恩看来，许多病人的病因都在于家人交流不畅。如果将家庭环境因素加入考虑，精神分裂症患者那粗暴怪诞的想法完全可以得到解读。

读着……读着，我仿佛顿悟开窍了。我突然觉得，自己走到这一步，都是因为我那固执的爸妈实施的一个奇葩计划！而后，我下定决心换个工作，要去探究精神病学的秘密。其实，我只是想了解自己。当然，心理学才是我最后的专业。当时，我一心要挑战权威，我认为精神疾病的生物学模型简直是胡扯（谁能想到，我现在却成了这一理论的维护者）。我原想毕业之后去医院工作，帮助那些精神分裂症患者走出困境。然而，实际上我的工作地点是在监狱中帮助他们，并且一待就是 4 年。总之，一本书改变了我的思想，让我开启了一段新的人生——每个人都是如此，只是这种改变可能让我们始料未及，最终的道路也未必那么正确。

莱恩和埃斯特森的看法并不正确，所谓父母和孩子之间的关系并不足以导致精神分裂症。精神分裂症是一种源于大脑的神经发育失调症，患者伴有幻觉、妄想、思维障碍、感情缺失、行为失序等多种症状。全世界的人口当中，有 1% 的人都受此影响。患者往往在青春期晚期开始出现病态，根据研究，40% 的男性精神病患者都在 19 岁左右开始发病——这一时期，也是一个男人一生中暴力行为的巅峰期。

早期特征的暴力倾向和精神分裂症之间关系很深，它们有着非常一致的生物学病因。比如大脑额叶机能障碍、神经认知功能不全、胎儿期发育不良、分娩并发症、大脑对刺激反应迟钝、定向异常等共同的风险因子，我们都要予以特别关注。当然，犯罪和精神分裂症绝对是两码事，临床医生面对暴力罪犯和精神分裂症患者也会有不同的处理方式。一些生理风险因子，比如低静息心率，也被证明同精神分裂症毫无关系，只是暴力罪犯的独门特征。当然，在病因方面，两者有一定程度的相同之处。

这些相同之处，也是我们研究暴力和精神分裂症之间关系的出发点。相较一般人，精神分裂症患者更容易沾染暴力和犯罪行为，这一点，已经得到世界多国大规模流行病学报告的证实。同时，违法和犯罪的人数和普通人相比，患有精神疾病的比例也要更高一些。精神分裂症和暴力之间的渊源还远不止如此。如果你是男性而且患有精神分裂症，那么你犯下杀人罪的可能性要比那些和你社会背景相仿、经济能力近似的正常男同胞高出足足 3 倍。假如你是一位女病友，这个比例则会飙升到 22 倍。这些数字给人警醒，也让人震惊。不但许多精神分裂症患者的家庭不愿意听到，就连一些精神病学专家也不想有所耳闻。

面对这些惊人的统计数据，我们应该非常谨慎地解读。许多精神分裂症患者的生活和他们的家庭本就因为疾病而困境重重，如果再加上一张暴力标签，他们的人生之路将更加难行。要知道，绝大多数精神分裂症患者并无危险，也没有暴力倾向和犯罪纪录。但是，由于童年期和青春期的神经发育障碍，精神分裂症患者长大成人之后，其控制情绪、压抑怒气的能力将会变得非常薄弱，却也是个不容争辩的事实。

神经生物学认为，精神分裂症的病根在大脑，如今已经得到了公认。精神分裂症患者较一般人更容易成为杀手的观点，也为许多人所接受。但是，你也许会认为：精神分裂症乃是一种罕见的精神疾病，怎么可能是暴力犯罪的主要原因？实际上，许多暴力罪犯的精神状态虽然达不到患者的程度，却也是初露病兆，属于失常范围。虽然精神分裂症患者只是少数，但在普罗大众中"注水"版精神分裂症患者可是大有人在。

对于这种"注水"（watered-down）版精神分裂症患者，我们有一个更为专业的称谓，叫做"分裂型人格障碍"（schizotypal personality disorder）。精神分裂症患者常常会出现幻听和幻视现象，听到不存在的声音，看到子虚乌有的人。至于分裂型人格障碍患者，他们也会有相似的状况，只不过程度没有那么严重而已。实际上，生活中许多人都会有把噪声误作人语的经历。笔者有一次在意大利托斯卡纳（Tuscany）开会，就曾经遇到过类似的事情。那天，我正在浴室里整理仪容，突然听得客厅那边传来一声尖锐的女声。"你好!"那女人说道。我自然感到非常惊讶。于是，我环顾四周，又把脑袋探进客厅——哪有什么人啊。我一面心念奇怪，一面往浴室走去。很快，我再次听见了同样的呼唤。这一次，我觉得女人肯定在房间外的走廊里。结果呢？一开门，我还是没有发现任何人影。怪哉！我再次走回浴室，准备继续盥洗。打开水龙头的那一刻，我恍然大悟——所谓的女声呼唤，不过是水龙头因扭动水流在吱吱作响而已。还有好几次，我都在街上听见有人叫我的名字——最后当然都是误会。这种现象，医学上称为"不寻常的知觉经验"（unusual perceptual experiences）。我们会把噪音当作人声，树影当作人影。笔者当然不会是唯一有此经验的人。

1991 年，我创立了一份简单的自查问卷，专门调查分裂型人格障碍者（没错，心理学家对于自己的毛病也很感兴趣）。这项问卷被称为"分裂型人格障碍调查问卷”。问卷里设置了多种问题，比如，“当你看着别人的面庞，或者望向镜子内自己的脸庞时，镜中的影像会不会因为幻觉发生变化?”对于这个问题，洛杉矶地区 18% 的大学生都给出了肯定的答案。下面这个问题更是让 49% 的人点头称是——“你这辈子有没有穿越时空、看见外星人、预知未来和遭遇飞碟的经历?”至于“我感觉即便和朋友在一起也需要提高警惕”，则让 21% 的受调查者表示认同。另有 31% 的人自承“在朋友眼中我就是个怪人”。这次问卷的研究对象有 10% 都是在校大学生，他们当中 55% 的人都有人格分裂倾向。在全部接受调查人群当中，有此倾向的人达到 5.5%。相形之下，精神分裂症患者在总人口中只占 1% 的比例。

我们的研究，可能难以获取其他人的信任。没错，我们的研究地点是洛杉矶——疯子的避风港，这里的“怪咖”本来就多得吓人，无论什么样的怪人到了这里，都会被身边的同类衬托得毫不起眼，难怪全世界的此道中人都喜欢移居此地。这番言论，在美国西海岸人士听来可能有些刺耳，但也道出了部分的实情。实际上，精神分裂症和地域分布确实有一定的关系，某些地区会处于相对领先的水平，而当地的一少部分人也会有着和精神分裂症患者近似的种种习惯和特征。

那么，这些人会不会比一般人更容易沾染暴力和反社会性呢?相对于常人，他们确实是高危人群。我们对多个社区的不同人群进行了类似调查，无论调查对象是大学生还是暴力罪犯，抑或是街边大众中的普通一员，只要在“分裂型人格障碍调查问卷”中取得了高分，其犯罪暴力自评报告的分数一定也不会低。将调查拓展到精神分裂症患者中间，也会出现同样的结果。这些患有分裂型人格障碍的人和那些精神分裂症患者等精神病人一起，组成了一个规模虽小但人数巨大的犯罪与暴力的高危人群。

为什么精神分裂症患者比正常人更容易诉诸暴力甚至杀戮?答案就在这种疾病的症状表征之中。精神分裂症患者通常有偏执倾向，对于其他人的意图非常敏感在意。他们通常认为，别人都在和自己阴谋作对。因此，精神分裂症患者有着强于一般人的防备意识，随时准备对他人的侵扰作出暴力回应也就毫不出奇。其次，精神分裂症患者沉溺于自高自大的幻想之中，有着极强的病态控制欲。他们自觉有权可以随意操纵他人的生活，结束他人的生命。有些精神分裂症患者甚至会以拯救世人的圣徒自居——他们以先知自居，把杀戮当成“圣职”。前文提到的彼得·萨克利夫，就是其中的典型案例。

分裂型人格障碍者和精神变态者有着许多相似之处。当然，两种疾病的表征是如此不同，前者羞怯且不喜社交，后者大胆而自信满满。但是，两种病症也有着密切的联系。分裂型人格障碍者通常性格冷漠，感情麻木。相对的研究显示，精神变态者也是如此。他们的情感体验，和一般人完全不同。除了家人，分裂型人格障碍者身边少有亲近人士，而精神变态者的社交关系也通常浅尝辄止，流于表面。和正常人相比，他们难以对其他人敞开心扉，缔结友情。

以上这些共同点，部分揭示了精神分裂症患者和暴力行为之间的渊源所在。因为感情麻木、社交缺失，精神变态者很容易诉诸暴力。而精神分裂症患者也有社交乏力、感情迟钝的问题，同样也是暴力行为的易感人群。话到如今，也许你还无法理解暴力分子和精神分裂倾向之间的关系。那么，你不妨回想一下你曾经听闻过的那些连环杀手。想一想，其中很多人是不是以古怪的做派闻名？另一些人是不是有“先发制人打击威胁”的被害妄想症？还有一些人的世界观实在是奇葩得可笑——比如相信迪斯尼公司终将征服世界？答案是肯定的，想一想特德·卡钦斯基这个“邮件炸弹客”，还有残杀了多名性工作者的彼得·萨克利夫，他们的例子足以证明，疯狂的杀手是如何与众不同，而犯罪也和精神分裂症脱不了干系。

精神分裂症患者同暴力的渊源，还体现在他们的大脑之中。20 世纪 70 年代，研究人员开始利用 CT 扫描（*计算机断层扫描摄影*）技术辅助研究。CT 技术可以将脑室——也就是贮存脑组织的地方，放大成像，从而让深部脑萎缩等病症无所遁形。自此以后，精神分裂症患者和分裂型人格障碍者大脑中的种种结构和功能损伤，一览无余地呈现在世人面前。大脑的各部分当中，顶叶和颞叶受创最深。大多数的暴力分子，这两个部位都有严重的问题。作为暴力分子的一种，那些曾经犯下杀人罪行的精神分裂症患者自然也无法免除相关的祸害。因此，我们可以得出结论，精神分裂症患者之所以更容易沾染暴力，可能因为他们大脑中负责控制暴力的机关——也就是顶叶和颞叶已经遭受了严重创伤。同时，负责生发情感的边缘系统也是遭受危害的重灾区。

一些精神分裂症患者常常面临情绪失控的情况，无疑与此相关。由于大脑前额叶功能受损，精神分裂症患者的犯罪模式倾向于反应性暴力。他们面对一时的刺激，往往会有过激反应。那种冷血而缜密的罪案，肯定不会是精神分裂症患者的作品。他们的手下冤魂大多是他们的家人，而不是萍水相逢的陌生客。有时候，一句脱口而出的话语便可能刺激到精神分裂症患者的神经，导致一场激烈的言语纷争。别忘了，精神分裂症患者还可能产生幻觉。因此，一场言语纷争的后果实在难以预料，而且不堪设想。

对孩子来说，如今的学校已然是暴力的温床。其中的一些暴力事件参与者，很可能患有分裂型人格障碍症。带着这个想法，我来到香港，深入当地学生群体展开专门研究，香港城市大学的两位才俊冯丽姝（Annis Fung）和林蓓丝（Bess Lam）给予了宝贵支持。我们发现，研究对象在分裂型人格障碍自查问卷中得分越高，其反应性暴力程度也相对高企。那次研究涉及3 608名在校学生。至于那些自查得分很高、暴力倾向明显的研究对象，也拥有十分相似的性格特征：他们大多个性羞怯、行为古怪、家庭背景与众不同，因此常常遭遇同学的孤立和欺凌。偏偏他们心中的暴力倾向难以遏制。于是，一场又一场悲剧就此发生。

有时候，点燃怒火的由头不一定需要多么具体。甚至于意识形态和精神信仰也能成为一个人诉诸暴力犯罪的理由。你一定记得特德·卡钦斯基和他沦为“邮件炸弹客”的由头——说来，卡钦斯基看不惯“产业势力和科学团体横行社会”，故而自制炸弹，引发混乱。其他一些凶手选择害人性命，则是由于备受孤立，走投无路。瑟斯顿高中血案制造者基普·金克尔大概就是这样一个例子。同样，亚当·兰扎先是杀害自己的母亲，而后又闯入桑迪胡克小学大开杀戒，扫射小学生，可能要归咎于同样的原因。

倘若一个人精神健康状况糟糕，他走上暴力犯罪道路的风险因素也会随之增大。原因很简单，精神健康状态不佳，代表大脑的多个区域功能受损。事实证明，许多暴力罪犯都有精神疾病。其中，那些疯疯癫癫、行为失序的谋杀犯自不待言，就连一些看上去心思缜密的连环杀手，实际上也有一颗精神错乱的大脑。他们思想古怪、行为异常、幻听幻视、沉溺臆想。他们没有一个亲近的朋友。他们当中的典型例子，就是我们即将介绍的伦纳德·莱克。

解剖暴力　伦纳德·莱克的疯癫

伦纳德·莱克（Leonard Lake）——我觉得大家肯定没听说过这个名

字。虽然他曾经连夺多人性命，至少有12个人因他而丧生。有人认为，莱克手下的冤魂比这还多，足足有25人——其中有男人，也有女人，甚至还有婴儿。不过，连环杀手浩如烟海，莱克不过是其中的一朵浪花。他这样的人离群独居，就像其他的连环杀手那样笼罩在诡异的气氛当中。而且，莱克的精神疾病症状颇为独特，医学界对他这样的毛病记录甚少，值得我们单独讨论一番。

莱克曾在越南服役多年。而后，他被诊断患有“类精神分裂型人格障碍”（schizoid personality disorder），并因此丢掉了海军陆战队的工作。为了治病，莱克也曾经多次求医。但是，医生对他这种毛病毫无办法。所谓类精神分裂型人格障碍，是精神分裂型疾病的其中一种，也是医疗界并不熟悉的病种。莱克的行为非常怪诞，他沉湎于中世纪传说当中，常常幻想自己是个维京海盗。一次，访客发现他在家里用一口奇形大锅烹煮食物，而那食物竟然是羊头熬制的汤水。

这类精神分裂型人格障碍患者当中，莱克这种状态极不常见。我曾在加州大学洛杉矶分校的临床病例会议上碰到过这么一位患者，而且病人的怪癖也和山羊相关。只不过，那位患者一天到晚都想和山羊发生性关系。当然，若论古怪，莱克决不输于任何其他病友。他自视甚高，一心想建立一处庇护所，专门容纳人类当中最为强悍、最为勇敢的猛士，而后大家一起抱团度过世界末日。莱克认为世界难逃末日的命运，终有一天会毁于一场核大战。但是，他对此早有准备。即便其他人类全数在核弹攻击下完蛋殒命，莱克也可以和他募集到的年轻女性奴一起努力，再造一个人类文明。

莱克等人的古怪想法并非是一时兴起、纯粹胡诌。研究证明，类精神分裂型人格障碍者的臆想大多有其社会根基，有所见，才会有所想。1964年，斯坦利·库布里克（Stanley Kubrick）的经典名作《奇爱博士》（*Dr. Strangelove*）上映了，莱克一定是捧场的观众之一。他的末世情结，完全来自《奇爱博士》中虚构的世界观。电影当中，世界上的核军备竞赛已然失控，美苏两国的头面人物都变得疑神疑鬼、惶惶不可终日。其中，美国空军准将杰克·里佩尔（Jack Ripper）担心苏联人在饮用水中加了氟，要“吸干自己宝贵的体液”。于是，准将派出一架B-52轰炸机，对苏联实施了核打击。怎料苏方早有准备，他们建立了专门的反制系统，一旦苏联遭遇核弹攻击，系统便会运行起来、从而毁灭整个世界。这一切，西方阵营浑然不知。后果当然很严重。还好，美国总统身边有一位高参——奇爱博士

（此人曾经是纳粹的武器专家），在他的建议之下，美方也早早就掘好了稳固的地下工事。危机一到，总统、高官、奇爱博士立即躲进工事。陪伴他们左右的还有许多女子，她们经过精挑细选，身体和容貌都属一流。她们的任务也非常无私——要和总统等人合作协力，大生孩子，帮助人类度过核毁灭，重塑新生的世界。

即便莱克没有看过库布里克的电影，也一定听过类似的末日废土类故事。而且，他还随军去过越南战场。战争的惨景也许同时影响了他的思想。又或者，电影艺术和生活经历双管齐下，让他形成了如下的思维定式：世界面临危险，人类即将毁灭，而他有责任为人类文明延续火种。他这么想，也这么干了。他的行为给许多人带来了无尽的折磨和痛苦。总之，莱克的所思、所愿和所做，统统符合一个类精神分裂型人格障碍患者的标准。

加利福尼亚州的卡拉贝拉斯县（Calaveras County），有一个叫韦斯利维尔（Wisleyville）的小镇，莱克的“庇护所”便坐落于此。[73]他在这里开凿了储藏室，里面各种弹药和食品塞得满满当当。要想度过核冬天，当然需要大量储备。为了创造人类，锁链、手铐和各种性玩具也是必不可少，应有尽有。同时，莱克还找来一位合伙人共襄大计。此人叫吴志达（Charles Ng），来自香港的华人，也曾在美国海军陆战队中服役。两人在当地报纸上刊登了分类广告，号称有二手录像带要出售和转让。许多人循声而来，结果成了牺牲品。这其中有男也有女，男性一旦入套，就会被立即杀死，随后莱克会伙同吴志达一起掠走他们身上的钱物。至于女性，则会遭到囚禁。而后，伦纳德·莱克和吴志达会带上摄像机来到她们栖身的地下室，强迫她们进行所谓“生殖仪式”，并录像留念。录像中，受害女性遭遇强暴、虐待和求饶的景象清晰可见。

求饶当然没有用，精神分裂症患者的同情心（移情能力）因为大脑功能受损而大大降低。莱克自然也是一副铁石心肠。他明确地告诉受害者凯西·艾伦（Kathy Allen）：“照我们说的做，否则我们就把你绑到床上，强暴你，然后一枪打烂你的头，再把你拖进荒地里埋葬了事。”

实际情况比莱克的恫吓还要可怕。对于受害人的痛苦，他毫无怜悯之意。而且，莱克还伙同吴志达一起，将受害人布伦达·奥康纳（Brenda O’Connor）的女儿从母亲身边夺走。莱克告诉布伦达，他和吴志达会把孩子托付给一户好人家。受害人惊慌失措，最终还是相信了莱克两人的话语。事实上，两个罪犯并没有践行诺言，他们杀死了布伦达的小女儿，并把尸体埋葬在地下室外面。录像显示，此后布伦达又遭遇了一系列性虐待。

前文有述，精神分裂症患者的一大特征便是没有朋友。除了家人，他们很少和他人亲近。有时候，他们也会摆出交朋友的姿态，不过也总是浅尝辄止，无法深交。实际上，莱克连家人也很少搭理。他甚至亲手杀死了自己的哥哥，为了谋财，他还一一夺走了仅有几个朋友的性命。当然，他对陌生人也从不手软。

类分裂型人格障碍患者都有强迫性人格症倾向（obsessive-compulsive personality）。莱克自然也不例外，他每天都要冲澡数次，洗起手来也是总不停歇。对待卫生方面，莱克仿佛是个管教良好的孩子，一身总是干干净净。每次对受害女性进行性侵之前，他也会逼迫对方进行淋浴。

分裂型人格障碍患者的另一大特征在于举止诡异，而莱克正是如此。他喜欢解剖被害人的尸体，烹煮尸块，切开皮肤，取出骨骼，将肢体部分装进塑料袋中，又葬在“庇护所”附近。此外，这类患者大多有自杀倾向，莱克在被捕后选择吞药了断，也就不足为奇。那一次，莱克吞下一颗含有氰化物的药片。为防不备，他把药片藏在了衬衫的翻领里层，没人发现他留了这么一手。而后，莱克昏迷了足足四天才一命呜呼。

彼得·萨克利夫、罗恩·克莱、亨利·李·卢卡斯，这些连环杀手都患有严重的精神分裂症。他们会在一片静寂中听到“神启”。相形之下，伦纳德·莱克的病情没有那么严重，他只是一个“注水”版的精神分裂症患者——思想怪诞而奇葩、沉溺臆想、举止诡异、孤僻独行、感情麻木。他的这些特色，很难被外人察觉——因他从来就拒人于千里之外。但是，莱克的身上凑齐了一切可能导致暴力的风险因子，也是个不争的事实。不过，如今的法律制度到底有没有认识到这些因素的危险性，笔者还持有怀疑态度。这也难怪，这些特征一不耸人听闻，二不足够“变态”。莱克不会像疯子那样蓬头垢面走上大街，举止颇为文雅，看似温柔。但是，隐藏在他们身上的病态特征却足够致命。

本书写成前的19天，2012年12月14日，康涅狄格州桑迪胡克小学的悲剧刚刚发生。凶手亚当·兰扎（Adam Lanza）枪杀了他的母亲和26名小学生及成年人，不知各位读者如何解读凶手兰扎的犯罪动因？警方并未披露他的精神状况，至今也无人了解。我仔细研究了兰扎的人生历程，并由此得出初步结论：分裂型人格障碍者的七大临床特征中，这孩子至少占据四个：缺少知心朋友、自闭孤僻、寄情幻想和不喜欢家庭亲情。伦纳德·

莱克从海军陆战队离职之后，同样过着这种人生。同时，兰扎很有可能表现出生无可恋的心态，对于批评和赞美都反应迟钝，甚至无心性事、淡漠冷感——这三大特征，也是分裂型人格障碍的重要表征。除此之外，兰扎和莱克还有一些共同点：比如举止怪异、情绪紧张、社交焦虑、怪言怪语。也许，兰扎也患有类精神分裂型人格障碍这种罕见病症。

我选择精神分裂类疾病作为本书的内容，目的在于提醒大家一个事实：健康不只关乎肉体，也关乎精神。精神疾病，不管是严重的精神分裂症，还是程度轻微的分裂型人格障碍，都可能影响我们的大脑，为犯罪和暴力活动推波助澜。

关于精神分裂症，还有两件事实必须提醒大家注意：首先，大多数精神分裂症患者一不杀人，二不危险。我们不应该玷污他们的名誉，散布他们个个“又疯又坏”之类的谣言。同时，我们必须认识到精神分裂症患者参与犯罪的上升趋势，帮助他们接受治疗，降低暴力犯罪的可能性，同时也降低相关的刺激因素。其次，除了精神分裂症，许多其他类型的精神疾病也非常容易导向暴力，比如抑郁症、躁郁症、注意力不集中症、边缘型人格障碍等等。同时，酗酒和吸毒也可能提高暴力的风险。

我认为，我们应当综合考虑生理健康和精神健康的风险因子，将双剑合璧，才能形成对暴力的有效解剖。当然，影响要素并非一成不变。其中的变化，我们会在下面的章节里娓娓道来。在刚刚结束的第 6—7 章中，各位读者先后见识了破碎的大脑和天生杀手的有关故事，了解到暴力罪犯所需要的生物学基础设施。接下来，我们要看一看，这些风险因素是如何融会一处，最终酿成了暴力犯罪的苦酒。

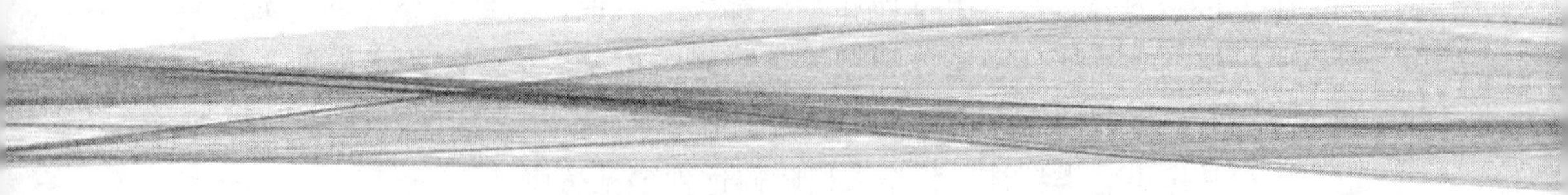

第8章　大脑拼图

生物社会学的七巧板

纵观亨利·李·卢卡斯（Henry Lee Lucas）的一生，从未领受过命运的垂青。自打他来到人世，就好像一件残次品。他的父亲安德森·卢卡斯（Anderson Lucas）是个嗜酒如命的流浪汉，一次，他父亲从一列货运火车上掉下来，结果失去了双腿。而后，他爸除了酗酒取乐，平日里只靠出售铅笔为生，有时候，他还酿造私酒换点小钱。亨利10岁那年，也步其老爸的后尘染上了酒瘾，一天到晚都灌得自己昏昏沉沉。父亲安德森自然和儿子一样每日每时都酒沉浑噩，对亨利的成长自然无法过问。

亨利的母亲维奥拉（Viola），更是一个糟糕透顶的家长。维奥拉靠卖淫为生，而且也有很大的酒瘾。亨利出生那年，维奥拉已经40岁。此前，她先后有过4个孩子，全都被她遗弃，他们或是进了孤儿院，或是被人收养。当时，亨利一家住在弗吉尼亚州的布莱克斯堡（Blacksberg）小镇，他和他的哥哥安德鲁（Andrew）、他的父母，以及维奥拉的皮条客，一起挤在一处狭窄肮脏的船屋之中，房间里没有电也没有灯。他的母亲维奥拉接待客人的时候从来不会避开孩子，因此，亨利从小就没少见过母亲工作时的场景。

家里没有多少吃的，亨利经常从垃圾桶里捡食东西填饱肚子。维奥拉也做饭，不过她只允许皮条客上餐桌。还好，当妈的从来不洗盘子，两个孩子还可以从地板上讨到一点残羹剩炙。亨利第一次吃到热饭，还是在上学之后，一位老师看他实在可怜，才给了他这顿饭食。这位老师还送了亨利一双鞋子，这也是他人生中的第一双鞋。

亨利的母亲常常辱骂和体罚儿子。有一次，7岁的亨利捡柴火的动作慢了一些，被维奥拉用木板狠狠地砸在了脑门上面。那一次，他瘫在原地、半昏半醒，足足三天不能动弹，而家人们并不挂牵，继续过着各自的日子。

说来真是讽刺，还是皮条客伯尼（Bernie）发现事情不对，才把亨利送去了医院。在那里，伯尼告诉医生，这孩子只是摔下了楼梯而已。

这些情形，只是亨利遭遇过的无数体罚和头部创伤的冰山一角。他这一辈子有过无数次的失去知觉、眼黑目眩经历，有时候，他感觉自己就像飘浮在空中一般。后来，神经检查和脑扫描显示，亨利有着严重的脑病理学创伤，而这种创伤很可能是当年母亲虐待留下的遗迹。

亨利的母亲不但责打儿子，还经常无端羞辱亨利。在他 7 岁那年，维奥拉指着一个小镇上的陌生人，告诉儿子："那是你的亲爸爸。"这件事情给亨利留下了深刻的印象，就连他那所谓的父亲安德森也承认了这个事实。如此残酷的现实，对孩子的打击自然巨大，就好像从他的一双小脚掌下抽走了那张赖以立足的毯子。那一次，亨利大哭了一场，精神完全崩溃。而且，根据亨利的姐姐回忆，维奥拉从小就让弟弟作女人打扮，留长发，穿裙子，一直到上学的第一天也是如此。亨利的遭遇震撼了学校的老师，老师为小男孩剪短头发，还给了他一条裤子。

母亲的冷酷行为似乎没有底限可言。一次，维奥拉偶然发现，儿子常常和一头宠物小骡子一起玩耍嬉戏。于是，她问亨利是不是很喜欢小骡子，小男孩点头称是。那好吧，母亲拿来一把猎枪，一枪打死了小骡子。整个过程，就发生在亨利的眼前。然而事情还没完，这一切仿佛还不够让维奥拉心满意足。接下来，当妈的又给了儿子一顿结结实实的痛打。她很生气，因为埋葬骡子的尸体也需要一笔钱。

学校里，亨利一直备受其他孩子的欺凌。他太脏了，而且身上有股怪味。一次，他和哥哥安德鲁外出砍柴。哥哥一刀劈向枫树树干，那刀刃却不幸落到了亨利的脸上。亨利的眼睛受了伤，视力因此大受影响。厄运并未画上休止符。又一次，一位老师正准备扇一个孩子的耳光，却挥手不慎，直接打在了亨利的左眼上。原来已经结痂的伤口又开始化脓，让亨利彻底失去了一只眼睛。

然后，亨利长大了，成了历史上最为臭名昭著的连环杀手之一。他的杀戮生涯横跨 23 个春秋，起于 1960 年，止于 1983 年，涉嫌 11 起命案。但是，警方怀疑亨利制造的冤魂多达 189 条。她们全是女性——关于被害者的性别，我们迟些时候再谈。亨利走上这条道路，既有生物学上的原因，也有社会的责任。两者之间的致命结合，造就了一个冷酷的连环杀人魔。

生活中，亨利・卢卡斯一直处于穷困和窘迫之中。相较而言，他的杀人效率可谓极度高效。引发暴力的三个非常重要的风险因素中，生物学因素是一方面，前面的章节已经提到过——分别是头部创伤、营养不良和源自他那反社会父母的遗传。再加上虐待、殴打、贫困，以及拥挤逼仄的家居、鱼龙混杂的社区、酗酒的习惯、父母疏于看管和缺乏归属感的心境，大大小小的社会风险因素叠加在一起作用，促使一个孩子一步步蜕变，直到成为一个嗜酒如命、夺命如麻的杀手机器。

卢卡斯的案例虽然极端，却并不罕见。在这一章中，我们将继续举出许多事例证明一个道理：每当社会环境和生物学风险因素合二为一，哪怕程度不算极端，受到影响的人也可能在未来陷入麻烦。迄今为止，我们的精力主要集中在暴力解剖的生物学因素方面。但是，徒有生物学原因，就如同一堆白骨，尚不能形成一具躯壳。本章的意义，就在于让白骨生出血肉。我们将会看到社会因素如何与生物学风险因素合二为一，形成交互作用，从而生出一个有血有肉的暴力罪犯。

亨利·卢卡斯这样的人，就好像一块生物社会学的智力拼图游戏，他的人生就像一块块的碎片。我们虽然知道了某块碎片所代表的生物学意义，却不知道它们拼在一起后得出的社会和心理效果。虽然相关的研究早就把这些特征和病态暴力联系到了一起。

这一章的研究以此为原点，首先会探讨社会风险因素如何同生物学风险因素交互反应，进而促生暴力。两种因素的互动将是我们的讲述重点。其后，我将向大家展示社会环境因素如何“中和”——也就是改变生物学因素起作用的方式。这就是我称作的“社会推动”（Social Push）假说。我们即将认识基因如何塑造大脑导致暴力行为的方式，以及社会环境因素扰乱大脑和重塑基因表达行为的种种办法。最后，我们将把大脑各部分的功能整合起来，更深入地认识它们对于暴力行为的催生作用。

解剖暴力　生物社会的阴谋：交互作用效应

10 岁那年，亨利·卢卡斯迷恋上了酒精。我 11 岁的时候，也开始与酒结缘。我几乎拿过一切东西去换酒喝——比如土豆、草莓和山竹果。像卢卡斯一样，我也经常在垃圾堆里打混。有一次，我甚至用秋麒麟草（goldenrod）的花朵自酿醇饮，还把这种“私酿家酒”非法卖给邻居和亲戚。卖酒换来的钱，我大多花在赌马和赌球上面。为了避开老妈的眼线，我总是去某家小杂货店下注。小杂货店的老板是个卖外围马的非法经纪。14岁那年，我的赌注已经下得很大，而且收获也非常不错。有时候，我也会遇到困难。因为我酿造的杯中物的酒精含量实在太过，顾客们的酒瘾也因此一扫而光，很快就让我卖断了货。

后来，我从一个反社会行为的实践者变成了旁观者和研究者。但是，那一段私酿生涯仍然给了我一点人生启示：看起来简单的事物，却需要许多元素的综合作用才能达成。比如，要酿造一瓶葡萄酒，需要的东西可不止几串葡萄而已。首先，葡萄果实需要发酵，需要阳光，还需要一点点的糖。此后，还需要细心压榨果实，加速发酵的过程；需要加入焦亚硫酸钾进行杀菌；需要时刻注意发酵工艺和果实的酸度；需要用液体比重计测量葡萄汁液的比重，保证足够的糖分转换出足够的酒精和二氧化碳；需要利用虹吸作用将容器底部的酒液从沉淀物中提取出来。当然最重要的事情在于，你需要认识到酿酒并不是材料和环境的简单结合，还需要适当的温度和正确的发酵工艺。

我私酿酒精的行为并没有什么特殊原因，只是生物社会交互使然而已。同时，暴力分子的暴力行为也像我酿的烈酒一样，是一件多种元素合成一体才能达成的事情，酒徒在酒吧里打架斗殴就是这样一个例子。20世纪70年代，温哥华的罗伯特·黑尔已经对诱发精神变态的社会因素和一部分生物学因素有了深切了解，但是，当时的犯罪学家和其他科学家尚未想到两者之间的交互关系。1977年，我正式进入这个领域开始研究生涯，后来，我坚信生物学因素才是酿成犯罪的主要原因。不过，我一直认为要解开犯罪的秘密，需要多种不同类型的钥匙——其中既有生物学方面的知识，同时社会原因也绝对不可忽视。

研究犯罪，就好像研读一本复杂的菜单。生活本来就是多彩的，简单得可以一言蔽之的事物历来罕见，无论是红酒、啤酒还是暴力都是如此，没有例外。因此，到底是什么原因导致了犯罪？相关的答案一定比社会学家们预想的要复杂多元。同时，我一直喜欢逆潮流而动，就连我的第一篇探索性论文也是关于生物社会交互作用阐释反社会行为——要知道，20世纪70年代犯罪学是社会学派的天下，他们的基本看法来自马克思主义的分析观点，没有生物社会的元素可言。我那样做，绝对算得上逆势而行。

正如前文所述，分娩并发症——一个生物学因素，可以决定一个人将来是否具有暴力倾向。生命初期的缺氧症和先兆子痫，可能妨害大脑的正常发育，从而埋下罪恶的种子。但我们也讨论过其中的社会风险因素——子女被母亲排斥，如何与生物风险因素结合，可能给孩子蒙上一层成年暴力犯罪的阴影。我们在丹麦所获得的研究结果，在美国、加拿大和瑞典也同样适用，而且相关的悲剧不断上演。哥本哈根的实验，也是生命早期的生物－社会因素交互作用导致成年后暴力犯罪的结论第一次得到科学认证。但是，这决不是最后一次。

8 年后的 2002 年，我回顾了关于反社会或犯罪行为的生物社会因素交互作用效应的所有相关研究，找到了不下于 39 个相关课题，它们具有很强的实证性，而且结论清晰。它们涉及的领域包括遗传学、精神生理学、产科学、脑成像、神经心理学、神经学、激素研究、神经递质和环境毒素等。在我们开始具体举例之前，不妨先介绍两个重要的新兴趋势。

第一个趋势：我们通常把生物学和社会因素看成肇因，而将反社会行为当作结果。因此，如果两种风险因子同时存在，将会对结果的产生起到推波助澜的作用。这种理论，我们称之为“交互作用假说”（interaction hypothesis）。相关的事例，我们在前面内容中已经见识——分娩并发症和母亲排斥的交互作用成为风险因子，提升一个人成年后暴力犯罪的概率。

这里，我们不妨见识一个相关事例，来自萨尔诺夫·梅德尼克（Sarnoff Mednick）的工作，回想 1987 年，正是因为他的创见和智慧，我才下定决心来到美国开创事业。萨尔诺夫开展了一项针对细微生理异常、家庭稳定性和暴力之间关系的研究项目。还记得第 6 章的内容吧，这些细微生理异常都是胎儿神经发育不良的标记。萨尔诺夫发现，标记越多的 12 岁男孩，在成年之后堕落为暴力犯罪的可能性也越高。但是，他同时发现，拥有稳定家庭的孩子和那些家庭生活动荡不安的孩子，在行为方面差别甚大，皆因生物社会因素交互作用的结果。如果一个人出现多项细微生理异常，同时又在不安定的家庭环境中长大成人，那么，他在 21 岁时招惹成人暴力事件的可能性，显然一定大于正常人。相关的事例，我们可在图 8.1 中一看究竟。如果一个人在不安定的家庭环境中长大，沾染暴力的可能性会达到 20%；若辅以细微生理异常，两者叠加后付诸暴力的可能性会暴增到 70%——足足增加 3 倍之多，正如我们目睹的分娩并发症与母亲排斥的交互作用一样。不仅我们发现了这个现象，哥伦比亚大学的丹尼·佩恩（Danny Pine）和大卫·沙夫尔（David Schaffer）也通过实验达成了一致的结论。佩恩等人在仔细研究过一组17岁的研究对象发现，糟糕的社会环境和细微生理异常交织一起，可以让他们沾染暴力的概率增加3倍左右——就连相关的数字，也是那么的一致。

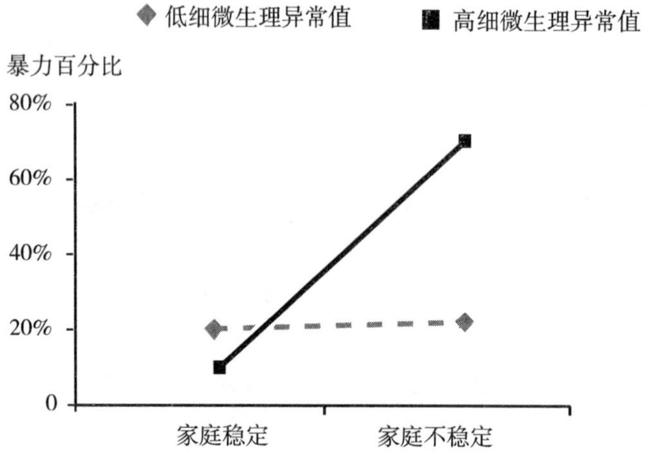

图8.1　细微生理异常和家庭背景交互作用诱发21岁时犯下成人暴力罪行

空口无凭，我们还是举个例子仔细说明。卡尔顿·加里（Carlton Gary），绰号“丝袜杀手”（Stocking Strangler），一共奸杀了至少7名女性。受害者最小的55岁，最年长的达90岁，都是白人，全部来自乔治亚州哥伦布市。加里的暴行是非法闯入她们的房屋，对其殴打、强暴，最后用长筒丝袜勒紧受害人的脖颈致其死亡。有时候，他会用桌巾代替长筒丝袜作为杀人工具。加里是如何走上这条恐怖的杀手之路的呢?

加里的生活充满了矛盾。他的相貌十分俊朗，是当地电视台的御用男模。然而，他私下里却干着拉皮条的勾当，有时候还会出售毒品。每日白天，他都要悉心照顾自己年老的姨妈，显得孝顺又细致；到了晚上，他又换上另一副面孔，令人困惑地强奸和杀害老年白人妇女，成为可怕的老妇杀手。最古怪的一点在于，他一面犯罪，一面和一名女性副治安官保持着恋爱关系。加里还擅长逃跑术，在这方面，他似乎深得胡迪尼（Houdini）的真传。1977年8月，他从纽约州奥内达加（Onodaga）县的监狱中成功脱身。那一次，他从20英尺（6.1米）的高墙上一跃而下，弄伤了踝关节。不过，他拖着残腿跳上自行车，随后逃到了罗切斯特（Rochester）市。

加里甚至大摇大摆地进了一家诊所，让医生对踝关节的伤势做了处理。后来，目击证人向警方证实，加里“一瘸一拐，走路活像一只鸭子”。1984年，加里再次从南卡罗来纳州的一座监狱里脱逃而走。终其一生，加里都在为社会制造麻烦。从很小的时候开始，他就显现出了麻烦制造者的天赋。不过，与此同时，加里也以诡计多端和智商高而著称。警方多次布下天罗地网想要诱他入局，都被他成功躲过。一次，他已经被捕，犯罪生涯眼看就要结束。但是，加里灵机一动，把罪名推给了另一个囚犯，最终自己重获自由。总之，加里是个谜一样的人。一开始，我们也不知道，为什么他这样一个有魅力又聪明、生活还很光鲜的人会选择暴力犯罪。但是，随着加里的生活经历一点点为人所知，我们开始一点点明白他为何会成为一个连环杀手。

加里自幼没见过自己的亲生父亲，直到12岁那年，才和父亲初次见面。那次见面，成了父子俩唯一一次相聚。说到他的母亲，差一点就将加里遗弃，更是对儿子不闻不问。整个童年和青少年时期，加里都在亲戚和熟人家里辗转借住，先后15次改换门庭，可谓是吃着百家饭长大。在他的身上，我们可以清晰地发现母子关系疏离对依恋于无情的精神变态者行为的影响痕迹。加里的营养状况很差，他从小就被饿肚子的问题所困扰，有时候甚至会翻找垃圾堆，以求获得一点食物充饥。在这一点上，加里和冷血杀手亨利·卢卡斯是何其相似。前文中，我们介绍了早期营养不良是影响反社会行为的重要风险因子，加里和卢卡斯都是这方面的典型案例。加里常常遭受母亲的虐待，母亲的姘夫对他也很不客气。一次，他甚至在课间休息的时候昏迷了过去。后来，他被诊断患有轻微的大脑功能障碍——加里的这些经历，和卢卡斯又是不谋而合。加上社会关系的疏离，加里的身上出现了足足5种细微生理异常现象。除了刚才介绍那几种，还包括他的贴生耳垂和指蹼这些小毛病。

卡尔顿·加里的各项生物社会的警示标记，都符合我们前面的讨论。其中，他在出生时遭遇了严重的分娩并发症、母亲的排斥尤为值得一提。梅德尼克强调的家庭环境、丹尼·佩恩提及的多种细微生理异常，都可以在加里身上一一找到对应。

此外，加里曾经遭受过严重的大脑创伤，还有大脑机能障碍带来的神经躯体标记，这些都是走向暴力的风险因子。埃默里大学的帕蒂·布伦南（Patty Brennan）曾是我的博士后学生，我们曾对397名年龄23岁的样本做过长期仔细的统计研究。研究开始于他们出生第一年，我们利用神经学、产科学和神经运动学的方法，对他们的相关数据进行了完全搜集。待到他们长到17—19岁的时候，我们又专门了解和记录他们的家庭状况和社会关系。他们20—22岁期间的犯罪纪录，也是我们关注的重点领域。

研究对象在出生后5天内，还需要接受专门的神经生物学受损测试，我们会邀请儿科医师仔细检查他们的皮肤、牙床和指甲等部位，看看有没有苍白病（cyanosis）的痕迹。一般说来，苍白病会在上述几处皮肤留下发绀痕迹。原理很简单，富含氧气的血液会产生血红蛋白，如果皮肤青紫，那一定是体内缺氧的表征；而体内一旦缺氧，大脑功能也会遭受严重损伤。一岁时，受试婴儿还会接受关于神经运动发育的测试。我们需要通过测试，了解他们是否能够独立坐直。还要看看他们能否在11—12个月大的时候伸手触物，可不可以在9个月大时把头抬起来。除了以上各种生理表征，我们也会注意社会因素的影响。一位心理学社工会专程访问受试者的母亲，了解各个家庭的不稳定状况、母亲排斥、家庭成员冲突和贫困境况。

以上这些风险因子数据，我们都会进行聚类分析（cluster analysis，群分析）——也就是排除干扰因素，让情况相近的样本自然而然地编进一组，互相比对。[74]物以类聚，人以群分，事实证明果不其然。通过聚类分析，我们得到了3组不同的研究对象：第一组以家庭贫困为特征，却没有受到分娩并发症和神经运动机能障碍的困扰；第二组家境良好，但却遭受神经运动机能障碍和分娩并发症的双重折磨；第三组最为不幸，既有上述两种生物学风险因子，也有社会风险因子——家庭贫境。[75]同时，我们还设立了正常人对照组。4组对象都需要接受总犯罪率测试，其中，我们还会对贫困导致的犯罪和冲动造成的暴力犯罪进行比例分析。

相关结果，在图8.2中一目了然。贫困组中，成年早期的暴力犯罪率达到3.5%，相比生物社会（又病又穷）组12.5%的犯罪率，只有其1/4多一点。同时，正常组的总犯罪率仅0.89%，比起生物社会组只占其1/14，更是令人非常吃惊。而且，虽然前3组的人数都差不多，生物社会组犯下的罪案竟然占据了总案件数的70.2%。通过上面数据，我们可以见识“三个月看老”这句话的威力——人生早期神经系统风险因子的效力。诚然，每个婴儿都是无辜纯洁的，但是，当一个婴儿还不能自己坐起身来的时候，暴力的种子已经埋进他的小小身躯。

我们用同样的方法，发现了成年暴力犯罪和攻击性青少年之间的联系。

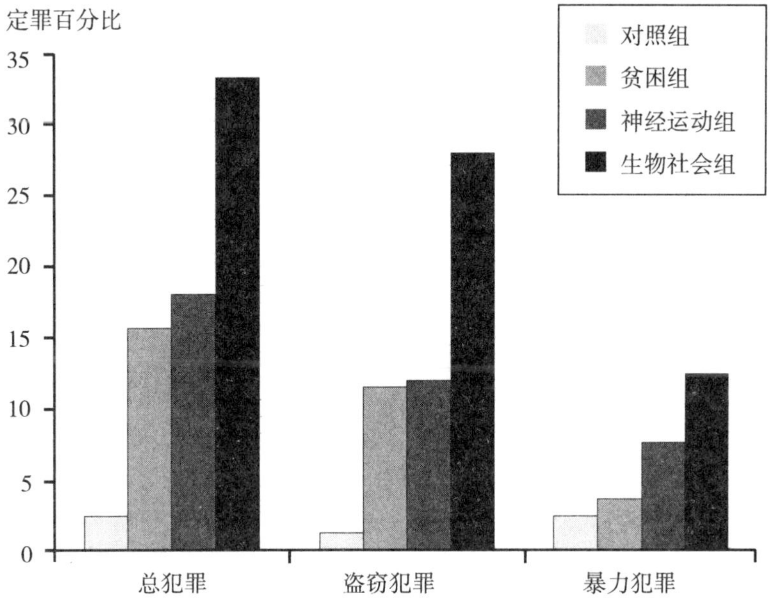

图 8.2　生物学和社会风险因子交相作用，催生犯罪分子的大幅提升

这一次，帕蒂·布伦南来到澳大利亚，将参加实验的青少年分为 4 组：第一组孩子几乎占齐了所有可能导致犯罪的早期社会风险因素——家庭贫困、教育程度低下、父母冷漠而疏于抚教、童年曾经遭遇母亲冷遇、父母经常变更生活伴侣等。第二组孩子则有早期生物学风险因素——曾经被分娩并发症折磨得半死，又出现了神经认知功能障碍。第三组孩子荟萃了前两组孩子的难处。第四组孩子则无这些风险因子，活得健康幸福，生活无忧。最后的结果，可在图 8.3 中看个究竟。第三组人员严重犯法的比例高达 65%，而第一组人员的相关数据只有 25%，第二组 17%，最后一组只有 12%。总之，帕蒂在澳大利亚的发现，再次证明了分娩并发症和母职缺位之间的恐怖结合。相同的事例，在其他国家也屡见不鲜。

皮尔科·拉萨宁（Pirkko Räsänen）在芬兰的发现就是很好的生命初期风险因子的旁证。拉萨宁揭示了暴力的另一大原因——母亲孕期吸烟。如果准妈妈不戒掉吞云吐雾的习惯，孩子出世长大后沾染暴力的比例会因此足足扩大 1 倍。拉萨宁的研究涉及 5 863 名男性，具有很强的代表性。如果准妈妈身怀六甲只是出于意外，或者少女怀孕，以及胎儿出现神经运动发

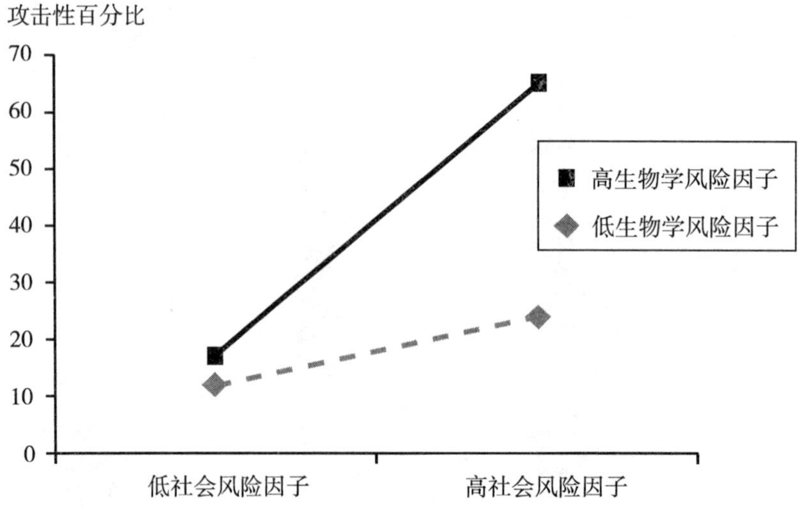

图 8.3　人生早期的生物学风险因子和糟糕家庭环境交互作用，诱发澳大利亚青少年的攻击性行为

育迟缓，这些生物学风险因子的叠加，她们的子女长大后沾染成年犯罪的可能性将会提升整整 14 倍。

以上这些因素都可能让纯洁无瑕的小生命埋下罪恶的种子，让他们未来的人生之路与犯罪结伴。帕蒂·布伦南发现，如果母亲在孕期吸入尼古丁，子女出生时又遭遇分娩并发症，孩子成年后从事暴力犯罪的比例会比一般人高出 5 倍。不过，相对于尼古丁，分娩并发症的威胁更加巨大。因为，仅仅摄入尼古丁并不足以明显增加暴力犯罪的比例。同时，美国的研究发现，母亲沉溺于香烟与父母职位的缺失也可能形成交互作用，提升子女的犯罪可能性。

所有研究都表明，社会因素与生物学因素的交互作用，乃是一个人滑向暴力深渊的齐声大合唱。正如前文讨论的，卡斯普和莫菲特于 2002 年率先发现了暴力基因——单胺氧化酶 A 基因，它与童年早期受虐儿童情形结合，可能导致人体内低单胺氧化酶 A 水平，从而致使各种成年反社会行为。世界著名犯罪学家，剑桥大学的大卫·法林顿发现，童年时低静息心率与 10 岁前母亲离异，则会导致成年渴求暴力犯罪，它们之间的关系密切。

笔者开创了各类反社会人群的功能性磁共振成像研究。我发现，在童年期有过被虐待经历的暴力罪犯，其右颞叶皮层功能的减退现象显得非常突出。另一项研究则找出了另一对交互关系——高睾丸素水平 + 一群狐朋狗友 = 品行障碍。仅有高睾丸素水平，并不足以让一个人成为品行障碍者。假如你体内拥有高睾丸素水平，而朋友又个个都循规蹈矩的话，你将会成为他们的领袖。同时，基因的作用还和糟糕的家庭教育交互一处，导致青少年的攻击性行为。实际上，生物学和社会因素的交互作用，产生的破坏力要远远大于单一的生物学或社会因素所造成的后果。

解剖暴力　“社会推动”视角

“社会推动”（social-push）这个字眼我刚刚提到过，它的生物社会效应须从两方面去看。一方面是“交互作用”视角，对此，我已经举出了多个例子。另一方面就是“社会推动”视角，它亦是我的研究发明。

时光回到 1977 年。那时，从生物学的根源去审视小学生的反社会行为还是个稀罕事，而我已经开始了相关研究。那个时候，能把生物学因素和社会因素结合一起考虑的研究者就更少了。因此，当我的第一篇以生物社会的视角关注小学生的研究论文发表时，几乎相当于踏进了一块无人区。当然，我并非第一个吃螃蟹的人。在我之前，英国数一数二的、颇具争议的心理学家汉斯·艾森克（Hans Eysenck）的名作《犯罪和个性》（*Crime and Personality*），已经试图将犯罪与生物学根源联系一起。在书中，艾森克大胆指出了犯罪有其生物学根源和先天的原因。我认真拜读过艾森克的这部最具争议的大作，从中发现了一个与众不同的重要概念——“反社会化过程”（antisocialization process）。

这个概念和我的研究思路很相近，却又有所不同。它虽然已经随着批评者的口诛笔伐消失在学海的深处，却一直深刻地影响着我的工作。我还记得，艾森克在书中提出了一个假设：假如某个孩子，父亲是窃贼，母亲是妓女，就像《雾都孤儿》（*Oliver Twist*）中那个“费金厨房”里的小家伙一般不幸又可怜。那么，这个孩子很快就会有样学样，继承父亲的衣钵，成为一名出色的扒手——狡猾的道奇（Artful Dodger）不就是这样教唆的吗？相形之下，那些家庭因素不至于如此凄惨的孩子，也应该不会如此容易地堕入人生的反社会道路之中。

我一直想进行一次实证检验，看看艾森克的理念是否真有道理。1977年，我进入约克大学，在彼得·维纳布尔斯（Peter Venables）教授门下求学，也终于有了实践的机会，并在我博士导师的实验室里首次学会了精神生理学技术方法。那时，我正为各种精神生理学知识挠头不已，而外分泌汗腺系统的基本功能让我突然有了灵感。于是，我依据经典条件反射原理，设计了一个条件性恐惧实验。为了保证实验质量，我掌握了电极的各种类型，特地选用了有助于银/氯化银电极接触手指的凝胶化学材料。同时，我还学会了测量电极偏置电位的方法，一旦偏置电位不可用，我还得重新氯化电极。技术专家唐·斯帕文（Don Spaven）给了我这个外行很多支持，我们一起制作了用于条件反射实验的产生听觉刺激的游戏耳机。我自掏腰包购置了一台仿真耳和一部价格昂贵的听度计，以及两者之间的连接器，以便确定声音刺激物的分贝水平。实验的技术准备非常复杂劳神，着实把唐·斯帕文累得够呛。一切搞定之后，我才开始选择合适的受试者。

招募研究对象的工作，一点也不比做好技术准备轻松。我访问了许多学校校长，会见了无数的老师，在多家学校散发过英雄帖，我还登门拜访了很多家庭。一切的一切，只是为了募集足够多的志愿者。对于那些反应冷淡的人，我多次拉下面皮苦苦哀求。我甚至拿着专门的传单来到学校，测试孩子们的反社会人格指数，同时也顺便刺探相关的家庭背景讯息。我请老师们评估学生的反社会行为模式。有机会的情况下，我去学校接孩子们，带他们来到实验室，实验结束后又亲自送他们回去。工作甚是繁重，不过这是我的第一次研究课题，兴奋之情实在难以抑制。即便淋着秋雨、迎着冬雪，我也总是喜不自禁。参与实验的孩子们也都感觉良好。他们可不是义工，每一次实验都能为他们带来50便士的收入，那可是1978年，50便士相当于一个星期的零花钱。

关于条件性恐惧，我们曾在前面讨论过。你应该还记得：实验的主旨在于测试预期的恐惧反应。孩子们将会先后听到一声柔和的响动，接着是一次刺耳的噪音，由此带来的流汗程度是我们计量的主要目标。那么，这些孩子能不能像巴甫洛夫的狗儿那样，学会把两件事情联系到一起呢？他们能够辨别哪些事情可能带来所谓的“惩罚”吗？一系列经典的条件性情感反应，还可以测算出孩子们的“良心”程度，而“良心”能够阻止一个人从事反社会行为，当他一有不道德的想法就会冷汗直冒。那么，我们的受试者有没有“良心”呢？

我发现，环境的影响确实不可低估。对于来自良好家庭的孩子而言，条件性恐惧反应越差，反社会程度就越高。[76]对于来自家庭因素恶劣的孩子，结果正好相反，条件性恐惧反应越好，更可能从事反社会行为，就如狄更斯笔下狡猾的道奇。无论是老师对反社会行为者的评估，还是学生的反社会人格自评，都确定了同样的结果。对于这一点，我当然非常兴奋。有些学生的自评和老师的评估出现了南辕北辙的现象，为此，我再三进行了复查和复核，以便得出的结果公正无误。对于我的这次研究，犯罪学家和历史学家妮可·拉夫特（Nicole Rafter）给出了很高的评价，她甚至认为，我的工作堪称经典，开启了生物社会学正式介入犯罪学研究的先河。当然，像许多科学家一样，我不过是站在了巨人的肩膀上而已。[77]

那么，这次研究的意义到底何在呢？现在，我想借由自己在 2002 年那次实验中的一些发现进行阐释。正是那次实验，让我发现了当代犯罪学研究的第二个趋势。本书至此，我们一直在谈论生物学风险因素和社会风险因素的交互作用，交互作用的结果，换来了暴力呈几何级数增长。但是，事情不会总是如此极端，社会和生物学因素之间也可能互相影响，以一种较为“适度”的方式表现。一个社会过程可以“软化”或者改变生物学和暴力之间的关系。刚才的条件反射实验，体现的就是这样一个道理：家庭背景“软化”了条件性恐惧和反社会行为之间的关系。

实例不止一起。让我们再看看对谋杀犯的正电子成像扫描（PET-scan）研究。你也许还记得，我们通过扫描证明，谋杀犯的大脑前额叶的葡萄糖代谢功能普遍低下。另一项研究中，我将参加实验的谋杀犯按照家境恶劣和家境正常分为两组。为了确保分组正确，我特地考察了 8 种关于家庭的负面因素，包括被父母虐待、家庭关系疏离和极端贫困等。要想了解每个犯人的个人小史，需要查阅他们的犯罪记录、医疗报告、犯罪新闻报道和精神病学、心理学、社工的报告。这些功课，我们自然不敢怠慢。有时候，我甚至多次拜访他们的辩护律师，了解其中的具体情况。最终，两个小组终于形成。我们姑且称一个为“家庭贫困组”，另一个为“非贫困组”。问题在于，哪个组的成员前额叶功能更为低下并诱发了他们的暴力？

如果你对答案感兴趣，请看图 8.4（见彩图）。左图是一名正常对照组受试者，显示出良好的前额叶功能——图上方的红黄两色就是明证。中图的情况属于“家庭贫困组”的某位杀人犯。右图是一位“非贫困组”杀人犯大脑的写照。你可以看到，右图上方呈现冷色调，说明“非贫困组”前额叶的功能下降十分厉害。他们是来自家境良好的杀人犯，和中图那些家境恶劣的杀人犯有着显著区别。因此，我们将两组杀人犯看作两个人群，也是有道理的。

诚然，社会环境可以软化或者改变额叶功能低下同谋杀之间的关系。不过，坏脑子－坏行为的这种关系，似乎只适用于来自同一类型家庭背景的杀人犯。家庭背景不同，显然情况就会出现变化。

我们应该如何解释这种差异呢？不妨作如下思考：假如你是一个出身于糟糕家庭的杀人犯，你的暴力行为又当作何解释？或许社会学派倾向于把恶劣家庭环境当作暴力犯罪的诱因，但在这里，我们不妨把眼光放得长远一些。

想一想那些家庭环境良好的人，他们为何踏上了谋杀犯之路呢？什么原因导致了他们的暴力呢？显然，我们不能把他们误入歧途的原因归结于家庭生活太过幸福美好。显然，个中原因另有所在，很可能是因为大脑功能出现了异常。图 8.4 可鉴，“非贫困组”谋杀犯的右眶额叶皮层功能下降得特别厉害，下降比例达到了 14.2%。右眶额叶皮层是和克制暴力息息相关的脑区，一旦受到创伤，当事人的人格和情感可能大变，一步步演变为类似犯罪的精神变态行为。这种因为外部事故而形成的精神变态者，被安东尼奥·达马西奥称为“获得性社会病态”（acquired sociopathy，或获得性反社会人格）。

借此机会，我们回顾一下第 2 章杰弗里·兰德里根的故事。他的收养家庭环境如此优越，养母慈爱，养父正直，姐姐也是个好人。生活中，他应有尽有。但是，兰德里根仍在 11 岁那年开始抢劫，此后，他更是一路堕落，最后成了一名杀人犯。到底是什么原因造成他这样的人生旅程？我们可以把矛头指向他的生父，那个他从来没有见过的男人。要知道，老兰德里根也是一名死刑名单之上的囚徒。兰德里根拥有良好的家庭，却落得如此的境遇。因此，我们只能将一切归咎于遗传原因和大脑异常。这方面的例子远不止兰德里根一个。杰拉尔德·斯塔诺（Gerald Stano）和他的经历相仿，也是在 6 个月那天被一个良好的家庭收养。结果呢？斯塔诺自承杀死了 41 个人，最后只能等待上电椅的命运。哥伦比亚大学的法医精神病学家迈克尔·斯通（Michael Stone），对于兰德里根和斯塔诺这一类特别感兴趣。他的资料库中，记录了无数起养子养女堕落犯罪的悲剧。他们的家庭温暖、父母慈爱，却还是无法改变最后的命运。既然如此，我们只能怀疑这些养子养女本身的遗传基因才是导致他们走上暴力道路的原因。

生物学-暴力关系并非社会学派研究的主流。一些社会学者能在坚持环境风险因素对犯罪行为的决定作用之时，稍稍承认生物学因素的“辅助”效应，已经算得上开明之举了。相形之下，替代的社会推动视角有着一定的意义。我认为，这种理论能够帮助父母纠正子女的任性行为。

回忆一下你的成长历程，回想那些有着“犯罪基因”的人——你的朋友、邻居乃至家人，其中一定有这样的“坏坯子”。某个人身上的坏种子可能已经发芽，但是，他的血亲兄弟姊妹却还走在人生的正道之上。诚然，罪犯中的不少人出身于充满暴力和贫困的经典混沌家庭，自幼饱受饥寒和虐待。但是，也有一些罪犯来自正常家庭，父母对他们关怀备至，他们的沦落简直让人讶异。有时候，两个在同样环境长大的同胞兄弟也会走上截然相反的人生道路。如果你的那位亲戚不幸是其中的一员，那么，他身上的一些细微生物学风险因子也许就是不幸的根源。

我常常收到许多家长的求助信，这些可怜的父母都有一段难言的家事。为了让孩子改邪归正，他们尝试过太多的方法。一位母亲告诉我，她的儿子曾经虐杀了邻居家的宠物，手段之血腥，让她感到万分心惊。更令妈妈惊心的是，她发现儿子经常捂住幼小弟弟的口鼻，几乎使其不能呼吸。他经常玩弄这种窒息游戏，几乎乐此不疲。妈妈还记得，十月怀胎的时候，儿子就曾经狠狠捶打过隆起的腹部。他说，他不想要这个弟弟。儿子没有半点同情心，而医院提供的治疗办法，无论是问诊还是药物，也没有半点疗效。

毫无疑问，这个孩子的毛病不可小视。同时，他的妈妈可谓殚精竭虑，恪尽母职。按照子女酷似父母的刻板印象，坏孩子的父母定然会是不负责任之辈。可是，事实正好相反。为了把孩子拉出泥潭，母亲几乎使出了浑身解数，但是，孩子还是依然故我。善良的母亲、温馨的家庭偏偏摊上了一个冷酷无情的孩子。这样的悲剧，到底又是出于何种原因？

从这桩个案的情况考虑，罪魁祸首很可能是遗传原因。为什么呢？对了，刚才忘记告诉大家，这个恶童并非这位母亲的亲生儿子。

孩子在被养父母收养之前，肯定遭受了亲生父母的遗弃，或者，亲生父母行为实在不端，无法尽到监护人的责任。此前，我们已经见识了生物学风险因素——分娩并发症和母亲排斥这一对暴力风险因子的组合。收养关系确立之前，孩子已经备受亲人的疏离。其后，无论收养家庭多么努力弥补，亲生父母给幼小心灵留下的裂痕也难以消逝得了无痕迹。因此，这个孩子施用危险行为的主要原因可以归于遗传和基因。

我将这些遗传和生物学因素归结在一起，形成了“社会推动”假说，正好可以解释那些家庭条件良好，却仍然无法逃离收养儿童滋生反社会行为的案例。我认为，社会因素确实可以“推动”一个有着反社会倾向的孩子走向犯罪。假如社会因素完全缺失，而一个反社会倾向孩子仍被“推动”跌入犯罪深渊，那么，我们只有将问题的关键指向生物学因素。相反，那些来自早期恶劣家庭的反社会分子，其自身的犯罪行为也主要由于社会环境因素的影响。

当然，这并不意味生物学风险因素对家庭背景恶劣的反社会儿童的反社会和暴力行为毫无影响——显然，生物学风险因素仍在发挥作用，只不过作用大大缩水了而已。其中的原因，当然是由于推动犯罪的社会因素抢占了主要位置。因此，社会原因对家境不良孩子的影响更为显著。至于那些家庭正常而孩子失常的案例，生物学和大脑的问题则会抢占先机，将社会和环境的影响挤到一边去。在这里，社会照耀下的暴力是模糊的，好像阳光照耀地球一般，有的地方亮起，有的地方就会随之暗淡。

迄今为止，我们关于社会推动假说的话题，主要通过讨论某些家庭背景良好的杀人犯的额叶功能低下展开，同时，还提及了另一组不良家庭背景的反社会儿童的条件性恐惧低下情形。然而，必须强调的是，社会推动假说这个模式仍然坚持生物学风险因素的主体地位。早在学生时期，我就发现了社会适度效应（social-moderation effect）对于生物学因素的条件性作用，具体的事例体现在儿童反社会行为和低静息心率的关系之上，这些孩子全部来自经济条件、社会地位均好的家庭。

我的发现，得到了许多科学家的认同。通过实验，大家都得出了一致的结果：在英国，出身于中产阶级家庭，接受私立学校教育的反社会孩子，均具有低静息心率。一些反社会孩子虽然家庭不睦，但却还没有完全破裂，他们也具有低心率。至于那些童年遭遇父母离异、被父母虐待和饱受饥寒的罪犯，低静息心率为其特征。在荷兰，那些“尊贵”的罪犯——来自社会地位较高家庭的犯罪分子——其皮肤电传导反应显得尤其迟钝，而皮肤电传导实验是注意力的重要表征。毛里求斯的一次实验表明，如果一个孩子在 3 岁的时候显现出较低的皮肤电传导水平，那么，他 11 岁时显现出暴力倾向的可能性也会随之提高，不过，这个结论只在那些来自社会阶层较高家庭的孩子中才能成立。研究者在成年人中也发现了同样的现象。英国的一项实验对一些来自问题家庭（未破裂）的囚犯进行了调查，发现他们不但情感麻木，皮肤电传导功能也有所减退。瑞典学者凯瑟琳·图夫布拉德（Catherine Tuvblad）也发现，环境因素可以“软化”或改变基因和环境之间的关系。凯瑟琳找出了基因对于男孩反社会行为的决定作用，她的结论和我们在第 2 章讨论的遗传学原理大致相同。只不过，一切的结论只在研究对象享有良好家庭环境的情况下才能成立。[78]

另一些学者从分子遗传学层面专门研究了神经递质多巴胺引发的基因变异和青少年犯罪之间的关系，他们同样发现，环境因素能够早期影响乃至改变这种关系。[79]当然，同样的适度效应（moderation effect）只出现在低风险家庭环境（家境良好）的青少年罪犯中。总之，当社会风险因素并不能满足反社会行为形成的时候，遗传因素自然成了引导一个人走向罪恶的主要原因。

我的学生高瑜曾经构想，通过爱荷华赌博游戏测试，验证眶额叶皮层功能的一个神经认知指标的适度效应。此前，我的同事安托万·贝沙拉和安东尼奥·达马西奥曾经先后利用相似的游戏，对一些腹内侧前额叶皮层病变的病人进行过测试。他们的结果证明，这些脑区功能严重受损的人难以顺利完成游戏，而且，病人还出现了精神变态行为。说到眶额叶皮层，你可能还记得第 5 章的部分内容。所谓眶额叶皮层，又称眼窝前额叶皮层，是产生躯体标记的脑区。同时，这一脑区还可以提高一个人的决策能力和条件性恐惧程度。按照高瑜的构想，参与游戏的学生还将同时接受有关精神变态行为的测试。通过游戏和测试，高瑜发现，那些在眶额叶游戏测试中表现差劲的孩子，更有可能存在精神变态倾向。当然，在受试者必须都来自正常家庭背景的情况下，这个结论才能成立。同样的情况，也曾经在我主持的条件性恐惧实验中发现：条件反射能力越迟钝，来自良好家境的儿童越可能出现反社会行为。因此，高瑜特地设定了相同的眶额叶皮层分组条件，自然也得出了相同的适度效应结果。

现在，你的思绪不妨离开实验室，看一看现实世界的情况。现实世界里是否到处都是社会推动假说的杀手案例？想一想那些连环杀手的家庭背景：兰迪·克拉夫特，记分卡杀手，有个多么美满稳定的家庭。杰弗里·兰德里根，一名死囚，也有优越的家庭环境。基普·金克尔，一个少年，杀害了自己的父母以及他就读高中的两个孩子，而他在俄勒冈州的乡下有一个温馨的家庭环境，勤勉的父母和一个可爱的妹妹。金克尔的故事，我们会在稍后专门讲述，总之，他的眶额叶皮层出现了严重障碍导致他的暴力。他们之所以堕落犯罪，很显然不是贫困、坏邻居、恶家长的错。诚然，有些连环杀手和暴力分子从小深受环境所害，但是，也有不少杀手拥有幸福的童年，他们享有的父母之爱和亲友感情，一点不比我们少。

解剖暴力 基因-大脑-暴力

社会因素和生物学因素的交互作用，会增加一个人诉诸暴力的可能性。当然，它们也可能通过社会推动假说软化或降低生物学-暴力关系的可能性。此外，还有环境对生物学因素影响的第三种关系存在。不过，让我们暂停脚步，掉转方向，回顾一下暴力幽灵中的基因、大脑和行为之间的关系。

此前，我们已经讨论过大脑的机制和暴力心灵之间的关系。大家知晓了一些和暴力渊源颇深的特殊基因。现在，让我们来看一看制造大脑结构和功能异常的基因工厂，看一看这些导致暴力行为的“硬件结构”是如何形成的。

请看图8.5，我绘制的一张蓝图。图的左上方列出了各种基因，它们都和大脑结构与影响神经递质功能（比如单胺氧化酶A）脱不了干系。图中间是大脑结构，我们都知道上面的额叶皮层和下面的边缘系统与暴力行为密切联系。两片大脑区域都不算小，杏仁核和眶额叶皮层也包括其中——许多暴力分子出现情感和认知方面的异常，都是因为杏仁核和眶额叶皮层出现了问题。相关的问题及可能的后果，当然可想而知：要么是成年暴力犯罪，要么是暴力犯罪的两种变体——反社会型人格障碍和精神变态障碍。两种变体都是暴力犯罪的危险前兆，而两种障碍都由许多不同的行为和情感元素组成。边缘系统结构受损，会导致一个人热血上涌，诉诸暴力。额叶皮层损伤，则是暴力分子认知能力减退和行为障碍的主要原因。[80]

那么，这些基因又是如何造成大脑功能异常从而导致一个人滑向暴力深渊的呢？还记得低单胺氧化酶A与反社会行为的故事吗？拥有低单胺氧化酶A基因的男性，其杏仁核、前扣带回和眶额叶皮层的体积会减少8%。我们知道，这些脑区都是人控制情绪的重要区域，而暴力分子正是在这些

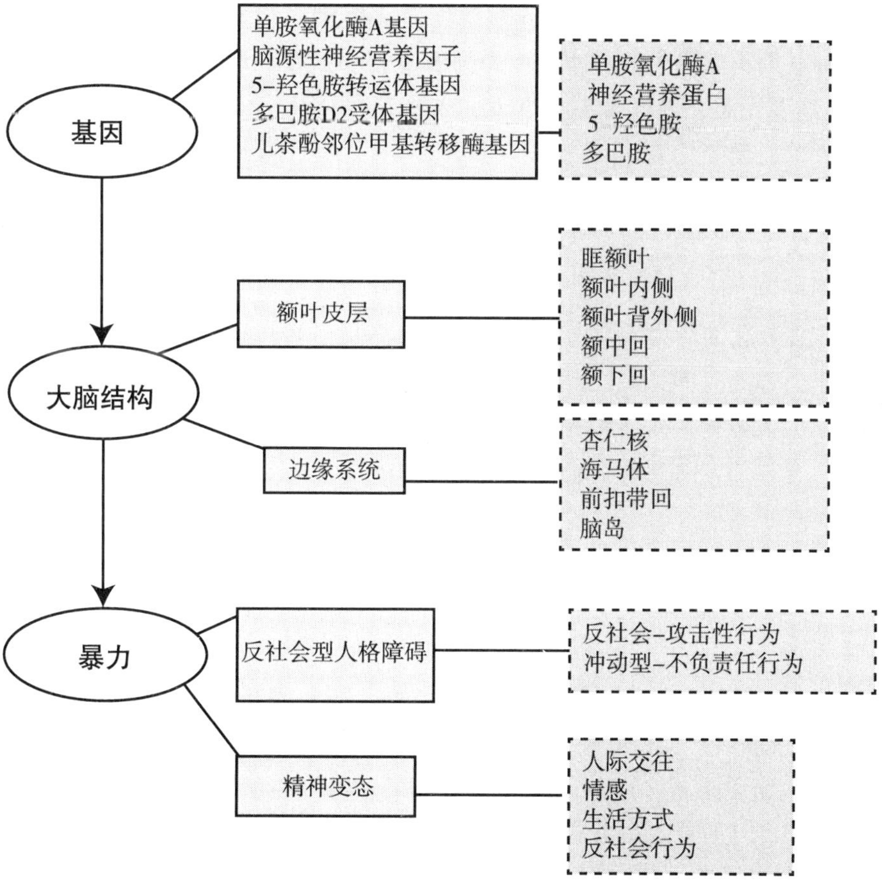

图 8.5　基因问题导致大脑异常，进而诱发暴力行为

脑区出现了严重的结构性问题。暴力源自基因，继而影响大脑，最后体现在行为上面。

让我们以脑源性神经营养因子基因为例。所谓脑源性神经营养因子（BDNF），一种促进神经元的存活和结构及影响树突生长的蛋白质。通过动物实验发现，那些体内 BDNF（脑源性神经营养因子）水平降低的小白鼠都出现了严重的神经元萎缩，由此出现大脑皮层变薄的毛病。显然，脑源性神经营养因子可以维持神经的体积和树突的结构。海马体有制怒熄火的作用，而 BDNF 促进海马体的生长和体积。同时，BDNF 可以改进认知功能，以及条件性恐惧反射和焦虑反射的积极性。通常情况下，暴力分子的条件性恐惧反射功能减退，情感麻木，同时伴有前额叶灰质体积减少的问题。显然，他们中的很多人属于脑源性神经营养因子产量低下的基因类型，而这种基因类型同人类的冲动型暴力有着密切关系。动物实验表明，一旦BDNF含量不足，老鼠会变得冲动、易怒，更愿意铤而走险。人类处于同样的条件下，反应几乎一模一样。

综上所述，我们再一次经历了从基因到大脑再到暴力行为的全过程分析。事实上，在神经犯罪学“基因-大脑-暴力行为”这个链条中还有大量的话题可说，还有许多细节需要探寻。因此，恶性基因导致大脑受损，最终体现在外化的暴力犯罪上，这个先后顺序已经可以确定。当然，具体的过程不会如此简单。而且，如果这个过程就像一台鲁莽向前的遗传和生物学的暴力大客车，社会环境因素在其中可不是坐在后排座位搭便车的乘客，相反，车辆的方向盘紧紧地操纵在社会因素的手中。

解剖暴力 环境-大脑-暴力

社会环境因素可以造成大脑异常，而大脑异常又是塑造暴力的原因。人类蒙受的各种大脑损伤，大都是因为环境因素所致。比如，某人不慎摔了一跤，脑袋碰上了硬物；某人遭遇车祸，导致脑震荡。无论这些祸端是出自无奈，或是有人故意为之，由此而来的大脑创伤都不可避免。创伤一来，就像打破了一座牢笼，放出了暴力的魔鬼。亨利·李·卢卡斯、菲尼亚斯·盖奇，还有许多其他的事例，都因为魔鬼的出笼而变成了恶魔。

实际上，环境的威力远比我们想象的还要大上许多。如若不信？请回想一下你的童年，你身边的某件小事或许就能改变你的心绪。假设你出生在一个暴力街区，渐渐长成了一个11岁的少年。很快，你的学校要组织一场语法和读写考试，这种考试你以前也参加过，并不陌生。而后，一个坏消息传进了你的耳朵：你家附近的某位街坊遭遇枪击，不幸身亡。结果呢？你那次考试的成绩相当糟糕，虽然你和班上其他同学一样聪明伶俐。唯一的区别，只是你有一个刚刚死于暴力的邻居。

这样的结局并非空穴来风，而是纽约大学社会学家帕特里克·夏基（Patrick Sharkey）的实验成果。夏基是著名犯罪学家罗伯特·桑普森（Robert Sampson）的高足，这次实验，他借助人类发展项目芝加哥子项

（Chicago Project on Human Development）的力量，邀请一千个孩子参加考试，并采集了大量数据。夏基发现，如果某个孩子的住家附近 4 天之内发生过凶杀案，那么他的阅读成绩会因此下跌近 10 分——几乎是标准偏差值的三分之二。同时，孩子的语法和词汇成绩也会因此下跌，接近偏差值的一半。

仅仅听闻一起暴力事件，为何能造成如此大的影响？或许，我们还可以把这种影响的效应展现得更为直观一些。听到一起暴力事件对人的阅读能力的影响，堪与地球温度上升对海平面水位的影响相比，也几乎可以和乳房 X 光照片对乳腺癌的预测能力相提并论。同时，听闻一起暴力事件对词汇能力的影响，几乎和“智商得分-工作表现”两者之间有着程度完全一致的相关性。实验中，夏基还发现，15% 的美国黑人学生每年至少有一个月在学校表现很差劲。其中的原因，当然要归咎于他们居住街区附近的谋杀事件。

总之，相关的影响绝对非同小可。当然，这种社会经历的影响不像家庭暴力那样直接，可以立刻摧毁一个孩子的认知功能。但是，笼罩在充斥着暴力的社会见闻之中，一个人的大脑也会慢慢出现变异。社会经历的潜在影响会深刻改变一个人的神经认知能力。

芝加哥的街头谋杀案发生率非常高，这样的城市在美国可不止一座。这些地方的许多孩子似乎也深受城市环境所扰，学习成绩因此大受影响。那么，这到底是为什么呢？夏基手上没有任何神经生物学的专门数据，否则，我们就可以看出街头暴力新闻对于孩子们大脑功能的影响了。这些影响虽然细微，但效果却不可小视。人类面对紧张和压力的时候，体内会释放过多的皮质醇（cortisol，*又名考的索*），它是神经毒素，对海马体的锥体细胞有着严重的损伤作用。海马体和人类的学习能力和记忆力关系密切，一旦受损，自然会影响考试中的表现。因此，一件眼皮底下发生的谋杀案让孩子紧张得智力下降，也就不是什么怪事了。想象一下，你就身处那样的环境之中，会不会担心自己去杂货店的路上遇到危险？会不会担心家人的安全？会不会觉得自己每日每时都危在旦夕？这些恐惧和压力，都会对你的认知能力和大脑功能造成暂时的影响。

有了如上的机制，谋杀案发生和认知功能减退之间的临时联系也就可以成立。你不妨再设身处地一次：你家附近的几条街区之外，有人横遭谋杀，接下来的几天甚至几个星期之内，你是不是会因此变得谨小慎微、紧张兮兮？夏基的发现，正是如此。根据他的研究，对谋杀案的恐惧给研究对象认知减退的影响至少可以延续4天。当然，还不至于长达4个星期。

但是，如果这起谋杀案就发生在你家楼下，你是否会感觉更加害怕？显然，暴力案件的影响与其发生的远近距离有着直接关系。发生地点距离当事人越近，给后者造成的影响也就越是深远。如果某个研究对象所在的街区之内爆发了杀人案，他们的阅读和词汇能力都会因此大大下降。下降的程度，肯定比一起远在几个街区之外的凶杀事件带来的后果要大。

夏基的研究成果中，还有一个颇为得罪人的发现：认知能力因为听闻凶杀案而下降的案例只发生在非洲裔美国孩子当中，对于拉丁裔美国孩子毫无影响。其中的原因，我们还不得而知。也许，比起黑人孩子来说，拉丁裔孩子觉得凶杀案事不关己。夏基也指出，黑人社区内凶杀案的受害者87%都是黑人。而在拉丁裔聚居区中，拉丁裔的受害率只有54%。因此，谋杀的阴影更容易笼罩在黑人孩子的心头，从而拉低他们在考试中的表现。

对此，我可以提出另一种解释：黑人孩子大多生活在单亲家庭之中，而拉丁裔孩子的家庭结构更加稳定。家庭的温暖、家人的支持，会让孩子更有安全感。在这一点上，拉丁裔比起非洲裔更有优势。这点优势可以帮助他们更好地应付暴力新闻带来的心理压力。在一个拉丁裔家庭里，父母可能会为了保护孩子的心理健康而避谈一切带有暴力血腥元素的消息。他们可能会聚在一起商讨对策，帮助孩子渡过心理难关，确保孩子安全无恙。

夏基的结论深有启迪意义。通过他的研究，我们知道犯罪事件不但能给人带来心理阴影，甚至会长久影响听闻者的言语智商。统计显示，非洲裔美国人的言语智商整体而言比白人要低不少，谋杀案发生率却高企不下。此外，夏基和他的导师桑普森都多次指出，非洲裔美国人的居住环境对于这个族群下一代的学习能力影响甚大，这种影响体现到语言测试上，足足可以造成4分的差距。一般认为，一个学期的学习可以帮助学生的智商提高至少2—4个点。仅仅是一件隔壁邻舍发生的谋杀案，就能让孩子一年内的智力水平下降4个点。这种差距日积月累，自然会影响学习成绩，进而影响就业机会。接下来，这些孩长大成人后也许就会成为横行街区的暴力罪犯。

一切都好像一个怪圈，一种恶性循环。至此，话题不妨放得更长远些。想一想，年青一代的非洲裔美国人一旦走进这种暴力和杀戮怪圈——不断经历充斥街头的高谋杀案率，到头来只会堕落犯罪，从而制造恐怖气氛，吓坏更多的孩子，影响他们的大脑认知能力，继而影响他们的人生。

我的这个推论同样很得罪人。但是，社会环境因素的重要性就是如此，它的能量远远大过我们的想象。同时，社会环境因素对于大脑的影响也非常复杂，复杂到学界至今无法完全弄懂，还在持续不断的探索中。[81] 1977年，洛杉矶的临床心理学家和科学家乔纳森·凯勒曼（Jonathan Kellerman）发表了一篇论文，论文的内容具有历史意义，可谓领先时代几十年。论文中，凯勒曼和一个基因序列为 XYY 染色体的 7 岁男孩合作，用实验手段降低了他的敌对倾向和破坏性行为，证明了操控环境可以克制遗传性，进而改变一个人的行为。

总之，环境因素可以克制乃至击败基因的影响。相信我，这本书就已经改变了你的大脑结构。通过阅读和接受信息，你大脑的杏仁核、海马体和额叶皮层中的染色体会因为我刚才所说的内容出现重组。你赞同也好，厌恶也罢，这样的改变已经留下痕迹，很难再被抹去。社会经历可改变大脑，可超越种族的界限，也可以跨过性别的藩篱。

解剖暴力　恶行之母：母爱缺失和表观遗传学

我们一直强调基因对于犯罪和暴力的决定性作用。尽管学界对我建立的“基因-大脑-反社会行为”的直接作用路径尚存争议，但社会环境也非常关键。母亲在一个人的成长环境中扮演着重要角色，缺乏母爱，即是一种危险的社会环境要素。其中，表观遗传学的迷人机制也不可忽视。

表观遗传学（epigenetics）是指改变基因的表达，即如何表达基因的功能。人们通常认为基因的形态和功能一成不变，其实，基因变化多端。诚然，DNA 的深层结构——核苷酸序列——确实相对稳定难易。但是，缠绕 DNA 的核染色质蛋白却是非常多变。[82] 这些蛋白质由氨基酸构成，氨基酸的变化也会导致蛋白质改变。人体中的蛋白质可增可减，一切都和环境的影响相关。环境的影响，可能让 DNA 转录和遗传物质的活性发生变化。甲基化（Methylation）是一种将甲基团加入胞嘧啶之中的化学过程，而胞嘧啶是 DNA 的 4 种碱基之一。甲基化可以增益或者减弱基因的表达。

这些变化是如何发生的呢？通过环境改变基因的表达——变异的导火索，很可能是母亲的亲吻和舔舐。神经科学家迈克尔·米尼（Michael

Meaney）在老鼠身上进行的实验首次证明，幼鼠出生10天之内，母鼠给予的爱抚越多，幼鼠大脑海马体的基因表达改变就越是明显，它们对环境压力的抗压性也相应提高。米尼发现，幼鼠身上的900多种基因的功能都随着母鼠的舔舐和爱抚有所变化。如果母亲在子女一出世时便骨肉分离，甚至被遗弃，会对子女的基因表达产生影响。一般认为，基因表达主要在出生之前和出生之后的早期受到外界因素的影响。我们知道，这些时候也是儿童大脑发育和行为模式成形的重要时期。一个孩子长大成人后会否沾染暴力，在这个时候也能看到预兆和痕迹。没有母亲的照料，会给孩子带来深远的生物学和行为遗传学效应。

令人注目的是，由早期环境引起的基因表达的改变似乎可以代代相传，传给孩子的孩子。怀孕期缺乏蛋白质的摄入不但可以直接改变下一代的基因表达，而且下一代的下一代，也就是曾孙辈，也可能因为祖奶奶的疏忽患上代谢异常毛病，尽管他们的父母喂养正常也无法改正。因此，环境不但能够改变个体的基因表达形式，还能将这种后果固定下来，遗传给下一代。虽然50%的反社会行为都源自于遗传变异，但这些基因并不是一成不变的。这个好消息，应该令人振奋。社会影响造成的DNA改变，有着极其深远的影响力，这种影响可以改变神经元的功能，把一个人变成暴力罪犯或好人。

对于基因表达的改变，我们可以给出一些更为直观的例子。比如，可以就此探讨一下在广泛的社会背景下，虐待和遗弃对于一个人大脑的长期影响。这种讨论关乎表观遗传效应，也超越了表观遗传效应。研究显示，一个人早年间遭遇社会、情感和营养方面的虐待和遗弃，他大脑的多个区域都会出现功能减退问题。受到影响的脑区包括眶额叶皮层、下边缘前额叶皮层、海马体、杏仁核和外侧颞叶皮层。同时，这种影响还会破坏大脑的白质连接，尤以钩束（uncinate fasciculus）受损最严重。所谓钩束，是一种形似风扇叶片的白质束，不但连接额叶脑区和杏仁核，也将颞叶脑区和边缘系统情感地带连接到了一起。持续的慢性压力很可能会破坏大脑的应激反应系统，母爱的缺失、母职的缺位，是一种典型的慢性压力。压力会导致人体分泌过多的糖皮质激素，导致糖皮质激素受体减少，引发大脑应激防御机制失衡，最终令大脑退化。骨肉分离给大脑带来的后果就更为严重。

童年时期，大脑各部分应付压力的能力相对较低，也是最脆弱的时期。

如果某个孩子在 3—5 岁期间不幸遭受性侵，其海马体的体积将会因此大为降低。如果性侵发生在 14—16 岁期间，受害人的前额叶皮层体积将大为减少。个中的原因非常简单，海马体发育较早，在一个人很小的时候就已经完备，很容易遭受过剩的皮质醇影响。相反，前额叶皮层在儿童期发育缓慢，直到进入青春期之后才会迅猛生长。当然，一个充满压力的成长环境不但会影响人的基因表达和神经化学功能，对大脑各区域的协调性乃至发育本身都会施加作用。

当然，还有比母亲遗弃更加严重的暴力事件可能降临到一个人身上。比如，性虐待和强奸带来的危险。有时候，母亲的照顾呵护再悉心，也无法扭转暴力带来的生物学诱因的负面效应。父亲和朋友的不当作为，随时可能养育出一个少年犯和成人暴力分子。然而，无微不至的关心，是孩子安然长大的必要条件。母爱缺失的后果，看看亨利・卢卡斯之类的人就可以知晓，这类孩子中的不少人都会成长为冷血杀手。从这个角度看，对于母爱的研究不但可以帮助我们找出暴力的发展路径，也有助于发现母亲遗弃的具体影响和运行机制。

现在，我们把可能导致大脑受损的所有生物学和社会因素组合在一起，就像拼好一块七巧板：母爱缺失、体罚、性侵、其他创伤、贫困、营养不良——这些社会因子在暴力罪犯的一生中反复闪现。眶额叶皮层、内侧前额叶皮层、杏仁核、海马体、颞叶皮层——社会因子反复侵袭这些和暴力行为息息相关的脑区。由此，我们可以判定：社会因子的反复侵袭，最终给青少年发育中的大脑造成严重损伤，导致青春期焦虑乃至暴力倾向等一系列问题。最终，待到受影响的孩子长大成人，所有的影响会形成总爆发，把他拽进暴力犯罪的泥潭。以上种种，可不是出自笔者的推断，而是真实发生的事实。而且，社会因素对于大脑的影响并非只针对年轻人。2001 年 9 月 11 日，世界贸易中心附近的许多成年人都经历了一次惊心之旅，他们的大脑也因极端显著的环境压力严重受创。3 年过去后，研究人员对 9・11 的亲历者进行了脑扫描，发现他们的大脑海马体的灰质体积减少明显。从环境到大脑，暴力的影响从来不绝，有时候，这种影响还会外化为破坏性的犯罪行为。

解暴剖力 完成大脑拼图

在本章，我们将社会和生物学因素拼合在一起，对暴力进行解剖。但是，还有一张拼图需要我们完成——那就是大脑。大脑是一个非常复杂的器官，具有无数的多面性。根据第 5 章内容，大脑的多个区域都和白领犯罪密切相关，我们也知道，论犯罪和暴力规模有大有小，论类型也是千差万别。大脑的某一个区域或回路，显然不会是所有暴力活动的罪恶之源。

纵观大脑各个区域，前额叶皮层的结构和功能最为错综复杂，它参与犯罪行为有广泛的实证作证明，因此不少人将前额叶皮层当成了暴力之源。此外，更多人相信，涉及 2 或 3 个脑区的某个简单大脑回路才是暴力的源泉，比如，前额叶皮层和边缘系统结合，以及我曾提及的眶额叶皮层和受它控制的杏仁核之间的互动。当然，这种理论也有其局限性。暴力毕竟是一种非常复杂的行为，而我们的理论阐释得有些过于简单化。要想知道暴力行为的神经基础，必须了解大量相关的大脑活动过程，这些大脑活动会诱发广泛的社会和心理过程，继而导致某个人的暴力行为。如果我们要深入认识和研究这个复杂的神经模型，必须继续深入探求反社会行为的病因。

通过非常简单的电荷反应，我们建立了暴力的功能性神经解剖学模型。现在根据模型，我们对大脑不同区域的功能进行一番解剖和介绍，同时，也让大家对于各种大脑异常对反社会分子的影响作一了解。相关的知识，主要是我对反社会分子的结构性和功能性脑成像研究而来。

看图 8. 6，我将所有的大脑活动分为三类：认知、感情和驱动——分别发生在相应的脑区。这些脑区受损，将会诱发某些人一系列更为复杂的社会和行为结果，进而导致个体的反社会行为的普遍性和暴力的特殊性。不过，我并未假设反社会行为和大脑机能障碍有着直接联系。相反，该模型着重将大脑系统和相对抽象的认知（思想）、情感（情绪）和驱动（行为）三方面活动联系在一起，而后又和更复杂的社会事件结果与更具体、更接近的普遍性犯罪风险因子产生关系。因此，我认为，大脑的风险因子不会直接导致攻击性行为，而是先通过思想、情绪和行动产生影响，而后才演变为反社会行为，再导致暴力的结果。

我们从图的左边开始，以认知活动作为认识暴力的出发点。提到认知

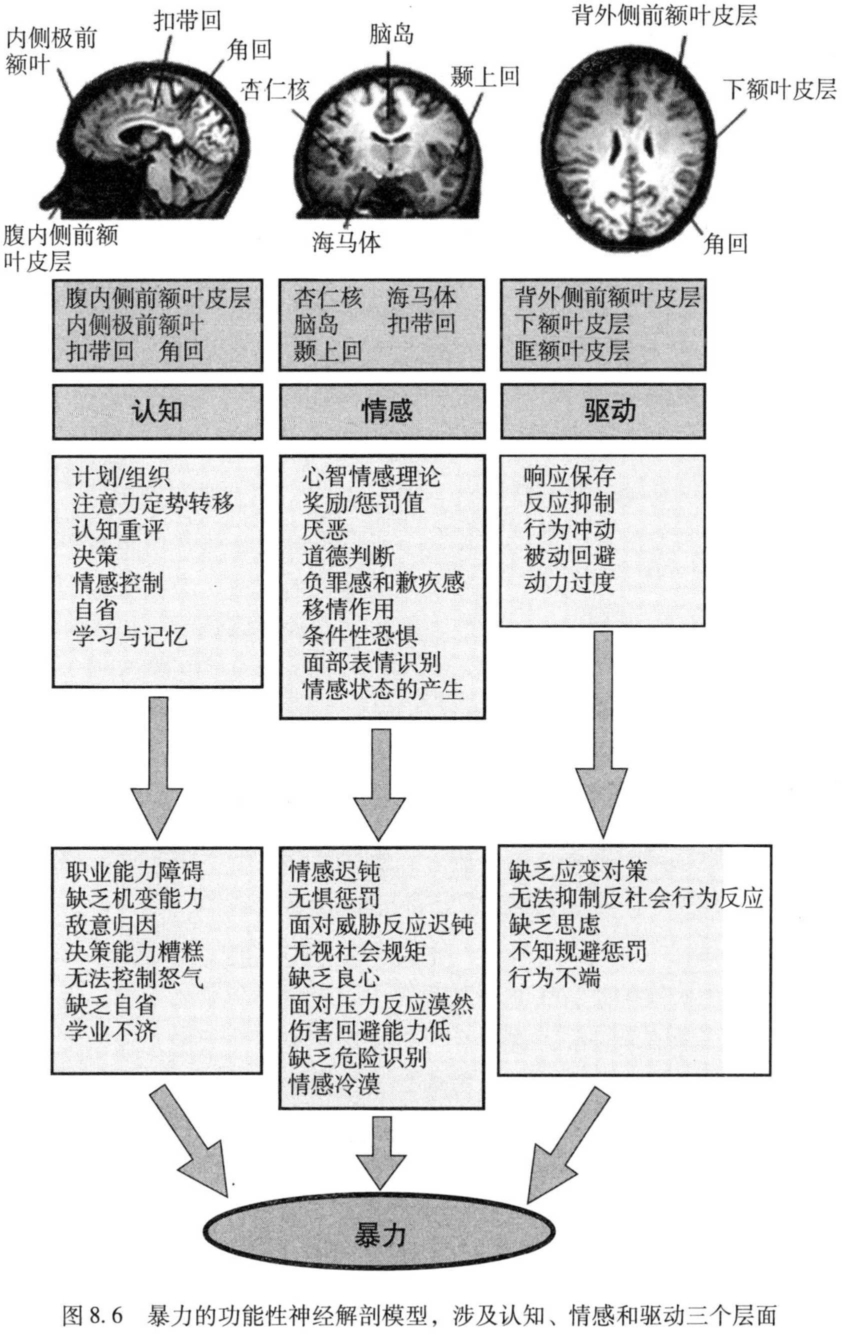
内侧极前额叶
扣带回
角回
杏仁核
脑岛
颞上回
背外侧前额叶皮层
下额叶皮层
腹内侧前额叶皮层
海马体
角回
腹内侧前额叶皮层
内侧极前额叶
扣带回　角回
杏仁核　海马体
脑岛　扣带回
颞上回
背外侧前额叶皮层
下额叶皮层
眶额叶皮层
认知
情感
驱动
计划/组织
注意力定势转移
认知重评
决策
情感控制
自省
学习与记忆
心智情感理论
奖励/惩罚值
厌恶
道德判断
负罪感和歉疚感
移情作用
条件性恐惧
面部表情识别
情感状态的产生
响应保存
反应抑制
行为冲动
被动回避
动力过度
职业能力障碍
缺乏机变能力
敌意归因
决策能力糟糕
无法控制怒气
缺乏自省
学业不济
情感迟钝
无惧惩罚
面对威胁反应迟钝
无视社会规矩
缺乏良心
面对压力反应漠然
伤害回避能力低
缺乏危险识别
情感冷漠
缺乏应变对策
无法抑制反社会行为反应
缺乏思虑
不知规避惩罚
行为不端
暴力

图 8.6　暴力的功能性神经解剖模型，涉及认知、情感和驱动三个层面

活动，涉及腹内侧前额叶皮层、内侧极前额叶区域、角回，[83]以及前扣带回和后扣带回。这些区域受损，会导致计划和组织能力缺乏，注意力缺陷，无力改变应对策略，缺乏情感认知评价，决策能力糟糕，自我反省能力受损，对奖励和惩罚变得不敏感，以及缺乏道德判断等。这些认知障碍会转化为社会因素，进而导致犯罪，比如糟糕的职业和社会职务，漠视社会规则，对引导行为的惩罚暗示不敏感，糟糕的生活决策，对过度的攻击性想法和情感的认知控制能力低下，对鸡毛蒜皮的小事反应过度，缺乏洞察力，学业失败等。

图 8.6 的中间顶部，展现了神经结构受损可能造成的各种情绪处理缺陷，我一再强调，各个脑区中，杏仁核/海马体和情绪的关系最为密切，前扣带回、脑岛和颞上回也与此相关。这些区域受损，可能导致无法理解他人的精神状态，学习能力和记忆力受损，缺失厌恶感，缺失道德决策力，负罪感和尴尬感缺失，缺乏同情心（移情作用），条件性恐惧迟钝，情绪调节失控，以及与道德越轨行为相关的不安情绪减弱。这些情感障碍可能导致对他人持续犯下可怕的罪行，冷漠无视他人的感受，渐渐失去良心，无心也无意规避社会越轨行为。如此种种特征，都可能很容易构成暴力行为的前奏。

图的右边揭示了暴力行为的驱动层面，涉及的脑区包括背外侧前额叶皮层、眶额叶皮层和下额叶皮层。这些脑区受损导致持续言语反应，驱动障碍涉及到控制不恰当反应的能力缺乏、易怒冲动、转移响应定势缺乏、不知被动逃避惩罚、驱动过度。在每日生活的社会背景下，这会导致调用冲突解决方案的替代响应策略失败，不适应社会的行为反复出现，冲动控制力极差，规避惩罚的能力缺失，时刻都有可能做出破坏性行为。

以上就是从基本大脑活动到复杂的认知、情感和驱动层面，进而转变为具象暴力行为的全过程，这些行为正是暴力犯罪分子的主要特征。鉴于暴力行为的复杂性，一个单一的模型并不足以解释其前因后果。但是，只要我们能将所有的大脑碎片拼贴到一起，就可以找出问题的答案。实际上，我们还可以综合考虑宏观社会和心理过程，进一步将这些大脑碎片的交互作用拼成整幅图，加大对暴力行为复杂性的了解。虽然，我对大脑的多个额叶、颞叶和顶叶区域作了较为深入的研究，但是，利用脑成像技术研究暴力行为仍然是一片新兴领域。我在以上段落所提及的内容，已经经过了大量简化。实际上，与暴力相关的脑区远不止这些，隔膜（septum）、下丘脑和纹状体实际也牵扯其中，脱不了干系。

你可能在想：暴力行为是如何从这样一些认知、情感和驱动力上成形的？对这个问题，我向来从空间维度、或然率两方面进行考虑。首先，一个人大脑中受损的认知、情感和运动神经系统越多，他和暴力结缘的可能性就越大。比如，某个人处事荒唐，缺乏负疚感且冲动易怒，那么他几乎肯定会与暴力结缘。

正如我再三强调的，暴力是一种复杂的行为，不可能是某个单独要素的直接后果。因此，我们很难判定一个人的暴力倾向。对此，科学家和一般公众都只能无可奈何。大脑的复杂程度不亚于暴力行为，对于研究者也是一块难啃的硬骨头。很多社会学家天真地以为，人的大脑不过是一个大肉球——然而，现实是这个器官由许多不同区域混搭组成，不同区域代表不同功能，每个区域发生一点点病变，就可能将人导向犯罪之路。这条路始于大脑，经过认知-情感-驱动的过程，萌生社会行为，最后到达终点，酿成一场暴力灾祸。因此，解剖暴力是非常复杂的。

要想解剖暴力，仅凭生物学是远远不够的。实际上，需要社会风险因素的推动，才能触发一桩暴力事件。虽然我再三强调，在暴力拼图中人生早期的社会剥夺的重要，但我想，移除你头脑中的大脑最重要。因为本书是以大脑为中心，而犯罪的种子也深深地植根在大脑之中。虽然学界一直强调环境和社会的重要性，但是大脑作为决定犯罪的根本原因，却也是真理无疑。

总之，无论是社会学家，还是神经科学家，都必须接受对方的观点和知识，这不应是双方都难以下咽的一剂苦药。崩坏的大脑，既有可能来自坏基因，也可能出自坏环境，或者如我在本章主张的，通过坏基因和坏环境的结合，结出必然的恶果。阅读至此，随着神经科学的突飞猛进，以及研究者对于暴力活动复杂性的深入认识，让我们在寻觅犯罪活动原因的旅途上又前进了一步。今天的成就并非无本之木，几十年来社会学和心理学方面的探索，为我们对于暴力犯罪的认知打下了基础，而社会学派学者的贡献绝对不可忽视。生物学派和社会学派虽然各执一词，互不相让，但是，只有结合两派学说，我们才能发现犯罪的真正元凶。对传统的犯罪学家来说，在反对暴力的战争中，两派曾经是一对宿敌，而今可以成为新朋友。

最后，我们回到本章的起点，回到亨利·李·卢卡斯的人生故事上。一次次恐怖家暴酿成的头部伤害、羞辱、虐待、酗酒、贫困、遗弃、母亲排斥、拥挤的住所、一个恶邻居、一个犯罪的家庭和一个完全无爱的环境，卢卡斯渐渐长大成人。他的故事，也是许多暴力分子共同的早年经历。当然，事情总有例外，我们也介绍过一些家境良好、爱意缠身的连环杀手。磁共振成像和脑电图检查显示，卢卡斯的大脑在结构和功能上都严重受损，其中，额极和颞叶皮层受损最为严重。毒理学测试表明，卢卡斯体内的镉和铅水平都大大超出安全范畴，而镉和铅正是我们在第 7 章讨论的重金属，会损害大脑的结构和功能。这些因素集合在一起，令卢卡斯的大脑末梢组织的结构和功能受损极重，这些损害体现在认知、情感和行为方面，为卢卡斯挖好了一处暴力陷阱，让他难以正确决策，难以控制情绪，行为也变得疯疯癫癫。所有这些异状，最终凑成了一幅多起谋杀犯罪的拼图。

你大概还记得一处伏笔——为什么亨利·卢卡斯总是挑选女士下手？实际上，他下手的第一条冤魂就是自己的母亲。那一次，他喝醉了酒，一刀结果了妈妈的性命。但是，卢卡斯当时认为，自己不过是给了母亲一巴掌而已。后来，他才发现手中还有一把带血的匕首，他刺中了母亲的脖子。第一次杀人，发生在卢卡斯 23 岁那年。随即，母亲因为心脏病发作，很快死去，而卢卡斯也因此被判二级谋杀，获刑 20 年。[84]

死在他手上的最后一名受害者叫做贝基·鲍威尔（Becky Powell），是个少年犯。当年他们相遇时，她才 12 岁，而他已过了 40 岁大关。尽管如此，两人还是出现了一段暧昧关系。最初三年，他待她就好像父亲待女儿——供她吃，供她穿，照顾看护。他对待亲生子女也没有如此细心。但是，他也教她偷，教她抢，还和她发生了关系。一次，他喝醉了酒，一刀刺穿了贝基的心脏。而后，他实施了奸尸，又把贝基的遗体大卸八块，藏进两个枕头里面，最终埋在了深深的土坑中。后来，他多次造访埋尸地点，对着地下喃喃自语，显得懊悔又悲伤。这大概是卢卡斯平生唯一一次真爱。此后，他因为持有武器遭到起诉。事情本来很小，但他却痛快招认了自己的所有罪行。这其中，很难说没有因为误杀贝基感到悔恨的原因。

卢卡斯的人生和两个女人有关，她们分别站在他的爱恨两极。母亲的虐待让他疯狂地大开杀戒，而贝基的悲剧则更像是出自意料之外。想一想他那悲惨的童年，还有他那个酗酒、卖淫的母亲加诸他身上的虐待，可以说，母亲对于卢卡斯童年的剥夺所造成的影响具有毁灭性。我们曾经讨论表观遗传学的一大要素——母亲的呵护。偏偏卢卡斯没有享受到半点母爱，因此，原本可以克制暴力的基因从他体内消失了——相反，促进暴力的基因开始大行其道。而且，基因可以代代相传。这种影响不仅仅在于环境方面，也不只限于基因等内在遗传方面，甚至还体现在了外在的遗传方面。此前，我们已经强调过母教对于表观遗传学——基因表达的巨大影响。母教和母爱的完全缺位，让人性中暴力的一面展现得淋漓尽致。当然，社会环境才是卢卡斯变成嗜杀精神变态的元凶。卢卡斯的母亲维奥拉是个典型的精神变态者。她行径可憎，儿子弑母之后，遗传的宿命开始显现出来。他越来越像维奥拉，而且还变本加厉开始杀戮。连他自己都说："我讨厌我过的这种日子，我还讨厌所有人。"所有人中，他特别厌恶自己的母亲，并把对母亲的憎恨转嫁到了所有其他的女性身上。即便贝基・鲍威尔这样的女孩，虽然差一点就让他掉进爱河，但最后还是被他仇恨的火焰所吞没。

讲完卢卡斯，我们再来看看卡尔顿・加里的故事。和卢卡斯一样，加里也缺乏父母的呵护和关爱。令人不解的地方在于，加里是个英俊潇洒的非洲裔美国青年，女友也非常美丽动人。为什么他要去伤害那些平均年龄超过 55 岁的老妇人呢？而且，这些受害者无一例外都是白人。实际上，美国大地上 10 桩谋杀案当中，就有一桩发生在不同的种族之间。加里从小由母亲和姨妈带大，两个人都是帮佣，雇主都是富有的白种老年女性。难道他如此仇恨白人老妇，与这一段经历有关？加里年轻的时候，美国的种族矛盾远较今天暴烈。也许，白人老妇的出言不恭、行为苛刻怠慢了他的妈妈和姨妈，让他一直记恨在心？又或者，他憎恨白人老妇，是因为她们从他身边夺走了他的妈妈？

我们再回顾一下卢卡斯的案例——在这中间，基因表达是否扮演了助纣为虐的角色？卢卡斯的母亲虐待儿子，最后招来了复仇和报应？要将卢卡斯从连环杀手生涯中拯救出来，我们又能提供何种帮助？但是，这又将置那些无辜惨死的受害者于何地？卢卡斯和加里的犯罪，是否可以完全归咎于他们早年所承受的痛苦？基因和大脑对于暴力有一定的决定性作用，但并不能完全画上等号。我们考虑生物学因素的同时，也不能忘却社会因素的影响，两者都可能引导一个人蹈向暴力。我们需要厘清认识，建立更为有效的防控和干预措施。下一章内容，将主要关系于此。我们要看一看，如何才能及时阻止亨利・李・卢卡斯和卡尔顿・加里这样的人走上杀手的道路。

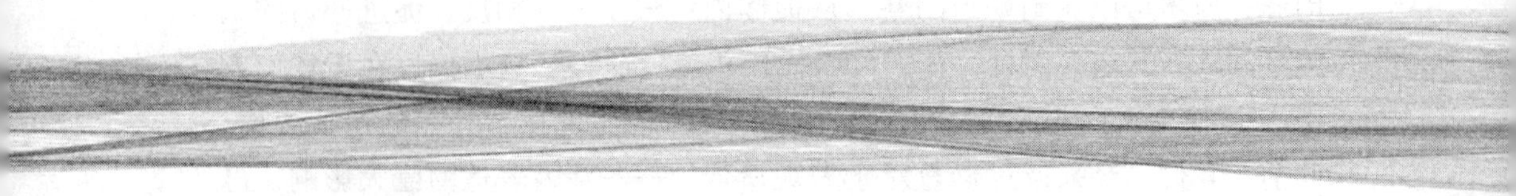

第9章 治愈犯罪

生物学干预方法

丹尼（Danny）似乎是一个希望破灭的案例。他出生在洛杉矶一个富裕家庭，自打来到人间，他就被无尽的帮助和爱意簇拥着，父母十分尽心尽职。但是，他的人生看起来完全无可救药。3 岁时，丹尼便情不自禁地开始了偷窃生涯。未及成年，他就成了一个持续而熟练的撒谎者。10 岁那年，他已经上街晃荡，整夜不归。事情还不止于此，那时的丹尼已经开始在街上贩售毒品。那个时候，街坊邻居的孩子们都明白他不是善茬，要知道，丹尼一家所在的街区中产阶级居多，他们对于这个 10 岁的问题儿童完全敬而远之。最后，就连丹尼的父母都已经失去了信心。丹尼的母亲曾经回忆："不管是什么规矩，他都要去违反。不管违反规矩有什么后果，他都在所不惜。他总是屡教不改，没人能够阻止他犯错。我们对此实在是无能为力。"

丹尼长大了，壮实了，他霸占了父母的房产，还屡次窃盗母亲的珠宝，换来金钱购买毒品，他还卷入了偷车的买卖。他的学习成绩总在 F 附近徘徊。他年纪轻轻就嗜毒如命，先是吸食大麻，又是可卡因，最后迷恋上了冰毒。15 岁那年，他被判 18 个月监禁，收押在青少年拘留中心。丹尼的故事，大家听来实在是太过熟悉，他就好像另一个暴力罪犯杰弗里 · 兰德里根，在犯罪的道路上飞速堕落，飞速前行。

丹尼终于出狱了，绝望中的父母把儿子送去了一家生物反馈治疗诊所（biofeedback treatment clinic）。这些替代医疗诊所会对患者的生理状况进行评估，随后作出诊断，看看患者身上的生理毛病是否能够得到治疗。那么，治疗的手段又是如何呢？诊所会帮助患者更加了解自己的生物学意识，引导他们改变自己的大脑。事到如今，无论是丹尼自己还是他的父母，都是抱着死马当作活马医的心态。他们甚至觉得，这只是一出花钱买心安的过场。但是事实证明，他们错了。

第一轮临床评估证实，丹尼的前额叶皮层的慢波活动相当突出，这是让人陷入慢性低唤醒（chronic under-arousal）的典型症状。生物反馈治疗一共分为30个疗程，治疗内容看似简单且有趣。每一次治疗，丹尼都要坐在计算机前，头戴电极帽。然后，他开始玩“吃豆人”（Pac-man）游戏，电极帽则开始对他的脑部活动进行观测。只见丹尼操纵着游戏中的一张大嘴在迷宫内窜来窜去，一路上尽可能地大量吞噬“豆人”。要想获得满意的成绩，还真不容易，这需要丹尼高度集中精力，提高大脑额叶的工作效率，必须通过改造他额叶的慢波 θ 波活动，提升到快波的 α 和 β 波活动。一旦心猿意马，吃豆人游戏就会结束。通过这种方法，丹尼那低唤醒、不成熟的大脑皮层得到了充分锻炼。通过强制性的直接刺激和锻炼，他的大脑开始走向成熟，专注力也相应提高。

这样的疗法并非速成可得良效。生物反馈治疗持续了近一年，直到30个疗程之后，丹尼才开始脱胎换骨。原先他是个平均成绩只有F，人生一路滑向监狱的少年犯；经过治疗后，他成了一个心智成熟，学业成绩A的好学生。最后，他以优异成绩顺利毕业。他的命运，简直就是180度的大转弯。

到底发生了何种事情导致如此巨大的转变？为了回答这个问题，我们先得从丹尼反社会行为的原因研究起。也许，我们的研究要从他蹒跚学步开始，一直延续到丹尼长成一个半大孩子。根据他的自述：“我很讨厌学校，反倒是各种犯罪违规的事情显得特别有意思。我特别喜欢和警察周旋，我只是觉得那样非常酷炫。”

很显然，丹尼特别喜欢寻求刺激。在第4章，我们已经了解到孩子是如何陷入慢性低唤醒，又是如何寻求刺激，让生理唤醒水平恢复到正常的全过程。同时，纵向研究显示，过度的静息慢波脑电图的孩子更有可能在成年后走上犯罪和暴力的道路。以上几种症状，在丹尼身上体现得再明显不过。第一次接受临床评价的时候，他的脑波为过度的慢波 δ 和 θ 波活动，也就是说，丹尼患有慢性皮层低唤醒症。此前，我们曾经多次提及，前额叶功能不足可能是冲动型谋杀犯的前兆特征。不过，丹尼的人生故事证明：家庭的温暖、父母的坚守，可以让孩子渐渐摆脱反社会倾向的困扰。诚然，生物学因素才是决定犯罪的根源，但是，我们不能忽略社会等外部环境的作用。所谓的社会推动假说正是基于这样的一种理论。

丹尼的现身说法告诉我们，生物学因素并不能决定命运。即便一个人的大脑基础和精神生理出现了犯罪和暴力的前兆，他也不一定就会沦为罪犯。就丹尼的个案而言，除却父母的关心、生物反馈治疗的辅助和社会团体的支持，他自身的努力也非常重要。丹尼用意志战胜了现实。他对于命运的抗争，是他获得新生的重要原因。

也许，丹尼的例子不具有普适性，而暴力和犯罪问题从来没有简单容易的解决途径。不过，我希望通过这一章能传递希望的信息。诚然，生物学因素在很大程度上决定了犯罪的成因，不过，我们也可能通过生物学和医学手段找出两者之间的具体联系，并由此让那些早年遭受生物学因素影响的人摆脱宿命。

解剖暴力　故事小语

在描述治愈像丹尼这样的孩子的疗法之前，我们不妨先总结一下本书迄今为止的主要内容。图 9.1 是一套完整的知识框架，也是我们拯救暴力易感者的理论依据。

我们的生物社会模型强调了基因的重要性，同时也没有忽略环境的巨大影响。正是这两种因素交互作用，才让一些人可能在童年就充满攻击性，甚至在成人后走上暴力犯罪迷途。同时，我们将社会和生物学风险因素的评估结合起来，也会得到一个审视反社会行为发展的全新视角。

图 9.1 的右边图框列出了模型的主要过程。模型开始于图的顶部，基因和环境都是暴力的成因。图右边的社会风险因素是社会学派关注的主要方面，近 75 年来，他们的思想在整个学界处于统治地位。图左边的生物学风险因素，反映了新兴的和更具挑战性的研究领域——神经犯罪学。

在模型中的下一步，基因和环境分别作为生物学和社会风险因素的代表登台亮相。从图中可以看到，遗传因素与社会因素之间、遗传因素与生物学风险因素之间都有箭头互相连接。由图可知，基因可以促使社会风险因素催生暴力，比如低社会阶层和离婚都可由基因导致。同样，诸如环境压力之类的社会风险因素也能够作用于人脑，削弱大脑功能，例如，生活在一个危险的街区会增大自己头部受伤的概率风险。

根据模型，生物学和社会风险因素对大脑的戕害反映在三个层面上：

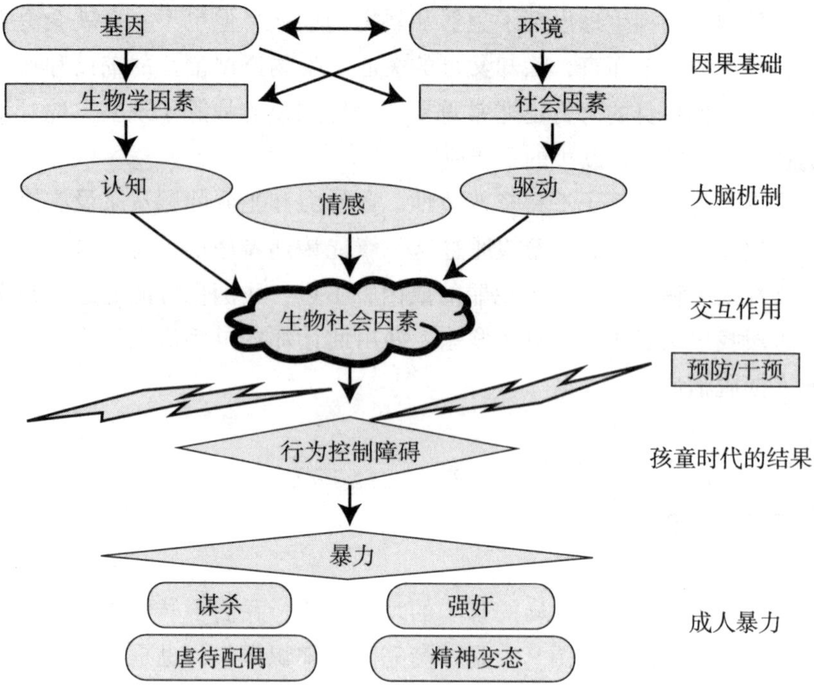

图 9.1　暴力的生物社会模型

认知层面（比如注意力不集中）、情感层面（比如缺乏良心和同情心）、驱动层面（比如失去自控能力）。然后，大脑失调会在两件事之一上发挥作用。大脑失调既可以直接导致行为障碍乃至暴力行为，也可能和社会影响合力构成生物社会因素交互作用，在青春期青少年的大脑中埋下暴力的种子。第 8 章中，我在讨论“七巧板拼图”时，曾多次强调生物社会路径之间的结合。如今，我又把这种结合置于暴力解剖模型的中心位置。

百密难免一疏，我的这张拼图中，仍有一小块碎片未能填满。不过，随着我们的暴力解剖之旅的深入进行，遗失的碎片也能找得回来。我们接下来的主题，只要看看模型的动态中心部分——生物社会模块，就可以猜出几分。既然存在一条由生物社会路径铺成的成人暴力之路。那么，我们能够利用哪些结合生物因素社会交互作用的手段，将暴力消灭在萌芽状态呢？

解剖暴力 宜早不宜迟

如何预防和终止暴力？犯罪学界和医学界对此意见并不统一。其中的一派并不重视事前预防，他们认为，待到孩子出现各种反社会现象的端倪，比如开始踢门、不服管教的时候，专业人士再进行应对和干预也不算晚。相关的事例我们已见识太多，其中大多数都以失败告终。显然，头痛医头、脚痛医脚已经有些悔之迟矣。为什么我们不能未雨绸缪，在早期就对暴力进行有效干预呢？

大卫·奥尔兹（David Olds）长年致力于预防暴力的研究，并因此荣获犯罪学界的诺贝尔奖——斯德哥尔摩奖。你一定还记得，妊娠期间仍旧吸烟的准妈妈生下的子女在成年后成为暴力罪犯的可能性，要比不沾尼古丁母亲的子女高出3倍。同时，分娩并发症是另一个风险因子。此外，孕期营养不良会让一个人在成年期患上反社会型人格障碍的概率翻了1倍。关于孕期和出生伊始母爱对于孩子大脑发育的重要性，本书已多次强调。准妈妈酗酒和子女成年后犯罪及暴力之间的关系，大家也了解颇多。所有这些生物社会交互作用因素，都是奥尔兹致力消除的对象。

为达成目的，奥尔兹开展了一项专门研究。研究属于随机对照实验，邀请了400名低社会阶层的孕妇参与。专业护士会在孕期逐一家访干预组的孕妇9次，并在孩子出生后的头两年继续回访23次——出生后的头两年也是孩子发育成长的关键期。护士会建议准妈妈们在孕期戒烟戒酒，提高营养水平；孩子降世后，还会提供咨询和辅导，帮助母亲了解和满足婴儿在社交、情感和生理上的需求。对照组的孕妇则接受产前和产后标准水平的护理。奥尔兹等人将对这些孩子跟踪观察15年。

实验结果出人意料。和对照组相比，得到护士探访的干预组母亲的孩子被逮捕的概率降低了52.8%，被起诉的概率更是下跌了63%。同时，这些孩子沉溺酒精的概率也比对照组低了56.2%，吞云吐雾的概率则小了40%。相比对照组，干预组的孩子破坏公物、旷课逃学的概率低了足足91.3%。其中，来自未婚和特别贫困妈妈的效果甚至更为显著。

早期干预的效果为何如此显著？实际上，项目的影响远不止于此。相对于对照组，通过护士探访母亲的婴儿较少出现低出生体重的现象。当孩子长到4岁时，表现得更加懂事，母子之间更加亲密。他们的家庭少有暴力事件发生。干预组的多数母亲让孩子参加了学前辅导课程，这些家庭更加支持早期学习。而且，母亲们的执行性机能大幅上升，心理健康程度比一般人更好。即便这些母亲的能力不高，智商也相对较低，实验结果也不会因此改变。当孩子长到12岁时，母亲沾染酒精和毒品的可能性也很小，她们的婚姻状况也相对稳定，对于家庭事务和生活的掌控也更加熟稔。

一般认为，来自穷人家庭的母亲更可能生出健康堪虞、教育不良、任性桀骜的问题孩子，而这些可逆转的青春期问题是成人暴力的先兆。总之，罪犯常出自贫家。图9.1列举的各种社会风险因素是大卫·奥尔兹关注的焦点。此外，他还很关注生物医学健康因素和社会风险因素之间的结合对催生反社会行为的作用。关于这一点，图9.1中也有体现。奥尔兹的计划能够如此成功，肯定与解决了生物社会方程部分相关。

2006年，项目花在干预组每个母亲身上的成本达到11 511美元，这个数目不可谓不高。但是，政府方面也因此节约了一大笔关于食品券、医疗费和其他对家庭财政援助的支出，每人平均省下了12 300美元。因此，即便用金钱衡量，政府花在干预组身上的钱也少于对照组。实际上，减少犯罪就是节约支出，更别提由此而来的其他好处——改善人民的生活质量，提升社会环境等。总之，这是一门小本万利的合算生意。

解剖暴力 行动永不言迟

还记得第4章毛里求斯的“美女和野兽”故事吧。若埃勒，一个贪恋世嘉跳舞机的女孩，后来成为代表毛里求斯角逐世界小姐的选美皇后；拉伊，则从一个骑自行车的少年一路堕落向下，沦为职业罪犯。这一对13岁少年都参加了我的博士导师彼得·维纳布尔斯在毛里求斯主持的环境强化（environmental enrichment）实验项目。实验开始的时候，他们都只有3—5岁。这说明，为了遏制犯罪，行动当然越早越好。但是，为了遏制犯罪，行动永不嫌迟。

那么，我们的强化干预手段都有哪些呢？干预项目始于研究对象3岁的时候，而后延续两年左右。项目内容包括三个主要方面：营养、认知刺激、身体锻炼。强化实验得到两家专业幼儿园的支持，研究工作很快就进入了状态，关于身体健康——包括营养、保健和儿童疾病——完全难不倒工作人员。同时，他们还接受了体操、韵律操、室外运动和物理疗法等多项专业培训。然后，他们需要掌握玩具、画作、手工、戏剧和音乐等认知刺激手段，以便更好地调动孩子们的认知功能。总体而言，幼儿园的主要特色体现在营养、健康护理、基础保健和运动锻炼上面。项目的营养计划周详而专业，食谱中涵盖牛奶、果汁和烹煮熟热的鱼类、鸡肉或羊肉，每天有一餐沙拉。每天下午，孩子们都需要参加身体锻炼，锻炼在室内健身房中进行，或是以室外活动的形式举办。有时候，研究人员也会让孩子们自由活动，项目包括远足、保健和药物监察等等。事实上，研究对象每天都要参加近两个半小时的身体活动。此外，语言能力、空间协调能力、概念形成能力、记忆力、感应力和知觉力是项目着力提高的认知技巧。

以上种种就是干预组儿童的待遇。对照组的儿童可就没有这样幸运。毛里求斯的初等学校被称为“小学”（petite école，法语），课程非常简单，着重于 ABC 基础课程。小学不提供午餐，更没有牛奶可喝。至于体育锻炼，也是少有的事。对于一般的小学生而言，午餐只能吃一点家里带来的米饭或者面包。

采用分层随机抽样法，1 795 名小学生中有 100 名幸运儿进入我们的环境强化实验项目。剩下的孩子中还会选出 355 名为对照组，和强化组进行对比，比较项目有 10 项，包括认知、精神心理和人口统计等多方面。项目一直延续到孩子们 18 岁的时候，也就是说，我们将看着他们一点点长大。

实验结果如何呢？实验对象 11 岁时，我们对他们进行了注意力的精神生理测试——皮肤电传导定向反应，它是最为关键的指标。孩子们对耳机里声音的流汗率反应越大，注意力就越是集中。其实，早在干预实验开始之前，我们就把 3 岁的孩子分成了两组。8 年过去之后，他们都 11 岁了，我们发现，强化干预组的孩子在皮肤电传导定向反应上提高了 61%，说明他们集中注意力的能力和警惕身边发生事件的能力有了大幅度提高。

同时，我们还对 11 岁孩子进行了脑电图扫描，以测试他们的脑波活动。脑波可以归为 4 种基本频率带：第一，快波 β 波活动占优势，当你读到这段文字的时候，大脑因为受到刺激而变得兴奋，正处于这种状态。随着你快速浏览文字、消化内容、组合信息，大脑会不断发射 β 型脑波。当你轻松自在、心情愉快的时候，快波 α 波占优势。第二，慢波 δ 波活动占优，睡眠中的大脑会发出 δ 型脑波。如果你刚刚睡醒、头脑懵懂，你的脑波频率将会处于慢波θ波活动状态。一般而言，孩子的大脑尚未发育成熟，相对来说慢波θ波活动更多一些。我们发现，环境强化组的孩子在干预完成6年后，其低θ波活动远低于对照组孩子。也就是说，他们的大脑发育程度更高，也更为成熟。整体而言，干预组孩子比起对照组孩子，大脑的成熟度领先了1.1年。

孩子们11岁时实验结束。但我们将继续跟踪两组孩子6年，直到他们17岁，此时，我们已积累了大量关于他们行为问题的材料。显然，强化干预组的孩子更为老实，无论是品行障碍或多动症倾向，他们的评分都偏低。相较于其他孩子，他们更加平和、温驯，更加不愿诉诸武力欺凌同伴。而且，参与了干预项目的孩子对于寻求刺激的兴趣也没那么大。

此后，我们将继续跟踪他们7年。23岁时，我们再次找回两组孩子并搜集相关数据。他们必须向研究人员汇报自己是否犯罪违法，而我们采用结构化面试对研究进行证实。自承有过犯罪行为的研究对象将被归入暴力分子一组。接触研究对象的同时，我们还走访了毛里求斯各地的大小法庭，将记录在册的各类案件一网打尽。其中，研究人员重点关注了偷窃、贩毒、暴力、酒驾等恶性案例，违章停车和忘记车辆登记之类的小事则不在考虑之列。总体而言，参加强化干预组的孩子牵涉案件的比例要比对照组孩子低34.6%。另外，参与强化干预组的孩子中，只有3.6%有过当被告的经历，在对照组孩子中，相关比例达到9.9%。两相比较，干预组自然低了许多。不过，双方的差异并未达到显著性差异的程度。[85]综上可见，时光流逝20年之后，强化干预项目仍然在发挥威力。这一点十分有趣。

但是，图9.2中的一个现象更为引人注意。你可能还记得，在强化项目开始之前，我们曾委托儿科医师对毛里求斯的各位研究对象进行了专门测试，以便确定他们的营养状况。测试进行的时候，孩子们还只有3岁。当时，有不少人都被评定为营养不良。如果我们把这些研究对象和对照组人群进行对比，前者之中在17岁时罹患品行障碍的人数要比后者少了52.6%。相关的数据，图9.2的右侧有着详尽记述。图的左侧所记述的内容和右侧形成了鲜明对比。3岁时营养状况正常的研究对象，到了17岁时反而和一般人群在品行障碍上拉不开太大差距。显而易见，干预计划和反社会行为之间的关系，因为早期的营养状况出现了改变。干预计划对于反社会行为的抑制作用，只在两组人马当中的一组起到作用。请注意，我们的干预计划融合了多重因素。营养显然是其中的活跃因子——营养状况较差的孩子，更容易因为干预计划而得到改善。

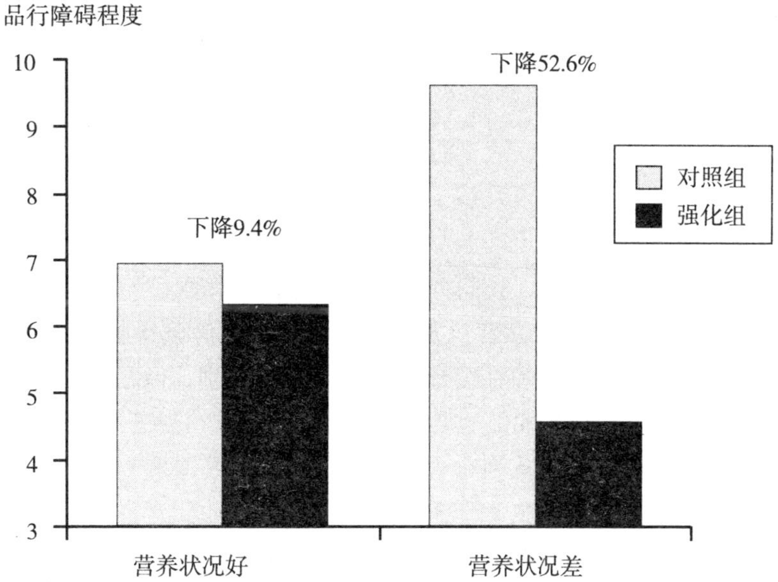

图 9.2　营养状况较差的 17 岁孩子更易因为干预项目而受益

大家可能就此认为，营养状况是孩子们的行为得到改善的主要因素。但是，也许幕后另有功臣？首次研究证明：对人类长期而言，早期环境强化项目对于生理注意力和唤醒力的增强大有裨益。这给了我们一个改造大脑作用机制的线索。实验结果也显示，运动和锻炼有助于大脑的良性发展，我们的干预项目涵盖大量的身体锻炼和室外活动。从效果来看，这些锻炼和活动都收到了良好的回报。实际上，锻炼对于大脑结构和功能的改善作用，早已通过动物实验成为了业界的共识。例如，接受环境强化实验的老鼠出现了神经生成现象（neurogenesis）——海马体的齿状回有大量的新生脑细胞生成，而这些神经生成现象应当归功于干预项目中的跑步训练。毛里求斯的环境强化组的孩子们每天参加的干预项目中，也有跑步和慢行的内容。这样的内容安排，对于海马体的益处也毋庸置疑，同时，也有排解不良情绪、减低成年后犯罪可能的奇效。

除了营养和锻炼，增加社会交往也是社会推动假说中干预项目的另一个亮点。我们聘请的研究人员性格活跃，有丰富的教学经验，孩子们和这样的老师打交道，也许是日后得以健康成长的一个原因。当然，干预项目是一个整体，将其中的因素割裂开来单独考量并不合适。其实，项目之外的各种社会和认知因素也在发挥着重要作用，对一个人的成长发育起到影响。正如我们的模型中，把这种生物社会交互作用当作犯罪的主要原因。与此同时，生物社会交互作用也是抑制孩子欺凌同伴行为和成人暴力犯罪的中心因素。

更加有趣的是，也许，孩子们犯罪倾向的减弱还和吃鱼有着密切关系。毛里求斯项目中，强化干预组孩子每周吃鱼的次数和数量都大大高于对照组，强化初期达到3倍。鱼肉制品克制暴力犯罪的功效，大家早在第7章中便有所见识。迟些时候，我们将继续阐释其中的原理。

在此，需要提醒各位读者：我们的研究对象在脾气秉性、认知能力、营养状况、自主神经反应和社会地位上有着千差万别，但是，这些方面的差别都并非一个人走向犯罪的主要原因。强化干预项目对于20年后犯罪行为的提前遏制，大致可以从两个方面得到印证：一是研究对象的自白，二是对研究对象的测试。在犯罪学研究领域中，跨度如此之长的研究项目并不多见。强化干预项目的真正目的是减少成人犯罪和暴力。

我们对这一点也要小心。虽然早期强化干预项目对于研究对象的身心健康有一定的良好助益，但它并不能够彻底根除成人犯罪和暴力。数据证明，干预项目可以让犯罪率下降35%，剩下的65%还有待我们继续努力。两年的努力，才能换来如此的一点成绩。而且，我们的项目和毛里求斯的特有国情、文化和生活水平可能也有着一定关系，也许并不适用于其他国家和地区。比如，毛里求斯儿童和青少年的营养状况普遍较差，相应的行为问题也属高发。换在美国，可能只有密西西比河三角洲平原地区和各大城市贫民窟等穷困地区才能与之一拼。

实验项目能够降低犯罪，我等研究人员深感欣慰。项目开始之时，这个小岛国甚至还没有任何学前教育设施。参与项目的各位学人包括彼得·维纳布尔斯、萨尔诺夫·梅德尼克、西里尔·达莱（Cyril Dalais），他们对于提升毛里求斯教育基础设施有着巨大贡献。此外，毛里求斯儿童健康计划（Mauritius Child Health Project）各位工作人员的辛勤努力也不可忽视。在学人和工作人员的共同努力下，毛里求斯先是在1972年有了两所托儿所。此后，大家又协同努力，促成当地政府于1984年通过《学前教育设施信托基金法案》（Pre-School Trust Fund Act）。此后，一系列幼儿园、托儿所和相应学前教育设施如雨后春笋般相继冒头。迄今为止，毛里求斯已有5

个学区，183 家学前教育机构遍布全国各地。在非洲国家当中，这个数据可谓绝无仅有。

解暴剖力　把“头”砍掉！

只要读过刘易斯·卡罗尔（Lewis Carroll）的《爱丽丝漫游奇境》（*Alice in Wonderland*），就一定记得那位专横跋扈的红心皇后（Queen of Hearts），还有她那句口头语：“把他的头给我砍掉！”无论属下犯过的错误多么微小，皇后总是威胁要把他们枭首示众。所谓防微杜渐，大致原理莫过于此，如今我们的法律体系似乎正在有样学样，学习红心皇后“犯错即砍头”的理念。只不过，法律体系要对付的可不是打破了茶碗的侍从，而是人类社会中最凶险的暴力罪犯——娈童癖和性犯罪者。对于这类人，最方便的解决办法当然就是阉割。历史上，许多地方曾经用这样极端而又富有争议的手法惩治强奸犯，防止他们故态复萌。从道德角度考虑，阉割既残忍，又不人道，显然应当制止。但是，如果阉割是一种能够制止强暴等兽行的有效办法，为什么我们不能进行尝试呢？

如今，手术去势在德国属于合法范畴。1970 年，德国通过法律，允许医疗机构在得到犯人许可的情况下实施阉割手术，每年都有少数几个人自愿以身相试。即便这样，社会大众也纷纷斥之“野蛮”，同时，也在国际社会留下了话柄。于是，德国政府又特地加强了保障措施，规定接受阉割的罪犯必须超过 25 岁，并牵头成立了专家委员会，对相关资质和许可进行审批。德国将阉割用于法律实践，在欧洲各地引发了广泛争议。位于法国斯特拉斯堡的欧洲反酷刑委员会理事会（Council of Europe's Anti-Torture Committee）将其定义为“有辱人格的恶法”，要求德国立即停止阉割犯人。但是，相关的实践到底合理与否，我们应当听取多方面的说法，才好下达最终的判断。

纵观欧洲各国，将手术去势引入惩戒体系的并非德国一家。邻近的捷克共和国也有类似尝试，过去 10 年间，捷克法庭先后遣送 90 名囚徒进入蚕室，领受一刀。帕维尔（Pavel）就是其中的一位。18 岁那年，帕维尔对一名 12 岁男孩实施了野蛮性侵，最终致人死亡，帕维尔也锒铛入狱。这次恶性犯罪案发之前，帕维尔就已经知道自己毛病深沉。案发前两天，他大汗淋漓地从午夜中惊醒，为此，他还特地找到医生求助，经医生诊断，认为帕维尔并无大碍，这一冲动将很快过去——这次误诊的后果颇为严重。帕维尔回了家，看了一部李小龙（Bruce Lee）的电影，极大地刺激了他的兽欲，他决定用暴力来增强性欲，于是用刀胁迫一个男孩，最终酿成了一场悲剧。

帕维尔在捷克的监狱和精神病院度过了11年的铁窗生涯，获释前一年，他主动要求领受一刀。手术之后，帕维尔显得非常释然："现在，我知道自己总算不会伤害任何男孩了。我终于可以安安静静地过活，同时，我想告诉和我遭遇相近的人，我们的问题并非不能解决。"如今，帕维尔得偿所愿，在布拉格为一家天主教慈善机构充任园丁，安安静静地过着自己的生活。

对帕维尔而言，摘除睾丸是过上平和日子的必然代价，哪怕他必然会因此陷入孤独，比如丧失很多浪漫和乐趣。但是，失去这一切可以让他换取些许做人的尊严。遭受阉割，总比在监狱中堕落度日要好得多。领受这么一刀，也强过成天沉溺在性侵无辜儿童的狂想之中——至少帕维尔这样认为。

当然，围绕阉割的伦理争论异常激烈，它关乎罪犯的个人权益，也关乎个人和社会的利益。且让我们把这些道德上的考虑放一放，留待下一章再讲。现在，请大家用一种冷静的眼光，审视这个实证证据和这种剧烈干预的疗效。想一想，阉割是否可以收到成效？如果阉割并不能遏制犯罪，这种刑罚无疑会更招争议。

前文已述，高睾丸素水平乃是攻击性陡升的一大元凶。同时，两者之间的关系比我们想象的还要深入一些。我们之所以用阉割的方式惩治性侵罪犯，其病理学原因就在于睾丸素和性冲动之间的密切联系。但是，睾丸素真会让人性欲膨胀不能自持吗？切除睾丸又是否能让罪犯老实一些呢？

对囚犯实施阉割后其影响的研究并不多见。从道德层面上考虑，法庭不能随意让一些性罪犯接受阉割，另一些性罪犯则另有处罚措施。在这方面，德国的两位医学研究者——莱因哈德·维勒（Reinhard Wille）和克劳斯·贝耶尔（Klaus M. Beier）在20世纪80年代的实验项目可谓独树一帜。两位研究者跟踪研究了一批性罪犯，其中99人被阉割，另外35人没有遭受如此惩罚。他们的研究在监狱里一共持续了11年，研究项目覆盖了1970—1980年间联邦德国境内所有阉割案例的25%，因此，项目的代表性无可指摘。在德国，法庭并不会随意使用阉割作为惩戒手段，只有在极端情况下，法庭才可能作出如此判决。同时，相关判决还必须得到性罪犯本人的首肯。实际上，那35名罪犯开始时也愿意接受阉割，只不过后来改变了主意。维勒和贝耶尔将这35名罪犯当作对照组和99个同类进行对比跟踪。

对比研究结果显示，获释后的11年内，对照组人群反复犯下性侵罪的比例达到了46%，而阉割组人群的比例只有3%，两组足足差了近15倍。另一些研究虽然在严谨程度上不及维勒和贝耶尔开展的项目，却也得出了相近的结果。经统计，类似的项目一共有10个，阉割罪犯的复犯率从0—11%不等，平均值正好达到3.5%。总之，阉割人群相较于对照人群而言，复犯的可能性小了许多。维勒和贝耶尔发现，接受阉割的性罪犯中，70%的人都对自己的境遇表示满意。当然，阉割绝非治愈恋童癖和强奸犯的灵丹妙药。但是，假若监管得当，阉割可以达到一定的抑制犯罪功效?

维勒和贝耶尔的项目仍属于小范围研究，若是放到社会的大背景下，又会出现怎样的变化呢？有人对全欧洲的2 055名阉割的性罪犯进行了调研，发现他们接受手术后的20年内再次犯罪的可能性介于0—7.4%，相关数据同维勒和贝耶尔的研究结果非常相近。南加州大学的临床精神病学教授琳达·温伯格（Linda Weinberger）走访了多个国家调查相关情况，发现阉割确实与性犯罪低复犯率显著相关。她就此评论道：“双侧睾丸切除术的研究显示，它对性罪犯反复犯罪的抑制功效令人震惊。”与此同时，她提出了两点警告：首先，阉割不一定适用于一些高危罪犯；其次，阉割毕竟容易引发道德上的争议。但是，另一些研究者则对阉割表示大力支持。他们宣称，一名性罪犯离开监狱重返社会之前，在他的敏感部位来上一刀，也许是确定他将来不会一错再错的重要保证。

听上去完全是咄咄怪论，对不对？通过阉割惩治性罪犯，不用说，这也太不人道了，你肯定举双手、双脚表示反对。但是，一个性侵罪犯接受了手术去势，就再也不用在高墙电网中度过一生；不在监狱，他就不用因为狱友的欺凌而惶惶不可终日，也不用担心遭遇强暴的风险；出狱之后，他也不需成天东躲西藏，担心自己的行踪和住址暴露在公众视野之中。最重要的是，他不用为了克制自己野兽般的性欲而痛苦不堪。对于帕维尔这样的性罪犯而言，难道阉割不是一个彻底解决问题的良好方法吗?!

很幸运——当然，站在性罪犯的角度，也许很不幸——要抑制野蛮的睾丸素冲动，其实毋须手术阉割这样的极端手段。化学阉割（Chemical castration，化学睾丸切除术）也能起到同样的良效，即是利用抗雄激素药物降低睾丸素水平，抑制性冲动。甲羟孕酮又称安宫黄体酮，是美国用来实施化学阉割的主要工具。在欧洲和英国，则利用醋酸环丙氯地孕酮（孕激素）消除男犯的性欲，它可以竞占大脑中的睾丸素等雄激素受体，克制野蛮的冲动。此外，亮丙瑞林（leuprolide）、戈舍瑞林（Goserelin）、曲普瑞林（tryptorelin）也有相同的功效。这些药品可以把成年男子体内的睾丸素含量降到青春期之前的水平。

这些药品可以消除性欲，这一点毋庸置疑。但是，它们能否抑制性暴力，还有待实践证明。不过，剑桥大学犯罪学研究所的弗里德里希·勒塞（Friedrich Lösel）已经通过荟萃分析得出了肯定的答案。勒塞表示，化学阉割的效果，明显要强于其他的惩治手段。

手术阉割毕竟太过残忍，其中的争议性也不言而喻。相对而言，化学阉割显得文明许多。如今，英国、丹麦和瑞典都将化学阉割列为惩治性罪犯的手段之一。在这方面，波兰走得最远，2009 年的一条法律规定，强奸 15 岁以下的儿童和涉嫌乱伦的罪犯，在出狱之前必须接受化学阉割。一名强奸亲生女儿并使其生下两个孩子的男子——臭名昭著的奥地利强奸犯约瑟夫·弗里茨（Josef Fritzl），如果来到波兰受审，一定也逃不过那一刀的命运。有 84% 的波兰人支持这项政策。2011 年 7 月，韩国通过法律，允许法庭对强奸 16 岁以下未成年人的罪犯实施化学阉割。俄罗斯也有类似法条，对于那些性侵 14 岁以下未成年人的罪犯，由法庭指定的法医精神病学家有权提出化学阉割的建议。

那么，美国对此有何反应呢？1996 年，自《加利福尼亚刑法典》（California Penal Code）正式引进化学阉割作为刑罚，美国至少有 8 个州将化学阉割作为一种法律惩治手段。在加利福尼亚和佛罗里达两州，累次犯下性侵案的罪犯必须接受安宫黄体酮的“药物矫正”；如果一个人将黑手伸向 13 岁以下的未成年人，哪怕他是初犯，也要接受如此命运。为了保证化学阉割的公正有效，加州惩治局（Department of Corrections）担起了监查的责任，同时，法律还规定，第一次的药物矫正应在罪犯获释前一个月进行。此后，当事人还需要进行多次矫正，直到惩治局认定此人无须进一步治疗为止。威斯康辛州的法律则赋予了当地惩治机构一项权力：如果性侵罪犯出狱前不愿接受化学阉割，有关部门有权将其继续羁押。同样的权力，在其他对化学阉割开了绿灯的州同样存在。总之，犯人不想被化学阉割，那就休想出狱。得克萨斯州的规定稍微宽松一些，它们学习了德国的经验，允许犯人在行刑之前进行自主选择。同时，得州也特别重视相关“矫正”的卫生和安全，这一点也是来自德国的影响。得州法律还规定：接受化学阉割的犯人应犯有不少于两件严重性侵罪案，年满21岁以上，且接受过至少18个月的治疗无效。而且，化学阉割所用药物会带来的副作用，也需要一一告知当事人才行。

关于化学阉割的话题越炒越热，美国民权同盟（The American Civil Liberties Union）自然不会放弃争辩的良机。同盟认为，化学阉割暴力性侵罪犯已经违宪，事关隐私、正当程序和平等保护等多项基本人权。而且，美国宪法第八修正案明令禁止酷刑。当然，也有人和同盟意见相反。他们认为，化学阉割既照顾了罪犯的个人权利，又对社会公益很有助益。两相平衡之下，药物矫正堪称上佳之选。《英国医学杂志》（*British Medical Journal*）的一篇社论旗帜鲜明地反对化学阉割。社论宣称，医生应当拒绝充当社会控制（social control）的工具，不该参与任何形式的化学阉割。文章还列举了化学阉割给当事人带来的各种恶劣效应：骨质疏松、体重激增、心血管病多见等。但是，该社论也表示，生物学治疗对一些性欲难抑的病人可以起到一定的抑制效应。不过，病人应当自主选择是否服用抗雄激素。但是，很多罪犯需要在延长刑期和接受阉割之间做出抉择。在社论作者看来，这样的抉择实在难言“自主”。总之，真正的自主选择应当合乎道德。

设想一下：若你是一名性侵罪犯，身陷囹圄之中，周围都是杀人犯、强奸犯，还有各种冷酷无情的精神变态者。试问你是愿意长久身处这样的环境和这样的同伴为伍？还是凛然承受化学一刀，然后安享自由天地？

放心，没人会逼迫你。你大可以自己思考，然后自己决定。如果你在监狱里困守了4个多月，可能巴不得接受化学阉割，然后走出牢笼呼吸新鲜空气。监狱里满是充满恶意的变态者，一个性罪犯待在这样的地方，很可能会成为性侵事件的受害者。

不过，一旦接受化学阉割，传宗接代的机会就没有了——前文有述，这可是人类的进化本能。综合起来考虑，也许我们应该开发一种医疗技术，既让暴力分子熄灭兽欲，又让他们不至于失去繁衍的权利。相关的事情，我们会在后面的章节里进一步阐释。

解暴剖力 714 航班：丁丁历险记

我每次登上飞机舷梯，心里都会打起一阵小鼓，不可预见的灾难阴影掠过脑海：飞机上了天，天知道会发生什么事情。嗯，起飞之前，先向各位介绍我童年时的偶像——丁丁（Tintin）。这是一个连环画里的人物，出自比利时作家和漫画家埃尔热（Hergé）的手笔，丁丁不仅对我有重大影响，也影响了安迪·沃霍尔（Andy Warhol）。连环画里，丁丁永远只有16岁，顶着无冕之王的头衔，干着写犯罪故事和环游世界揭谜的生意。他很孩子气，又很有侠气，还很前卫，总能解开那些云山雾罩的谜团而阻止犯罪，有时还很逗趣。我就是读着丁丁的各种事迹长大的男孩。我不但集齐了所有的丁丁连环画书，还曾经当过小追星族，追着埃尔热本人，让他在我的多本丁丁收藏书上签了名，《丁丁和 714 航班》就是其中之一。请原谅，我其实是个大孩子，一提到自己的偶像显得有些滔滔不绝，收不住笔。

埃尔热的“丁丁”系列一共 23 册，《丁丁和 714 航班》是倒数第二个故事。这一次，丁丁陪着一位疯疯癫癫的百万富翁一起历险，他俩本来在雅加达（Jakarta）附近，后来又乘飞机前往悉尼（Sydney）。其实，恐怖分子早就盯上了富翁，和他俩同在一个航班上。他们劫持了飞机，强迫富翁说出自己的银行密码。为了保证阔佬口吐真言，恐怖分子还给他喂下了“诚实药片”。这种药片是臭名昭著的克罗尔斯佩尔博士（Dr. Krollspell）的邪恶发明。纳粹德国的杀人医生约瑟夫·门格勒（Josef Mengele）实在是深入人心，就连漫画当中也有以他为原型的坏蛋。当然，门格勒和克罗尔斯佩尔都是受人指使，他们的背后还有大魔头——一个是希特勒，一个是罗伯托·拉斯塔波波罗斯（Roberto Rastapopoulos）。后面这个家伙，就是这种邪恶药品的来源。

丁丁的故事就说到这里。我们来聊点真实发生过的事情。2007 年 7 月 17 日，星期四，我登上联合航空公司的 895 航班，准备前往香港。我缩进自己靠近通道的座位，吃了晚饭，然后开始拜读乔纳森·凯勒曼的犯罪小说《愤怒》（*Rage*）。正当我要逃离现实、进入诡谲的犯罪世界的当口，诡异的事情在现实世界中发生了。

飞机上突然响起了一阵广播，声音中隐隐透出一丝不祥的气息：

> 我们遇上了一点情况。各位乘客请注意，如果你是医生或者——（一阵停顿）——心理学家，请立即与乘务人员联系。谢谢！

闻听此言，我的胃里不禁一阵翻腾。机组人员呼叫医生，倒也不是什么稀罕事。他们向“心理学家”求助，倒真是千古一回。说来，我也勉强算个心理学家。但是，我也是个胆小鬼。刚才，我听见前方靠近外侧的厕所里传来一阵嘈杂的吵闹。那动静，很是让我分了一会儿的心。接下来，又有两个空姐匆匆跑过我的身边。嗯，动静更大了。难道飞机上来了个拉斯塔波波罗斯？

我伸长脖子，沿着走廊前后扫视了整个机舱。切！难道就没个医生和我们同机共行吗？但是，没有一盏乘客灯亮起，周围黑暗得好像身处墓地。我再次缩回自己的座位，心下开始慌张起来。这种场景，还是乔纳森·凯勒曼老兄应付起来比较称手。他是个心理学家，还是个写畅销书的犯罪专家。他要是在这里该多好啊！没准，机舱里隐藏着一个克罗尔斯佩尔博士！我再次扭转回头，向后面看去。这一次，我只看到了一张张惊惧的面孔，一道道疑惑的目光。显然，大家也都想搞清楚到底发生了什么事情。

想一想，雷恩，好好想想，你这个笨蛋——我当时对自己说。一个训练有素的犯罪学教授，遇到这种情况应该作何反应？当然是挺身而出！但我仔细思量后决定，还是老老实实继续读我的凯勒曼老兄的书吧。

我在犯罪学的课堂上，再三警告学生：面对危机要谨慎，要明哲保身。但是，在这样的紧张气氛之下，我又怎么能当缩头乌龟呢？当时，四下里气氛令人窒息，我整个人嵌入深深的罪恶感当中。终于，我又抬起头来，扫描周围：还是一片黑暗，没人响应机组人员的号召。要说懦夫，看来这里的懦夫不止我一个。算了，去他的。我摁响了答叫铃声，随后站起身来。

我想，肯定有斗殴事件发生。我跟着机组人员走向机舱前面，果不其然，一名男空乘人员和一个女乘客撕扯在了一起。我到现场的时候，两人还在纠缠不清。事情的前因后果，陪同人员已经向我做了说明：“他发疯了，一挥手便狠狠砸向身边那个女乘客。”言辞简洁，描述清晰。我很快站到了这位发了疯的男空乘人员身后，扭住了他的胳膊。身边的几个人也纷纷下手，拉开了狂徒，并把他的双手反剪在了身后。当时，他打得还真是兴致高昂，连领带也因此松垮了下来。而那位受害者，则一直尖叫个不停

——不过没人理会她，因为没人听得懂中文。我们把狂徒固定在了一张座位上，我拿身体堵住他的侧边，另一名空乘人员则牢牢把持通向走廊的位置。就这样，局面总算是控制住了。

我没在这个地方站太久，空乘人员主动上前换位置。原来，机长有话要对我说。他们带着我来到了驾驶舱。当时，我的感觉好极了！恍惚觉得自己就是丁丁。也许，他们准备让我和总部通话。我一进驾驶舱，机长就会起身让贤，然后恭恭敬敬地告诉我仪表盘上各种按钮的用途。史蒂文·斯皮尔伯格（Steven Spielberg）翻拍的《丁丁历险记》（*The Adventures of Tintin*）我看过许多次。电影里面，丁丁就是那样坐在驾驶座上学开飞机的。我还记得飞机仪表盘五花八门，令人眩晕。待到飞机飞行平稳，我可以眺望窗外，飘浮在云端，实在让人迷醉。一切都太像丁丁历险记的故事啦。作为英国航空公司的一名前职员，远离尘嚣，高高在上，这样的诱惑实在难以抵挡。

地面值班医生的一声问候，把我从想入非非中唤回了现实。医生知道我是一个研究暴力问题的心理学家。于是，他向我提出了一串连珠炮般的问题：从专业角度看，这个发疯的空乘人员到底有多危险？大家又该做点什么来让事态稳定一点？我也给出了自己的答案：羟基安定（Temazepam），一种苯二氮卓类药物，药效较短，而且我的包里就有好几颗。每次搭乘国际航班，我都有睡眠问题，所以总要备下几颗药片以备不时之需。你大概还记得我在土耳其那次险些被割喉的经历，打那之后，我就落下了睡不安稳的病根。我觉得，30 毫克的羟基安定就可以保证那位空乘人员不再犯浑。医生的建议则要保守一些，认为一半的药量就可以达到效果。然后，飞机开始紧急迫降。着陆后，安全人员会很快进入机舱，把危险分子带走。

那一次经历，我的感觉真好。航班抵达香港，待所有乘客都走出机舱，机组人员一巴掌拍在我的背上，随后热烈的掌声轰鸣般响起。当然好处不止于此，联合航空为了感谢我的贡献，决定为我免费升舱——接下来的环球之旅，我将全程搭乘商务舱出行。我虽然没能做成丁丁，但身为一个犯罪学家，到底也实现了童年的英雄梦。

接下来，我们聊一聊药物问题。有些药物对于暴力倾向确有奇效。当然，一般情况下我不会使用镇静剂应对暴力倾向，除非遇上 895 航班这类极端。近几年来，精神病药物学已经有了长足进步，一些药品在降低攻击性和暴力行为方面的成效，实在让人感到振奋。

我们先从儿童说起。9岁以下儿童最容易因为什么原因前往精神病院问诊？当然是行为问题。这些住院儿童的大多数都会接受药物治疗，以便减轻攻击倾向。药物作为一种干预儿童攻击性倾向的手段，有令人惊讶的、强有力的实证支持，效果得到临床实践的支持。伊丽莎白·帕帕佐普洛斯（Elixabeth Papadopoulos）——可不是拉斯塔波波罗斯——等人对45起案例进行了荟萃研究，发现了药物治疗的重大功效。这45起案例属于随机选取，患者都是儿童，做了服用安慰剂对照实验。研究结果显示，药物对于抑制攻击性倾向极富成效，整体效应量为0.56——达到中等效应的关系强度。[86]

许多药品都有缓解攻击性倾向、抑制暴力行为的效果。其中，以新一代抗精神病药的疗效最为显著，[87]据调查，抗精神病药的效应量达到了0.90。[88]苯哌啶醋酸甲酯（Methylphenidate，利他灵）一类的兴奋剂也有很好的抑制暴力疗效，效应量达到0.78。至于情绪镇定剂，疗效只算中等水平，效应量为0.40。抗抑郁药就更为不济，效应量在0.30，为中下水平。同样的情形不但适用于儿童，在青少年中也有发现。研究人员就此开展过两项药物荟萃分析实验：一项针对青少年暴力和药物治疗之间的关系；另一项主要关心药物对于抑制儿童和青少年攻击倾向及反社会行为方面的作用。不同的研究，都显示了同样的结果。实验证明，药物可以帮助治疗和缓解多项精神病态——包括儿童和青少年中的注意力缺乏多动障碍（ADHD，多动症）、自闭症（autism）、躁郁症（manic-depression）、智力迟钝（mental retardation）和精神分裂症（schizophrenia）等等。

那么，药物疗法和非药物疗法对攻击性和暴力行为的疗效孰优孰劣呢？我在宾州大学的同事蒂姆·贝克（Tim Beck）创立和发展了认知行为治疗法（cognitive-behavior therapy），对多种临床障碍有着神奇功效，对攻击性倾向的疗效尤其显著。整体效应量如何呢？保守估计有0.30。显然，药物疗法比最佳社会心理干预疗法的整体效应量要有效得多。总之，非典型抗精神病药物和兴奋剂对于精神疾病的疗效，比起最佳的非药物治疗高出了许多倍。

当然，怀疑论者大可开动脑筋，为药物疗法挑出一两根刺儿来。比如，他们可宣称：药物其实并不能直接作用于攻击性倾向本身，但是对抑郁倾向、注意力缺乏多动障碍、精神错乱确有疗效。有攻击倾向的儿童，往往也有这些方面的毛病，一旦药物克制了其他的精神病症，也就消灭了滥用暴力的毛病。一个精神错乱的小孩，脑子里可能满是受迫害、受威胁的幻觉，一点点误会，就能让他反应过激……没错，利培酮（risperidone）对于消除攻击性倾向很有效果，因为它可以切断精神错乱这个导致攻击性倾向的病根。不过，许多研究已经明确指出了药物在临床上消除儿童反社会/攻击行为方面的效能，而不是精神错乱。荟萃分析也显示，兴奋剂对于攻击倾向的作用，完全独立于其消除注意力缺乏多动障碍的疗程。还有证据表明，非典型抗精神药物和兴奋剂可以降低学龄前儿童的攻击倾向。对于许多犯罪学家和心理学家来说，这样的事实有如苦口药片，难以下咽。但是，药物疗法防控儿童和青少年攻击性倾向的功效，确实无人能够抹杀。

那么，相关的药物疗法对于成年人有无作用呢？目前，学界在这方面还缺乏应有的研究和实验。这个事实，可能有些令人吃惊。其中的道理也很简单，成人一旦触犯暴力，接下来的命运无非是一场牢狱之灾，没人愿意对犯罪的恶魔伸出援手。然而，仍然有一项双盲随机实验成功招募了一批有冲动型攻击倾向的成年男性，他们均为社区志愿者，实验人员向受试者提供了三种抗痉挛药物（anticonvulsants），[89]服用安慰剂者为对照组。结果证明，三种药物都有效地降低了研究对象的攻击行为。同样的结果，在另一些针对暴力罪犯的随即选择实验中也得到了证实。

抗痉挛药物一般用于治疗癫痫（epileptic seizures），为什么对于抑制暴力倾向也能收到效果呢？原因很简单，这些抗痉挛药物对于大脑边缘系统有着镇静作用。因为，癫痫病的病根在于杏仁核和海马体。前文有述，激情杀人犯（emotional murderer）的边缘系统区域往往过分活跃，抗痉挛药物让边缘系统恢复平静，自然可以抑制暴力倾向。

解暴剖力 让他们吃蛋糕吧

接下来，我们继续进行找寻治愈犯罪不同方法的旅程。如果说毛里求斯美丽得像一座王冠，那么，拉皮罗格（La Pirogue）酒店就是王冠上最炫目的珍珠。这里的沙滩金黄细软，花园富于热带风情，沙滩与花园点缀下的茅草屋代表非洲传统，静谧而祥和，是世界上我最喜爱的一处酒店。

乌托亚（Utoeya）距离拉皮罗格万里之遥，却也是一处人间仙境，一个乌托邦似的岛屿，比邻著名的蒂里湖峡湾（Tyrifjorden），距离挪威首都奥斯陆不远。时光到了夏天，年轻人都特别钟情乌托亚沿岸那一处处美丽的小海滩。2011年7月22号，我正在毛里求斯的拉皮罗格悠闲度日，看着斜阳慢慢沉到海平线之下，浑然不觉乌托亚那边发生了什么。事实上，那天晚上，一场惨绝人寰的枪击案在挪威爆发，84个年轻人因此失去了生命。

抵达毛里求斯的前一天，我刚刚搭乘毛里求斯航空的647航班离开新加坡。我和同事之所以去新加坡，是为了参加一次有关于鱼油的研讨会。会上，我和同行们就这种深海食品对于儿童行为障碍的治疗功效进行了热烈讨论。扬内·桑德·马蒂森（Janne Sande Mathisen）也是参会人员之一，她来自挪威的奥斯陆创新中心，该中心和毛里求斯的联合儿童健康计划有过合作。马蒂森女士很热心地包办了研究项目中的鱼类食品——由该中心的生物科技公司提供的鱼油（Smartfish）富含欧米茄-3，对于孩子们的身心健康大有助益。此外，马蒂森女士还曾经去过达林顿技术学院访问，这所学院位于阿比路69号，和我家的老宅只有一街之隔。因为这两层缘分，我和马蒂森女士一直保持着联系。就在那天，我突然接到了一封挪威来信，写信人正是马蒂森女士：

> 20分钟前，奥斯陆市中心发生了一起爆炸案。政府大楼遭到损毁。我的住家距离爆炸中心有20分钟车程，但相关的动静几乎听得一清二楚。这起爆炸很可能属于恐怖袭击。在挪威的历史上，这还是头一遭。后果完全不堪设想。

扬内听到的一声巨响，来自一枚2 000磅的汽车炸弹。装载炸弹的汽车就泊在奥斯陆市中心。当天下午3点17分，炸弹爆发，就连首相官邸也遭受波连，8人因此丧生。

下午5点左右，一名荷枪实弹的“警察”搭乘渡轮，穿过奥斯陆近旁的蒂里湖峡湾，去到乌托亚岛，他自称要“排查”岛上可能的炸弹威胁。但是，甫一登陆，此人就露出了真面目。那一天，挪威工党正在岛上举行青年干部夏令营。假警察招呼各位年轻人靠近自己，参会者也乖乖听话。此时，假警察——他的真名叫安德斯·贝林格·布雷维克（Anders Behring Breivik）——举起枪械疯狂扫射，许多人应声倒地，其余人等则四下逃散。屠杀持续了一个小时，69人成了布雷维克的枪下冤魂。他们大多都是十几岁的年轻孩子。其中，56 个人被直接打死，33 个人身负枪伤但却捡了一条命。纵观挪威现代史，如此规模的杀戮在和平时期还是头一遭，其恶劣程度无以复加。

读到这则新闻，我不禁汗毛倒竖。挪威的那些年轻人踏上那座岛屿，不过为了度一个安静平和的暑假，为了看一看恬静优美的乡村风光，享受一下海滩和阳光。我来到毛里求斯，不也是为了同样的目的？我望着斜阳一点点没入印度洋，想着天那边的悲惨景象：一个黄发蓝眼的恶魔闯进了一个天堂般旖旎的小岛，然后……我越想越怕，海浪拍打在珊瑚礁上，听来仿佛也是奥斯陆传来的亡命嘶喊。对付这种疯狂无稽的暴力，挪威和毛里求斯都有大把资源可用。两个国家都有广阔的海域，海域里面少不了治愈暴力的灵药——鱼儿。

我第一次把鱼儿和治愈暴力联系起来，还是在 10 年前。2002 年 9 月，我恰巧也在毛里求斯，正在对早期环境强化干预项目的结果进行修正，我们发现，该项目对于营养不良儿童的品行障碍有着很好的矫治作用，而食谱中大量的鱼制品也许是重要原因。后来，我来到机场准备乘机前往香港。长路漫漫，我打算买一本便宜读物，好在飞机上打发时间。不巧，机场里只有一家书店，出售书籍还大多由法语写成。英语书籍只占据了区区两个书架。我一眼望去，就发现了安德鲁·斯托尔（Andrew Stoll）的《欧米茄-3的联系》（*The Omega-3 Connection*）。书籍很新，一年前刚刚付梓。

飞行途中，我浏览了全书的基本内容。序言中，斯托尔再三强调欧米茄-3可以治疗和缓解抑郁症、注意力缺陷多动症和学习障碍。这种微量物质是否可以遏制暴力和反社会行为，还不得而知。不过，斯托尔强调：

> 进一步研究的结果，我们大可以翘首以待。未来，我们国家的学校和监狱必将成为有关研究的主要场所。解决暴力问题的关键也许会非常简单，可能就是一种欧米茄-3脂肪酸而已。

也许斯托尔的看法很有道理。毛里求斯联合儿童健康研究计划的工作人员通过双盲随机实验的测试，以安慰剂为对照实验，证明鱼类中富含的欧米茄-3脂肪酸确有抑制暴力的功效。实验对象全是健康研究项目下辖的儿童和青少年。其中，100 名儿童每天都要饮用挪威鱼油（Smartfish）补充液，虽然只有 200 毫升（不到一杯），但却富含 1 克的欧米茄-3。从其他儿童随机选出100名进入安慰剂对照组，有同等量的果汁可喝，但没有欧米茄-3。整个实验为期6个月，两组孩子的家长需要在实验开始前、6个月后、12个月后进行三次评估。评估内容事关各个孩子的行为问题。

实验结果引人深思。图9.3可鉴，饮用补充液6个月之后，两组孩子的攻击性行为都出现了下降。饮用果汁中不含欧米茄-3的安慰剂组孩子在各种表征上和饮用真正补充液的孩子并无区别。12个月过后，前一组孩子开始故态复萌，重新犯错；坚持饮用补充液的孩子则继续进步，他们的攻击性、犯罪率和注意力不集中的问题进一步呈下降趋势。显然，随着时间的流逝，欧米茄-3带给治疗组的效果会更加明显，因为自研究开始至结束的一整年时间，治疗组的效果非常好。从长计议，欧米茄-3确实有助于降低儿童的行为问题。童年期行为问题可以看作成人犯罪和暴力的前兆，因此，欧米茄-3对于犯罪和暴力的抑制作用自不待言。

为什么欧米茄-3有此奇效呢？答案很简单。本书一直强调：大脑才是暴力之源。前面的内容反映了欧米茄-3的各种功能——有助于增加树突分枝、增强突触功能、促进细胞体积、延长神经元寿命、调节神经递质功能和基因表达，从而增强大脑的结构和功能。因此，它能部分修复大脑异常，预防暴力倾向。

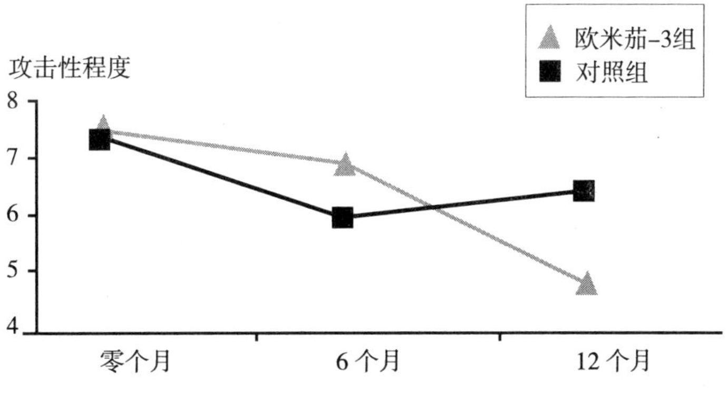

图9.3　欧米茄-3在显著降低儿童的攻击性倾向上具有长期效应

欧米茄-3产生功效的周期之长，就连笔者也深感惊讶。当受试者停止饮用鱼油，良好效果为何不会立即停止呢？作为这方面的权威专家，乔·希伯恩（Joe Hibbeln）的解释很有说服力：欧米茄-3在人体内的半衰期长达两年，其间，它足够造就对大脑的多项有益影响。据此一说，欧米茄-3在理论上确实可以长期改善大脑结构和功能，减低个体从事暴力活动的可能。

用食补方法消灭暴力——这个理念其实并不新鲜。1789 年，法国大革命正值风口浪尖，愤怒的农民恨不能冲进凡尔赛宫要了王后玛丽·安托瓦内特（Marie Antoinette）的命，王后的一句妄言引起了公愤——“如果人民没有面包吃，那就吃蛋糕（brioche）好了。”王后所谓的“蛋糕”，其实也是面包的一种。这种面包富含脂肪，更加名贵。其实，通过食补食疗改良人的行为问题，这种观念也算有理有据。不过，欧米茄-3可不是单纯的食物。目前，许多地方的法庭都将这种营养物当作改变犯罪的重要依据。

欧米茄-3对于犯罪的克制作用，让司法界越来越感兴趣。若不信？研究人员牵头组织的两项随机实验可以佐证，补充欧米茄-3让监狱里的犯人寻衅滋事的次数大为降低。牛津大学的伯纳德·格施（Bernard Gesch）让研究对象连续 5 个月食用富含欧米茄-3的食品，辅以多种维生素为补充。结果，这些年轻的成年罪犯诉诸暴力的比例下降了 35%。实验结果震动了荷兰司法部，他们决定追随格施的步伐开展研究。这一次，荷兰方面同样选取了一些年轻的成年罪犯，食用欧米茄-3和多种维生素，时间长达 11 周。最后，他们的结论和英国方面几乎完全一致——监狱内暴力事件减少了 34%。

世界各地的类似实验还很多，得出的结果始终如一：欧米茄-3克制暴力的功效不可忽视。在澳大利亚，研究人员让一批患有双相型障碍（bipolar disorder）的年轻人参与实验，花费 6 周时间补充欧米茄-3，发现可以显著降低外化行为问题。意大利的研究显示，正常成年人服用欧米茄-3达 5 周，其攻击性显著下降到对照人群的平均水准之下。日本的一项随机对照实验也证实了欧米茄-3对于成年人攻击性倾向的减低。在瑞典，也组织了同样的随机对照实验，实验对象换成了注意力缺陷多动障碍症儿童，还伴有对立违抗性障碍（oppositional defiant disorder）。研究者发现，孩子们在持续服用欧米茄-3长达 15 个星期之后，对立违抗性行为下降了 36%。泰国的研究人员则把眼光投向了大学的成人校工，这些人在一起随机双盲实验中持续服用了欧米茄-3脂肪酸类的二十二碳六烯酸（DHA，俗称脑黄金），其攻击性倾向大大降低。在美国，一些罹患边缘型人格障碍（borderline personality disorder）的妇女，在随机实验中服用欧米茄-3脂肪酸类的二十碳五烯酸（EPA）2个月，结果也是戾气大减。另有美国学者组织了一项长达4个月的随机双盲实验，安慰剂对照实验作比对，治疗组的50名儿童坚持摄入脂肪酸，结果，这些儿童的品行障碍问题显著下降了42.7%。

结论太简单了，对不对？确实太简单了。暴力的成因和面貌都相当复杂，欧米茄-3不过是抑制暴力的众多影响元素之一。在第7章，我已经介绍了食谱如何降低犯罪，也介绍了血糖和犯罪的不解之缘。我们知道了许多与吃相关的犯罪学常识：低血糖可能掀开暴力的潘多拉盒子，没吃饱也许会让人的心肠变硬。补充锌、铁这两种微量元素，能让海马体的功能加速恢复，小老鼠已经为我们证实了。我们还知，缺少蛋白质会导致必需脂肪酸（EFA）缺乏，而微量元素的缺乏有损于必需脂肪酸的生物利用率和新陈代谢。

没错，结论过于简单了。暴力不是一个简单问题，不可能简简单单就被欧米茄-3搞定。仅仅在营养方面，我们就还有许多其他因素要纳入考虑。要消除暴力，营养只是其中的一种要素。研究欧米茄-3的实验项目很多，不是每个项目都能有所收获。研究虽然也有成果，要解开营养如何抑制犯罪和暴力这个秘密，现有的成果只能算作一些开胃菜而已。除了营养，药物也是克制暴力的重要工具。在药物方面，我们的知识储备更为丰厚。然而，社会大众对于所谓“罪犯的百忧解”（Prozac for prisoners）非常厌恶，毕竟罪恶已经酿成，伤害已经铸就，再去奢谈治疗只能引人厌恶。对此，我一贯主张预防为主，用“鱼饵”的诱惑让那些犯罪坯子早早现出原形，避免他们作恶。

据悉，奥斯陆惨案的元凶安德斯·贝林格·布雷维克患有严重的精神变态障碍症——也就是偏执型精神分裂症。前文有述，精神分裂症可以触发暴力行为。请注意，作为一个挪威人，布雷维克从小可没少吃鱼，他体内的欧米茄-3含量理当毫无问题。也许，欧米茄-3对于青少年的身心健康并无裨益？我们在毛里求斯的早期环境强化干预项目所取得的成效，也不过是瞎猫撞上了死耗子？同样的项目，可不可以用于治疗成年的分裂型精神障碍症患者？我相信，只要我们继续坚持下去，对早期环境强化干预项目进行改良和完善，总有一天，项目的适用性将会得到世界公认。

解暴剖力 精神战胜物质大脑

大脑是暴力之源，改变大脑，就可以消除暴力。这个过程，并非一定得用药或其他侵入式的疗法不可，甚至更良性的生物干预措施如营养改善也不是必需的。现在，让我们回到丹尼的故事里，仔细研判一下“生物反馈”疗法的种种细节。通过刺激，丹尼的大脑功能得到了恢复，他渐渐激活了自己的大脑前额叶皮层，从而学会了自控。他的生物反馈治愈暴力的案例，非常成功。那么，丹尼的成功是否具有普适性呢？

研究显示，密集的脑电图生物反馈疗法确实有助于矫正反社会型人格障碍个体，但疗程需要 80—120 次之多，才能改善他们的行为。这个结果很振奋人心，不过，相关数据全部来自小范围的案例研究。我们还需要随机对照实验，进一步证明生物反馈疗法确实有效。总之，生物反馈疗法还有很长的路要走。

也许，我们不需要吃药或任何特殊疗法，佛祖可以帮助我们通往永久性大脑改变的大道上，拯救一颗颗冥顽的大脑。佛教一向强调精神的力量胜过物质。或许，冥想（meditation）可以把大脑改造得更好。

当然，药物的效能更加明显。不过，精神疗法的成本更低，更加简单。一次训练课程将会持续 8 周，每次课程需要 2 小时。而后，你可以在家自疗自医，每天一小时，一周六天即可。训练课程中，你的专注能力将会进一步提高。换言之，通过训练，你会对自己的精神和身体状态更加留心。吐纳呼吸的时候，你会更加专注；日常的一举一动，你也会愈发注意。无论是感觉，还是情绪，一点小小的变化都能让你的感觉发生波动。经过精神疗法的锤炼，你对于自己的认识也会更加悲悯、更加宽容。比如，你不会为了不能完成任务而满心自责。久而久之，你会养成照顾自己、关注自己的习惯。

意愿能够改变我们的大脑。这种改变，完全可以持久永恒。2003 年，威斯康星大学麦迪逊分校的著名神经学家里奇·戴维森（Richie Davidson）牵头组织了一次规模甚巨的“冥想疗法”（meditation），引发了学界轰动。戴维森把参与者随机分为两组，一组要参加相关的冥想专注训练，另一组则作为对照组。结果显示，8 个星期的专注训练大大改善了受试者左脑额叶的脑电波活动。总之，通过专注训练操控大脑，一个人的心理机能会大大改善，心情也会由此变得敞亮起来。

戴维森的研究显示：一个人如果长期处于慈悲与平和的精神状态之下，他的大脑主管同情心（移情作用）和心灵感应的区域会随之得到加强，接受情感刺激的功能也会得到改善。杏仁核和颞顶交界区是主要的受益者。经过功能成像扫描，我们还发现了受试者其他的优点——相较于对照组，他们司职注意力和自制力的脑区其活性更加强大。

冥想的功效不仅仅限于冥想过程期间的大脑改变。脑扫描结果显示，那些长期参与了冥想过程的受试者受益良多，在非冥想状态时，他们的大脑已经转向增强注意力和警觉度的γ波活动——一种高频率的脑电波活动形态，包括意识清醒、注意力集中、学习能力旺盛。冥想可以给大脑带来持久的良好效应。冥想的时间越长，大脑发生的改变越多。

精神疗法（专注训练）不但可以改善大脑功能，还能够改造大脑结构。大脑扫描结果显示，受试人员在8周专注训练疗程之后，其大脑皮层的灰质密度显著增加，呈现一个有形的物理变化。得到增强的区域包括后扣带回、颞顶叶交界区，这些区域和一个人正常的决策能力息息相关。同时，负责学习、记忆、调节情绪和攻击性管控的海马体也得到了加强，而且，海马体还可以帮助受试者更好地应对极端压力。大脑的各个部分之中，海马体的成熟时间较早。但是，精神疗法可以帮助海马体继续生长，继续完善。另一项脑成像研究显示，勤于冥想的受试者，其前额叶皮层的皮层厚度明显增厚。总之，专注训练可以改变大脑——从结构上重塑。

冥想可以改变大脑，你不妨尝试一下。那么，冥想能否克制犯罪和暴力呢？实际上，早已用冥想训练当作矫正罪犯的手段，其历史还颇为长久。印度教超觉冥想派（Transcendental Meditation）参与其中的历史最为长久，起源于革命烽火激荡的20世纪60年代，它的创始人，智者马赫什瑜珈士（Maharishi Mahesh Yogi）声名一时无两，甚至被披头士乐队四子奉为“精神导师”。到了70年代，加州监狱里就有囚徒追随马赫什，进行冥想研习。随后，这股冥想研习风潮又吹到了得克萨斯、马萨诸塞等地，甚至还反攻到印度教的大本营，最后在印度也开始生根发芽。从科学的角度看，修禅打坐确实可以稳定囚徒们的心神，减轻他们的焦虑和压力，释放他们的怒气和敌意。更为重要的是，一篇关于冥想的文献综述显示，精神疗法不但可以让人忘却毒品和酒精，甚至会减少犯罪复发的概率。一些因为施行家暴而获刑入狱的妇女，在接受了12个疗程的专注训练之后，暴力倾向、酗酒、吸毒等现象都大大减低。

曾有一项大手笔的专注训练实验，研究者招募了1 350名受试者一起参与精神疗法。经过治疗，研究对象的敌对意识、攻击性和其他负面情绪都有大幅度降低。更有趣的是，精神疗法对于女性的治疗效果明显高于男性。男性参与者中，要数那些刑期很长的重案犯疗效最为明显。当然，所有参与者都得到了改善。整体而言，冥想疗法更适用于轻案犯，对累犯收效甚微。另一项以成年女性参与者为主的随机对照实验则表明，“静修”疗法大大地纾解了受试者的怒气，提高了他们控制情绪的能力。据此可见，这种干预对于女性暴力分子有着特殊的帮助作用。

显然，我们可以对此善加利用。实验结果激励人心，但精神疗法（专注训练）可减缓暴力的具体功效还需要随机对照实验进一步佐证。关于冥想，戴维森等人的研究不可谓不多，但研究更注重大脑本身的变化，对于暴力分子的作用则关注较少。静修疗法源于佛教，和名噪一时的印度教超觉冥想运动也有着深厚渊源。正是由于这一点，许多人都把这种疗法看作巫婆神汉在胡闹。毕竟，超觉冥想运动当年的一大卖点便在于各种超自然能力，比如悬空飞天之类。但是，随着研究的深入，静修疗法已经得到了大量科学证据的支持。随机对照实验显示，疗法有助于减轻焦虑和压力、缓解药物成瘾、戒除抑郁和烟瘾。总之，它是一项朝阳技术，有着深厚的科学依据，应该得到大家的重视和关注。

冥想及专注训练能够消除暴力犯罪！你也许对此嗤之以鼻，认为不过是天上掉下来的馅饼。既然科学界已经首肯，也不由得你不信。我们不妨想一想所谓“精神疗法”的工作原理。那么，这些疗法的运行机制到底如何呢？经过静修疗法的调教，人会对于自己的思想和情绪更为关注。一个人只要能将自己的情绪归于控制之下，即便遭遇口头挑衅，也不会随意大发脾气。有时候，你的同事可能对你表达激烈的言语意见，语气越来越冲，你越听脸色越难看——面容泛红、眼睛充血，但是，只要你经过精神疗法，稳住情绪也不是难事。你不会因为一股怒火就诉诸暴力，不会听从本能而冲动行事。在精神疗法的帮助之下，你应付起各种负面情绪将会更加得心应手，更会操持和控制自己的情绪。你可以在怒气刚刚萌生的时候就有所察觉，从而及时予以制止。因此，经历过精神疗法，你大发脾气的可能性将会大大降低。

谈到静修疗法一类的精神治疗，神经科学已经给出了强有力的佐证。证据显示，实验对象经过静修疗法，大脑都出现了或长期或短期的改变。显然，这种疗法是有效果的。研究显示，静修疗法对于实验对象左脑额叶区域的功能深有促进作用。而且，研究人员还发现，人的情绪一旦处于正面状态，左脑额叶区域就会同时活跃起来。两个现象之间，显然有着深切联系。静修疗法可以增进正面情绪，抑制负面记忆。静修疗法可以让额叶皮层厚度有所增加。额叶不但和人的情绪管理息息相关，还是许多暴力罪犯大脑结构与功能的病灶所在。经过静修疗法的调养，一个人关于道德的决断能力会大大提升，他的注意力、学习能力和记忆力都会因此而加强。许多暴力犯罪分子都在这些能力方面有所欠缺。由此可见，冥想可以修复暴力分子大脑当中冥顽的部分，并就此治愈他们的暴力之疾。

精神胜过物质大脑。意识对于大脑的影响很重要，大脑加诸行为的作用也很重要。于我而言，最重要的事情在于强调三个论点。我们已经对暴力进行了一番全面解剖，由此得出的三个论点值得大家注意：其一，暴力基于大脑及遗传原因。其二，各种生物社会因素交互作用非常关键。其三，我们可以改造大脑，进而改良行为。

三个论点当中，最后一条尤其需要一提。既然我们可以通过改造大脑而改良行为，那么，许多罪犯再也不用忍受生理阉割的痛苦。相反，他们只需要经历相关的心灵改造便可以脱胎换骨。阉割只是其中的极端案例。一般情况下，我们可以通过产前护理干预、早期环境强化干预、药物治疗、增强营养等，塑造一个人的性格，排除走上邪路的可能。

基于我的生物社会模型，我们完全可以研发与此相关的各种技术，抑制那些致使大脑异常、诱发暴力犯罪的因素发挥作用。传统的犯罪学研究显然未能意识到这一点。如果我们真心想要革除暴力犯罪这个毒瘤，消灭由此而来的一切痛苦，就必须重视一切可能的预防手段。当然，待到错误已经酿成再来收拾残局，也不失为一种选择。现在，我们的法律和医疗系统不正是如此行事吗？但是，我们完全可以未雨绸缪，预防暴力，将罪恶扼杀在襁褓阶段。从公共卫生的角度来解决暴力问题，可以让每一个人都因此受益。

当然，生物学知识是否能够应用于实践，还需要社会公众一起努力。

我个人的想法倒是非常简单。本人在这一行里研习了35年，深切地感受到防微杜渐才是消除暴力倾向的最好手段。在这个过程中，生物学的知识和相关的医疗手段必不可少。毕竟，大脑才是暴力活动的根本基础。

请别误会。我从来不认为生物学可以单枪匹马地解决暴力问题。剑桥大学的拉里·谢尔曼（Larry Sherman），一位世界顶尖的实验犯罪学家，他和许多同行都通过随机对照实验证实，传统的心理和行为治疗方法对于暴力矫正有不可小视的偏差。相关的发现打破了学界长期以来的迷思。我并不是要诋毁实验犯罪学家在实践中取得的成绩。我只是认为，如果神经犯罪学的专业知识能更好地服务于学术研究，相关的成绩将会更加显著。只有打破桎梏，才能打碎制造和量产罪犯的模式与机制。为了达到消除暴力的目的，我们必须加强相关方面的研究，拥有更多的生物学干预和治疗手段。但是，目前的生物学知识和技术，已经可以担负起相关的责任。当然，一切都必须得到社会大众的支持。

可以设想，假若我们真正消灭了犯罪，社会将会变成怎样？一旦我们利用生物学手段摘除了暴力之源，未来又将会是怎样一幅图景？既然暴力更像是一种可治愈的病症，我们看待它的眼光是否应该因此有所改变？我们的法律，是否也应该因此作出修改和变更？关于这个问题，我们将在下一章中重点讨论。

第 10 章　审判大脑

法律上的启示

他叫迈克尔（Michael），但我们更习惯称他为奥夫特先生（Mr. Oft）。奥夫特就是一个凡夫俗子，生活中常常见到的那一类美国中年男人。一开始，奥夫特在感化机构工作。后来，他获得了硕士学位，并迁居弗吉尼亚州夏洛特维尔（Charlotteville），还改行当了老师。奥夫特很喜欢这份工作，而且也很喜欢孩子。他对自己的第二任妻子很好，对待 12 岁的继女克里斯蒂娜也是呵护备至。奥夫特和继女相识那年，她才 7 岁，两人感情一直没得说。奥夫特没有精神病史，也没有行为不轨的前科。在 1999 年之前，他是一个彻头彻尾的好人，像你我一般的平凡好人。

但是，40 岁那年，奥夫特的生活经历了一场天翻地覆。那时，他的行为有了变化，变化虽然缓慢，却几乎让他变了个人。此前，他从不涉足按摩店。那年开始，他却成了那种场所的常客。同时，他突然对儿童色情有了浓烈兴趣，开始大肆搜罗相关影音书刊制品。

终于有一天，他决定实践一下这个邪恶的爱好，把咸猪手伸向了克里斯蒂娜。平日里，他总是把继女抱上小床，哄她入睡。根据当事人回忆，继父每天都会哼着摇篮曲，看着自己沉沉睡去。但是，就在那一天，这一点父女亲情荡然无存，只剩下猥亵和恶心。妻子有一份兼职工作，每周两天要晚上 10 点才能回家。事情就发生在那两晚中的一晚，奥夫特照例把继女抱上了床，接下来，他竟然翻身躺了上去，对克里斯蒂娜动手动脚。

许多孩子都有被熟人和信任的亲戚骚扰和虐待的经历。像他们一样，克里斯蒂娜很是困惑。她自觉很爱继父，但是她也知道他做错了事。为此，她和继父起了争执，这件事一直困扰着她。但是，奥夫特的行为在变本加厉。换在过往，他是个热心又可爱的人，但是，如今他越来越暴躁，火气越来越大。1999 年感恩节那天，他甚至抓住妻子的头发，和她大打了一架。

当时，奥夫特的情绪好像都要崩溃了。

最后，克里斯蒂娜哭着向一名法律顾问叙述了继父的猥亵行为，而顾问又转告了孩子的母亲。安妮对此先是震惊，忽又感到恐惧，最后简直怒不可遏。她搜查了他的所有细软，发现了好多“合理合法”的儿童色情书籍和影碟——其中的女优看起来只有十三四岁，但是实际上都超过了合法年龄。这些行为，安妮一五一十全数向警局作了汇报。

随后，奥夫特被逐离了母女俩的家，而后又因性侵犯遭到起诉。医疗报告证明他是个娈童癖，而法庭也裁定他娈童的罪名成立。事已至此，奥夫特只有两条路可走：要么接受治疗，要么进监狱。

可以想见，奥夫特当然不想进监狱。但是，治疗期间他还是积习难改。他不但多次猥亵女性医务人员，甚至把咸猪手伸向了女病友。最后，医疗中心将他扫地出门。他的人生下一站，也只能是监狱了。

进监狱的前一晚，奥夫特闹起了头痛，还叫嚷着要自杀。于是，医疗人员直接把他送去了弗吉尼亚大学医院。在医院，医生和护士都觉得奥夫特的健康没有大碍。但是，奥夫特本人却不依不饶，他大喊大叫地威胁：假如医院不留客，他就去寻死，甚至还威胁要强暴女房东。医院当然不能放走这样一位疯疯癫癫的人，因此，奥夫特在医院的精神病治疗中心安了家，接受专业医生对自己恋童倾向的纠正和治疗。住下来之后，奥夫特干的第一件事就是调戏女护士，要求她们和自己发生性关系。

当然，他并不是有意要调戏妇女。医护人员发现，奥夫特有小便失禁的毛病，而他似乎不以为意。后来，他的脚步也开始蹒跚起来。机敏的脑科专家拉塞尔·斯维尔德洛（Russell Swerdlow）对他前后做了两次脑扫描，发现奥夫特的眶额叶皮层的基底长了一个大瘤子，严重压迫了他的大脑右前额叶。经过手术，他的脑瘤被成功切除，而后，奥夫特仿佛找回了原来的自我。他的情感、认知、性行为都逐渐恢复如常。他开始忏悔，为自己施加在继女身上的兽行感到羞惭。他不再骚扰医护人员，不再有强暴房东太太的冲动。至于自寻短见的念头，也不再闪现在他的脑海中。

在图 10.1 中，我们可以发现奥夫特手术前后天差地别的状况。术前，他甚至无法画出一张标示 8 点 20 分的钟表平面图，更不可能说出一句囫囵话。眶额叶瘤切除之后，这些小事他应付起来毫无问题。一提到好转的病情，奥夫特就显得特别兴奋，他完全可以就此话题滔滔不绝地说个不停。

奥夫特先生变了，变回了原来那个居家好男人。[90] 他出院了，回到康

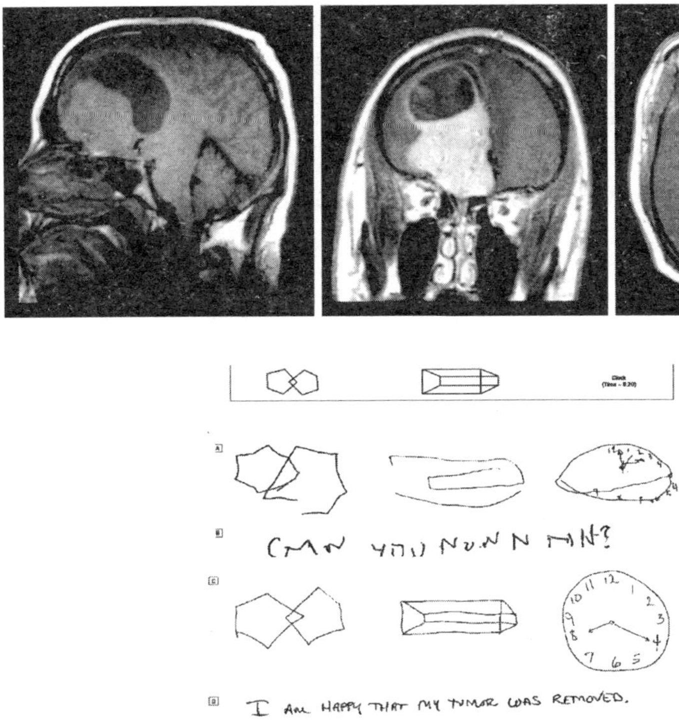

图 10.1　奥夫特手术前后脑扫描图及手绘的 8 点 20 分钟的平面图

复中心继续治疗。这一次，他顺利通过了“匿名戒色情治疗协会计划”（Sexaholics Anonymous Program）的考试。考试一共 12 关，关关难过，却难不倒摆脱了脑瘤困扰的奥夫特，他的一举一动、一言一行都恰当得体。7 个月后，奥夫特回家了，和妻子、继女再次团聚，一家人的生活复又平静如初。

奥夫特的故事是一个奇迹，这个奇迹应当被复制和存留，我们也希望他的奇迹延续下去。但是，奥夫特的奇迹渐渐褪色，慢慢地他开始头痛欲裂，几个月后，他终于重拾搜集儿童色情作品的“爱好”。对于这一点，老婆早有戒心。一天晚上，她打开丈夫的电脑，把他抓了现行。于是，刚刚复合的家庭又开始出现裂痕。幸好，斯维尔德洛医生深谋远虑，提前为奥夫特进行了脑扫描复查。果不其然，他脑内的瘤子又在扩张地盘。2002 年，奥夫特第二次接受了脑瘤切除手术。又一次，奥夫特康复了。此后的 6 年之内，他一直正常如初。相关的性冲动和行为问题，一次都没有复发过。

迈克尔·奥夫特的故事发人深思，因为他的经历，第一次让脑瘤和行为问题之间的因果关系得以坐实：一个正常人长了脑瘤，导致脑异常，变得疯疯癫癫，迷恋儿童色情。脑瘤切除后，他回归正常。随后，脑瘤复发，又变成了恋童癖。最后，脑瘤再次切除，他又变成了原来那个正常人——反反复复，两次逆转。奥夫特的反社会行径，完全和他那不受自身控制的大脑病变有关。如此一来，一个法律层面的严峻问题浮出水面——奥夫特该不该为自己的不当行为负法律责任呢？

相关的辩论可能永远没有结果。早在古希腊时代，神祇和先贤就为了相关的问题吵闹不休。站在公正女神西弥斯（Themis）的角度而言，罪犯必须得到严惩，法律容不得任何借口。西弥斯不希望有悲伤的故事——她不想找借口。正义与惩罚的统治下，罪犯必须为他们的行为负责。

但是，站在人性的角度，奥夫特等人也有自己的苦衷，我们也明白他们犯罪的背后有着复杂的生物社会原因——有一股力量将他们拉进了深渊，而他们往往身不由己。

本章是全书的倒数第二章，借此机会，我想谈一谈法律问题，谈一谈暴力生物学的成果如何影响了司法体系。同时，我还想挑战一些人类的核心价值观——比如，何为“自由意志”？我还要为大家介绍一门新兴的分支学科“神经法律学”（neurolaw），它的诞生有赖于神经犯罪学和法律实践的结合。接下来，我将结合这门新兴学科的最新发现，讨论一下罪犯的责任问题。最终，大家将回到奥夫特的案例上来，看看他又该负担什么责任。同时，借由奥夫特的遭遇，我们能够一窥现今法律实践中的得与失。

解剖暴力 “自由意志”有多自由？

阅读至此，大家都明白了一个道理：只有当生物学、基因、大脑等多种因素结合在一起，暴力和犯罪才会成为现实。从前面的内容中，各位见识了不少相关的例子。有时候，孩子还未出生，暴力的种子就已经埋下。无论是分娩并发症，还是杏仁核萎缩，又或是体内有低单胺氧化酶 A 基因，都并非出自孩子的自愿选择。但是，这些因子的存在却让一个孩子出世后的人生之路有着比常人更多的犯罪风险。所以，他们无论犯下多大的罪行，或许都并非他们自己所能主宰？也许他们的自由意志可以不用为此负责？这个问题，也是我们讨论的核心。

许多神学家、哲学家和社会学家武断地认为，人类对于自己的行动都有着全然的操控能力。当然，一些严重的精神病患者应该除外。他们的意见，你可能也会认同。对此，神学家还有一套完整的理论进行解释。他们认为：每个人都有选择的权利和机会——选择是否对上帝敞开心扉，让上帝进驻灵魂，当然也可以选择要不要释放内心的罪恶。因此，一个人的罪过——也就是所谓的“原罪”——应该由他自己担负全责。

一些科学家则持不同意见。他们决不相信一个空洞的灵魂观，更不认为灵魂有它的自由意志，他们更多地采取还原论的方法。诺贝尔奖得主、DNA 结构的发现者弗朗西斯·克里克（Francis Crick）就是其中的一员，他认为，所谓自主意志不过是大脑前扣带回的神经元大量聚集而已。根据克里克的假设，我们的自由意志可能是由神经元构建的反应机制。从进化论的角度进行观察，人类的反社会行为，也许是环境塑造下基因机制的机械反应。我们觉得那是自己的选择，事实上却并非如此。

两种想法都过于极端，我并非完全同意。我更愿意中庸前行，把所谓的自由意志当成一个连续体，与一些人更为偏向“自主选择”，另一些人则倾向于“机械反应”都不同。每个人的情况和程度都不一样，而大多数人的情况都居于两个极端之间的灰色地带，甚少有非黑即白的情况。我们可以像测试智商、外向性、气温一样，测试一个人的自由意志程度。

哪些因素决定了一个人的自由意志程度呢？我认为，自由意志程度取决于一个人的早期生物学和遗传学机制，当然，社会和环境因素也对其施加非常重要的影响。对一些人而言，自由意志早在出生之前就已经敲定，他们并无一点自主决定的权力。接下来，我们将走进一个人的生活，并由他的生活细节，阐发笔者对他的自由意志或“自主选择”的理解。这是一个臭名昭著的谋杀犯和强奸犯。我会首先提及他的早年境遇，这些境遇恰恰是事主本人无法自主选择的。而后，我还会从头到尾将所有事情梳理一遍，并从新的视角对相关事务进行研判。

唐塔·佩奇（Donta Page）出生于 1976 年 3 月 28 日，他的母亲帕特里夏·佩奇（Patricia Page）生下儿子那阵，还是一个 16 岁的未成年人，而且她已经罹患淋病。唐塔的外婆生下他母亲的时候，更是只有 14 岁。帕特里夏从小被姨妈一家抚养长大，姨妈和姨夫对她很坏，不但虐待她，姨夫还和她保持了长达 8 年的乱伦关系。而且，两人进行第一次性接触的时候，帕特里夏只有 4 岁。唐塔呢？他的情况也没比母亲好到哪儿去。他从没见过自己的父亲，却继承了父亲的家学渊源——犯罪、吸毒、精神疾病，他在这些方面和他的亲生父亲简直一模一样。

小时候，唐塔是医院急诊室的常客。两岁不到，他就已经先后 5 次出入急诊室。9 个月大时，他甚至遭遇了一场事故——他从车窗“摔出”了汽车，脑袋重重飞向地面。据他的母亲声称，那只是一场事故，只是出于一次疏忽。但是，我们都知道，“事故”不过是借口而已。唐塔的妈妈显然是有意为之。母亲的恶意，给儿子留下了一道永久的伤疤。成年后，他头上的伤疤依然清晰可见。实际上，唐塔头部所承受的创伤远不止于此。他曾经被秋千打晕过，6 个月大时，还不慎跌下床铺。这些事故，都发生在他不到两岁之前。由此而来的后果，当然是严重的脑损伤。

3 岁时，唐塔的家搬进了华盛顿特区最藏污纳垢的街区。唐塔的辩护律师曾经深入当事人成长的地方进行探访，所见所闻，让他触目惊心。他发现，在那里每隔四五座房屋就有一座已经荒废，甚至遭到焚毁。搬家以后，唐塔有时跟着母亲过活，有时则依靠大姨妈的抚养。他的整个童年都是这样颠沛流离，从来没有享受过稳定的家庭生活。很多时候，他一个人待在家中，一切事情都要自己打理。随着唐塔日渐长大，妈妈的虐打也一天强似一天地变本加厉。为此，唐塔宁愿在外面过夜，也不想回家面对暴虐的母亲。反正隔壁邻舍废弃的住处多的是，也不愁找不到栖身之地。

虐待、遗弃、居无定所，唐塔的妈妈从小就过着这样的生活，也难怪她会以同样的方式对付自己的儿子。唐塔的外婆证实，女儿曾经把外孙抱在怀中，用力地摇来晃去，仿佛一点也不担心他会因此眩晕。唐塔 3 岁那年，妈妈还狠狠捶过他的头颅。为此，他犯上了头痛的毛病。他 6 岁了，妈妈的刑具变成了电线，打得他血流不止，让他留下了终生未褪的伤疤。因为尿床，他挨过打；因为成绩不佳，他挨过打；因为任何一点鸡毛蒜皮的小错，他都可能遭遇一场痛殴。一次，老师向母亲提及唐塔可能患有多动症，仅仅因为自己是个病人，又挨了一顿痛打。据称，妈妈打儿子的时候甚至用上了拳头。此外，烟头也是母亲的常备武器。唐塔身上的斑斑黑迹，有不少都属于烟头火烤的遗痕。直到现在，他的大腿、后背、两肋和胸口还是伤疤累累，除了香烟的烙印，自然也少不了鞭打的后果。

妈妈并非唯一的加害者，恶邻伸出的黑手更加可怖。10 岁那年，唐塔遭到了性侵，凶犯正是隔壁邻居。凶手的作案手法甚是残忍，小唐塔的直肠惨遭撕裂，外表血流不止。根据医生推断，少年遭受的创伤远不止于此。不过，尽管案情极其恶劣，医院方面却没有将有关信息传达给未成年人保护署。就这样，唐塔回到了自己的家，继续和那个危险的鸡奸犯为邻。没人理解他，也没人对他进行过专业的咨询。医院也好、家人也罢，他们好像对这样一个瘦弱男孩的遭遇毫不在意。

此后，唐塔经受的虐待步步升级。13 岁那年，他又一次被送进了急诊室——母亲用铁块击打了儿子的头部，打得毫不留情，很是凶悍。根据当班大夫的笔录，唐塔的手臂上布满瘢痕——那是电线捆绑的痕迹。另外，唐塔的太阳穴上的肿胀也是清晰可见。种种证据表明，他遭到了惨无人道的虐待。[91]可是，没人因此遭到惩罚，没人因此付出任何代价。事情完结之后，唐塔还是要回到家中，和暴虐的母亲生活在同一屋檐下。

有了以上前因，接下来的后果也就毫不出奇。16 岁不到，唐塔已经是偷窃惯犯，并且因此住进了青少年犯罪中心。再后来，他长成大人，也进一步发展成了一个杀人犯。实际上，18 岁之前，教师和缓刑监督官连发 19 道号令，督促唐塔接受专门的心理疗程。但是，他一次也没有去过。要知道，整整 8 道号令过后，唐塔才犯下了自己的第一桩罪行。假如唐塔早些接受治疗，也许他的人生会因此不同。

没有治疗，没有干预，唐塔继续走着犯罪的道路，越陷越深。18 岁那年，他因为抢劫和入室行窃被判处 20 年徒刑，缓期 10 年执行。结果，唐塔只蹲了 4 年监狱，就得到了假释出狱的机会。1998 年 10 月，他被送进科罗拉多州丹佛市的司陶特街（Stout Street）接受监视居住，获得了有限度的自由。可是，这点自由时光并不长久。唐塔和另一名狱友起了争执，1999 年 2 月 23 日，狱方不得不通知唐塔，要他回到监狱继续服刑。第二天，他本该启程回到马里兰。不过，唐塔爽约了。他在丹佛市抢劫了一名叫佩顿·塔特希尔（Peyton Tuthill）的年轻女义工，并残忍杀害。

当然，唐塔免不了又要走上法庭。开庭前，他的辩护律师詹姆斯·卡斯尔（James Castle）找到我，皆因我的谋杀犯脑成像工作。卡斯尔认为，坎坷的生活给唐塔造成了大脑功能受损，导致了行为上的严重偏差，他需要我的帮助。说实话，许多律师都以同样的原因联系过我。他们的小九九无非是把犯罪动机推给生理原因，从而让自己的当事人脱罪。通常情况下，我对他们的合作要求都是一口回绝。但是这一次，唐塔的官司让我觉得有些不一般。于是，我决定接受挑战，近距离观测一下整个庭审过程。

我们经过申请，唐塔从科罗拉多来到加利福尼亚，接受了正电子成像术（PET）的脑扫描——这些方法，我曾经用在许多谋杀犯身上。开庭后，我作为专家出席了审判，并将唐塔的脑扫描结果和其他 56 名普通人的脑成像图进行了对比。最后，我告诉法官和陪审团：唐塔大脑前额叶皮层的内侧和眶额区都出现了明显的功能减退，他的右颞极也受创严重。

图 10.2（见彩图）中，你可以见识唐塔·佩奇的大脑扫描图与正常人的对比。请看图上半部的头正面和明亮区域。你会发现，普通人大脑正上方的前额叶皮层盈满了红色和黄色，鲜暖的色调表明他们大脑这一区域的活动处于正常状态。再看唐塔·佩奇的前额叶皮层，你只会看到一大片冷峻的绿色，这说明他大脑额叶和额极的葡萄糖代谢功能已然虚弱不堪。

现在，我们再看图的下半部，呈现的是大脑下部腹侧的截图，图的正上方仍然是额叶皮层。右图可鉴，正常人的额叶皮层内侧区域和位于两边的眶额叶皮层的功能仍然处于活跃状态。相反，唐塔·佩奇的这些脑区功能却显得异常迟钝。相比正常人图示中的红黄色块，他的大脑图简直就像单调的黑白照片。总之，唐塔的前额叶和眶额叶功能明显与常人殊异。

话到这里，我们需要回忆一下这些脑区的基本功能。大家应该还记得菲尼亚斯·盖奇的受损脑区，它们与人的认知、情感、行为控制息息相关。其中，内侧前额叶皮层，特别是额极——与人的行为控制紧密相关，同时还关乎道德决策、移情作用（同情心）、社会判断、洞悉自我。至于腹侧前额叶皮层，包括眶额叶皮层，则在情绪调节和冲动控制中极为关键——以及条件性恐惧功能，控制行为反应策略的能力，同情心和关爱之心，对他人情绪状态的敏感度。神经系统病变与这些脑区受损，会让人变得冲动易怒、缺乏自控力、不成熟、缺乏机智、无法修正和抑制不当行为、社会判断力差、智力弹性丧失、推理和解决问题的能力差，其人格和行为与一个精神变态毫无差异。显然，当一个人丧失了上述这些能力，就和一个暴力和反社会分子相去不远。实际上，许多冲动型杀手都有前额叶创伤的问题。这一点，我们在前面的内容中多次提及。

有了上述科学知识，唐塔的犯罪行为也就有了更为合理的解释。你还记得安东尼奥·布斯塔曼特，那位墨西哥移民，将一名老人活活殴打致死并非有意为之，而是冲动犯罪的结果。后来，布斯塔曼特接受了正电子成像术脑扫描，我们发现他的眶额叶皮层异常很严重。他的故事和病情，同唐塔是何其相似。唐塔杀死佩顿・塔特希尔，也不是有心害人性命。他闯进她的家中，只是为了劫掠财物，但却一无所获。谁知道女主人提前回了家，情急之下，唐塔表现得很是冲动。面对一个年轻漂亮的金发女人，他的色心爆发，事态很快从入室行窃升级到了强暴性侵。[92] 当时，唐塔无法控制自己的行为和情绪，也不能对受害者的处境和恐惧产生丝毫的同情心。眼看佩顿拼死反抗，他变得怒不可遏，于是操起匕首，刺死了女主人。那个时候，唐塔眼见保释无望，确实也有理由感觉郁闷。他的满腔怨气，仿佛全部洒在了佩顿・塔特希尔的身上。行凶的那一刻，实在难以断定唐塔是有心杀人，还是已经完全失去了理智。鉴于他自幼长大一路遭受的各种虐待，这一次凶残的爆发，更像是一种自然而然的报复行为。

唐塔的行为非常凶残，没人敢于否定这一点。说他是个现世魔王，肯定也有人愿意赞同。但是，他之所以走上这条暴力邪路，也是早有征兆。

唐塔・佩奇的大脑遭受了严重创伤，受创部位除了眶额叶皮层，还有颞极——大脑的前额顶端。每次头部遭遇外部袭击，这些脑区总是首当其冲。即便一次轻微的头部碰撞和摇晃，也可能招致这些部位的严重损伤。佩奇幼年时候几次入院治疗，并非次次都是由于严重的事故。

佩奇的家人向我们证实，他的母亲常常抱着儿子猛烈地摇来摇去，非常凶狠。实际上，她是在用这种方法惩罚儿子，叫他不要哭闹。随着母亲的粗暴动作，婴儿的大脑和颅骨一次次地来回产生碰撞。眶额叶和额颞极区域的伤势，很可能来自这一次又一次的与颅骨内表面的撞击。总之，母亲的迭次虐待是他患上脑疾的主要原因，他的正电子成像术脑扫描图予以了充分证明。

我深入了解到佩奇的各种童年往事，其中，令我心惊肉跳的故事还远不止上面这些。10 岁前，佩奇一直有大小便失禁的毛病，这也是他常常挨揍的一大事由。三四岁的儿童尿床实属常见；如果一个人到了 10 岁还是如此，只能反映出他内心难以克制的焦虑、恐惧和压力。当然，唐塔的童年如此不堪回首，如此焦虑和恐惧也非常正常。

从神经心理学的角度观察，佩奇的前额叶情况相当糟糕。他参加过威斯康星卡片分类测试，结果，他的执行性机能简直就是一塌糊涂。这也难怪，通过检视他的正电子成像术（PET）扫描结果，我们已经预见了这一点。同时，他的学习障碍也在测验中暴露无遗。

从精神生理学的角度检视，他的静息心率仅有每分钟60次。同龄男孩中，这个数据相当缓慢，完全可以进入倒数3%之列。大家知道，低静息心率乃是一个人出现反社会行为的危险生物学表征之一。同时，该标记还代表一个人无知无惧、低唤醒能力，进而提升寻求刺激的行为。

从认知水平方面看，佩奇也是顽疾缠身。他的言语智商和空间智商之间有着重大落差，差距竟然达到了17分。这说明，他司职空间的“右脑半球”得分较之左脑半球低很多，这意味着相对更多地损害了司职“情感”的右脑半球。神经心理学测试显示，佩奇对于视觉和听觉模式的记忆力相当脆弱，这一点，又和他长期头部创伤导致的颞叶区域受损有着密切联系。

毫无疑问，唐塔·佩奇患有器质性精神疾病。这一点事实，得到了至少三位相关专家的认证。唐塔的父系家族有遗传性的精神病史，母亲一方更是代代畸变——异常的社会家庭史。由此看来，他的脑病及失衡、冲动的生活方式包括暴力，也许和遗传因素脱不了干系。

“生物学”效应对于大脑固然重要，却也离不开社会环境来发挥作用。唐塔自幼长大，一路忍受着母亲的冷遇、遗弃与虐待。这些社会因素和生物学病灶的交互作用，最终造就了唐塔的暴力人生。前面的内容告诉我们，分娩并发症对于胎儿脑功能的危害相当之大。关于唐塔出生时的细节，我们了解得并不算多。不过，当时他的母亲淋病缠身，这可能导致多种产科并发症，包括子宫内婴儿胎膜早破、羊水囊和羊水感染，以及早期分娩发作，从而殃及母体内的胎儿。唐塔也许在分娩过程中就已经感染了性病。出生之后，唐塔的母亲对儿子完全不闻不问。妈妈如此冷漠，再加上产科并发症的恶劣影响，由此而来的严重后果，我们在前面的章节中已经见识。有了这些不利因素，唐塔·佩奇沾染成人暴力的可能性足足上升了3倍。鉴于唐塔家中窘迫的经济状况，他小时候的营养状况也一定不容乐观。营养不良对于大脑发育的恶劣影响，前面的章节也已经讲述得非常完备。

我们知道，社会因素既可以和生物学因素交互作用，也可能催生生物学风险因素而引发暴力。其中，环境的毒素含量对人脑的影响尤其严重。唐塔的婶婶告诉我们，侄儿蹒跚学步的时候曾经把一块油漆碎片吞下了肚。那时候，唐塔家里用的是含铅油漆，铅会毒害神经，对大脑有极大危害。由于大人疏于照顾，小唐塔经常饥肠辘辘，有时候，他抓到任何东西都会往嘴里塞，其中包括沾了油漆的木片。更糟糕的是，唐塔像其他同龄孩子一样，沉醉于吮吸手指，手指上富含铅元素的油污统统被他吸下了肚。大家知道毒素对大脑的损害，清楚营养不良和反社会行为之间的关系。因此，历经种种坎坷的唐塔最后落得如此下场，也就毫不令人吃惊。无论是社会风险因素，还是生物学风险因素，都可能成为暴力行为的前兆。

唐塔的一年级老师证实：自己的学生在六岁半时已经显现出严重的情绪障碍。老师发现，唐塔经常情绪失控，大吵大闹。当时，她就觉得他的问题并不简单。老师并非唯一一个察觉唐塔异状的人，他的外婆也有相同的发现。根据外祖母的回忆，五六岁的外孙常常显得烦躁不安，情绪抑郁。同时，唐塔还有注意力涣散、行为冲动的问题，甚至出现了多动症的症状。所有这些表征，都是一个人成年后可能堕落为暴力分子的预兆。

我们总结一下唐塔早年遭遇的种种伤病和坎坷：母亲未成年早孕，严重的分娩并发症，漠不关心和冷酷的母亲。父亲不知所终。童年生活贫苦。婴儿时被猛烈摇晃，额叶皮层和边缘系统严重受损。成长过程中，他被持续和严重地虐待和性侵，被母亲用电线捆绑、殴打、烟头炙烫，被恶邻强奸导致直肠出血。他就像一个完全的弃儿。出生的头两年，因头部外伤多次上医院急诊。遭受神经毒素铅的危害。无人管教。学习障碍。他有家族精神病史，小学已经出现了抑郁症、注意力缺陷多动症和行为障碍。执行性机能和记忆受损。低生理唤醒。他的眶额叶皮层和腹内侧前额叶皮层的功能减退尤其严重，颞极同样是受损的重灾区。

综上所述，唐塔·佩奇已然集齐了所有的风险要素，仿佛一本神经犯罪学食谱书，只待暴力犯罪的那一刻。他从淋病缠身的母体内爬出的那一刻起，就一直过着冷漠无爱的生活，并由此一步步迈向暴力。从这个角度讲，佩顿·塔特希尔的被害悲剧可以理解为时运不济，但也绝不是偶然。

对于自己的人生，佩奇有着清晰的认识。对于陪审团可能的看法，他也作出了正确的判断。他的这些想法，全部都体现在了一封自白书中。法庭上，律师把佩奇的自白转告给了所有人：

> 一个黑人男性，杀死了一个白人女子，面对这种案子，大家只想追究谁是凶手，没人愿意细问其中的原因。我已经求助多年，但没人愿意伸出援手。只有出手伤人的时候，我才可以引发大家的注目。注目的结果，也不过是一堆药片而已。接下来，我还得一人回家，等待下一次再次犯错……我不知道自己的人生目标，从来不知道。我 24 岁

了。我再也没有活下去的机会了，一切都完了。

“我再也没有活下去的机会了。”杀人的时候，唐塔·佩奇体重达到300磅（136公斤）。一起奸杀案，凶手是一个黑人，受害者是一个年轻漂亮的金发白人女性。这样的案子并不多见。90%的强奸杀人案中，施暴者和受害者都出自同一个种族。种族因素确实深深影响了陪审团成员的量刑标准。唐塔自白过后的第三天，他们做出决定，认为他一级故意谋杀和强奸罪两项指控均告成立，应被处以死刑。

佩奇说得没错，陪审团只关心“谁是凶手”，并不在意“为什么凶手会堕落犯罪”。面对这样一出惨案，没人在乎后一个问题也属正常。不过，如果我们希望社会上少出一些佩顿·塔特希尔那样的悲剧，如果我们希望找出犯罪背后的真正原因，多嘴问一句“为什么”却是非常必要。

除却这两个问题，佩奇那一封自白书的其余部分也很有道理。他还很小的时候，就已经显露出了诸多行为障碍。他清楚自己需要帮助，也曾经祈求专业人士对自己进行诊治和干预。第一次犯罪之前，他已经先后数次申请接受治疗。其中，有8次申请被记录在案。除此之外，天知道还有多少次申请求告无门。出生之前，他的人生道路就已经注定荆棘密布。他需要专业人士帮助自己扫除路上的种种风险因素。这些风险因素，都不是他的主观意愿所能造成，并非“自由意志”的产物。

唐塔接受过颇像一根图腾柱的自由意志连续体（free will continuum）水平测试，结果得分极低，他的自主水平相当低下。也就是说，他随时可能成为病态冲动的牺牲品，而他自己对此毫无克制能力。从小到大，他一直在危险区域行走。如果说有人贻害了唐塔·佩奇，罪魁祸首非他那个精神变态一般的母亲莫属。她并不在乎自己的儿子，甚至还对他横加虐待。那些眼见着唐塔的不幸遭遇，却还无动于衷的看客也应该付一定的责任。此外，社会福利机构并没能恪尽本职，而社会也有失保护的职责，一条原本无辜的生命堕落犯罪，没人可以置身事外。

在这样的背景下，唐塔本人倒不用承受过多的责怪。他的自由意志能力很差，完全无法控制自己的行为。这一点，可能出乎社会的意料，也超乎了法律的判断。

解暴剖力 宽恕还是伏法——佩奇无罪乎？

死刑——唐塔·佩奇是否应该接受这样的命运？尽管法庭已经作出了判决。但是，我们仍然有理由怀疑，是脑部疾病增大了他的犯罪概率。同时，幼年佩奇的遭遇也是成年佩奇陷入暴力的重要原因。偏偏，面对这些遭遇，他都没有自主选择的权利。当然，为了社会的安宁，佩奇这类人应当被关押起来，直到人类找出治愈大脑损伤的方法，才可以重获自由。以上的惩罚，也许已经足够。说来，唐塔·佩奇因为一些自己无法控制的脑损伤和人生际遇，就要付出以命抵命的代价，会不会有些量刑过重？

有人肯定会提出反对意见。他们认为，每个人都是命运的主宰。大脑的伤病和人生的际遇，并不能让一个人失却自控能力，许多人都笃信这一点，就好像笃信某种宗教戒条一般。也许，所有人都有抉择自己人生之路的条件？也许，你也是这种观念的信徒？那么，请问，为什么你要读我这本书呢？你可能会说："哦，今天晚上闲来无事，加上我一向对暴力很感兴趣。而且，我听过了许多关于暴力和大脑与生物学之间关系的故事和传说，如此这般，所以我拿起了《暴力解剖》开始品读。"

以上理由，似乎很有说服力。买书、读书，都是你的自由意志体现。我并没有拿枪指着你的头逼迫，对不？但是，这能证明你的行为百分之百地听从你的自由意志支配吗？不，当然不是。

一个读者买下《暴力解剖》，阅读它，并不是他选择的结果，而是出自大脑的驱使。作为读者，你可能没有意识到这一点，不知不觉中，你大脑中的某些"风险因素"已经帮你做了决定。也许，你不是暴力的施行者，却长期深受家庭暴力和他人虐待，于是急于找出其中的原因。也许，你自己就行走在犯罪边缘——所以你很想找出好市民和犯罪者之间的那条分割线。也许你是一位女士，所以对这本关于暴力的书非常期待；要知道，女士更容易成为暴力行为的受害者。也许，你出生顺利，家境良好，身心健康，和暴力毫无渊源和牵连——由此，你对那些在体质和际遇上和自己有天地之殊的人更感兴趣。这些原因，都可能驱使你拿起这本书仔细读下去。也许，你看到这个耸动的书名、鲜艳的封面，脑海中立即浮现出了某段情感往事。只在那几微秒之间，你就和《暴力解剖》结下了缘分。

你可能仍然执着地认为，人生中的事情都在你的掌控之中。但是，从生物学的角度看，你的信仰可能毫无根据。你生活的真正主宰，是你头脑中的某种机制。这种机制由进化的力量塑造而成，和它相比，人类的自由意志实在是不值一提。我写下这本书，并非由于我本人的个体意愿；你愿意买下、阅读我的书，也是如此。

看到这里，你可能会刻意放下本书，作为对我无声的抗议。不过，我要说，这本书你读与不读，都由不得你自己。你合上《暴力解剖》，是因为你的大脑觉得遭到了冒犯和挑战。所谓自由意志，不过是一种幻想而已。其实，我也不愿意相信这个事实。但是，事实就是如此。

为了证明笔者所言不虚，我们不妨看一个例子。大家知道，酗酒是一种病态，与遗传密不可分。两个人同时面对一杯啤酒，一人嗜酒如命，另一人滴酒不沾。他们都被告之：那杯啤酒绝对不能碰。接下来，两个人将"自主决定"喝还是不喝。说来，决定权确实在他们自己手里。但是，我们都清楚，酒鬼一定克制不了那股冲动。那一刻，他的理智面对基因带来的冲动完全一败涂地。唐塔·佩奇一类的罪犯所面临的问题，也大致如此。

没错，有人会说：唐塔·佩奇的经历非常坎坷，大脑遭受过难以弥合的创伤。但是，他仍然应该为所作所为负责任。一个人身上出现了沾染暴力的危险信号，都是因为他自己的原因。比如，一个有心戒酒的酒鬼必然会四处求医。显然，他也意识到了问题所在，并有心加以纠正。正因为如此，他有充分的理智和选择权，并能够为此承担全责

这种论点，在法律实践中很有意义。但是，其中仍然有问题存在。所谓责任，所谓自控，绝非无本之木、无源之水。这些东西无关什么灵魂，只不过是人脑的一种功能而已。功能性脑成像早已揭示，人类的自省能力由腹内侧前额叶皮层强力操控。[93]反社会、暴力分子和精神变态者的腹内侧前额叶皮层大都遭受过严重创伤。医学证实，大脑这一区域的创伤可能导致患者失去自控，不负责，做事不计后果。唐塔·佩奇正是这种脑疾的受害者。图 10.2 中，清楚显示了他腹内侧前额叶皮层功能减退。由此而来的后果，当然是自省能力的缺失。他不能像一般人那样三思而后行，对于各种引发暴力的风险因素都很迟钝。至于寻求治疗，更是不可能。

且慢，大家不妨先抽身事外，好好思考一下前因后果：我们如此苦心搜索证据，利用生物社会交互作用理论为唐塔·佩奇开脱罪责，会不会有点太过草率？诚然，有人认为唐塔犯案，只是出于基因异常。但是，我却

可以提出反例——根据生物社会交互作用，单纯的基因异常并不足以导致如此之罪。也许，基因只是将子弹推入了枪膛，但外部环境才在而后扣动了扳机。

对于唐塔之流的未来命运，我可以下达定论——可能悲观，但却绝对科学——他们手中握着步枪，子弹已上膛，手指也放在扳机上。接下来，一场枪祸只是早晚问题。诚然，我无法断言大脑损伤导致暴力。但是，唐塔这样的案例，似乎印证了大脑损伤和暴力行为之间的因果关系。

这个结论，你也许无法置信。不对，唐塔一类的犯罪分子多少应当有点判断能力吧？他们肯定知道自己的精神状态有待改进，对不？我曾经在深牢大狱中工作 4 年，接触了无数个类似的犯人。根据经验，我实在难以对这两个问题下达肯定的论断。因为我发现，他们中的许多人都不觉得自己的大脑有疾。这也难怪，神经发育不全可能导致暴力倾向，而许多犯人在儿童期和青春期的时候，大脑机制没能得到健全发展。其中一些囚犯，是带着大脑异常长大成人。同时，社会大众的观念也在影响高墙之内的犯人。即便他们感觉问题缠身，也会更多地诿过于社会因素，比如家境贫困、失业无依、环境糟糕、父母冷漠、童年虐待等等。他们接受的教育，就习惯把社会环境当成犯罪的肇因。我相信，不仅是这些犯人作如此想，诸位读者可能也和他们看法相同。毕竟，家境贫穷、父母无靠这些困境显而易见，头脑中的生物学风险隐患则看不到、摸不着。况且，像菲尼亚斯·盖奇这样的阿尔茨海默症患者，很难察觉自己的大脑异常，不能客观评价自己的思想，这是许多罪犯面临的神经生物学现实。

当然，有些暴力分子确切清楚自己的问题所在，但是，社会制度的疏漏让他们难以找到帮手。唐塔·佩奇就是一个鲜活的例子。他知道分娩并发症等风险因素对自己大脑的影响，会触发他的高风险冲动性暴力，也在四处奔走寻求帮助。但是，他的问题又能得到妥善处理呢？难道要他走进警察局，坦白自己有了强暴女性的冲动吗？[94] 即便他真这样做，相关的后果也是可想而知。毕竟，强力机关不能因为一个人身上潜伏着危险倾向，就将他关押收监。同时，社会上也没有关注这一类人群的公益组织。

唐塔·佩奇的故事，对你来说也许有些熟悉。你的某位朋友、亲戚或家人可能和他同病相怜，遭受着同样的生物学、社会风险因素影响和折磨。也许，他们并没有屈从于病魔的压力。但是，你能觉察出他们人生之中曾经的黑暗元素，这些元素险些就把你的某位亲朋好友拉上暴力邪路。

那么，为什么有些人能够逃出魔掌呢？你可能还记得那些幸运儿的家庭故事，他们一定深受身边正面元素的保驾护航，让他们能够克制生物学上的邪恶冲动。比如，家人的关爱，可以抵御所在社区的横行暴力对于儿童的恶劣影响。除此之外，良好的条件性恐惧反射和高唤醒水平等生物学因素也能起到保护天使的作用——一个处于反社会倾向期的十来岁孩子，由于心存恐惧，成年后参与犯罪的可能性自然要小一些。防止犯罪的保护措施很多，也不失成效。但是，高危人群的“自由意志”能力毕竟较差。保护措施能起到何种作用，也未可知。

因为唐塔·佩奇缺乏自由意志，我并不支持对他实施极刑。对唐塔·佩奇这样的人而言，他们的生物学缺陷剥夺了其自主抉择的能力。要知道，每个人的生物学禀赋并非一模一样，那么，相关的量刑标准应不应该因人而异呢？

解剖暴力 出自肺腑的报应

现在，让我们讨论一下这桩案例的另一面。即便唐塔真的身不由己，也应该被处以极刑——有人之所以这么想，大概出于一种古老的哲学观念——报应。以血还血、杀人偿命，这可是一种历史悠久的司法实践。佩顿·塔特希尔在惨遭可怕的强奸后被割喉而亡，倒在自己的血泊里。难道受害者不能呐喊伸张正义吗？

几乎可以肯定，你曾经是某种犯罪行为的受害者——被人抢劫过，遭遇过入室行窃，和小偷斗智斗勇，与歹徒以命相搏。你应该还记得当时那种义愤填膺的感觉，当时，你一定有以暴制暴的强烈愿望。因此，法律和正义必须为受害者伸冤，这在许多人看来都属天经地义。如果废除刑罚，代之以更为和缓的惩戒手段，会不会是一种对于受害者的不公正呢？

唐塔·佩奇犯下的奸杀罪行，我已经向各位作了简要描述。适才，我的描述相当克制。接下来，让我们直面血淋淋的现实，好好看一看唐塔到底做了什么。当初，陪审团成员所接触的各项证据——包括图片和法医报告，比各位读者将要读到的故事更加骇人听闻。在读完下面的内容之后，你一定会更加理解现行法律制度当中强烈的报复元素。如果你原本对于唐塔的遭遇抱有同情，也许你的态度马上就会有180度的大转弯。

本案受害人佩顿·塔特希尔是一位完美女性，从里到外都散发着光彩。就读南卡罗来纳州查尔斯顿学院期间，她一直担任学校的女学生联谊会会长，还是拉拉队、田径队和泳池救生队的成员。她热心公益，做着一份为吸毒者提供帮助的义工，业余时间常常去老人院帮忙。佩顿有着很强的社会责任感，对弱势群体特别关心，为了帮助他们，总是不遗余力。她四处奔走，为5名出身贫穷的儿童找到了寄养家庭。大学毕业后，佩顿来到丹佛的科罗拉多艺术学院继续深造。等待入学期间，她曾在一家短期职介所就职。说到短期职介所，我可是一点不陌生。就职期间，佩顿还曾经造访司陶特街基金会，一个瘾君子和酗酒者的康复中心，唐塔·佩奇就住在此街。佩顿还考虑过为基金会做义工，也许唐塔来此康复过。她还在附近找了房子。面试期间，基金会的工作人员还曾经向佩顿拍胸脯保证，说司陶特街一带绝对安全。他们还说，如果她需要帮助，可以随时联系基金会。

1999年2月24日，佩顿·塔特希尔来到囊性纤维化基金会（Cystic Fibrosis Foundation）参加求职面试。几乎在同一时候，唐塔·佩奇也在司陶特街治疗中心等待电梯。再过两个小时，他就要踏上返回马里兰州监狱的归程。在此期间，他已经有了主意，准备闯入附近的某处民居家中大肆劫掠一番，而佩顿的新居正好成了他的目标。

面试结束了，佩顿赶回家，把车泊在了公寓楼外。随后，她拾级走上楼梯，并在途中和唐塔正面相遇。对方杀气腾腾，受了惊吓的佩顿往楼上跑去。唐塔一路追赶，在顶楼把她逮了个正着。接下来，唐塔连出重拳，拳拳都打在佩顿的面庞上面。而后，他又操起匕首的手柄猛击佩顿的头部。随着唐塔的强烈打击，佩顿的鲜血流了一地，甚至飞溅到了墙上。凶犯并不打算罢休，他不顾佩顿惨叫连连，拉着她的双腿将她拖进了一间卧室。然后，他用电线缚住她的双手，开始逼问藏钱的地方。佩顿告诉唐塔，她的钱包落在楼下的汽车里面。

唐塔离开房间，下楼觅财而去。趁着这个空当儿，佩顿挣脱束缚，再次向屋外奔去。不曾想，她在下楼的时候和唐塔再次相遇。没办法，她只得掉转头逃往卧室。唐塔很快追上佩顿，剥掉了她的衬衫和短裤，在床上将其强暴。而后，唐塔又开始实施鸡奸。他施暴的同时，鲜血不断从佩顿头部的伤口中涔涔溢出，染得四周一片猩红。佩顿的痛苦，也就可想而知。

审讯期间，唐塔曾经坦白，正是佩顿的惨叫勾起了他的杀心。[95]为了让佩顿不再叫喊，他拽起她，扶她在床边坐起。然后，他手起刀落，一下子割破了佩顿的喉咙。这一次，鲜血简直就像涌泉一般飞喷而出，但是并未能让佩顿止住叫喊。唐塔的体形几乎是佩顿的两倍，但佩顿并未束手就擒。犯罪过程中，受害者一直都在不屈地反抗。有一阵，她甚至企图夺下凶徒手中的刀。结果，她只是弄伤了自己的手指。唐塔变得越来越不耐烦，他越来越难以忍受她的叫喊。于是，他举起匕首，狠狠插进了她的胸膛，一下，两下。但是，受害者竟然顽强地站了起来。所以，又是第三下，第四下。其中的一刀，深深地扎进了佩顿的胸中，插入了整整 8 英寸（20.32 厘米），割断了通往心脏的主动脉。即便这样，佩顿仍然挣扎着向前踉跄了两三步，然后才一头倒下。验尸报告指出，受害人并没有立即死去。而唐塔则匆匆逃离了犯罪现场——他并不是心虚，只是害怕赶不上下午 1 点半的公共汽车。

佩顿的死状异常恐怖。按照她母亲的说法，女儿简直就像经历了一场屠宰。作为一个母亲，她难道需要心平气和地原谅这个凶残的恶徒？佩顿是如此善良、如此美丽、如此优秀，一个闪光的生命，就因为唐塔而香消玉殒。假设她就是你的女友、你的亲朋、你的姐妹或者儿女，可想而知你会为了她的遭遇而变得何等伤心、何等难过。造成这一切的凶手，难道不该为此付出巨大的代价？显然，他是罪有应得。而且，即便最为严厉的刑责，也比佩顿经历的折磨要人道许多。

相关的例子还有许多，我们再举一个。这一次，主人公叫做弗雷德·哈尔托伊尔（Fred Haltoil）。据他妹妹回忆，父亲脾气暴戾，只要谁对弗雷德表示一丁点理解，他都会遭受父亲的虐待，家庭环境也非常糟糕。家中先后有过 4 个孩子，都因为照顾不周、生活窘迫而先后夭折。弗雷德很讨厌自己的父亲，父子间的对立长期而持久。为了生计，家庭四处迁徙，弗雷德因此从小就过着居无定所的生活。像许多罪犯一样，他学业一塌糊涂，16 岁就遭到开除。而后，他加入军队，表现英勇。当时，他的祖国正处于战争当中，无畏的士兵弗雷德擢升很快。一次，他被派上了最前线冲锋陷阵，并不幸遭遇了毒气的侵袭。而后，他失明了近一个月，而且还患上了创伤后应激障碍症（post-traumatic stress disorder，PTSD）。那一次，他险些丢了一条命。许多久经沙场的越战老兵，都因为残酷的经历而变得麻木不仁，人性尽丧。因此，弗雷德变成后来的模样，一点也不令人讶异。

弗雷德退伍了，他读书不多，又没有谋生的一技之长。同时，大脑的病患让他无法和他人建立正常的情感联系。他曾经报读过艺术学校，甚至做过当建筑师的梦。但是，事实证明，他一无才能、二无学识，想要靠搞艺术养活自己完全是空中楼阁。后来，他遭遇牢狱之灾，蹲了整整 5 年班房。出狱之后，像唐塔一样，弗雷德也成了一名杀手。

作为杀手，法庭往往只提供两条路——要么死刑，要么终身监禁。如果你手握选择权力，你会给弗雷德指一条怎样的归宿？对待这种人，很多读者（假如手握权力）一定毫不留情地处以死刑。虽然弗雷德和唐塔一样，有着坎坷的人生，自孩提起就深受虐待、贫困、战争、疾病、兄弟亡故、学业不成、颠沛流离、事业无靠、无家可归等种种引发暴力的风险因素的折磨。但是，他难道不应该为自己的所作所为付出代价？

那么，弗雷德到底犯下了什么罪行呢？简直骇人听闻，他屠杀了整整 600 万犹太人。你可能已经猜到，无人知晓的弗雷德·哈尔托伊尔，其实就是臭名昭著的阿道夫·希特勒（Adolf Hitler）。希特勒不是一个好人，即便是最为死忠的极右分子，也得承认希特勒的社会政策之偏激可怕。他和佩奇一样，人格上满是污点，是个没有人性的杀人魔王。对于其他的杀手，许多人都有一份怜悯之心。对于希特勒，恐怕很少人会表示一丝同情。

说来，希特勒、伊迪·阿明（Idi Amin）、波尔布特（Pol Pot）之流虽然犯下了大规模种族灭绝罪行，却也有同情者和知音。不过，如果你是其中的一员，那可还真是冒天下之大不韪。唐塔·佩奇的辩护律师詹姆斯·卡斯尔（James Castle）为代理人争取的优惠条件也不过是终身监禁，而且不得取保。即是说，佩奇哪怕逃过了一死，也难以重获自由、走出监牢。这样一来，他再也不能对狱外的人形成威胁。但是，卡斯尔失败了。法庭最终决定将唐塔送上电椅。显然，这个判决已经超出了保护大众安全的范围，完完全全更像是一种复仇。

复仇——会不会是人类的一种天性？我们可回忆第 1 章内容：对于那些自私的精神变态者，我们大多怀有强烈的报复心。毕竟，他们骗取了太多的善心和信任。如果没有这种报复心，人类文明将不复存在。对欺诈者的怜悯，很可能让他们变本加厉，为社会带来更大的危害。所以，为了社会的进步，请不妨怀恨在心吧。嫉恶如仇的本性，乃是文明的中流砥柱。

对以上诸多风险因素的争论，很多人可能会不以为然。他们更相信人性本善，愿意对犯罪者网开一面。社会之大，人的想法总有差异。我很能理解那些和我意见不同的人。过去，我也曾经偏激过。我曾经想：为什么有些人竟然不同意我的意见？佩顿·塔特希尔一样的人倒是仁爱满腔，但是他们的结局呢?

本人曾是暴力犯罪的受害者。我当时的感受,你在本书的引子中已经见识。当时,我好像经历了一场杰基尔与海德的人格分裂。头脑中,两个持论不同的我一直在互相攻讦:其中的一个我经受过多年科学训练,志在革新疗法,找出暴力肇因,曾经在深牢大狱里和各类罪犯里打了4年交道,其中既有银行劫匪、杀人凶徒,也有性侵儿童的恶人。这个我甚至觉得,反反复复的暴力罪行不过是一种临床疾病。因此,我们应当变惩戒为矫治。同时,这个我还有一个坚定的信仰——某些暴力分子之所以踏上犯罪道路,也是属于身不由己。这个观点,已经得到了科学的证实。这个我希望大家不要被复仇的本能冲昏了头脑,一定要相信科学的诱导。

那么,我们能不能原谅这些重罪犯?我们能不能遗忘他们犯下的可怕罪行?我们能不能战胜自己渴望以牙还牙的本能?宾夕法尼亚州的少数族群阿米什人(Amish)已经做到了这一点。一天,凶犯查尔斯·罗伯茨(Charles Roberts)闯入兰开斯特县(Lancaster County)的阿米什人聚居地,残杀了10名小学女生。面对这起惨案,阿米什社区做出了表态。他们的宽宏大量,实在出乎大众的意料。阿米什人的代表表示:

> 有心达成谅解的人,不但要对那些失去孩子的家庭表示慰问,也要向罪犯的家庭伸出援手。

他们如此说,也是这样做的。阿米什人专程派代表拜访了罗伯茨的家庭,不但表达了自己的宽恕之意,甚至为罗伯茨成立了专门的基金会。我成长于一个天主教徒家庭,一直追随耶稣基督的足迹。这件事情于我触动很深:为什么我们不能学习圣子的精神,以悲悯和宽恕的态度对待给每一个人呢?你可能已经觉得阿米什人的态度匪夷所思、难以接受。有的教徒甚至认为他们的所作所为否认了魔鬼的存在。对于教徒而言,这个批评的分量不言而喻。

我个人对这个问题的态度,也并非一直那么笃定。有时候,我坚决支持严惩犯人;有时候,我又觉得以治疗代替惩治才是正途。我就这样思来想去,整晚辗转反侧。也许,你和我一样,有两个自己——杰基尔医生和海德先生——两种意见在脑内彻夜交锋。如何调解两种不同意见,得出一个两全其美的方法,是一个亟须解决的问题。下一章中,我们将论及神经犯罪学的未来，同时会再次提及这个话题。现在，让我们回到本章开始的起点——奥夫特和佩奇这两桩案子，也许有助于重塑我们对杰基尔与海德之斗争的观点和判断。

解剖暴力　从佩奇到奥夫特

神经犯罪学就像一把双刃剑，佩顿·塔特希尔深受其中一面的伤害，而我也算是一个受害者，虽然程度轻微了很多。因为女儿惨死，塔特希尔的母亲帕特（Pat）一直愤愤不平。她的感受，就好像我体内那个暴怒的海德先生。

不过，双刃剑的另一面，可能会缓解我们的满腔义愤，遏制我们寻求报复的冲动。让我们以杰基尔医生自居，好好体味一下希波克拉底誓言（Hippocratic oath）。让我们带着这样平和的心情，再度重温一下唐塔·佩奇和奥夫特先生的人生故事。

唐塔·佩奇早年的病痛和成年后的脑扫描结果虽然证据确凿，并未改变陪审团成员的意见。他们仍然认为，他应该对自己的行为担负全责。最终，佩奇被控犯下几项罪责——对佩顿·塔特希尔犯下一级故意谋杀、一级重罪谋杀、一级性侵犯、一级入室盗窃和暴力抢劫，罪名全数成立。但是，医疗报告能不能拯救佩奇的性命呢？2001 年 2 月 20 日，科罗拉多，三名法官开会讨论，决定佩奇是否应该被处以极刑。他们可以维持原判，也可以因为他无法自控而饶他一命。即便佩奇有幸免死，后半生也必须留驻高墙之内，没有任何保释机会。

经过讨论，法官们决定留住佩奇的一条命。生物学和社会因素的交互影响，得到了他们的认可。当然，法律界的认可有所保留。不过，已经算是一个重大的信号。这到底是福音呢？抑或是人类社会滑向无法无天状态的第一步？各类罪犯为了逃脱惩处，会不会多了一个行之有效的借口？有朝一日，难道没人会为犯罪行为付出代价？

无论将来如何，这一次，佩奇总算是身陷囹圄，不得解脱。提倡惩治和报复的诸君大可安心。但是，奥夫特又该如何处置？请注意，当我们提及佩奇的案件时，一再强调大脑损伤和他之后暴力犯罪之间存在紧密关系。至于两者之间是否有着因果联系，我们尚且不敢肯定。而在奥夫特的事例中，我们倒是可以笃定一些。眶额叶皮层的病变，实实在在地让奥夫特一步步走向娈童和色情狂的深渊。不知你会如何看待这个问题？

2011 年 11 月的一个冷清早晨，我拜会和咨询了费城联邦法院的 14 位联邦和州法官。此时，美国科学进步学会（American Academy for the Advancement of Science）组织了一次研讨会，主题是神经科学和司法制度之间的关系。我有幸和 14 位司法界精英一起列席，并趁机向他们求教和交流了不少问题。[96]当时，我向一众法官表示，奥夫特应当为自己的行为负法律责任。我的意见，得到了 14 位法官的一致首肯。当然，法律可不是我的专长，我的同事，宾夕法尼亚大学法学院的斯蒂芬·莫尔斯（Stephen Morse）教授，才是真正研究犯罪责任的专家，我所知道的相关知识，几乎完全得自他的提点。

既然病痛并非奥夫特本人意愿，为什么他又需要为自己的行为负责呢？原因很简单，娈童癖绝对不是一种自然形成的倾向。因此，我们不能将其视作一种临床疾病。[97]对此，你可能会大发疑问。毕竟，奥夫特脑中的瘤子切了又长、长了又切，他的娈童倾向也随之时有时无。相关的证据，图 10.1 中显示得明明白白。为什么我们会无视脑内瘤子和娈童倾向之间的关系呢？

从法律角度看，这个问题非常简单。美国法律认为，一个人是否能承担刑事责任，取决于他大脑的思考能力。其中，又特别以进行理智思考的能力为重。你不妨假设一下，自己现在刚好犯下一桩大案。你的犯罪事实已经确凿，要想逃脱惩处，只有利用“肯定性抗辩”（affirmative defense）策略：首先，你不能抵赖，要老老实实地认罪。其次，你要在“理性能力”（rational capacity）缺失上大做文章，证明自己无力自控、无法思考。精神分裂症之类的严重疾病，完全可能导致这样的后果。智力障碍者在这方面同样有欠缺。如果你犯罪的时候还是个孩子，也没有担负刑事责任的能力。[98]总之，只要你缺乏理性思考的能力，就可以逃脱应有的刑责；即便你本人完全招供，也不会出现任何的负面后果。[99]毕竟，你并不能控制自己的行为，自然不用为此承担责任。

上面一连串的法律术语，可能有点让你摸不着头脑。接下来，我们用外行话解释一下“理性能力”所必备的两个条件：第一，你有能力知道自己在做什么。第二，你有能力知道自己的行为属于犯罪。

奥夫特显然知道自己在做什么，他清楚自己对 12 岁的继女进行过性侵犯。而且，他也知道自己是在犯罪。或许，他就像我一样，头脑中出现了海德先生和杰基尔医生的双重人格分裂状况。只不过，冲动的那一半自我最终占据了上风。事后，当他回忆起犯罪当时的感受，奥夫特表示："我感觉，头脑中隐隐有一个声音在告诫自己：'不要，不要这样做！'但是，另一个声音却在推波助澜：'为什么不？做一做有什么大不了？'"

无论你如何看待这件事情，或者大众持有怎样的观点，按照法律，奥夫特都应该为自己的行为承担法律责任。在认知程度上而言，他这一次娈童行为完全是有意而为之。

但是，奥夫特毕竟是个特殊案例。他的大脑中，有一个瘤子对眶额叶皮层造成了压迫，大多数和他犯下同样罪行的娈童案犯，并没有如此的困扰。法律对于这两类案犯的处理态度，到底有什么不同？也许，他们都是一样的败类和人渣。对此，奥夫特本人并不认同："我的脑袋里比正常人多出了一个瘤子，难道还要求我负担和正常人一样的责任？要这样，我可不服。"奥夫特自觉冤枉。不过，根据美国现行法律，他和一般的娈童犯人应该同罪处理。因为在认知层面上，奥夫特确实非常清醒。

然而，从情感角度而言，他并不知道自己所作所为的严重性。对此，他的妻子安妮也有自己的认识。她说："表面上看，他知道自己错了。实际上，他并不知道其中的严重性。看看他那一脸无所谓的表情，就知道他并不明白他做了什么。"

没错，从认知层面上，奥夫特知道自己有错。从情感方面而言，他并不觉得自己做错了什么。住院期间，他染上了尿床的毛病。每次出糗，他都显得毫不在意。疾病缠身之后，奥夫特没有一点羞耻感，也从来不会为了当众丢脸而感到难堪。他的"无耻"举动，显然和腹侧眶额叶皮层的病变有关系。因此，当他犯下娈童罪行的当口，奥夫特打心眼里也并未觉得有任何不妥。

在许多犯罪者的身上，我们都可以发现这种情感缺失现象。大家都记得第 3 章里的那些精神变态罪犯的故事，他们和奥夫特一样，其大脑皮层的眶额叶皮层和腹侧前额叶皮层遭遇了严重的结构创伤，由此丧失了道德感。总之，奥夫特先生的案例不过是冰山露出水面的一角，还有大量的人有着他那样的因脑疾而犯罪的烦恼。

对司法界而言，奥夫特的案例引发了一系列棘手问题——如果奥夫特可以因为眶额叶瘤子而脱罪，那么，其他类似的案子又该作何判决？也许，有些犯人的健康状况看起来不像奥夫特那样糟糕，没有可见成形的瘤子，但是，他们也忍受着前额叶病变的折磨，他们的病理源自神经发育不良，即便通过正电子成像术（PET）扫描，也无法清晰可见。在由大脑异常导致行为异常方面，他们也不似奥夫特那样在短时间内经历了一场嬗变，而是水滴石穿，经历一个缓慢的大脑自控区域进化发育不良的病理学进程，这些人从小就缺失自我控制能力，被他们周遭的人视为“坏蛋”。对于他们，我们应该如何对待？如果我们饶过奥夫特，他的其他同类又该如何处理？如果你愿意原谅奥夫特，而不愿意对这些人施加怜悯，那么，他们的境遇和奥夫特到底有什么不同，值得你如此区别对待呢？

当然，奥夫特脑内的瘤子是个理由。但是，瘤子可以被切除，而奥夫特也会因此变回常人。换言之，奥夫特的病症并非无可救药，而且恢复得还相当迅速。相形之下，有些犯罪分子的脑疾治疗周期更长，行为恢复更是病去如抽丝。奥夫特的特殊病情，让他的罪责显得模糊难定。而我们的道德判断，也因此受到影响。你也许会对奥夫特抱以同情，那些病情远重于他、前额叶皮层和杏仁核受到重创的罪犯反而更会招致你的反感。显然，两群人不应该享受这样的差别待遇，我们不能随意作出道德判断。

也许，大多数读者都不认为奥夫特应该为他的行为负责。当然，反对者一定也大有人在。美国的现行法律显然更倾向于后一种意见。可以说，目前的司法体制并没有将神经犯罪学纳入考量范畴。但是，将来的情况又会如何呢？斯蒂芬·莫尔斯认为，严重的精神变态者不知道德应为何物，而奥夫特就是其中的一个典型例子。也就是说，他们就好像一群盲人，即便犯罪，也理应获得宽恕。

如果我们同意斯蒂芬·莫尔斯在罪犯罪责上的意见，那么，同样的宽容是否能够施加在奥夫特先生这样的人身上呢？我们不但要对严重的精神变态罪犯施以宽容，那些反复犯罪、缺乏道德感的犯人，也会被法律网开一面。在第5章，我们曾经谈到“白领犯罪”的话题，而且，大家都已确定白领犯罪有其神经生物学的基础。既然全世界都为伯尼·麦道夫之流申辩白领犯罪不是他们的过错，罪在生物学因素的诱发，那么，我们愿意像原谅白领罪犯一样原谅娈童犯人奥夫特先生吗？

神经犯罪学在未来的司法实践，它将会引领我们去往何处，是我们最后一章的主旨。我将向大家介绍本人的个人意见，也会谈到神经犯罪学运用于司法之后可能引发的社会观念变迁。可是，未来将会怎样？我们下一章再见。

第11章　走向未来

神经犯罪学将引领我们往何处去？

还记得基普·金克尔（Kip Kinkel）这么个人么？老实说，这个世界的杀人狂成百上千，金克尔算不上其中特别耀眼的一个，你忘却了这么一号人物，也挺正常。

我敢打赌，你同样忘却了霍华德·昂鲁（Howard Unruh），此人于1949年在新泽西枪杀了13个人。那么，1996年导致16名苏格兰小学生死亡的连环杀手姓甚名谁，你肯定也没有印象了。2012年4月，韩裔美国人高原一（One Goh）在自己就读的加州奥克兰基督教大学里连杀7人，他的暴行可能你听都没有听说过。不过，说到瑟斯顿高中那次事故的两位事主埃里克·哈里斯（Eric Harris）和迪伦·克莱博尔德（Dylan Klebold），可能你略知一二。至于2007年在弗吉尼亚理工大学枪杀了32名同学的韩裔美国人曹成辉（Seung-hui Cho），也许你还记得。还有，你肯定忘不了闯进《黑暗骑士：崛起》（*The Dark Knight Rises*）放映午夜场，连杀12人的詹姆斯·霍尔姆斯（James Holmes）。但是，你毕竟只能记住其中一些人的名字和故事。大部分连环杀手，对你来说只是一块块小小的泥点子而已。这些人冷血无情，放到任何一个社会都是一群祸害。但是，血腥杀人案并不会就此消失——除非我们愿意兵行险棋，大胆处理，方可化暴力于无形。为此，我也趁着这个章节，就相关的解决办法和各位作一番商榷。

我想说的解决方案，全然和神经犯罪学的知识相关，它可能会引领我们走向未来——未来可能会更美好，也可能变得很糟糕——目的在预防所有悲剧的发生。故而，我想从公共卫生角度谈一谈暴力，并阐释这样做可能给人类健康的未来带来巨大好处。但在开始讨论之前，我们还是熟悉一下基普的故事吧。

基普·金克尔，俄勒冈州春田市（Springfield）的一名15岁中学生。他嗜枪如命，在美国这并不出奇。尤其他家在美国西北农村，这个爱好更是稀松平常。基普的父亲比尔（Bill），事发前曾送给儿子一把9毫米口径的格洛克半自动手枪。当时，基普可真是乐坏了。父亲肯送上这份厚礼，主要因为他和儿子的沟通一向不畅。父亲想，不如给儿子买点他喜欢的东西当作礼物，也许情况会好一些。此前，他就送给了基普一支点22（2.588毫米）口径的步枪，还替儿子报名参加了枪械安全使用课程，以免他不至于为爱好丢了性命。格洛克手枪枪身轻便，操作简便，看上去有型有款，在男孩子中很受欢迎。但是，比尔从没想过儿子会把枪带到学校，藏到课桌下。这一次，基普被抓了现行，有人在他的抽屉里发现了一把偷来的手枪。在英国，学生们常常在课堂上玩手机，让老师头疼不已。到了大西洋这边，手机变成了手枪，同样也是老师们的心病。基普被校方勒令暂时休学，甚至可能被开除。

他的父母为此忧心如焚。比尔和妻子都从事教职，在他们的中产阶级社区里备受尊敬，然而，他们的儿子居然进了警察局，还差点因为重罪遭到起诉。这一次，比尔不得不亲自去了一趟春田市警察局，把儿子保释出来。然后，他载着儿子去到乡下的一处僻静小屋。当时已近中午，比尔坐在厨房吧台后面啜着咖啡，显得很是纠结。他满脑子都是儿子可能的惨淡前途，简直心乱如麻。

接下来悲剧发生了。不知什么时候，基普出现在了比尔身后，朝爸爸的后脑勺来了一枪，子弹正好穿过右边耳朵，比尔当场毙命。凶器为一支步枪，是他从爸爸卧室里偷来的。然后，基普静静地等待了两个小时，直到妈妈菲丝（Faith）下班回家。[100]母亲一走进屋内，基普就对妈妈说，他很爱她。然后，他举起步枪，朝妈妈的后脑勺连开两枪。但是，她没有因中弹而死去。于是，他又冲上前去朝母亲的脸上连开三枪，一枪打入前额左眼上方，另一枪穿过左脸颊，最后那颗子弹正中眉心。但是，她好像还在动弹。于是，基普第六次开枪，这一次瞄准了母亲心脏。这一幕，就如亚当·兰扎（Adam Lanza）在杀害20名学生前，朝他母亲面部连开四枪，最终杀害他母亲一般。

1996年，莱奥纳多·迪卡普里奥（Leonard DiCaprio）主演的《罗密欧与朱丽叶》上映，放映热潮持续未退。英语课上，基普观赏过这部经典浪漫悲剧电影。杀害父母后，他打开音响，开始循环播放电影的主题曲。第二天早晨，也就是 1998 年 5 月 21 日，基普开车前往他就读的瑟斯顿中学，他身着外套，下面罩有一大堆枪械。来到学校后，他径自去了食堂。当时，150 个学生正在用早餐。突然间，枪声大作，原来是基普手持一支半自动步枪在向学生臀部扫射。短短一分钟之内，他就开了 48 枪，导致一人死亡，26 人受伤。其中一名伤者后来因为抢救无效在医院身亡。基普本来可能杀害更多生命，但是，正当他准备重装弹匣的时候，一个男孩扑了过来。那男孩是学校摔跤队的一员，虽然自己也受了枪伤，但看见女朋友被基普射中，火气简直不打一处来。基普飞快地掏出格洛克半自动手枪，射出了一颗子弹。但是，他只是打伤了那位摔跤队员。6 个男孩子先后跳了起来，将他打翻在地。基普被捕了，被指控犯有 4 起恶意谋杀罪和 26 起恶意谋杀未遂罪。[101]

面对审判，基普的辩护律师陷入了两难境地。他们可以申请无罪辩护，但必须以“因精神失常不构成犯罪”（Not Guilty by Reason of Insanity, NGRI）为由。因为有证据显示基普患有精神疾病。但是，陪审团可能无法接受和谅解这样一个冷血杀害了多条生命的任性少年，更别提还要对他网开一面。

深入思虑之后，辩护团队决定和检方谈条件：对于谋杀和谋杀未遂的指控，基普可以认罪。但是，鉴于每项控罪都可能带来 25 年刑期，辩护团队请求检方让当事人同时服刑，而不是累计服刑。这样一来，基普只需要在监狱里待上 25 年。这件事情的决定权并不在陪审团手里，而是由法官敲定。这样一来，只要检方点头，基普不到 40 岁就可以重获自由。辩护团队认为，主审法官杰克·马蒂森（Jack Mattison）是个公正理性的人。他们很有信心，自己的请求一定能够获得批准。既然基普认了罪，莱恩县巡回法庭将就此举办一场为期 6 天的听证会，而不是将他推上审判庭，面对陪审团的直接裁定。

基普·金克尔辩护团队派出的参会人是理查德·孔科尔（Richard Konkol），他是凯撒医疗机构的小儿神经科主任医生，也是俄勒冈卫生科学大学神经病学和小儿科部的一名兼职教授。他对金克尔进行了功能性脑扫描，发现他的大脑多个区域功能低下。孔科尔令人信服地指出，金克尔的腹侧或底侧前额叶皮层出现了许多“洞”，实在让人触目惊心。这些“洞”并非真正的空洞，而是大脑中怠工的区域，最显著的功能性障碍。可在图 11.1 基普的脑扫描图中看个究竟。[102]从下往上看，金克尔的眶额叶皮层底部位于图的最上方。他的左右眶额叶皮层都功能减退严重，尤其右眶额叶皮层受损最严重。

随后，孔科尔博士又给金克尔做了一次脑扫描，再次发现了多处神经障碍症状。孔科尔对金克尔的颅神经功能、神经运动功能、语言和肌肉功能、条件反射功能、感觉功能、神经认知功能作了一一检测。这次扫描的结果，印证了孔科尔的推断，证实了金克尔大脑额叶和颞叶多处功能异常，并且，他认为这些异常源自神经发育不良。经过投票，检方决定不就这些发现对孔科尔博士进行反复诘问。

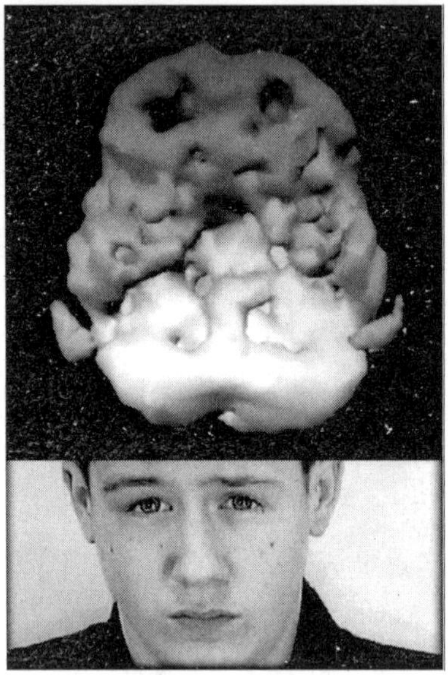

图 11.1　基普·金克尔及功能性脑成像扫描图，揭示了他前额叶皮层的许多“空洞”

金克尔的辩护团队中还有一些精神病学专家，他们同样证实当事人的大脑存在问题。谋杀案发生前，金克尔已经被抑郁症足足折磨了一年有余。为此，他接受了专门治疗，疗程共分 9 期。这期间，他母亲菲丝发现儿子对枪支、匕首和爆炸物的兴趣一日胜过一日。这期间，金克尔还因为入店行窃留下了案底。有一次，他从天桥上扔下石块，砸中一辆汽车，事后同样进了警察局。那次疗程主要针对他的抑郁症，同时还旨在提高他控制情绪的能力。6 次疗程之后，金克尔开始服用百忧解，药效非常明显，不但缓解了他的抑郁情绪，似乎还治愈了许多其他的情绪问题。3 个月过去了，金克尔和菲丝一致决定中止治疗。这个决定，看来真是大错而特错。

第 7 次疗程进行期间，比尔为儿子带来了那把格洛克半自动手枪。事实证明，父亲的这个决定真是不负责任。但是，比尔不过是想改善一下紧张的父子关系，他很清醒，还特地立下了一系列关于用枪、存放的规矩。他哪里想得到，这件充满父爱的礼物，最后竟然成了儿子大开杀戒的工具。

好几名精神病学专家都确认，金克尔患有妄想型精神分裂症。谋杀案发生前，他正处于发病期，他听到了声音，产生了命令幻觉，最终导致了这场惨剧。父亲带他一起回到乡下小屋时，金克尔耳边一直有个声音在呐喊："干掉他！"他照办了。然后，另一个声音又开始发号施令："看看你干的好事！还不快去学校，把其他人统统杀光！"

精神病学专家披露，基普还患有妄想症。他坚信中国准备入侵美国，于是在家中备好炸弹，准备打仗。基普还认为，迪士尼公司正在谋划征服整个世界，待到世界一统，新的全球货币上将印有米老鼠的头像。专家们测试了基普的各项学习能力，特别是读写能力，发现基普有严重的诵读障碍。此外，基普自称他的耳畔总有声音在回荡，声音第一次出现时，他才 11 岁，那个声音告诉基普："你就是个笨蛋废物。你是个一钱不值的东西。"另一名精神病学专家仔细查阅了基普的家族精神病史，其中包括精神分裂症的发病情况。

检方的陈述很简单，只用了 4 个小时。他们没有对辩方提供的精神病学和神经学方面的证据提出任何抗议。总之，控辩双方已经达成一致。基普的刑期能否整体缩短到 25 年，只需听从主审法官一个人的意见。

1998 年 11 月 9 日，马蒂森法官终于给出了终审意见。此前两年，俄勒冈州宪法刚刚做过改动，马蒂森做出裁决的依据正好来自这次修正。修正后的宪法将定罪和惩戒的原则和罪犯的个人权益区隔开来，强调了法律判决为社会安全服务的重要性。据此，马蒂森表示：

> 本席认为，维持社会秩序、保护大众安全，要比照顾某位被告的健康需要更加要紧……目前，本席需要关注和着眼的要务，远比金克尔先生的疗程和康复远大和重要得多。

1998 年 11 月 10 日，马蒂森法官判处基普有期徒刑 111 年，不得取保。

就这样，基普·金克尔成了俄勒冈州第一个要在监狱待上终生的少年犯。这辈子，他再也看不到铁窗之外的太阳了。

现在，让我们把目光放向未来，展开想象。假设金克尔晚出生 40 年，也就是说，时光从 1993 年流逝到 2039 年。这一年，金克尔 10 岁，一个小学生，5 年后，他的人生会因为一场杀祸而天翻地覆。幸好，学校组织的例行体检发现他是一个潜在的杀人恶魔。于是，有关方面采取最新的医疗技术，成功“摘除”了因他神经发育不良而催生暴力的危险因子。而后，金克尔继续过着平和普通的生活，他甚至娶妻生子，繁衍后代，他的父母比尔和菲丝也安享幸福，含饴弄孙。另外两条生命也继续着自己的生命历程，不用早早因为一场枪祸而夭折。另外 25 个人的生命里，也不用留下任何恐怖的伤痕和记忆。

当然，以上的一切全是虚构，都是我根据“隆布罗索遗产”进行的想象。我幻想，有朝一日，人类能够像预防和治疗疾病一样终止暴力。其实，暴力本来就是一个公共卫生问题，它夺去了成千上万条生命。也许我们可以凭借科技进步，阻止暴力的发生。那么，我们是否能够通过努力消弭暴力，建立一个文明又安全的未来社会呢？如今的法律体系中，充满了冤冤相报的元素。也许，我们在未来可以用康复营地代替惩戒制度？这些远景，在我看来都会成真。但是，远景成真之前，我们需要再次审视一下暴力犯罪的种种原因。这一次，请大家怀着一颗悲悯的心，不要只关注那些暴力事件的受害者。这一次，让我们好好关心一下暴力分子本身。

解剖暴力 阴影里到阳光下——作为临床病症的暴力犯罪

在此，我有些私人小故事想和各位读者分享。我有个姐姐，名叫罗玛（Roma）。说是姐姐，其实更像我的母亲。罗玛离开人世有些年头了，但她的音容笑貌我总是难以忘怀。我还记得，她在厨房里给幼小的我穿衣服的情景。穿好衬衫过后，她总会温柔地把我抱上一张高脚椅，然后再给我套上短袜和鞋子。我还记得，罗玛会把我放在她的膝盖上，为我套上新做的裤子。每一次，她都像母鸡妈妈一样温柔地轻抚我的头发。我还记得，罗玛的手很柔软。那一天，她拉着我的手在大街上徜徉，夕阳西下，一大一小两个背影耷拉在地面上，那一幕真是永生难忘。我还记得，她经常拥我入怀，说我有多么可爱。她的关心、她的温情，我都还能体味。对我而言，罗玛姐姐是那么特别、那么温柔、那么美丽。我还记得她的笑脸，记得她一头卷曲的黑发，还有她那双会说话的眼睛。她仿佛一位慈爱的天使，永驻我心。

生活中，姐姐16岁便选择辍学，前往宾斯（Binns）百货公司打工挣钱，我的老家达林顿位于英格兰东北部，宾斯公司是镇上最主要的百货店。姐姐天性乐于助人，她对自己的弟弟悉心照顾，对待外人也绝不含糊。她这样的脾性，天生适合从事护理工作。很快，她就换了工作，进入达林顿纪念医院，总算人尽其才。18岁那年，姐姐的身体健康开始恶化，举止也诡异起来。这一切，都被克莱尔·菲茨吉本（Clare Fitzgibbon）看在眼里。克莱尔和罗玛是护理学院的同学，也是亲密的好友。后来，克莱尔因为护理工作卓越有效而荣获麦克米兰金质勋章（Macmillan Gold Medal）。

关于罗玛姐姐生命的最后岁月，克莱尔在她的著作《阳光和阴影》（*Sunshine and Shadows*）中辟出专门篇幅讲述。根据克莱尔的回忆，她的亲密朋友精神变得非常不好，脸色苍白，经常喊累，喉咙痛。终于有一天，罗玛在值班的时候晕倒在地。随后，大家把她送进了郊外的一家传染病院。好友的病情，克莱尔非常挂牵。一天，护士长急匆匆地找到她，要她赶快把南丁格尔（Florence Nightingale）病房旁边的一个小隔间收拾出来。护士长说，医院即将迎接一位白血病患者，病情很是急重。

克莱尔很快见到了那位患者。她脸色苍白，瘫坐在推车上，由大家簇拥着沿走廊过了旋转门，进了小隔间。克莱尔清楚看见，通过旋转门的时候悬挂在病人身上的输血瓶摇摇欲坠的样子。当然，最让她感到震惊的还是病人的身份——那明明就是罗玛，我的姐姐，她最好的朋友。

罗玛生命中的最后几天，克莱尔一直护理和陪伴在好友身边。她亲眼看见最好朋友的生命火焰迅速暗淡，直至熄灭。这些内容，在克莱尔的书中都有记述。现在读来，也让人动容，让人震撼：

> 她有一双意大利人的黑眼珠，眼窝在脸上已经完全凹陷下去。平日里粉嫩的肌肤变得黯然，在漂亮黑发映衬下，更显得惨白无比……她直勾勾地看着我，幽幽地说：“我要死了。”她的手紧紧抓住我的手

> 不放，鼻孔开始流出血液。“请你一定转告。我爱他们，”她喘着气叮咛，“我妈妈，我爸爸，”她的声音有气无力，却又不失坚定，“我所有的家人。”她努力挤出一丝微笑，她的脸上毫无血色，“还有你。”……我忍不住哭了：“我们都很爱你。”她心满意足地躺进我的怀抱，就那样咽了气。

我可爱又可敬、充满阳光的姐姐，就那样停息了自己的短暂一生。她患上的白血病非常罕见，也很危急。也许是老天开恩，她并没有被病魔折磨太久，短短两个星期就从生路走到了死境，这一天是9月18日。[103]直到今天，我们全家人和克莱尔，都还把她挂念在心。

现在，我还时不时想起姐姐，还有她去世时候的情形。白血病太可怕了，而暴力的危害一点不亚于白血病。两周的时间之内，白血病带来的痛苦与大多数暴力行为的受害者相比已经是很长了，但是暴力的危害远远超越癌症。罗玛的死，给了我一点启示，启示我该如何治愈暴力这种同样可怕的疾病。现在，我们对待暴力的手段过于注重惩戒，而忽略了治疗。为了更好地进行治疗，我们需要一种全新的视角和全新的临床方法。

20世纪70年代，我刚进入大学读心理学本科的时候，学界还普遍认为暴力是一种心身疾病——精神引导身体的因果关系，而非生物学原因造成的疾病。持有这种论点的人，如今我们称为“心身学派”（psychosomatic perspective）。那时，罗玛离开人世已经20多年。我记得，苏珊·桑塔格（Susan Sontag）那番振聋发聩的言论也发端于那个时候。桑塔格指出，许多精神疾病如同癌症，在20世纪并未得到有效治疗，反而被视为行为不轨。病人由此背负心理负担和道德谴责，实在非常不公平。心身学派认为，暴力作为一种人体疾病，其根源在于精神和思想癌症。他们内在的畸变人格、压抑被标记和愤怒的抑制，最终酿成了躯体上的疾病。为了治愈这种病态，精神疗法常常派上用场。精神疗法当中，病人并非置身事外，而是必须投入其中，专心努力。

读到这里，我相信大家认同了我的暴力成因观。有些罪犯之所以走上暴力犯罪的道路，成为连环杀手，是因为他们体内潜藏着的邪恶元素。我的猜想，也是得自两位世界著名临床心理学家的启示。也许，外部的生物学或社会因素根本不存在，一切都来自犯罪者内在的恶魔。事情的真相，难道真的如此？

也许，真相就是如此简单。但是，我担心学界和大众的认识将从一个极端走向另一个极端。这一次，大家将和中世纪的观念不谋而合——犯罪者走上歧路，因为他们是天生的魔鬼。当然，今天我们的见识比当日要长进了些。我们知道癌症不是报应，只是生物学和社会因素引发的病症。既然癌症的病原可以被剪除，而另一种绝症——暴力也大致如此。我认为，社会大众应当把暴力当成一类疾病，一种公共卫生问题。我们应当摒除“原罪”和“邪恶”之类的无用观念，用理智的眼光看待暴力问题，用临床医学手段解决暴力问题。我的想法，和桑塔格女士完全一致。你既然已经不把癌症和白血病当成罪恶，也应该学会用同等的眼光看待暴力问题。

时至今日，我们对癌症的看法已然改变。因此，我相信大家对暴力的观点也会有天翻地覆的那一天。各位一定要相信，暴力犯罪是一种临床病症。我和克莱尔一样，也是一个护士，我在病房里穿梭来去，和我的“病人”打成一片。就这样，4 年的时光过去了。监狱就是我的病房，罪犯就是我的病人。35 年来，我一直试图找出病灶的所在。曾几何时，我已经放弃了治疗，就像那些医生对我的姐姐下了死亡通知书一样。我还记得，他们告诉克莱尔：“我们已经尽力了，你还是联系神父准备后事吧。”我还记得，克莱尔听到这席话时的愤怒和悲伤。没错，那时候，大家还认为癌症是一种罪孽的报应。临死之前，罗玛只有向神父告解，方能获得解脱。现在看来，这是多么荒谬的事情。也许，我们利用深牢大狱关押囚犯也同样荒谬。真正的阳光，什么时候能够洒进监狱之中？暴力之癌，到底能不能得到彻底解决和治愈？

继续讲述之前，我必须阐述一下自己的暴力观。时光回到 1993 年，金克尔还是一个未满 6 岁的小童，而我已是一个奋笔疾书的学人。那一年，我出版了《犯罪精神病理学：作为一种临床障碍的犯罪行为》（*The Psychopathology of Crime: Criminal Behavior as A Clinical Disorder*）一书。我所研究的病人，可不是那些时不时会发飙，偶尔会掌掴他人的臭脾气者，而是反复作案，不断犯下严重罪案的反社会罪犯。那些同样反复犯罪、但并未动用暴力的反社会分子，也在我的治疗范围之内。我觉得，自己的研究范围很是广阔，也具有很强的代表性。

我那本书的核心论点之一，是把暴力视作一种临床疾病——“机能障碍症”（dysfunction）。我认为，有些人之所以沾染暴力，是因为他们的身体健康出现了问题。说到机能障碍一类的精神疾病，临床医学界通常利用

《精神疾病诊断与统计手册》（*Diagnostic and Statistical Manual of Mental Disorders*，DSM）进行诊断。这本手册也是精神病学专家的常用书籍，它的作用和专业性堪称业界圣经。有3.6万多名精神健康专家参与了手册的编撰和修订。何为精神障碍疾病？精神障碍疾病对于反复发作的暴力行径又有何影响？他们都给出了自己的意见。在《手册》第5版中，清楚地写明：

> 精神障碍疾病是一种以认知、情感或行为三个方面功能的紊乱为特征的精神疾病，可能反映了大脑功能在心理、生理或发育上的障碍。其中，某些精神障碍疾病只有在造成临床后果后，才能被确诊。

暴力罪犯的思维方式、情感世界和行为习惯是否真的大异于常人呢？答案是肯定的。那么，他们的"机能障碍"是否有其生物学基础呢？他们的成长过程中是否出了什么问题呢？我认为，一个人成年后的犯罪行为，和他早年间的神经发育不良息息相关，和他的遗传基础也脱不了干系。许多暴力罪犯实际上应该是病人，这一点，从他们的人生经历中就可以得出结论——学业大多一塌糊涂，家庭生活很不和谐，工作状况难言理想。他们的暴力行为给他人平添了许多苦痛，而他们自己也过着苦痛且惨淡的人生。总之，反复发作的暴力罪犯在临床上就是一种行为障碍症。[104]

确诊一例临床上的行为障碍症，至少需要患者满足9个条件——包括统计上罕见、偏离社会规范、偏离理想的精神健康等。而且，行为障碍并非多发病症，相关的患者必然属于人群中的少数派。犯罪行为的反复，正好满足这几大条件：首先，类似的罪犯并不多见；其次，犯罪无疑属于偏离社会规范的一种；第三，他们的理想精神健康状态令人忧虑。同时，我们还要考虑到相关人士自身承受的痛苦，以及他们的行为给其他人带来的灾难。还有，我们不能忘却他们在社会、职业、行为、教育和认知功能等方面的障碍，以及他们是生物学损伤和大脑损伤的本主。当然，所谓的确诊条件当中，也存在着明显的漏洞。不过，如果我们综合考虑所有元素，就会发现暴力犯罪属于精神疾病无疑。和其他一些被判定为行为障碍的行为相比，反复发作的暴力行为甚至更能满足作为"疾病"的条件，且大多数疾病列入了《精神疾病诊断与统计手册》。

以上这些看法似乎有些过于激进。不得不说，它也有其立论基础。随着新的治疗方法的进步，有朝一日，暴力倾向完全可能是一种可以预防的疾病，甚至成功“治愈”罪犯。到了那一天，现存的司法制度中的报复元素，无疑会因此而显得过时而陈旧。

当然，要想治愈罪犯，我们还有很长的路要走。不过，即便在今天，科学的进步已经带来了许多可喜的变化。兄弟学科的创新和发现，为神经犯罪学照亮了一片光明前景。今日的不治之症，到了未来完全可以药到病除。白血病就是这样一个例子。研究发现，白血病和 DNA 的遗传因素息息相关——基因突变造成蛋白质异常，导致人体内白血球过多。通常情况下，骨髓才是量产白血球的人体器官，而白血球则起着杀灭病毒的卫士作用，乃是免疫系统的重要组成部分。由于白血球的过量繁衍，许多正常的细胞遭到大规模消灭，其中负责供氧的红血球因此大量殒命，由此而来的后果包括贫血、脸色苍白、呼吸困难，我的姐姐罗玛，就曾经为此痛苦不堪。同时，血小板的减少，让罗玛几乎七窍流血。而免疫系统的崩溃，则让各种细菌、病毒大行其道。罗玛的扁桃体一直肿大，而喉咙总是处于疼痛状态，正是由于这个原因。最终，病人会因为器官衰竭而死去。

白血病分很多种，其中的一种称为“慢性髓细胞性白血病”（chronic myelogenous leukemia，CML）。我们知道，这种白血病直接源于基因变异。原本，两条染色体上的基因通常控制白血球的生长。但是，人体一旦罹患慢性髓细胞性白血病，这两条染色体的末端便开始出现缠绕互换，其中的一条长度缩短，这条缩短的染色体被习惯称之为“费城染色体”。1960 年，罗玛姐姐去世后的第 3 年，费城的科学家发现了“费城染色体”变异的奥秘。变异后的染色体中，包含一个新的杂合基因，该基因使用一种叫做 ATP（三磷酸腺苷）的分子，激活其他的蛋白质，导致体内癌细胞生长，诱发产生更多白血球。如何才能阻止三磷酸腺苷（ATP）的作用呢？一种名为甲磺酸伊马替尼（格列卫）的特效药，完全可以阻止 ATP 的作用。如今，这种可怕的病症已经有了治疗方法。

消息很鼓舞人心，皆因癌症有其遗传基础，但犯罪和暴力却只有一半和基因相关。因而，即便我们能治愈癌症，也许还是拿犯罪和暴力一筹莫展——读到刚才那个令人振奋的消息，你很可能这么想？其实，癌症虽然有其生物化学的遗传基础，但并非每一种癌症都一定和遗传因素密不可分。与之相比，犯罪和暴力与遗传的渊源反倒要深厚许多。

其实，在你读过关于罗玛之死的文字后，在你的基因组里已经发生了数以百计的变化。这种变化发生得非常频繁，每天以数十万次计，然而，人体有自我修复机制，能够随时修复这些遗传损伤。[105]当自我修复机制失灵，基因突变导致基因异常的恶果将凸显，产生有缺陷的蛋白质，进而导致各种错误的生理功能，因此损害健康。那么，何种因素可能导致自我修复机制的紊乱呢？你不妨回忆一下第8章的表观遗传学内容：环境经历改变基因表达。正因如此，许多没有家族癌病史的人也会罹患癌症。

我坚信，人类如今在防治癌症和白血病方面取得的成就，将来完全可以在遏制暴力的领域中得到发展。基因突变可以用药物修复。人类基因组计划的迅速进步，正是我信心的另一大来源。我作为一个犯罪学者，一路走来的35年间，专心致志地探索犯罪这一癌症，已经见识了许多了不起的临床医学进展，见证了许多功效神奇的药物诞生。也许，医治癌症和治愈暴力是两种难以直接联系起来的医学研究领域。但是，精神病学研究的大踏步前进，对于我们确实是实实在在的福音。其中，我在宾夕法尼亚大学的同事蒂姆·贝克（Tim Beck）创立的认知行为治疗法（Cognitive-behavior Therapy）就是一个最好例证。蒂姆是一名精神病学研究者，也是认知行为疗法的开路先锋。一开始，他首创的疗法主要用于治疗抑郁症，如今已经成为医学界对青少年和成年反社会分子进行干预治疗的最主要手段。后来，癫痫、精神错乱、注意力不集中症相继有了特效药，而许多具有攻击性倾向的儿童和青少年也因此得到了有效医治。科学在进步，过程虽然缓慢，但却一直坚定向前。所取得的一切成就，我都看在眼里。

为什么我对此充满信心？另一大原因在于理论架构和科学的基本完备。而且，相较于改造环境、消弭暴力滋生的社会因素，生理因素总是容易铲除一些。虽然病去如抽丝，但是，相比一个往往延绵数十年的不良社区改造计划，药到病除所需的时间可要短了许多。当然，我们都知道，暴力不仅仅和生物学和遗传风险因素相关，也与它和社会环境交互作用相关。因此，我们不妨总结一下迄今为止所获得的各种新知：基因是犯罪、攻击性行为和暴力的一大诱因；我们可以通过表观遗传学——改变环境进而改变基因表达；目前的药物可以减轻攻击性和暴力行为；新一代的抗癌药物具有逆转基因突变的能力。同理，暴力行为也可以利用生物干预手段进行治愈，对这些病态行为进行斩草除根式的打击。

综上所述，我们有望彻底根除犯罪的生物学因素。那么，我们能不能将导致犯罪的社会因素一并消除呢？约翰·劳布（John Laub）和罗布·桑普森（Rob Sampson）均为世界知名的犯罪学家，两位学人都将社区环境视为犯罪行为的一大肇因。提升社区环境，无疑有助于降低犯罪，整个社会都应该为此付出努力，付出心血。劳布和桑普森还指出，生活中的一些事件和经历可能成为一个人生命中的拐点，或是帮助他走出犯罪泥潭，或是推搡他跌下犯罪深渊。相关的事件，可能是一次婚姻、一次就业，甚至是一次从军的经历。对于两位学人的看法，我完全赞同。但是，要想控制一个人的日常社会交往和经历的事情，几乎是个不可能的任务。消除犯罪的社会因素，又谈何容易？总之，面对社会环境的影响，我们决定自己命运的能力非常有限。至少，笔者苦苦求索了 35 年，也没能找出一个有效的解决办法。

我们还知道，环境因素甚至偶发事件，可以通过表观遗传学的进程促使遗传和生物学的改变。那么，我们可不可以对那些认知、情感和行为上的风险因素，从根源上进行生理效应的管控，从而降低一个人沉沦暴力犯罪的可能性呢？目前，人类已经开发出了足以治疗某些癌症的有效药物。也许在不久的将来，我们也可以利用新一代的药物管控和阻断人体内某一类蛋白质的活性，从而更好地从遗传和生物学上消除暴力倾向。当然，要做到这一点，我们需要找出那些和暴力行为特别相关的蛋白质。相关的研究，可想而知会花费很长时间。但是，理论上这是可行的。因此，相关的努力和探索完全值得。只不过，学界现在并未行动起来。

无论如何，这都是一个机会。试想一下，假若研究成功并得到广泛应用，未来的人类社会将会呈现一片怎样的面貌呢？下面，我们不妨插上想象的翅膀，对未来做一番展望。

解剖暴力　隆布罗索计划

一眨眼，时光到了 2034 年。在此前的 10 年间，政府为了打击犯罪殚精竭虑，也采取了多种措施促进社会公平。他们不可谓不努力，但收效却相当可怜。由于互联网的普及，知识不再是课堂上贩卖的专用商品。某些人学业虽差，却通过媒体学到了一整套坑蒙拐骗的有效手段，其中不乏高技术手法。时代在进步，骗子在升级。新一代的反社会分子可以避开中央监控系统（CCTV）的监视，大摇大摆地闯入固定场所实施犯罪。由此，谋杀案的爆发率大幅上升，而破案率却大幅下降。2010 年，65% 的谋杀案最终告破；2034年，相关的百分比下降到了38%。同时，连环杀人案也呈上升趋势。监狱塞得满满当当，完全超员。回首2012年，美国人口占世界总人口的5%，但美国收押的囚犯却占到世界囚犯人数的24%；2034年，这一数字继续提升，相关百分比达到31%。为了维护社会治安，2034年的警察已经成了一种24小时全天候上班的工种。不忙得个晨昏颠倒，他们根本无法应付层出不穷的案件。

犯罪率高企，政府监控不力，大众的不满情绪自然一天高过一天。人们对于犯罪行为的义愤日积月累，已经达到了临界点。同时，堕落犯罪的人越来越多，也引发了公众的警惕之心。问题还远不止于此。为了打击犯罪，政府和社会已经债台高筑。回首2010年，美国社会为美国境内的谋杀案承担了超过3 000亿美元的损失。相关的费用，几乎等于教育部、司法部、住建部、城市规划部、医疗卫生部、劳工部和国土安全部七大部门的年度预算总额，代价着实高昂。1999年，相关的花费几乎相当于当年GDP的11.9%；到了2034年，这个数据暴涨到了21.8%。也就是说，犯罪越多，政府的财政负担就越大，甚至根本无力改善教育、医疗和住房状况。同时，无论政府如何努力，犯罪增加的趋势始终没有半点好转的迹象，反而陷入了投入越多、犯罪越炽的怪圈。

2033年，不堪重负的华盛顿当局忍痛决定，将那些“危害较轻”而又患有精神疾病的犯人释放回家，改为利用药物疗程对他们进行监控。监狱的空间，总算因此松动了一些。但是，官僚机构一贯的懒怠，让一名危险分子混进了释放人员当中。在获得自由的两周之后，该犯闯进华盛顿特区的一家商店大肆行劫，还和赶来的警方驳上了火。其间，一名年轻女士不幸丧生。受害者身份特殊，竟然贵为总检察官的千金。

一时间，舆论大哗，官场震动，华盛顿当局终于下定决心，启动“**隆布罗索计划**”（LOMBROSO program）。请注意，**隆布罗索**（LOMBROSO）乃是“防范谋杀的主动性法条：对罪犯筛选的脑研究手术”（Legal Offensive on Murder：Brain Research Operation for the Screening of Offenders）的英文简写谐音，它和19世纪的那位意大利医生没有直接关系。隆布罗索计划的逻辑原理十分简单。早在2006年，人们就已发现，谋杀案中的22%都系缓刑犯和假释犯所为——那些被释放的犯人。到了2009年，犯罪学家已经利用早期机器学习统计技术，对在押的谋杀犯反复犯罪的概率进行了估算。估算所依据的原始犯罪数据并不完全，研究人员只掌握了谋杀案囚犯过去的前科记录，比如被指控杀人后只关押了两年获得释放，但结果证明，他们仍然按图索骥地成功锁定了 43% 的再犯案犯。当然，获释罪犯未再犯罪的仍然存在，相关的估算也并非百分百成功。[106]而后，研究人员延长了调查和估算所需的随访期，估算的效果因此大大加强。到了 21 世纪 20 年代，跨学科的神经犯罪学家、统计学家和社会科学家手中的资料不但包括犯罪人员的前科，还有他们大脑、基因、心理风险因素等方面的相关情况，大幅提高了这个模型的预测能力。又过了 10 年，科学家们进一步研发出了估算暴力所需的算法，大大提高了其科学性。在此基础之上，隆布罗索计划终于在 2034 年正式面世。[107]焦头烂额的美国政府，借此获得一个收揽民心的大好良机。

根据隆布罗索计划的要求，美国所有的男性公民都必须在 18 岁时前往所在地医院，接受一次快速脑扫描和 DNA 测试。整个过程耗时不长：手指取一滴血不过 10 秒钟的事情，然后是 5 分钟的脑扫描，确认大脑的“五项基本功能”——第一，结构性扫描提供脑解剖图。第二，功能性扫描显示静息脑活动图。第三，增强弥散张量成像（diffusion tensor imaging）检测脑中白质纤维系统的完整性，进而推断大脑各部分功能是否协调合一。第四，磁共振波谱将会测量分析大脑中神经化学元素的分布。第五，细胞功能扫描则会评估大脑中 23 000 多个不同基因在细胞水平的表达。此外，受试人员的医学记录、学业成绩、心理状况、人口普查、所在社区等数据也会纳入综合评测之中，所有庞大的 DNA、脑数据都将纳入一个全方面的生物数据库，从而确定某个人的危险程度。

隆布罗索计划将全美国所有定罪的谋杀犯都纳入五项基本功能的测评，他们必须接受。这项正在进行的研究之目的，在于谋杀案的转折点已经到来。为了保证研究效果，还组织了与谋杀犯同等规模的对照组。此时，机器学习技术已经发展到了第 4 代，可以很好地寻找复杂的线性模式，以及各种预测变量和谋杀犯控制组分类之间的非线性关系。隆布罗索计划正式启动之前的 10 年，学界的观念也有了突破性的进步。在社会和生物学变量之间的交互作用中，增强暴力预测的准确度一直是最关键的因素。计划将谋杀犯和对照组的样本随机归入三个独立的数据库中。第一组数据库主要充任“练手工具”，帮助机器学习技术“学习”谋杀倾向的各种特点；第二组数据库的作用是检验预测公式，纠正机器学习技术当中的错误。经过两轮的测试和更正，预测公式得到了检验，并最终确定第三组数据库。

当测试结果显示为LP-V（Lombroso Positive—Violence），即“隆布罗索阳性—暴力”的人，在未来5年沾染严重暴力罪行的可能性达到79%。显示LP-S（Lombroso Positive—Sex），“隆布罗索阳性—性侵”的人，在未来5年施行强暴或娈童等性犯罪的指数高达82%。显示LP-H（Lombroso Positive—Homicide），“隆布罗索阳性—谋杀”的人，在未来5年招惹谋杀罪行的概率达到51%。有些受试对象很可能同时顶上两三个标签。受试结果难言完美，我们对此都有心理准备。实际上，要想改良社会治安状况，也不需要多么完美的检测技术。能够大致确认那些可能堕落犯罪的成员，已经算是一大进步。

测试完成后，那些被认定隆布罗索指数（LPs）属于“阳性”范畴的人，将会立即遭遇无限期羁押的命运。当然，他们也有上诉的权利，独立的测评机构将对上诉人进行重新测评。结果一旦确定，相关人士必须来到指定地点接受羁押。羁押的地点戒备森严，但羁押的日子并不难过。在这里，LPs收押人员会有家的感觉。每到周末，他们还有和家人和朋友团聚的权利。虽然遭到了羁押，他们却也没有一点蹲苦窑的感觉。羁押地点的娱乐设施和教育机构一应齐全，收押人员还有选举投票的政治权利。当然，他们的一举一动都处于严密监视之下。亲友探视的时候，也需要经过严格的安检。总之，收押人员会得到很好的待遇。但是，请注意，他们并没有任何犯罪行为，只是身上出现了犯罪的预兆而已。他们就像一颗颗定时炸弹，为了防止意外，必须妥善保存。

每个被收押人员每年都会接受测试，对其隆布罗索指数进行重新判定。有关方面期望通过测试了解，羁押营地的环境及其提供的治疗能不能改变一个人的犯罪倾向。如果隆布罗索指数下降到安全水平，收押人员或得到缓刑的机会。当然，有关方面不会立即撤销相关的监控程序。他们仍需要生活在严格的监视当中。经过羁押，一些人的情况果真有所改善，但也不乏依然故我的羁押对象。如果一个人完全摆脱了犯罪倾向的困扰，重返社会也不是不可能。比如，有性犯罪倾向的人可以主动申请接受手术去势，术后便可恢复自由身。当然，待到他们回归社会之后，每周都需要循例接受睾丸素检查，以确定他们按时完成了睾丸素替代疗程。如果某人的体质不允许进行手术，也可以改用强制服药的手段抑制睾丸素的分泌。当然，相关的监测不可避免。相关人员必须前往指定地点接受检查、确认疗法。大多数获释人员都接受过“隆布罗索中心”提供的矫正疗程。

早在 1998 年，学界已经通过实验，奠定了疗程实施的基本模式。因此，疗程有着深厚的科学基础，疗效也毋庸置疑。隆布罗索计划开始实施的前后，社会大众对于反复发作的恶性犯罪已经达成共识，普遍认为这是一种临床性的精神障碍疾病。因此，医疗机构会针对每个收押人员的具体情况，为其制定新的生物学治疗方案。更具艺术性的生物心理社会治疗方法深入探索所有隆布罗索人群，而且是针对他们独特的生物社会分布。传统意义上的治疗方法主要围绕“认知-行为”的模式进行，新一代的治疗方案则不然，其中包括一系列早期的深部脑刺激术和经颅磁刺激术的复杂衍生工具，到采用许多新一代药品，以促进收押人员前额叶功能的发育。作为辅助，有关方面还会为收押人员提供营养食谱，包括富含欧米茄-3的食物。此外，精神疗法和功能性磁共振成像生物反馈疗法等也会帮助他们康复。

LP-P 态（P-P status），即“隆布罗索指数部分阳性”（Lombroso Part-Positive）。测试结果为 LP-P 的那类人，最让社会大众感到忧虑。顾名思义，隆布罗索部分阳性（LP-P）并非最危险的人群，而是位居中流，危险程度不上不下。他们的生活仍然需要严密监视。一旦出现犯罪现象，执法机构可以把 LP-P 人群当作侦查的主要目标。这样的做法显然有违人权原则，引发的争议可想而知。为此，政客们一度还争执不下。好在协议最终达成。对于社会治安及其靡费成本的忧虑，最终盖过了对于个人自由的保护。当然，作为妥协，只有执法机构的高级警务人员才有调阅 LP-P 档案资料的权力。

然而，反对的声浪并没有随之立即退却。无论是政府内部，还是民间团体，持续的反对声浪不绝于耳。不过，支持者一方获得了科学界的鼎力相助，最终掌握了事情的主动权。早在 2009 年，劳里耶·罗宾逊（Laurie Robinson）等人就上书总检察长陈情，用科学和循证实践成功说服。后来，罗宾逊升任副检察长，相关的行为也得到了更为坚实的支持。支持者以癌症预防为例，大力宣扬预防暴力的必要性。他们表示，既然我们可以通过检测和筛选找出癌症易感人群，为什么不能采取同样的手段对付暴力问题呢？此前，批评者一方多次指责隆布罗索计划成本过高。对此，政府方面表示不成问题。因为大量的私人投资者愿意投钱。只要计划成功，投资不愁没有回报。而且，学界的支持无疑给了投资者以信心。如果没有犯罪的危险，万万不用为计划表示担心。最终，反对者偃旗息鼓，而隆布罗索计划得以正式启动。

解剖暴力 美国儿童健康筛选计划（NCSP）

时值2039年，隆布罗索计划正式启动后的第5年，一个独立的研究团队对于计划的有效性进行了专业评估。评估发现，谋杀案发生率降低了近25%，而强暴、娈童和严重犯罪也有所下跌。由于私人投资的涌入，政府终于不用拨巨款应付犯罪问题。相应地，用于卫生、教育和住房的财政投入得以大大上升。自由派人士发现，他们大加挞伐的歧视现象并未广泛出现。只有一小部分人——也就是隆布罗索测试结果呈“LP”的少数对象成了众人所指的目标。相形之下，2010年的司法制度显得更加偏颇——因为陪审团成员很可能会以肤色取人，非洲裔嫌疑人被定罪的可能性远大于白皮肤同类。与之相比，隆布罗索计划基于数据，明显要客观得多。对此，自由派人士和少数族裔都深感满意。无论背景、无论种族，每个人都有可能成为暴力犯罪的受害者。暴力犯罪的减少，让所有人都为之受益。

每个人都感觉十分安全。即便是隆布罗索阳性人群（LPs），也并未因为遭到重点关照而愤愤不平。毕竟，羁押地点环境不错，伙食美味而富有营养。有女友的人每周都可以和爱人相聚，而且，由于两人相处的时间只有一天，男女长期相处所不可避免的争吵和照料孩子的义务都可以逃脱而过。他们不用工作，自然没有工作压力。实际上，这里的生活几乎称得上无忧无虑。羁押地点有电视、电影、游泳池和健身房，还有专门的篮球场，娱乐和健身设施应有尽有。来到这里之前，有些人可能对治疗方法心存顾虑。不过，事实证明，他们完全不必为此担心。治疗方法旨在刺激受试者的大脑，这无疑是在投其所好——寻求刺激，是许多暴力易感人群的普遍特点。当然，羁押期间也有让人不快的事情。对于收押对象而言，如何处理彼此之间的关系才是最大的挑战。但是，总体而言，羁押过程有如夏日宿营，而且还不用支付费用。一些收押人员干脆把监禁当成了休病假，显得轻松惬意。

隆布罗索计划大获成功，引发了连锁效应。当初力挺隆布罗索计划的政党也因此大大地赚取了一笔人心，得以在选举中获得全胜。不过，暴力问题并未完全熄火灭灯，青少年沾染暴力的问题仍然非常严重。就在2039

年，某家购物中心连发两起杀人案，其中的凶手都是十来岁的未成年人，全社会都为之震惊。相比2013年的太平日子——本书英文版面世之年，21世纪30年代谋杀案发生率实在不容乐观。于是，政府及其高参又想到了神经犯罪学手段。为此，政府专门牵头召开了数次研讨会议。2034年，各位高参都一致认为“制止暴力，为时未晚”。到了2039年，他们又有了新的提议——“为了制止暴力，必须停止溺爱。”既然隆布罗索计划可以用于18岁后的成年人，为什么不可以推广到更为年轻的人群当中呢？

到了2040年，政府终于推出了青少年版的隆布罗索计划，即“全国孩童健康筛选计划”（National Child Screening Program，NCSP）。筛选计划的对象主要是10岁左右的小学生，他们将经受药物、心理、社交和行为等多方面的评估。同时，校方和家长提供的其他资料也会纳入考虑。评估发现，孩童当中焦虑症和压力倾向的发生率处于不断上升的态势。同时，自闭症、肥胖症、抑郁症等其他精神病症也屡见不鲜。筛选计划的主要目的在于检测孩童是否患有失语症、过敏症和肥胖症，并对他们的学习能力进行评估。对于那些发育过于早熟、提前进入青春期的孩童，筛选计划给予了特别关注。如果受试对象出现“情绪控制”和“暴力倾向”等“行为问题”，筛选计划执行人员将会高度留意。到了21世纪40年代，暴力作为一种国际性的公共卫生问题，早已得到了大众的关注、政府的支持。

根据前瞻性纵向研究显示，儿童时期的暴力倾向是导致成年人犯罪的重要因素。对此，先进的机器学习统计技术也给出了同样的意见。当然，儿童时期暴力倾向和成年犯罪之间的关系，显然没有成年犯罪同18岁青春期行为不端的联系那么紧密。不过，筛选计划的预测力虽然不如隆布罗索计划，却也绝对不可小视。

筛选计划（NCSP）的测试结果，可能会让一些家长失望。他们会知道，自己的孩子可能是个“坏种”。比如，筛选计划会告诉小约翰尼（Johnny）的父母，小约翰尼在长大成人之后有48%的可能性成为一个重案犯，还有14%的可能杀人害命。可想而知，父母在听到这类消息之后的反应。

不过，父母们也不用太过担心。筛选计划有足够的技术手段，及时铲除孩子身上的“孽根”。经过治疗，相关的“危险分子”将来走上暴力邪路的可能性可能会下降一半，至少也会减少18%，那些“未来的杀人犯”最终归于宿命的可能性也会减低6%。但是，要做到这一点，小约翰尼必须离家两年，接受专门疗程，疗程结合了生物社会治疗法等。保证小约翰尼回到爸爸妈妈身边之后，又会是一个彻头彻脑的好孩子。

没错，筛选计划并非完美无缺。即便父母愿意让小约翰尼离家接受治疗，也不一定就能获得满意的后果。但是，接受专门的治疗和干预，可能会让一个孩子成为严重暴力罪犯的可能性下降一半还多。你若为人父母，会让你家的小约翰尼去试一试吗？

我们不妨设身处地好好想想，要知道，孩子接受治疗的事情肯定会闹得沸沸扬扬。你希望他就此背上“坏坯子”的标签吗？你又会如何跟亲朋好友、七姑八姨解释？还有，他可能因此失去原来的朋友，同时在筛选计划营地里交上一堆坏朋友。近墨者黑，也许他会在这些坏朋友的影响下，一步一步堕落成真正的犯罪分子。这样的事情，你愿意看到吗？

风险确实存在，但是，难道你愿意为了规避风险而什么都不做？一不小心，小约翰尼不但可能启动自毁程序，还会捎带殃及池鱼，祸害其他人的生命。有时候，父母也可能成为牺牲品。只要你行动起来，一切悲剧都可以避免。毕竟，大多数参与过筛选计划的家庭都得到了救赎。

半途而废，几乎等于坐以待毙。基普·金克尔一家的悲剧便是最好的镜鉴。假如比尔和菲丝不让基普放弃治疗，一切会完全不同。一对声誉良好、行为规范的夫妻，不会因为子女的错失而遭遇悲剧，正是筛选计划的努力方向。这既是对受试者负责，也是在保护那些无辜的人。

2042 年，筛选计划（NCSP）历经了一次争议性的考验。当时，两名 11 岁的儿童绑架了一名 3 岁婴儿，将其胁迫至一处购物中心，随后施行了惨无人道的虐待和殴打。他们的行为瞒过了受害人的母亲，却被全球性的中央监视系统忠实地记录在案。案情很快告破，警方发现，两个小罪犯此前一年刚刚被筛选计划认定为危险分子。但是，他们各自的父母却选择拒绝让孩子接受干预治疗。研究就此认为，很多经过筛选计划判定处于危险状态的孩子，可能因为父母的不负责任而耽误矫治的时机。实际上，父母糟糕的决断能力、不负责任的生活方式都可能遗传到子女身上，是后者不能通过筛选计划测试的主要原因。此前，即便孩子需要接受专门的干预，也要经由其父母同意和首肯才可放行。但是，在父母无资格承担如此重任的情况下，筛选计划官员有权采取措施，不用经过父母同意也可以将孩子直接纳入疗程当中。由此，筛选计划变身成为一种强制性的疗程。

两年后的 2044 年，隆布罗索计划的研究者向政府提议，要求加强筛选计划的效果。理由很简单，儿子犯罪，爸爸很可能也有问题。正所谓有其父必有其子。研究人员要求政府在收押“危险”儿童的同时，重新审定生父的隆布罗索测试水平。一旦发现犯罪倾向，父亲也需要接受羁押。听到这里，你有没有一点身临乔治·奥威尔《1984》当中未来世界的感觉？相同的问题，我们还会继续讨论。

解剖暴力　少数派报告

转眼到了 2049 年。这一年，正是隆布罗索计划问世的第 15 个春秋，儿童筛选计划（NCSP）也运行了 9 年之久。从效果上看，两项计划都收效显著，青少年和成人暴力犯罪率大大下降。那些不涉及暴力的犯罪活动，也处于明显的减少趋势。诚然，两项计划都有很大的风险性，但结果证明，政府和社会的巨大投入非常值得。事到如今，驴象两党都对计划表示支持。由此，计划甚至成为了社会公共福利的一部分。当然，反对者并非完全销声匿迹。但是，政府并未因此有所犹疑，而相关的研究团队也从未因此停下探索的脚步。

老实说，隆布罗索和儿童筛选（NCSP）两项计划花销非常之大。即便有社会资本介入资助，很多时候也有些吃紧。为了降低成本，一些神经犯罪学家和研究人员提出了改革方案。但是，方案争议性过大，并未获得通过。但是，他们撰写的这份少数派报告，仍然引起了政府高层的注意。报告的主旨当然是防患于未然，将犯罪掐灭在萌芽阶段。但是，报告的提议也许有些过激——一个人必须通过测试证明自己对他人无害，才能有资格繁衍下一代。正是这个提议一石激起千层浪，引发了激烈的讨论。最终，经过漫长的讨价还价，提议获得通过，成为一项国家法律。

其实，少数派报告有着生物学根据。父母因素，是一个人会否堕落暴力犯罪的重要原因。遗传学研究显示，父母如果是反社会行为的惯犯，子女大有可能走上老路，因为父母的基因对儿女的行为有着决定性的影响。可想而知，相关的政策遭到了猛烈的挞伐，一些人甚至将其和纳粹的“优生学”（eugenics）终极解决犯罪相提并论。不过，支持者坚决反驳。他们认为，这项社会政策是在鼓励形成良好风气，让良好的父母培育出良好的下一代。同时，少数派报告者认为自己的提议是在保护孩子的权利。因为弱势群体需要更多的关心和扶助，而父母则可能成为加害者。因此，为了证明自己有责任、有能力抚育后代，父母必须获得相关的“准生证”。

其中的逻辑很简单。汽车可能杀人，所以大家需要考取驾照，方可驾驶汽车。孩子也可能成为夺命凶手，为什么我们不能确认自己有没有资格生育孩子，然后再生孩子呢？开车的时候，你需要留意自己的一举一动，对于汽车机械和道路安全法规有着充分了解，方能保证驾驶安全无虞。同样的道理，难道不能适用于养育孩子这件事情身上吗？显然，这是为孩子负责，也是对社会有个交代。

人权团体当然不会听信这样的说辞。他们表达了激烈的反对意见，认为少数派报告侵犯了基本人权。为了回应抗议，政府在义务教育阶段的所有学校增设了一门课程——“父母基础技能”。只要认真学习领会，每个人都可以考取资格，繁衍后代。“准生证”就像驾照一样，门槛变得人人平等。对此，反对者似乎也无从置喙。

“父母基础技能”的内容包罗万象，一个人上学之后不久，就可以借由课程学到为人父母的必要知识：包括生育常识、产期营养、压力释放、婴儿的基本需求、儿童成长的必备要素、如何同青春期少年沟通、如何帮助他们面对各种迷惑等等。当然，课程还有更加广阔的教学空间，包括教导孩子们要负责任、要做奉公守法的好公民等等。此外，课程内容还涉及学习方法、社交技巧、决策要诀、情感控制多个方面。毕竟，“准生证”资格考试和考驾照一样，既有对于理论的考查，也有对于实践能力的调研。经过学习，大部分孩子都可以拿到“准生证”。

一开始，“准生证”制度并未赢取所有家长的支持。但是，那些反对者渐渐发现，自己的孩子在接受“父母基础技能”培训的时候显得很是乐在其中。比起矩阵代数一类的课程，“父母基础技能”更受欢迎。毕竟，提起性事、爱情、毒品、同辈压力这些生活中常见的元素，十几岁的孩子总会滔滔不绝。有朝一日，他们有了孩子，也会面临同样问题的考验。课堂上，一项名为“好父母—坏孩子”的角色扮演游戏特别受到欢迎。通过充当“父母”，他们似乎也更能体会自己爸爸妈妈的苦心。

经由课程的教导，女孩们知道自己不该抱着婴儿摇来晃去，知道要小心保护孩子大脑的前额叶皮层和边缘系统不受冲击。他们可能本不知道婴儿需要半夜喂食，不知道养育孩子的长期开支。但是，课程会让他们明白这一切。“父母基础技能”不仅是一本育儿经，还关乎社交技巧，可以帮助孩子提升同父母、爱人之间的关系。同时，他们对人体发育、大脑发育、行为控制也会更加了解。孩子们喜欢这门课，老师们欢迎这门课，家长也通过这门课学到了一些前所未闻的知识。此外，孩子可以借由课程了解为人父母的艰难，从而更加体恤自己的爸爸妈妈。总之，这是一个多赢的结局。

但是，人权团体始终未曾放弃反对的态度。一些自由派人士表示，政府所实行的准生证制度剥夺了许多人繁衍后代的基本权利。同时，妇女怀孕的权利也遭到了打压。对此，政府的回应表示：每个女性都有怀孕的权利，但是，假如她不能通过准生证考试，那么就不得把孩子带到人世。为了打击未获证先产子的现象，政府可谓想尽了办法。那些“非法生子”的母亲将会受到危险驾驶一样的待遇。她们将接受强化性的父母技能课程，随后参加准生证考试。在此期间，她们的孩子会被寄养在专门的保育中心。如果母亲获得准生资格，她们才可以和骨肉团聚。当然，团聚之后，相关机构还会持续跟踪母子的情况。一旦母亲出现不负责任的情况，或者违反法律，她的抚养权即会遭到剥夺。同时，DNA 资料库还可以帮助那些没有获得准生资格的父亲。

对于反对者而言，政府如此种种的作为和纳粹的“优生选择”毫无差别。首先，“准生证”考试对于那些有学习障碍的受试者就极不公平。对此，政府也进行了反驳：一、每场考试都有无法过关的失败者；二、每个人都有再次尝试的机会。如果他们有心向学，“准生证”考试绝非难事。而且，事实证明，寒门子弟在测试中并非处于劣势。许多出身优渥的孩子反而显得更为无法无天。相反，穷人的孩子早当家，由于他们常常帮助父母照顾弟弟妹妹，早早就体验了当爹当妈的感受，因此获得了更高的分数。

准生证制度尽管遭遇了很多反对声浪，但社会上大多数的人都乐见其成。他们觉得，制度虽然难言完美，却确确实实地降低了虐童案的发生率，也提升了一众年轻父母的育儿能力。至于它降低犯罪的功效，更是不言而喻。对于准生制度及其衍生而来的教学改革，教育界一开始表示了强烈反对。他们更希望把教学时间用于传统科目，而不是“父母技能”一类的新兴学科。毕竟，学校也有接受评估的压力，而评估的主要依据都和传统科目的教学水平相关。于是，政府因势利导，将“父母技能”纳入学校评估标准当中。而后，各大院校的态度起了 180 度的大转弯，成了准生制度的坚定支持者。在多方努力之下，《父母资格认证制度法案》（The Parental

License Act）在 2050 年得以通过并实行。

法案通过后的最初几年，青少年为人父母的能力确实有所提高，而未婚先孕、未“证”先孕的案例则因此大为减低。青少年的犯罪同样也走入了下行通道，他们的责任感、同情心以及和父母的关系都有所加强。由于虐儿案的减少，新一代孩子的成长环境好了许多，也会获得更多来自父母的关爱。在这场战斗中，公众无疑是赢家，而政府也借此征服了暴力，还获取了人心。

当然，有的人又会说：什么隆布罗索计划、NCSP 计划、准生证制度，不就是把个人置于“老大哥”（Big Brother）的强烈注视之下吗？嗯，别忘了，以上的一切都是我的想象。接下来，让我们好好分析一下梦想成真的可能性。说到这里，我们不妨问及两个问题：“这些东西可能成真吗？”“这些东西有必要成真吗？”这是两个实际问题，也是两个关乎哲学的问题。

解剖暴力 神经犯罪学的现实前景

不到 20 年内，隆布罗索计划就将从理论变为现实。实际上，这个现实已经迫在眉睫，我们必须面对。其实，我提到的有些理念已经应用于实践。比如，美国早就开始对恐怖分子进行无限期羁押。美国之外的许多国家，对于那些危险分子也早已采取相同手段。

还有大约 20 年甚或更早，隆布罗索计划就将从理论变为现实。其实，这个现实已经迫在眉睫，我们必须面对。实际上，我提到的有些理念已经应用于实践。比如，关塔那摩基地早就开始对武装分子进行无限期羁押。美国之外的许多国家，对于那些危险分子也早已采取相同手段。

1994 年，7 岁女孩梅根·坎卡（Megan Kanka）惨遭奸杀，凶手是一名因为多次猥亵女性而被记录在案的罪犯。所谓的《梅根法案》正是因此出台。2000 年，英国也经历了同样的惨痛，8 岁的萨拉·佩恩（Sarah Payne）惨死在性侵罪犯罗伊·怀廷（Roy Whiting）的手中。而后，惩治同类案犯的《萨拉法案》得以制定。如今，德国等地已经把手术阉割当成惩办和矫治性犯罪者的一种手段——以上所有的一切，都发生在最近。我们无须等待 20 多年，就能见证隆布罗索计划理论成真。

与此同时，政府对于社会的管控力度也在不断加强，治安和公共安全因此大大改善。我和妻子及两个儿子同住，如果我想知道家宅附近有没有变童癖出没，只需要上网搜查即可。这一切，都有赖于《梅根法案》的规定。只要登录“梅根法”的专门网站，这些犯罪者的个人资料、住址和其他信息都可以一览无遗。就目前而言，我家周围就有 69 个这样的危险分子。

除此之外，政府对于各种不安全因素的监督程度也有了明显加强。我小时候，曾经对一种“土豆枪”玩具爱不释手，儿子安德鲁经常听我讲起这种小玩意儿，很感兴趣。他多次央求我回英国带回一两把来开开眼。但是，我搜遍了整个网络，查阅了无数销售渠道，怎么也买不到那种玩具枪了。这当然是因为安全原因。我的姐姐萨莉（Sally）目前还在达林顿老家居住，她告诉我，如果自己想要单独为学生监考，必须按照少年儿童保护法（The Protection of Children's Act）的规定通过加强型罪案记录测评（Enhanced Criminal Record Certificate）。事实上，我这位姐姐是个百分之百的好人，犯罪记录根本就是一片空白。但是，如果她想要从事相关工作，还是要经过专门评估。总之，孩子们不能再在学校玩板栗游戏了，学生的安全才是大事。[108]也许有人会质疑：现在的人会不会有些神经过敏？难道要把孩子们裹进保鲜膜里，才算是真正的安全？以上这些保护措施，会不会剥夺了孩子们成长当中必经的许多事情？无论如何，社会控制的加强是一种不可逆转的发展趋势。把社会控制用于保护未成年人的健康成长，无疑也是一种有益选择。

我们还知道，不少人认为，政府借由强力完成所谓的“必要事务”（something-must-be-done）实属天经地义。为了达到目的，重新施行重法、拓展权限也在所不惜。即便在风气自由的现代英国，相关理论也有大量的支持者。1997 年，托尼·布莱尔（Tony Blair）高喊着“严厉打击犯罪，严格根除犯罪”（tough on crime and tough on the causes of crime）的口号，代表工党以大胜的姿态入主英国首相府。而后，布莱尔政府一反中左派平日里倾向个人自由的原则，在 2003 年推出了《刑事审判法》（Criminal Justice Act），通过了《公众保护羁押法》（Imprisonment for Piblic Protection），即 IPP 计划（IPP program），确认国家可以依据公众保护原则对特定对象实行羁押。根据法案的精神，法官有权在嫌疑人罪行不足以招致终身监禁的情况下，判其终身接受羁押。当然，嫌疑人的罪行必须位于所谓的“153 种罪案”当中；或者，法官判断嫌疑人有触犯“153 种罪案”的危险，都可以选择判处对方终身羁押。综上所述，裁决的权力完全掌握在法官手里。[109]如果法官不认为受审嫌疑人的危险性足以构成终身羁押而另有判决，必须对此进行专门释法。

在过去，三分之一的嫌疑人虽然深具危险，但可能因为犯罪后果不算严重而只需要度过两年的牢狱生涯，便可以获保出狱。布莱尔主导的法案通过之后，他们只能祈望假释裁决委员会（parole board）手下留情，否则只能接受一辈子的铁窗生活。

所谓的“153 种罪案”包罗非常广泛，既有“利用儿童摄制不雅相片”这样的重罪，也有“企图引诱 21 岁以下女性”的轻罪。总之，监狱因此变得满满当当。仅在 2007—2010 年期间，一共有 5 828 名案犯被纳入《公众保护羁押法》（IPP 计划）遭到终身羁押。其中的 2 500 名案犯挨过了最初的前两年，而后，只有 94 名最终得到假释，相关的比例竟然只有 4%。这些有幸重获自由的少数人之中，竟然也有四分之一因为再度犯罪而二次入狱。接下来，他们不得不在囹圄之中度过余生。

仅仅因为一个轻罪犯有“可能”在将来犯下更为严重的暴力罪行和性侵罪案，就将其进行无限期羁押，这样的情况，可能你认为不会出现。可是，事实证明，相关程序早已纳入司法实践当中。那么，公众一定对 IPP（《公众保护羁押法》）很反感吧？没有，一点都没有。可能你觉得，笔者杜撰的那个隆布罗索计划虽然远在 2034 年才会成真，也显得过分超前。那么，请别忘了，已经成为现实的 IPP 计划已经获得了“英国审判历史上最为仓促、最为粗糙的司法实践”的臭名。按照这个趋势，不用等到 2034 年，更为大胆、更为严酷的法律便可能付诸现实。

在这方面，我的祖国走得已经很远。早在 2000 年的时候，英国政府已经开始了相关动作。为了获得所谓的科学依据，政府官员还杜撰出了一种子虚乌有的疾病——“可能导致危险和严重犯罪的行为障碍症”。专业人士多次批驳了他们的谎言，却也没有让他们有所收敛。按照新法律的规定，警方有权将那些可能触犯法律的人逐离公共场合，收入专门的羁押地点接受收押和治疗。即便这些人当时并没有违法行为，也不能因此脱罪。为了“公众的安全和利益”，很多人虽然已经服完刑期，也得继续在监狱中原地待命。在《暴力解剖》写作的过程中，英国政府也在不断努力、不断完善相关的法案，为大规模的提前羁押做着法律准备。

对此，英美两国的法医精神病学家都表示了强烈抗议。不过，公众似乎并不担心这种法律可能带来的负面效果。我的不少亲戚朋友还住在英国，他们甚至没有听说过类似的事情。可以想见，隆布罗索计划不用几年就会在英国成为现实。而后，还有许多仍然保留了死刑的国家和地区——比如美国、中国、新加坡，也许都会相继跟进。这样的法律，在许多人看来已经足够严厉。不过，司法界却还在抱怨法条过于宽纵。2004 年，英国最高法院的首席法官就公开指责布莱尔打击犯罪的手腕还不够“硬”。或许，布莱尔真该更“硬”一些，大胆开启一个隆布罗索计划，说不定会让他一直连任首相、直到现在。

在顶尖科学家的圈子里，“隆布罗索计划”的支持者大有人在。神经科学能否有效揪出那些未来罪犯？英国皇家学会（Royal Society）对此很感兴趣。为此，学会特地委托多位专家进行评估。学者们的结论并不笃定，但是，他们也都指出：一些神经生物学标记确实与犯罪行为关系密切。加上其他因素的影响力，神经生物学标记的预测力更是不可小觑。所有专家都表示：如有需要，不妨把相关技术付诸实践，运用到定罪和取保之类的法律程序当中。有些学界人士更是乐观积极。他们直接展望未来，指出了神经生物学抑制犯罪、保卫社会的光明前景。好了，相关报告写于 2011 年。你应该能够预见，既然“隆布罗索计划”这样的方案早已得到科学界的首肯，未来未必不会出现笔者描述的那种种场景。

说完隆布罗索计划，我们再来讨论一下美国儿童健康筛选计划（NCSP）的可行性问题。提及青少年犯罪，我们绕不开基普·金克尔的例子。1998 年 6 月，时任总统克林顿（Bill Clinton）来到金克尔大开杀戒的瑟斯顿高中进行慰问活动。他参观了基普行凶的走廊和食堂，也会见了幸存者和他们的家人。这一次，总统带来的不仅仅是一两句解人心宽的话语，还有一些实实在在的解决方案。比如，他敦促总检察长尽快启动“早预警、早反应”的学校守则，防止金克尔这样的少年走上歪路。而科学家和医生也行动起来，经过研究，美国精神疾病医师协会得出了“问题儿童的 22 大特征”。对此，美国国家预防犯罪中心（The National Center for the Prevention of Crime）表示了认同，将这 22 大特征编撰成册，大力推广。你不妨观察一下自己的孩子，或者家中年幼的弟弟妹妹。看一看，他们的身上有没有出现下列各项特征：

- 易怒

- 抑郁
- 孤僻
- 不喜交际
- 爱枪如命
- 学习成绩糟糕
- 无心向学

上面7个特征，基本就是基普·金克尔个人性格的写照。除此之外，基普对于小动物特别残忍，注意力也不大集中。犯下那次大错之前，他已经多次触犯法律。而且，他对枪械的爱好也符合“问题儿童的22大特征”当中的描述。每一次出现像瑟斯顿高中惨案这样的悲剧，总会导致一系列的社会和公共政策的改变。这样的趋势，想来在未来也不会有所改变。比如，明尼苏达州教育部已经会同该州卫生部，对许多孩子进行了筛选和检查。当然，他们的目的只是为了查出孩子们的健康问题。但是，情绪控制障碍一类的社交和情绪问题也是明尼苏达筛选计划的重要监察对象。

根据我的估计，相关的计划至少要10年之后才会进入实作层面。实际上的进度要快了许多，涉及的孩童从零岁到6岁。计划很是周详完美，许多人都对此表示满意，即便是我，也挑不出任何毛病。也许，世界卫生组织（World Health Organization，WHO）和美国疾病控制和预防中心（Center for Disease Control and Prevention）是否已经将暴力视为一种公共卫生问题并且为此慢慢付出努力了呢?

此前，我曾经大胆设想过为隆布罗索计划引入私人资金，为消灭暴力犯罪尽一份力，这样的设想，会不会有些太过激进? 其实，现实已经走到了设想的前面。特雷西·帕兰德扬（Tracy Palandijan）是社会融资方面的主管官员，在她的牵头组织之下，英国政府已经准备谋划蓝图，准备组织一个非营利机构，为社会公益筹谋金钱。遏制暴力，当然是社会公益的一部分。2010年，社会融资机构推出的“社会影响债券”（Social Impact Bond）第一次面世发行。债券的主旨在于阻止男性罪犯重复犯罪。此前，一些罪犯离开彼得伯勒（Peterborough）不久，便因为再次犯罪而重返监狱。债券发行之后，复犯率下降了7.5%，而投资者也因此获得了丰厚的回报。回报率最高达到13%，最低也有2.5%。2012年，奥巴马总统特别划拨1亿美元作为社会投资债券。对此，波士顿方面很有兴趣涉足。这一次，有关方面希望借此帮助少年犯慢慢融入社会生活。事实可鉴，既然私人基金如今已经介入预防犯罪这个领域。20 年后的隆布罗索计划为什么不会得到相关的资助呢?

接下来，我们再看看所谓“准生证”的问题。话题很敏感，大众媒体也罢，学术圈子也好，都对所谓“准生证”很感兴趣。如今，大家已经认识到父母教育对于孩子暴力倾向的重要影响。为此，英国政府已经采取了措施。2012 年 5 月，保守党 - 自由党联盟推举的政党领袖大卫·卡梅伦（David Cameron）提议专门拨款500 万英镑，帮助全英国的爸爸妈妈学习父母之道。对此，卡梅伦自然有一番说辞。他表示：

> 我们都知道，一个人要想学会驾驶汽车或者使用电脑，需要花费很多时间进行练习。但是，一个人要想学会照顾孩子，往往只能依靠自己摸索。这样的情况非常不合理……比如，半夜孩子突然哭闹起来，许多父母却束手无策，显然，他们需要专业培训。

由此可见，政府已经意识到了问题的严重性。可以想见，未来的某个时候，政府会设立专门的准入制度，发放关于“父母技能”的资格认证。由此一来，因为父母照顾不周而造成脑损伤的案例或可因此减少。今天的白日梦，有朝一日可能成为令许多人感到战栗的现实。

另外，大家不要忘记一点：我们人类是一种崇尚以牙还牙、以暴制暴的物种。这种本能，也可能导致隆布罗索计划成真。而且，政治的力量也会推波助澜。复仇的渴望，是进化过程烙烫在我们每个人身上的一种天性，而天性绝不会因为时代的变迁而轻易改变。否则，美国等地不会一直保留死刑这种以报仇为原则的惩治手段。

基普·金克尔的 111 年刑期也告诉我们，复仇的渴望完全可以压过人道的考虑。事实上，惩治手段在哲学上有四大基础：威慑、剥夺、教化和报偿。四大原则当中，最后一个原则无疑最具影响。除此之外，“选举”和“权力”算是现今法律惩戒手段的第五大立论基础。爱心人士关于“以治代罚”的呼吁已经持续了许多年，相关的司法实践也算得到了稳步推进，但是，社会上的犯罪现象并未因为大众的善意和刑罚的减轻而得到缓解，倒是有不降反升的趋势。总有一天，社会公众迟早会感到厌倦。物极必反，他们必然会寻求更为直接、异常严厉的解决手段。他们必然渴求“把头砍掉”（《爱丽丝漫游奇境》中女王的口头语）那样快意恩仇的惩罚手段。而且，肯定会有政治势力甘于冒着“道德水平滑坡”的骂名，提出类似于“隆布罗索计划”和“准生证制度”一样的惊人方案。而且，他们的倡议肯定会得到大众的肯定，而他们的权柄也将就此得到巩固。

总而言之，以政治家的本性，反应过激、矫枉过正是可以预见的后果。随着科技的进步，跨学科知识的综合，将来的我们有可能确切地找出犯罪的成因。在此基础之上，先发制人、预防犯罪将会变成现实——当然，事实是否如此，还有待进一步观察。你大可以提出异议。不过，你不妨先想一想这个问题：如果犯罪可以预防，你能接受隆布罗索计划那样的预防手段吗?

解暴剖力 神经犯罪学的神经伦理学问题

我们能接受隆布罗索计划这样的预防手段吗？这个问题，横亘在我们所有人的面前。一想到这个计划，我就不免浑身战栗。要知道，我的脑扫描结果和连环杀手兰迪·克拉夫特（Randy Craft）是如此相似。而且，我集低静息心率、分娩并发症、细微生理异常于一身，早年间还缺乏维生素B族的滋润。11岁那年，我沉溺赌博，还曾经酿造私酒换取金钱。一切的兆头似乎都在说明，我是一个干连环杀手的好坯子。假如我不幸晚生了几十年，撞上隆布罗索计划这样的筛查方案……后果简直不敢想象。

好了，现在我们言归正传，讨论一下环绕在神经犯罪学领域的神经伦理学（Neuroethics）问题，看看未来的神经犯罪学研究当中，有什么应当做，又有什么不应当做。神经伦理学乃一门新兴学科，生物伦理学的分支学科，我在宾州大学的同事玛莎·法拉（Martha Farah）是这个领域的开山鼻祖。顾名思义，神经伦理学和大脑、心灵、神经科学息息相关，其主要目的在于讨论神经科学领域的新知、新发现及其应用带来的得与失、好与坏。现在，我们不妨用神经伦理学的视角，审视一下刚才我那三个未来的设想（隆布罗索计划、儿童筛选计划和准生证制度）的善恶纠缠。也许，大家可以借此更为深切地理解“人道”（humanity）的定义究竟是什么。

人权（civil-liberties），是每个人都享有的基本权利，犯人自然也不例外。但是，如果某人有79%的可能性会犯下严重暴力行为，旁人出手加以阻止当然不算侵犯人权。借此将这些危险分子羁押起来，显得合情又合理。不过，现实情况当中，司法机构必须考虑收益和风险之间的平衡。

以唐塔·佩奇（Donta Page）的故事为例。我们都知道他是个恶魔，残暴地夺走了一条年轻的生命，就好像暴力似白血病这样的癌症，夺走我姐姐罗玛的生命一般毫不留情。而且，佩奇犯下命案之前已经有过前科。本来，他应该为抢劫罪行坐牢 20 年。没想到，4 年之后他就已经出狱。如果他接受一次相关测试，结果可以想见会是怎样——他就是一个行走中的定时炸弹，随时可能造成犯罪。当然，犯罪的原因他本人并不能够控制。这不是命运，而是无法阻挡的暴力倾向。即便唐塔·佩奇没有前科，我也会根据他的脑扫描结果得出结论：他早晚会是个罪犯。

很可惜，罗玛也好，佩奇也罢，他们无法领受未来的科技进步。如果他们活在 2034 年，罗玛肯定不会早早因为白血病离开人世，而佩奇也会得到很好的矫正和治疗。也许，一种新型药物可以彻底消灭他体内的某种化学成分，切断他的暴力之根。也许，他根本就不会犯罪。因为，他在 18 岁时不会通过隆布罗索计划的测验，他会被贴上隆布罗索阳性—暴力（LP-H）或者隆布罗索阳性—性侵（LP-S）的标签，成为重点监视的对象。

恕我直言，像唐塔·佩奇这样的人，活在一个隆布罗索计划大行其道的年代也许更加舒适。他的人生将会因此变得不同。别忘了，即便在“无限期羁押”当中，他也有通过测试、重获自由并且融入社会的机会。可惜，这一切都是想象。现实中的唐塔·佩奇只能苦守在铁狱中艰难度日。因他而失去的生命——佩顿·塔特希尔（Peyton Tuthill）也不能复生。想一想，如果我们有所谓的道德顾虑，也许一场科技进步会就此夭折；想一想，我们又会因此失去多少？想一想，会有多少人因此丢掉性命？想一想，所谓的个人自由、公民权利，真会因为隆布罗索计划之类的治疗方案而遭到侵犯、遭到玷污吗？

对于那些在早年间被测出暴力倾向的“问题儿童”，确实有许多神经道德因素值得我们倍加小心。在暴力解剖的创立这个问题上，社会大众和科学界人士都抱有浓烈而持久的兴趣。神经科学家菲利普·斯特策尔（Philipp Sterzer）是柏林精神病研究所的一名精神病行为研究人员。对于这个话题，他曾经有过一番精妙的总结。一次，我的学生高瑜发现：一个人 3 岁左右的条件性恐惧水平和他 23 岁时候的犯罪行为之间存在因果关系。对此，斯特策尔有着自己的看法。在一篇名为《天生的罪犯？关于成年犯罪行为的幼年生物学风险因素》的评论当中，斯特策尔表示：

> 对于这些神经生物学标记，我们必须谨慎对待。否则，它们很可能成为差别对待和歧视的借口。由于科技的进步，发现、预防和治疗反社会行为的手段越来越多、越来越有效。但是，如何运用这些手段，还需要社会各界进行讨论、达成共识。而且，我们一定要小心，保证这些手段不被滥用、错用。神经生物学的进步，可以帮助我们进一步了解反社会和犯罪行为的肇因。但是，科学的进步应该用于帮助那些可能有踏上犯罪之路危险的孩子，根据他们的特点制定合适的干预方案，帮助他们摆脱自身桎梏。

科技的进步，确实让我们有了更多的有效手段。我相信，将来的手段还会更加丰富。由此，我们可以确定犯罪原因，降低治疗手段带来的风险，排除手段被误用和滥用的可能性。当然，关于这些话题，需要社会各界开诚布公地进行探讨。早在1999年，乔纳森·凯勒曼就大胆提出：既然我们有办法找出那些可能肇事的问题儿童，那么也一定有办法妥善对待他们。所谓的治疗性羁押（custody with appropriate treatment）完全可以一试。菲利普·斯特策尔说得没错，我们的技术手段应该为那些显露出犯罪倾向的孩子造福，我们应该想法为他们打造新的个体化干预疗程。为此，许多著名科学家长期奔走呼吁，要求美国政府关心问题儿童，要求成立一个全国性的筛选计划，找出需要帮助的孩子，并对他们进行及时的干预治疗。

那么，这样的筛选和干预会不会带来什么争议？也许，我们会因此而蹈入险境？比如，生儿育女真的关乎一个人的基本人权吗？又或者，繁衍后代应该是一种特权和技能，需要每个人努力才能获得？即便在现在的司法制度之下，父母被剥夺抚养权的案例也屡见不鲜。这些人要么无力抚养子女，要么就有虐儿之嫌。还记得我们在第5章中提到过那个玩俄罗斯轮盘赌的男孩吗？他的家庭状况不正是如此？既然法律已经走到了这一步，那么，再往前迈上一脚显然并非不可能。可以想见，也许有一天，司法制度将允许政府机关通过预先检测剥夺一个人拥有后代的权利。而且，相关的法律实践，有着保护儿童权益的大义名分。

也许，未来的儿童保护制度不会仅仅注重父母的经济能力，还会对他们是否拥有虐待倾向进行评断。这样的评断，难道不是保护儿童权利？同时也对父母尽职尽责？诚然，成年人拥有生育权。但是，难道儿童就没有自己的权利？如果他们知道自己出生之后的可能的悲惨境地，知道自己会遭遇父母的虐待和冷遇，他们会不会宁愿放弃来到这个世界？唐塔·佩奇、亨利·卢卡斯、卡尔顿·加里……如果能够抉择，他们可能根本不愿意生而承受如此多的屈辱和磨难，不愿意成为那样一些家庭的一员。也许你会认为——曾几何时，这些冷血杀手也都是无辜的婴儿。只要父母待他们稍好一些，对他们的照顾能达到一般宠物狗的水平，他们的一切悲剧都可以避免——问题在于，对此你有百分百的把握吗？

很多时候，为人父母也是一种技术活，和医生一样别无二致。试问，你愿意接受一位没有行医资格的江湖游医的诊治么？答案是肯定不会的。那么，你又如何愿意拥有一对荒唐的父母呢？实际上，为人父母需要的技巧，并不亚于一名合格医师所需具备的技能。也许，我们当中很多人都为自己出身不慎而感到痛惜。既然如此，我们为什么还忍心让自己的下一辈重蹈覆辙呢？孩子遭遇的伤害大多来自父母双亲——这是一个有着数据支撑的事实。据统计，80%的虐童案发生在父子或者母子之间。为了杜绝庸医误人的现象，所以我们要设立医师资格制度。那么，对于同样误人的恶父恶母，为什么我们不能照例办理呢？

说了这么多，各位对于准生证制度可能还是难以接受。实际上，本人一开始也是此种方法的坚决反对者。但是，随着时间的推移，我渐渐地接受了其中的理念。也许，这和我信奉的原则有关——面对新生事物，科学的反应模式应该是“一开始出于情感，而后会很快用理智进行判断”（emotional，fast，intuitive）——诺贝尔奖获得者丹尼尔·卡内曼（Daniel Kahneman）当年就是这样教导我们一班学生的。拥抱准生证制度，需要很大的勇气。毕竟，生育后代绝不应该是特权阶层的独有权利。这一点，大家应该都认同，对不对？

在情感上，相信各位读者中的多数人都和我有一样的情感判断。从情感上判断，准生证制度无疑是大错而特错，毕竟，连动物也可以撒欢一般地生儿育女。兽犹如此，人何以堪？但是，冷静下来想一想，想一想收养一个孩子所需要的程序。你或许会生出不同的看法。显然，不是每个人都有成为好爸爸好妈妈的条件。因此，为了孩子能有一个稳定幸福的家，有关机构总是慎之又慎。正因如此，寄养家庭爆出虐儿丑闻的概率要比一般家庭低了近一半。换一个角度来看，既然我们有堕胎这样的手段帮助父母规避意料之外的胎儿。为什么不能用同样的筛查手段帮助孩子们呢？

我们为什么会对“准生证”产生反感情绪呢？这是一个关乎法律，也关乎灵魂的问题。在古代，英国的判例法曾经把子女当成父亲的“财产”。时至今日，英国社会虽然已经开化多年，旧法律留下的心理影响仍在许多人的心头作祟。许多人仍然相信，生儿育女就像赚钱置地一样，属于一个人的基本权利。那么，据此对准生制度说不，在道德是否有着全然的正当性呢？

我认为，“准生证制度”遭遇的最大障碍实际来自进化的力量。大家知道，繁衍后代是进化过程给人类留下的最强大的终极驱动力。为了有个一儿半女，我们往往会不遗余力。对于这个问题，我们在第 1 章中已经有过探讨：我们的基因机制的终极使命就是复制和繁衍，让自己在下一代的基因库中占据一席之地。如果没有这个强大动力，我们也不必在这里费劲地讨论神经伦理学的种种问题了。出于人类繁衍的本性，我们也觉得准生制度不合人道。出于本性，我们坚决反对相关的制度建设成为现实。当然，毋庸置疑，准生制度本身就有很有争议。它让人想起纳粹的优生学和“种族优劣论”，它可能成为歧视和差别待遇的工具。但是，也许这些争议都是虚妄的借口，背后隐藏着我们不变的繁衍欲望而已。我们的这种本性是否真是一种“天赋人权”？准生制度是否真的十恶不赦？我们的本能难道一定要得到满足不可？

对于虐童事件，社会可能真有些见怪不怪了。毕竟，凶恶的父母实在是随处可见。一次，我回达林顿省亲，其间和妹妹、妹夫茶叙。席间，我提起了“准生证”的话题，他们趁机给了我一张当地报纸。原来，那时候达林顿出了一件新闻。一个来自布莱克浦（Blackpool）的 11 岁男孩，长期蜗居在肮脏的环境当中。他的栖身之处实际是一处煤仓，所谓的地板也不过是混凝土，屋内没有窗户，更别提暖气和照明设备。这一切，都是父母所逼。每天晚上，这对爸爸妈妈都强迫自己的儿子睡在这样一个地方。里面除了便溺用的尿壶，其他什么用具都没有。显然，孩子受到了残酷的虐待，甚至于经常空着肚子。这样的生活，持续了整整一年有余。

为人父母，为什么要下此狠手？对此，爸爸妈妈向警察表示，自己的儿子曾经偷吃东西，于是他们便把他关了禁闭，以示惩罚。后来，男孩就读的学校有所察觉，社工也登门拜访。男孩才最终得以摆脱困境。他的营养状况实在糟糕，连医生也为此感到震惊。法庭证据显示，这次虐待完完全全地摧毁了他的身心健康。法官干脆认为那个小煤仓“甚至不如某些第三世界国家的黑狱”。男孩的父母被逮捕了，并遭到两年监禁的处罚。请注意，男孩的“父亲”其实是继父。这一点，正好印证了本书第 1 章中的某些观点 —继父，显然比生父更加危险。

虐童案件实在过于常见，几乎不能算是“新闻”。相较之下，新闻界更关注“卡梅伦首相大啖肉饼”或者“康瓦尔肉饼未获减税引发公众叹息”之类的消息，并愿意为此提供大篇幅的头版。总之，我们更在意自己的口腹之欲。一个小孩子艰难求存所需要的口粮，则不在我们的关心范围之内。总之，成年人生命的重要性，显然要大过小孩子。小孩子不过是成年人的附属品，可以被随意处置。至少，报纸编辑的潜意识认为事当如此。因此，他才让肉饼占据了当日的头版。而且，头版的内容还说明，我们确实非常在乎金钱。如果隆布罗索计划省力还省钱，可想而知它会获得一致的赞许和广泛的欢迎。

一方面，社会的安宁需要得到保证；另一方面，个人的人权也有待彰显和维护。如何在这两件事情之间找到一个平衡点？这才是神经犯罪学面临的最大道德挑战。所谓儿童筛选计划（NCSP）的灵感，来自笔者在 2004 年的一次“触电”经历。当时，我参与录制了一部英国广播公司出品的纪录片。片子的主题关于神经犯罪学，谈到了我们已经取得的成绩，也涉及学科所面临的疑问。片中，我们假设了一个未来世界，一个实行了 NCSP（儿童筛选计划），并因此一发而不可收拾的可怕世界。看完片子之后，我来到演播室，和主持人及另外几位嘉宾进行了一番讨论。讨论的一方是著名的主持人杰里米·帕克斯曼（Jeremy Paxman），他作风强势，精明干练，以提问刁钻而著称。面对政商要人，他也毫不嘴软。来访嘉宾也是一位能人——沙米·查克拉巴蒂（Shami Chakrabati），她是深受爱戴、睿智聪颖的人权领袖。沙米虽然和笔者立场不同，但她的坦诚和哲思却也让我深深叹服。[110]既然意见不同，谈论自然少不了针锋相对。帕克斯曼提问毫不留情，而查克拉巴蒂也应对有节。以下一段对话实录，很能反映当时的热烈场面：

帕克斯曼： 如果科学可以百分之百地确定导致犯罪的原因，那么，我们提前予以阻止，难道不算合理合法吗？

查克拉巴蒂： 我们生活在一个自由社会，而且我们是人，不是牲畜。因此，这种做法显然既不合理也不合法。我的答案是“不算”。

帕克斯曼：有人因为我们的不作为而惨遭不测，我们又该作何感想？通过提前措施，拯救无辜生命，如果科学能够保证相关进程百分之百准确无虞，又有什么可以顾虑呢？

查克拉巴蒂：请注意，我们是一个自由社会。无论如何，社会中总有负面因素存在。所谓百分之百安全无虞的世界，只不过是政客的夸张之辞而已……假如我们采取准生证制度，整个社会的立身基础将会遭受严重破坏。这种破坏，是我们无法承受的。

我很同情沙米·查克拉巴蒂，她一定非常纠结。由于我们的学说和发现，自由派的信条遭到了挑战。正如片子里的少数派报告一样，在一个所谓尊重人权的民主社会当中，难道我们连保障自己安全的权利都没有吗？要想在个人权利和大众安全之间找到平衡，无疑需要花费很多时间。而且，这并不是一个非黑即白的二元问题。犯罪者的个人权利固然重要，但是，看一看他们造成的斑斑血案，听一听那些受害者家人的呼声，想一想受害人可能的意见。他们会百分百认可沙米的观点吗？

沙米的话也并非毫无道理。的确，所谓百分百安全的社会，不过是政客赚取选票的噱头而已。也许，那样一个社会，只是茫茫沙漠中的一声无中生有的幻听、只是我们在绝望中臆想出的一幅理想图景。要想让图景变成现实，所需的代价我们实在难以承受。难道为了我们的臆想，就一定要连累那些无辜的人背上犯罪坯子的标签？失却他们的基本人权？

各位读者，我认为，你们当中一定有不少人难以认同沙米·查克拉巴蒂的理念。你可能和帕克斯曼想到了一起：只要科学的判断足够准确，为什么不能采取准生制度和其他的技术手段？即便这些手段似乎突破了我们的道德底线，可那又有什么关系？沙米等人认为：如果有人因为准生制度而无辜受害，那么，即便后者能够保佑一方平安，可又有什么意义？想一想那个关于火车和胖子的实验，你大概就能了解他们的论点所在。也许，正是那种道德感，让你不忍牺牲少数人成全整个社会。好吧，也许要一些极端的例子，更能激发你维护正义的激情。

现在，我们举一个极端的例子——阿道夫·希特勒。[111]无论以何种人士的眼光来看，希特勒都属于人格残缺、充满污点的恶徒。但是，即便希特勒这样一个恶人，也有自己的生存权。如果你可以选择，你会不会在1933年一枪结果了希特勒？如果善良的沙米·查克拉巴蒂有得选，她难道会放过这个恶魔？要知道，也许希特勒的死亡，可以拯救600万犹太人和6 000万德国人、英国人、俄罗斯人、美国人，以及其他国家的平民与士兵的生命。

设想一下，1933年3月23日这一天，你穿越到了柏林克罗尔歌剧院，正站在希特勒身边。台上，希特勒正慷慨演讲老调重弹的《授权法案》(Enabling Act)，这个法律将使他成为拥有绝对权力的独裁者。他大讲特讲“对于我们的公共生活进行政治和道德清洗”的宏伟蓝图。这时，你的口袋中有一把手枪。你的心中非常敞亮，你知道台上这个疯子的“理想”会让6 600多万人丧失性命。你只要掏出手枪，给旁边这个人的头部靠近右耳处来上一枪——就像基普·金克尔杀死自己父亲的手法一样，许多苦难将会就此消弭在萌芽阶段。而且，你不会因此承受任何后果。事后，你会像没事人一样消失无踪。请问，你会作何选择？

请仔细想清楚，是你眼前这个人的生死重要，还是那6 600多万条生命更重要？这个例子很恶心，没错。如果换成我在那儿，我一定毫不犹豫地结果了希特勒。杀人是禽兽所为？是的。但为了更多条性命的代价而夺取一个人的性命，也许才是我们希冀的完美结局。即便这种行为并不道德。

试想一下，一旦开了这个头，整个社会将会走向何处？我认为，我们将走出黑暗，走进一片荒芜。由此而来的可怕后果，使得我们必须划清界限——界限的一边是对于社会大众的保护，另一边是私人的人权自由。我们游走在界限的边缘，要保证两者互不冲突、互不侵犯。也许，牺牲少数人的权利可以换来大多数人的幸福。但是，也可能招致灭顶之灾一般的风险。错与对、生与死，就在界限的两边反复徘徊。一方面，我们获取了足够的神经犯罪学知识；另一方面，我们还要考虑这知识领域之外的种种事情——社会关注的公平、道德和自由云云。

那么，种种桎梏之下，神经犯罪学准备采取行动预测暴力的活动领域到底多大才最为适宜呢？对这个问题，没人能得出准确的预测，不能如帕克斯曼的片子情景那样100%的投入。也许只能投入90%的力量？或者80%，不能再多？也许，我们只需要一个打了79%折扣的隆布罗索计划？界限到底在哪里？我不知道。对于这个问题，一千个人有一千种意见。那么，我们到底能不能就此达成共识呢？

也许，你觉得划清界限毫无必要。神经犯罪学可能有违反道德之嫌，但是，沙米·查克拉巴蒂一类的圣母也会让你心生厌烦。需要提醒你一下，隆布罗索计划也好，儿童筛选计划也罢，类似的解决方法虽然有冤枉无辜的可能性，却也给了相关人士改过自新的出路。他们的人权并未遭到完全剥夺，相反，我们在全力维护他们的权利。事实上，相比隆布罗索计划，现行的法律也许还要严苛许多。比如，美国法律不允许犯人参加选举进行投票，但隆布罗索计划允许参与者享受自己的投票权。隆布罗索计划还允许参与者和家人定时团聚，这可是现今大多数罪犯都无福消受的权限。

况且，有些事情你可能没有听说过，但这并不代表它们没有发生。比如，你是否知道美国已经通过法律，正在对许多囚犯实施绝育手术。对此，50 个州当中的 44 个已经表示了同意。根据法律，男性囚犯甚至不允许出售精子，而女囚徒的卵子也不能外送。总之，他们不能拥有后代。根据法律，如果你被判处终身监禁且不得假释，那么你已经走上了一条绝后的道路。相关的法律，已经付诸实践很久了。

你也许会说：怎么我没听说过这些事情？原因很简单，因为这些事情都属于绝密。政府情愿秘而不宣。给犯人绝育——相关的办法，有没有曾经浮现在你的脑海当中呢？至少，我的许多同事都没有想过如此决绝的主意。2009 年，我在新泽西州特伦顿（Trenton）的一处监狱调研，就此问题询问过当地的 200 多名工作人员。他们中有人向我坦承，确实有过让犯人们绝后的一闪念。同样的问题，学术界的回应非常统一——他们都对我报以统一性的缄然。即便是社会科学和公共政策的研究者，也都对此表示不可思议。但是，政府的公共政策旨在降低罪犯拥有后代的可能性，防止他们的基因流入下一代的基因库，却也是不争的事实。

事情还真是讽刺。仅仅在若干年前的 20 世纪 90 年代，神经犯罪学研究者还被人贴上纳粹的标签。社会学派攻击我们企图通过“最后解决”（final solution）的方式阻止犯罪。显然，他们的指控纯属无理取闹。而且，有两件事情我要强调一下：第一，政府的“消极优生学政策”目前只针对罪犯；第二，其立论理据并非来自遗传学研究或者生物学研究，也没有得到我等神经犯罪学者的支持。这种政策是社会政策的直接产物，是权力意志的体现。社会学界的好心人认为遗传学研究可能导致优生学，所以应该予以制止。但是，社会学者也好，还是公共政策研究者也罢，从来没有一个好心人站出来对公共政策中实际出现的“优生学”现象加以抨击。反倒是我们提出的有效降低最严重罪犯的遗传适合度，限制他们的遗传物质出现在未来基因库等科学政策，却遭到一些无端指责。

一些社会学家认为，隆布罗索医生在 19 世纪给罪犯烙上“进化上返祖”（evolutionary throwback）的标签，纯属反人类的歪理邪说。实际上呢，他们不知道我们的公共政策部门正在实践“优生学”的原理和原则。在我们的决策者眼中，罪犯的等级不比隆布罗索所谓的“劣等人种”高多少。总之，优生学正在泛滥，而圣母们却视而不见。

想想看吧，在美国现今的司法制度之下，犯人会因为犯罪失去多少人权：他们无权生育、无权投票。对于那些夺取他人生命的犯人，其生命又何足可惜？我们必须承认，报复和威慑才是法律对待囚犯的原则。也许，绝育和剥夺公权是他们夺人性命所需付出的最小代价。对了……我从小到大接受的教育让我始终坚持一个观点：优生学是一种邪恶的事情。

解剖暴力　结语：切勿不闻不问

这辈子，基普·金克尔都不会有自己的孩子了。他要在监狱里住上整整 111 年，而且没有保释机会。神经犯罪学认为，基普·金克尔这样的罪犯缺乏理智的自控能力，他们犯下罪行并非出于本心。因此，法律理当网开一面，至少也要减轻惩罚。可是，神经犯罪学者过去横遭诟病的一大原因在于，他们的出发点“充满恶意”，总是不吝用最坏的角度去揣度罪犯的行为。两相比较之下，还真是讽刺。难道我们真做错了什么吗？难道我们真的需要改变一下研究角度不成？如果我们将不远之前的一些情况同今日今时的研究现状作一番对比，就会发现变革早已来临。一片新天地，已经展开在各位同仁的眼前。

沃特·布伊库伊森（Wouter Buikhuisen）是荷兰莱顿大学的犯罪学家，也是我等的前辈先贤。早在 20 世纪七八十年代，他就提出，犯罪的产生有其精神生理学的基础。那个时候，这个观点可谓冒天下之大不韪。因此，布伊库伊森成了荷兰媒体口诛笔伐的对象，境况有如过街的老鼠。[112] 议会甚至专门讨论了他的职务问题。最终，1988 年，布伊库伊森不得不辞去了莱顿大学犯罪学系主任的职位。当时，社会学派的势力太过强大，而犯罪的原因也肯定只和社会环境有关。一位学人敢于提出挑战，可想而知会付出多么大的代价。1987 年，我来到莱顿大学访学，其间和沃特有过会面。那一次并非我们的初遇。一年之前，我们就在意大利进行过互通有无。他曾经力邀我去荷兰工作，还给我在那边留了个职位。但是，我更喜欢自由自在的学术环境，于是选择了洛杉矶。看来，我的选择非常正确！

1994年，美国科学促进学会（American Academy for the Advancement of Science）循例在旧金山召开年会，我携带自己在丹麦进行的实验报告出席会议，并进行了宣读。那一次，我向学界证明了分娩并发症和早期母亲排斥之间的交互作用，以及这种作用对于诱发婴儿在18岁后成为暴力罪犯之间的关系。当年3月，《科学》杂志刊登了题为“暴力研究中止不住的唇枪舌剑”（War of words continues in violence research）的专文，介绍了我的研究成果。文章传达了我对于暴力犯罪研究的希望，我希望这门糅合了生物学和社会两大视角的新兴学科——生物社会学，能够走出一条“有效、实用而良性的道路”，最终达到消灭暴力犯罪的目的。当然，我的豪言激起了其他科学家的讥嘲。按照《科学》的说法，他们对我进行了“排山倒海一般的轮番攻击”，总之，我的研究不过是“种族主义和意识形态的产物”。

我乃种族主义者？我所选取的研究样本都是白人。而且，我多次提及社会环境对于生物学因素的影响。12年前的1982年，我在博士论文中花了整整一个章节阐释生物学和社会因素之间的交互作用。而且，两年前我还在一家社会学派主导的刊物上发表过文章。总之，我对社会学派并无不敬。反观他们对我的态度，实在难以叫人容忍。

如今，距离那次争执已经过去了20多年，暴力解剖研究的版图早就经过了翻天覆地的变迁。遥想1994年的时候，哪位学者胆敢提及生物学因素和社会环境因素的交互作用，简直是离经叛道的狂悖行为，他一旦妄为，会被逐离学界，永不续用。可是，这些荒唐的往事早已烟消云散。显然，生物社会交互作用是明显存在的，实在无须大惊小怪。对于沃特·布伊库伊森曾经的遭遇，荷兰的一众学人深感愧疚。为此，他们甚至向他联名致歉，以示忏悔。[113]实际上，除却北美，荷兰可以说是神经犯罪学研究最大的一片热土。

不过，我始终不能忘却《科学》上的那篇报告，报告开头的第一句话仿佛一声刺耳的枪响，至今还不时在我耳边回荡：

> 世界上不确定的事情很多，但是，有一个人总是不死心：总想为社会问题找出所谓的生物学原因。

神经犯罪学，一门冉冉升起的新兴学科，还处于许多唇枪舌剑的射程当中。说来有些不幸，这门学科的边缘，正好和“政治不正确”（political incorrectness）的疆域比邻。左倾人士很讨厌我们，而右倾分子也没有表现出喜欢的意思。自由派和中左翼政党担心，我们的研究会让大众忽视社会问题——也就是他们认为犯罪的真正原因所在。保守派和中右翼则嗔怪我们过于宽纵，对待犯罪分子过分友善，以至于让法律失去了权威性。总之，我们的路并不平坦。有些人巴不得我们就此消失，但是，他们不会如愿。我们不会死心，而且，也许我们才是未来的主流所在？

批评家们持续派发给神经犯罪学的帽子很多：将暴力的不祥幽灵简单粗暴地归咎于一个生理神经的原因，这是其一；导致个人责任和自由意志的观念出现动摇，这是其二；漠视社会不公，妨碍社会对弱势群体进行帮扶和干预，如此种种，简直数不胜数。同时，我们这些人还以神经犯罪学的名义散布宿命思想，扰乱了司法界对于“自由意志”的认识。所谓宿命思想，大概是因为我们认为生物学因素难以改变。也许，我们的做法可能导致社会的道德水平一路下滑。也许，沙米·查克拉巴蒂担心的文明崩坏会因为神经犯罪学的经世致用而噩梦成真？

对了，大家都很担忧文明崩坏。我有一篇小品文，唤作《走上这道坡，可能掉进什么坑？》（*If We Take These Steps, What Quagmire Do They Slide Us Into?*），正好关于道德和道德崩溃的问题。那么，走上这道坡就有掉进坑的风险，我们又当如何反应呢。既然前进路上有一片斜坡，那大家不妨留个心眼，慢慢溜过。总之，停步原地可不是办法，无论是对新知识的主动扼杀，或是无知的沉默，均于事无补。有的群体出于私利，自然不想继续前进。对此，我们都得留个心眼。而且，前进路上的斜坡并不都是那么崎岖陡峭。只要我们把握好平衡：善加利用其中的优势，而又对可能的恶果保持警醒，那么就不会出现什么问题。我们的学科有着坚实基础，大家不必担心一脚踏空，掉进坡底的沼泽。当然，要想跨出第一步，你需要一点勇气才行。

如今，神经犯罪学的知识储备和技术手段已经足够强大。现实生活中的汉尼拔·莱克特（Hannibal Lecters）逃不过科学的眼睛，第二个唐塔·佩奇（Donta Page）也能被一眼识破。如果我们行动及时，这些预备罪犯根本不会落得与暴力为伍的命运。最近，美国纽敦（Newtown）枪击案震惊全球。有识之士纷纷指出：枪支管控不力只是案发的缘由之一，涉事人员糟糕的精神健康状况，更值得大家密切注意和加强心理健康服务。那么，面对像唐塔·佩奇这样的问题儿童，大家又能怎样拯救他们的未来人生呢？首先，要保证他们在娘胎里营养充足，让他们在婴儿期得到更好的抚育和照顾；上学后，他们应当摄取有营养的食物，避免与铅一类的有毒元素接触。同时，大家还要通过神经生物学测验，找出他们身上的阴暗种子。如此行事，何罪之有？为了下一代，我们必须投入更多资源。前进之路虽然不好走，但是，笔者希望大家与我们同行。

与其担心摔下斜坡的坑中，不如好好设想最积极的社会进步。那么，我们能否找到共同的和人道的方式，向减少暴力的方向前进呢？在这里，我们当然需要正本清源：神经犯罪学不是巫术，而是对于导致犯罪的早期生物学原因的科学研究。正因为这样，神经犯罪学可以帮助我们用更加善解人意、悲天悯人的方式解决暴力犯罪问题。同样的关切不但献给受害者，也是对于罪犯的关心。在神经犯罪学的帮助之下，一个更加文明的未来将会非常可期。

现在，我正好坐在剑桥大学丘吉尔学院写下本书的结束语，脑中想着那些囚犯，也想到了曾在英国-布尔战争中沦为阶下囚的温斯顿·丘吉尔。一百年前，丘吉尔作为内务大臣，曾经在下议院大声阐述了自己关于对待犯人的观点：

> 对于犯罪的态度，对于罪犯的看法，最能测试一个国家、一国人民的文明开化程度。即便面对那些因为叛国遭到起诉的人，甚至那些叛国罪名成立的人，我们应该抱持冷静而不动感情的态度，认真维护他们的权益；面对那些因为自己的过错而遭受苦难的人，我们应当真诚地伸出援手，帮助他们恢复正常。我们应当孜孜不倦地寻求解决犯罪的方法，寻找治愈罪犯的方案。我们应当矢志不渝地坚信：每个人都是一座宝藏。只要我们发掘得当，即便犯过错误，也能绽放光芒。如何对待囚犯，考验着一个民族的素质，体现了他们生活中长久的道德水准。

一个世纪过去了，在世界最文明的国度里，当面对犯罪、面对罪犯时，我们又有多冷静？我们是否在孜孜不倦地寻求治愈犯罪这类癌症的方案？我们是不是真心希望治愈那些迷途羔羊？又或者，我们更期望实行报复，就像法官对待基普·金克尔那样？可能，大众的利益和社会的安全更为重要？假如丘吉尔复生，看到今时今日的人们对待囚犯的方式，他又会作何感想？

我们的目光，不妨再放回历史长河中。两百年前，精神病人由于他们那些不受待见的行为，都要像动物一般忍受枷锁和铁链，接受比牲畜好不了多少的治疗。在上流社会占据世界知识顶峰的时代，予以精神病人这般治疗似乎完全合适。1793 年，内科医生菲利普·皮奈尔（Phillipe Pinel）的革命性义举惊动了整个巴黎。当时，人人都认为精神病人活该遭此待遇，只有皮奈尔站了出来，为精神病人提供了更为自由舒适的环境和更加人道的待遇。相比当年，如今的精神病人的境遇已经改善了许多倍。那么，将来又会怎样呢？将来的社会，可想而知会比现在发达很多。将来的人们回顾历史，会不会发出同样的慨叹？慨叹我们这个时代竟然如此对待精神病人？慨叹我们对于暴力罪犯的看法竟是如此这般？慨叹我们竟然暴殄天物，如此漠视这些珍珠玉石一般的精神病人？他们虽然渺小，却也有为社会贡献正能量的潜能。

丘吉尔对于我们社会美好生活的早期观点，得到了许多人的认可。斯蒂芬·平克（Stephen Pinker）在《人性中更美好的天使》（*The Better Angels of Our Nature*）一书中，就和首相不谋而合。平克希望，社会应当让我们更富有同情心，更能克制冲动。比起行动，理智思考更为重要。平克相信，假如人人都能做到如此，我们将会完成一件历史功绩——暴力犯罪会随之慢慢消失。历史证明，我们的世界正在变得更具温情，更加精致。过去，人们把身体和精神的残疾，比如癫痫、精神错乱、心智障碍和酗酒看作道德败坏，鬼神缠身。现在，我们已经摒弃了这些观念。人道主义，已经成为医疗的主题。是的，我们一度认为精神疾病是魔鬼作祟。那么，对于暴力罪犯的恶劣行为，我们是否能够给予同样的宽容呢？我们能否认识到，其实暴力也只是一种可以治愈的临床疾病呢？短期内，我们可能无法达到这个目标。但是，我坚信，将来有一天，我们的后代将会以更加理性、更加平和的眼光看待暴力问题，对待暴力病患。

除了偏见，我们还需要摒除极端的思想。当然，极端的思想很可能暗藏真理，而看似中正的道理却其实荒谬无比。遥想欧洲宗教改革时代的巫术迫害期间，捕杀女巫的猎人从早忙到晚，忙着将女巫一个个送上断头台。从温和的角度而言，如果猎人愿意手下留情，放走那么一两个女巫，已经算是善莫大焉。假若他的思想极端一些，决定再也不与女巫为敌，那将更会是功德无量。同理，今天的你可能认为，反复发作的暴力行为不可能归入疾病之列。但是，你要知道，假如我们因此而关上一扇大门，可能会为悲剧的到来打开一条坦途。悲剧在于：许多有助于降低犯罪的药物和疗程将会半途而废，原本的丰碑将无法崛地而起。未来，还有许多人会因此丧失生命。有些人认为，这件事虽然有益于社会，但是过分棘手，实在不能触碰。一位世界知名的犯罪学家竟然这样告诉笔者："用遗传学研究暴力，不可能有什么好结果。"是的，我们都知道神经生物学的相关技术可能遭到滥用。但是，难道我们可以就此因噎废食，错失一次提升社会品质、创造美好未来的机会吗？

我们今天所处的时代，是人类史上的知识巅峰，也是科学最为昌明的时期。我们向往美好的将来，对于自己的所学所获也有着充分信念。但是，请别忘记，人类历史上有多少个社会打着"绝对真理"的旗帜而误入歧途？有时候，追求绝对真理和一成不变的知识是一种病，需要我们自医自愈。笔者自然也需要时时自省。也许，我把犯罪比作癌症本身就是一个错误。暴力，永远不可能是一种临床疾病。我甚至不知道自己的立论居于何处？有时候，我的所谓科学知识也会掺杂个人观点和情绪。对于那些让我受惠良多的科学家，我也常常表示怀疑。因此，各位读者完全不必听信我的意见。这个新时代的精神到底如何？应该留待你们自己思考。

通过本书，我想向大家传递一个理念：如果你一直坚持所谓的神经伦理学的死板原则，最终只会害死神经犯罪学这门学科。只有理智行事、大胆作为、谨慎求证相结合，才能创新临床神经科学，找到好的公共政策，才能保证我们在以后能够有所进步，能够成功地抑制暴力。只有利用公共卫生系统的资源，才能保障暴力问题的顺利解决，还世界一个健康的未来。我们完全可以抓住今天的机会，创造美好的明天，为下一代带来一个无害的世界。为此，社会各界需要坦诚交流，共商对策。暴力的消弭，需要大家的不同意见和共同努力。

2034 年，那时候，我们的子孙会生活在一个理想国中吗？或者，他们的生活将会可怕得有如噩梦吗？嗯，你可能觉得，我所谓的理想国不过是乔治·奥威尔（George Orwell）笔下的反乌托邦。但是，故事的结局不一定会像奥威尔描述的那么暗淡，不会导致《动物庄园》（*Animal Farm*）里那些特权猪猡飞扬跋扈的结果，不会出现"四条腿坏，两条腿好"的状况，不会出现一个等级森严的“阶级社会”，而大量的宣传攻势不会蒙蔽你的心灵。有时候，你不妨学一学《1984》里温斯顿·史密斯（Winston Smith）最后那种绝望的感悟——“同时相信两个自相矛盾的观点。”也许，各国的降布罗索计划可以一面保卫社会，一面治愈暴力罪犯，两者虽然矛盾，却也可以并行不悖。如果我们可以开诚布公地就此进行一番讨论，也许就不必如此纠结。只要我们现在开始考虑这个问题，我们还有大把解决问题的时间。

我相信，有朝一日我们能摒弃报复心态，不再崇尚以牙还牙、以眼还眼，我们可以像对待病人一样对待罪犯，用人道的眼光关怀暴力的肇因。即便你觉得这些观点过分矫情，也一定不会反对我们在未来对暴力进行预防和干预。我们可以用阳光，代替黑狱。也许，你情愿选择报复、选择黑暗，但是，你也可以跟随我们的脚步，进入一片新的天地。我们会给你选择权。选什么，选不选？由你自便。

一旦不妥协的思想来临，我们不能事不关己或持续僵持状态。犯罪学研究的领域，已经被社会学派把持了太久。笔者疾声呼吁，并非为了把控“遏制暴力的镜头”（the shots in curbing violence）。我只是认为，社会学或生物学之各派的学术观点不同，不能成为阻碍科学前进的理由。毕竟，学人的目标都是为了消除暴力。艾米·古特曼（Amy Gutmann）和丹尼斯·汤普森（Dennis Thompson）曾在《妥协的精神》（*The Spirit of Compromise*）一书中，痛斥政界之中互相攻讦、互相拆台的各种现象。而且，他们还指出，持论不同的双方只有各退一步、守护原则，方能达成善治，为社会大众造福。政界如此，犯罪学研究领域又何曾不是如此。当然，要想让某些犯罪学研究同仁低头，也许比叫政治家改口更不容易。某些同仁必须摈弃长久以来奉为圭臬的种种信念，拥抱一种全新的知识体系——暴力解剖学。作出姿态本就苦难，更别提暴力解剖本就复杂无比。不过，只要走出一步，就能带来启迪。读者诸君，你们的支持，对于我等助莫大焉。你的观点和视角，也是我和我的同事继续前进、为了防止暴力现象而奋斗的动力。

最后，当你合上《暴力解剖》后，也许会把我所提到的一切科学知识和社会问题忘得一干二净。你宁愿相信，所谓暴力犯罪源于生物学原因纯属歪理。你可以学习鸵鸟躲避猎人的方法，把头深深埋进沙土之中。假如我们都采取鸵鸟的方法，暴力之癌一定会继续扩散。而那只鸵鸟，定然逃不过猎人的致命一枪。

我衷心希望，你不要对这样一门科学不闻不问——说来，我希望那些不闻不问的善良人们生活安宁，永远不会遭遇暴力犯罪和不测。不过，如果你已经深深认为暴力解剖学的立论基础大谬特谬，那你不妨回想一下奥利弗·克伦威尔（Oliver Cromwell）面对苏格兰教会时所说那番请求。当时，教会严厉反对他同查理二世国王结盟。对此，克伦威尔说了一番话，这正好也是我的心声：

> 看在上帝的肚肠的分儿上，我恳求各位好好想一想：各位坚持的看法，会不会并非那么正确？

不管你是不是基督徒，都请看在自己信仰的那个上帝的肚肠或者其他什么器官的分上好好想一想。人非圣贤，孰能无错？你这一次是不是也错了。对于意见不同的诸君，我并不想说服你，我只想和大家来一次公开的对暴力解剖的讨论，让科学的真相越辩论越明白，给社会大众一次自主选择如何对待我们学说的权利。我衷心希望，我们之间的争鸣会延续几十年，为人类带来一个更安全、更美好、更人道的社会。

注 释

[1]（第 2 页）我在博德鲁姆集市上买了一把同款匕首留作纪念。但是，我发现那把匕首原来只是廉价货，防身不足，只能装装样子吓唬人。后来，我把匕首摆放在南加州大学的办公桌上当装饰品。可惜，最后被一个清洁工顺手牵羊拿走了。

[2]（第 18 页）当然，我们不能妄下断言蒙杜鲁库人就是原始状态的精神变态者。当代西方社会的男性精神变态者和蒙杜鲁库男人的生活方式肯定不会有太多的共同之处。比如，西方的精神变态者与任一性别都难以结成一般意义上的长期关系，要想让他们分工协作、共同作战，更是不可能的事情。相反，每个蒙杜鲁库男性都与自己的多个性伴侣结成了长期的人际关系，蒙杜鲁库男性的合作努力从事所有事情都是为了整个部落的利益，他们的友谊关系十分常见，团队精神更是毋庸置疑。

[3]（第 21 页）除了初生第一年最可能惨遭杀害之外，在某些族群中，青春期和成人早期也是一个人最可能成为谋杀案受害者的时光，当然，相关的风险和种族有一定关系。

[4]（第 37 页）一般认为，同卵双胞胎的发生缘于囊胚的"功能故障"或自发事件。由于一个囊胚的折叠，使得祖细胞一分为二，将一模一样的遗传物质挤入胚胎的两端，结果发育出两个一模一样的胎儿。

[5]（第 39 页）我们从双胞胎研究中发现，他们行为的遗传可能性达到 98%，这一数字非常高。而且，这样的结果适用于所有参与行为调查的、被视作反社会的儿童。与之相反，其他儿童可能具有反社会性，但是，他们的父母和老师未察觉他们的反社会行为。

[6]（第 45 页）与双胞胎研究不同，收养研究并未证明暴力的遗传可能性。当然，有人指出，之所以出现这样的现象，在于收养研究过分依靠对暴力犯定罪资料的评估。但是，定罪资料的可信度往往较低，由于绝大多数暴力犯从未被逮捕过，未对其单独定罪，况且只有"对/错"两个选项。相反，双胞胎研究依靠更多来自实验室、父母、老师、儿

童和成年人的攻击性和暴力行为评估，据此评定攻击性的等级，因此具有更广泛、更可靠和更系统的雷达扫描内容，然后与定罪资料进行比较，而不是提供简单的“对/错”两个选项。

[7]（第 52 页）重要补充说明：在谈及低单胺氧化酶 A 基因与反社会行为的关系时，应注意到这种关系并非个案。实际上，大多数基因和人格或精神疾病有着广泛联系。

[8]（第 54 页）请注意：单胺氧化酶 A 同反社会行为的关系并非放之四海而皆准，见于不同国家、不同文化之中。中国台湾的研究者在当地的反社会人格障碍患者或反社会酗酒症患者身上就没有发现相同的现象。

[9]（第 78 页）除了谋杀行动，其他的暴力行为可能是主动性暴力和反应性暴力的结合。有时候，一个罪犯在实施杀人时，其犯罪风格也会发生奇异的变化。例如，作为 20 世纪 60—70 年代伦敦东区有组织的黑社会之王，罗恩·克莱和雷吉·克莱两兄弟曾经多次策划、组织武装抢劫和勒索保护费，这和雷吉·克莱杀害杰克·“帽子”·麦克维蒂的反应性暴力行为明显不是一个类型，他过去的犯罪风格是显著的主动性暴力。

[10]（第 80 页）利用单元光子发射计算断层扫描技术对冲动性谋杀的局部脑血流量作分析。

[11]（第 87 页）这样的想法并非我们一家之见。其他的研究者中，也有人猜测虐待配偶属于面对情感刺激的过度敏感反应。他们可能把社会背景下小小的抗议当成大大的威胁，导致负面情感倍增，最终反应过激。

[12]（第 88 页）肖恩·斯宾塞精力充沛、富于创见，可惜天不假年，这样一位优秀科学家于 2010 年圣诞节不幸去世，年仅 48 岁，我们非常怀念他。

[13]（第 104 页）特德·卡钦斯基在 11 岁的时候，智商测试水平达到 167，而 43 年后这一数字跌至 138。据信，可能是由于成年早期的精神疾病导致大脑发育受挫，是他智商下降的主要原因。

[14]（第 104 页）锻炼可以降低静息心率，正因如此，很多人不相信低心率会导致一个人反社会行为的理念。我们认为，体育锻炼对于心率的影响远远小于大家的估计。即便连续 20 周坚持不懈的大运动量锻炼，一个人每分钟的静息心率也只能因此降低两拍，这是一个技术上真实

且令人惊讶的效果。因而，更别提一般人所从事的低强度锻炼所能达到微乎其微的效果。

[15] (第 104 页) 整体“效应量”为 -0.44。效应量告诉我们相互关联的强度。放在相同背景下，0.2 的效应量为不明显，0.5 乃水平居中，0.8 属于效应量巨大。

[16] (第 105 页) 吸烟和肺癌之间的相关度达到 0.08，母亲怀孕期饮酒和婴儿早产的相关度有 0.09，服用阿司匹林与降低心脏病突发死亡风险之间的相关度为 0.02，服用降压药同降低中风风险之间的相关度是 0.03。与之相比，心率与反社会行为之间的相关度高达 0.22。

[17] (第 105 页) 此时的效应量非常强大，$d = 0.36$，$p < 0.0001$。

[18] (第 106 页) 父母犯罪之所以容易造成子女犯罪，因为子女复制了父母的风险因子，它结合了显著的遗传和环境风险因子。犯罪父母不但会将犯罪的遗传风险因子传给子女，还会通过贫穷的家境、不稳定的生活方式、虐待子女等导致犯罪的社会风险因子影响孩子，增大他们犯罪的可能性。

[19] (第 116 页) 皮肤电反应（GSR）是皮肤电传导（SC）的一个古老术语，而皮肤电活动（EDA）是一个更通用的术语，包括皮肤电传导和皮肤电位。

[20] (第 116 页) 如果你对“犯罪的条件反射理论”（conditioning theory of crime）的细节感兴趣，不妨看看汉斯·J. 艾森克（Hans J. Eysenck）的著作《犯罪与性格》（*Crime and Personality*）。笔者认为，说艾森克是英国最具影响力和备受争议的心理学家其实并非夸张。他关于“犯罪的生物社会理论”在 20 世纪 70 年代确实很不受许多犯罪学家的待见，而且时至今日，大家也并未接受艾森克的种种学说。

[21] (第 123 页) 要想确诊患有《精神疾病诊断与统计手册》（DSM）诊断标准的反社会人格障碍症者，患者需在儿童期或青春期诊断出品行障碍症状。

[22] (第 123 页) 许多临时就业机构的工人，其行为虽然满足反社会人格障碍的条件，但由于缺少他们在青春期和童年期品行障碍症状的诊断。即是说，他们的反社会症状只出现在成年之后。这类人并没有纳入我们对反社会人格障碍症的主要研究范围。

[23] (第 123 页) 没有罪犯被判定为谋杀罪、蓄意谋杀罪或强奸罪。

[24]（第 123 页）实验对象的具体情况大致如下：男性受访者中犯罪分子的平均值达到 16.1，而女性受访者的平均值是 8.6。换算成百分率，男性采取严重暴力行动的比率约为 55.7%，女性则为 42.9%。男性犯案中，24.4% 承认曾经涉嫌强奸或性骚扰，34.8% 承认曾经袭击陌生人并致其身体伤害，13.3% 承认曾向他人拔枪开火，8.9% 承认曾经杀人未遂甚至完成杀害他人。女性犯案中，14.3% 承认曾经袭击陌生人并致其身体伤害，7.1% 承认曾向他人拔枪开火，7.1% 承认曾经杀人未遂甚至完成杀害他人。

[25]（第 124 页）女性当中精神变态者比率介于 8.3%（统计人数 30 人或以上）和 16.7%（统计人数 25 人或以上）之间。

[26]（第 125 页）准条件反射（quasi-conditioning）和恐惧条件反射（条件性恐惧）的原理大致相同。比如，受试者面前的屏幕上反复出现 12 至 0 数字的倒着数画面，而且，每当倒数到 0 时，都会伴以一个巨大噪音或者一次强烈电击。从 12 至 0 期间（预期阶段），出于对噪声刺激的焦虑，我们大多数人都会在巨大噪声出现前产生皮肤电传导“预期”反应。然而，精神变态者对这些刺激的反应非常迟钝。条件反射测试的唯一区别在于，准条件反射和恐惧条件反射实验中，受试者会被提前告知实验的流程和内容——有认知意识。反之，在经典条件反射范式中，不会告诉受试者会发生什么——比如 CS + 低鸣提前预警紧随而来的可怕噪声，而是受试者需要自己学习了解刺激和符号之间的关系。

[27]（第 129 页）在研究精神变态者时，我们没有采用经典条件反射范式。我认为，既然前辈先贤已经反复证明了这一范式的有效性，我们实在没必要再次尝试。相反，我们采用的研究范式可以更好地在社会条件下探究出二级情绪。显然，成功的精神变态者的自主性恐惧条件反射功能更为敏感。因此，我们将条件性恐惧当作研究的主要内容。

[28]（第 130 页）虽然缺少系统的探索性研究，然而，学界却有大量的、针对连环杀手成因的推测。参见霍姆斯兄弟合著的《连环谋杀》（*Serial Murder*）和福克斯、莱文合著的《极端杀戮》（*Extreme Killing*）两部著作。

[29]（第 130 页）我们采用威斯康星卡片分类游戏对受试者进行执行性机能任务的检测。这是经典执行性机能测试方法。

[30]（第 131 页）电影和电视剧中勒杀窒息致死的镜头往往失真，因为时间太短了。根据罗斯的经验，勒死一个受害者需要 8 分钟。而且，杀人的活计让他手指生疼，不得不中途停顿一会儿，好好按摩一番手指，再接着进行。

[31]（第 131 页）斯克里普斯声称：在旅馆房间里，因为受害者惹恼了他，他误认为洛是同性恋者，而且有意侵犯自己，所以才会反应过激。

[32]（第 131 页）若想了解斯克里普斯犯案的细节，可参看贝里-迪（Berry-Dee）的《与连环杀手对话》（*Talking With Serial Killers*）第 94 页。杀人之后，斯克里普斯拿出一把 6 英寸长（15.24 厘米）的剔骨刀，将受害人的尸体系统地肢解成块。书中，他绘声绘色地谈及了整个肢解过程。由于斯克里普斯在前一个监狱服刑期间，曾在屠宰场里工作多时，你不必为他这点专业技巧感到惊讶。

[33]（第 133 页）导致丹·拉瑟反社会行为结果的风险因子不止于此。他出身贫寒，邻里皆是蓝领阶层，拼写能力低下——这也是反社会分子常见的特征和背景。10 岁那年，他突发心脏病，卧床好几个星期。其间，丹只能靠听取收音机里的二战战况打发时间。这一听，反而激发了他对广播事业的兴趣。

[34]（第 134 页）电影《拆弹部队》（*The Hurt Locker*）中，詹姆斯军士一直怀有极为强烈的复仇心理。他曾和一个外号"贝克汉姆"的当地男孩有过露水情缘。詹姆斯认为，贝克汉姆正在恐怖分子手中受苦受难。后来，詹姆斯因为心怀愧疚，在淋浴的过程中情绪失控，因为，他的一位战友曾经为了他而失去了腿。虽然詹姆斯符合一个精神变态者所拥有的许多特征，一个天不怕地不怕、寻求刺激的牛仔角色，但是，他有良心，他不是精神变态者，也不是战友口中那个"拖车瘪三的红脖子"（对美国南方贫苦白人的蔑称）。

[35]（第 135 页）我们应该认识到，人体内似乎不只存在一个单一的唤醒系统——静息态下的美国国家标准（ANS）相关的测量处于一个令人惊讶的低水平值，大约 0.10。显然，唤醒系统是一个复杂而多元的结构，也许低唤醒理论（low-arousal theory）太过简单了。然而，研究者发现，普罗大众中有一个极端（反社会）群体，在多种唤醒水平测试中拥有低唤醒水平。在对反社会儿童和青少年样本的至少两种独立唤醒水平测试中，证据表明他们确实存在低唤醒水平。即便像心

率这样简单的生物学测量，也揭示了反社会行为的“行动机制”——低心率是如何催生一个人的反社会和暴力行为。当然，“行动机制”很可能高度复杂，涉及到许多不同的过程，不可能简单而论。

[36]（第138页）正电子成像术（PET）扫描作为精神病预防的先进诊断工具。

[37]（第149页）根据安德森的研究，女性患者的双侧额极和腹内侧区受损严重，男性患者的右额极和背内侧区的局部受损严重。

[38]（第151页）这一腹内侧区又被称为“直回”（gyrus rectus）。

[39]（第167页）值得注意的是，我们发现，左右海马体大小不一的结构异常只见于失败的或落网的精神变态者，而那些成功的精神变态者则并没有这些问题——他们与不成功的同行相比，似乎没有发现经典的脑异常。

[40]（第168页）请注意，我和我的研究伙伴是在中国的一些患有精神分裂症的谋杀犯身上发现了海马体及周边区域体积减少现象。

[41]（第169页）双耳分听实验是一种神经心理学测量手段。实验中，受试者左右耳的旁边会出现两声辅音和元音组成的刺激声“嘀”（da）和“啪”（ba）。惯用左半脑受试者的右耳对语音刺激更为灵敏。然而，如果两片大脑半球对语音刺激的表现趋于均衡，对那些更低的单侧性语音刺激，则右耳的优势明显减弱。

[42]（第186页）请注意，虽然彼得·萨克利夫以“妓女杀手”自居，但被他杀害的冤魂并非个个都是性工作者，其中包括他的第一个受害者。

[43]（第186页）毫无疑问，关于暴力的遗传学与生物学的相关度到底是什么的基础性科学问题，我们已经不需要更多更好的研究了。然而，关于暴力的神经生物学还有许多课题有待解答。此外，我们必须摆脱是否有一个生物学根源催生暴力的毫无价值的争论。因此，我们理当完善对于婴儿、儿童和青少年的各种早期因素的观察和研究，掌握这些生物学风险因子产生的知识。

[44]（第187页）美国疾病控制和预防中心属于政府部门，旨在提升公众健康和预防疾病传播。它是美国卫生与公众服务部的主要组成部分之一。

[45]（第 187 页）参见世界卫生组织在第七届防止受伤和促进安全世界大会上出具的报告，大会举办于 2004 年 6 月 9 日，地点在奥地利维也纳。报告具体内容参见 http：//www. medicalnewstoday. com/articles/9312. php

[46]（第 188 页）因为在预防犯罪领域贡献卓著，约翰·谢泼德于 2008 年荣获斯德哥尔摩犯罪学奖。

[47]（第 188 页）1969 年，萨尔诺夫·梅德尼克在南加州大学工作期间，就已经建立和最初设置了这项创新的研究项目，而这个项目也是我们的多起合作之一。

[48]（第 188 页）先兆子痫是导致组织缺氧的高血压——一种因为缺氧而与大脑尤其是海马体受损相关的病症，而海马体是一个控制攻击性的脑区。

[49]（第 189 页）说起来令人惊讶，比起定罪，逮捕本身才是确定暴力罪犯的最好评估标准。大约有 90% 的人被逮捕后，永远不会被定罪。在许多违法者中，由于控辩双方交易的结果从未出庭受审。如果我们采信这些定罪数据，许多真正的暴力罪犯将因此被错误地贴上“非暴力”的标签而逍遥法外。事实上，即便是逮捕案件，也只是暴力罪犯的冰山一角。而且，许多更为“轻微”的犯罪，根本不会进入执法人员的视野，他们的所作所为也因此无法查证。我们能够捕捉到这些货真价实的暴力罪犯，比起那些定罪的数据，对我们的暴力解剖更为有益。

[50]（第 189 页）事实上，所有罪案当中的 18% 都可追究到遭遇分娩并发症和母亲排斥双重打击的研究对象身上。如此一来，分娩并发症和母亲排斥与整个人口中诱发犯罪的风险因子之间的关系已然明晰可见。但是，剩下的 82% 也在警示我们，不是所有的暴力罪案都适用于同样的作用原理。显然，还有许多其他的因素在作用于这些暴力罪犯。

[51]（第 190 页）是否有意怀孕并不能和分娩并发症产生交互作用，从而可能诱发一个人的成年暴力行为。其中的原因也可推测：某些母亲虽然一开始无意受孕考虑，一旦受孕后却改变了心意，她们能成为慈爱、体贴、细心的母亲，子女无虞自然不足为奇。

[52]（第 191 页）技术上而言，回归分析（regression analyses）的主旨在于研究分娩并发症和负面家庭环境的交互作用效应。我们之所以将研究

对象分为 4 个小组，也是为了有助于揭示交互作用效应的本质和方向。

[53]（第 191 页）与其他研究不同，独生子女似乎并不足以成为家庭逆境的组成原因，也明显不是一个心理逆境指标。无兄弟姐妹的背后到底有些什么交互作用的意义，还有待我们继续探究。

[54]（第 191 页）虽然分娩并发症与不良家庭环境之间交互作用效应的关系得到了广泛印证，多个国家的案例表明，这种关系似乎有着跨文化的普适性。然而，德国的一项研究指出：围生期侮辱（perinatal insult）不会与家庭逆境交互作用。但是，由于研究样本规模较少（仅有 322 人），这一发现的交互作用效能还有待进一步证实。或者说，在这项研究中，反社会行为的结果限定在 8 岁时，而其他研究中的结果是成年人犯罪。事实证明，源自分娩并发症的神经功能缺损极可能引发影响终生的更加严重的反社会行为结果，而不仅仅是更常见的儿童反社会行为结果。

[55]（第 197 页）虽然双手都显示出二态性，但右手的这个特征远超过左手。一般来说，心理特质与手指-数字比率（finger-digit ratios）的相关性，右手也比左手呈现得更为明显。

[56]（第 197 页）特定问题基因为 HoxA 与 HoxD（同源盒 A 与 D 基因）。

[57]（第 197 页）由于胎盘素生产的降低，雌激素也因此大为减少。较短的手指长度比率的发育，可能也与此因素有关。

[58]（第 197 页）为了便于理解，我将利用“无名指长度”这一术语来描述在男性方面的调查结果。请注意，我们谈论的是一个人无名指相对于食指的长度，而非无名指的绝对长度。从研究的角度而言，科学家更愿意谈论比率：他们用无名指的长度将食指的长度进行分类。因为在这个计算过程中，男人具有一个更大的分母（无名指），与女人相比，男人被报告拥有“较小的第 2 至 4 指数字比率”，意味着与食指相比，男人比女人有一个更大的无名指长度。

[59]（第 197 页）21-羟化酶缺乏可能导致孕酮转化为肾上腺皮质激素，从而导致先天性肾上腺皮质增生症。孕酮超标的后果之一便是肾上腺雄性激素的大量累积。

[60]（第 197 页）新生儿出生之后，手指-数字比率（无名指与食指之间的比例）相对恒定，显然，母体妊娠期的产前雄激素是影响手指-数字

比率的原因，而非青春期睾丸素的作用结果。

[61]（第 198 页）请注意，虽然在男性中发现了这一手指比例效应，但对于女性的行为趋势预测意义并不大。它对于男性的影响也仅限于身体暴力，而不会导致言语攻击。

[62]（第 202 页）虽然许多研究已经控制了多种混淆因素，包括母亲和父亲的反社会行为，但是，基因的作用仍然不可忽视。那些吸烟的反社会母亲可能将自己的反社会基因遗传给子女。一项双胞胎设计研究显示，两个成长环境截然不同的双胞胎孩子都染上了烟瘾，呈现吸烟-反社会关系，这显然是遗传基因在作祟。当然，即便在这项研究中，作者也谨慎地指出，调查结果不排除吸烟与孩子的反社会行为基因之间的独立因果联系，况且，研究范围只限于 5—7 岁的孩子。它们并不适用于成年人的犯罪和暴力。

[63]（第 210 页）检查医师诊断反社会型人格障碍症使用的第 6 版《国际疾病分类》（*International Classification of Diseases*）中的内容，与如今使用的《精神疾病诊断与统计手册》非常相近。

[64]（第 217 页）囿于篇幅原因，我们只列出了希伯恩报告中 26 个国家和地区的 21 个数据。但是，保留下来的异常值与相关国家及地区的关系已然非常明显。

[65]（第 220 页）在许多发展中国家，蛋白质摄入不足都是一个严重的问题。即使在发达国家，蛋白质缺乏也是诸多贫困地区的一个严重问题。蛋白质提供人体必需的氨基酸，对胎儿组织的快速增长以及在抗氧化系统中发挥着重要作用。

[66]（第 221 页）在研究含锌水平下降、含铜水平上升的实验中发现：含铜水平的上升，正好源自锌水平的下降。锌提升了铜的生物利用率。

[67]（第 222 页）在许多实验室中，每百克含有 15 种混合氨基酸的饮料中，色氨酸含量会被耗尽，其中没有色氨酸存在。饮用之后，肝脏中的蛋白质合成将会增加，从而造成血浆中的色氨酸含量降低。同时，这些氨基酸将会和色氨酸展开竞争，造成血脑屏障运转不畅。总之，受试者饮用的色氨酸会被其他氨基酸排除干净。而对照组饮用的安慰剂也有同样的现象发生。除非饮料中充盈着色氨酸并达成平衡，否则都会出现同样的情况。

[68]（第 227 页）美国疾病控制与预防中心对于骨-铅含量的安全水平等级

和我们的研究有点不同。在这个案例中，我们研究的骨铅水平，比美国疾控中心定义的安全水平含量 <15。结果，受试者的平均水平都处于安全范畴上限之内。亦即是说，大约有一半受试者的骨铅含量已经超标美国疾控中心确定的安全范畴。

[69]（第 227 页）其他受到影响的结构包括扣带回和脑岛。在额叶内，额中回是体积减少最严重的脑区。

[70]（第 228 页）需要提醒大家的是，参与实验的 90% 的样本都出自非洲裔美国人，这些前瞻性的脑成像研究成果可以有效地复制到白人样本。人们会期待在其他种族群体发现同样的结果，显然这是可以想象的，因为在这个国家较为贫穷的社区环境里有极大的可能性接触到铅，并且可能导致更强大的脑铅水平关系。在塞西尔等人（2008）的论文中，并未提及铅矿工人样本的种族因素。

[71]（第 229 页）这些调查结果对于早期铅接触和成人犯罪而言，男女通用，而且母亲抽烟、酗酒、吸毒及收入低下等其他社会因素的影响已经得到先行考虑，避免出现混淆。

[72]（第 232 页）肺部对于镉元素的吸收能力远强于肠道，吸收率大了整整 5 倍，难怪烟民深受镉的毒害。即便面对同样的高镉水平环境，烟民比起没有抽烟习惯的人也更容易从同样的食物中摄入镉。

[73]（第 243 页）说来，“卡拉贝拉斯”（Calaveras）在西班牙语中象征“头盖骨”，这个地名还真有不祥的意味。虽然莱克的受害者众多，警察却只在他的藏身住所搜出了少量残骸，总量不过 45 磅（20.2 公斤）多一点。

[74]（第 254 页）虽然聚类分析并不会完全改变研究的共同性质，但是，聚类分析在统计上可以寻找出自然发生的同质亚群，把一个人群中具有社会和神经系统风险因子基础的人找出来，以便于识别自然发生的离散群。因此，一个结合了社会和生物学风险因子的生物社会组就自然而然地形成了，这证实了存在着一个生物社会“风险”组的一般人群。

[75]（第 254 页）生物社会组成员的共同特征包括神经系统问题、父母犯罪、家庭不稳定、婚姻冲突和孩童时遭受母亲排斥。

[76]（第 259 页）此处的“家境良好”是一个相对概念。根据作者早年对条件性恐惧的研究定义，就是那些出身上层社会阶层的孩子。

[77]（第 259 页）应当承认，在 20 世纪 70 年代，为了建立一个关于犯罪的生物社会视角，除了汉斯·艾森克，其他国际学者包括美国的萨尔诺夫·梅德尼克、丹麦的卡尔·克里斯蒂安森、英国的迈克尔·沃兹沃斯和大卫·法林顿等也参加了这项研究。正如在这一章讨论遗传影响时所述，阿夫沙洛姆·卡斯普和特里·墨菲特将这个项目发扬光大，在他们深入透彻的工作中，探寻了严重虐待儿童与基因型的交互作用，进而导致低单胺氧化酶 A 水平诱发犯罪的关系。由此可见，艾森克提出的关于犯罪的生物社会研究方法，足足领先了他那个时代半个世纪。自那时到现在，这个方法已经在广泛的科学界被采纳。

[78]（第 263 页）在这个研究中，负面家庭环境被定义在社会经济地位的基础上，研究成果自是可信。当然，这种适度效应主要作用于男孩子。

[79]（第 263 页）这里提到的有问题的基因型包括那些与 DRD2 基因类似的 A1 等位基因形式。

[80]（第 264 页）在这里，笔者的描述比较简单泛泛，概述了不同的大脑结构是如何提升了催生暴力的情感、认知和行为风险因子的可能性。比如，边缘系统异常可能部分导致一些更倾向暴力的情感、情绪的风险元素。但是，多种大脑回路——包括眶额叶皮层等的受损与催生暴力犯罪的风险因子之间的交互作用关系已经确凿无疑。

[81]（第 269 页）帕特·夏基和罗伯特·桑普森对于种族、暴力、社区和言语能力的研究，仅限于非洲裔美国人和拉丁裔美国人两个族群。因为，白人遭遇谋杀事件的案例较少发现。不过，可以想象的是，对认知能力的负面影响——通过代理大脑功能——可能同样适用于白人。

[82]（第 269 页）人体内的每个细胞都有大约 5 英尺（1.524 米）长的 DNA，但是，一旦 DNA 被它周围的组蛋白缠绕之后就非常微小，长度比 100 微米还少。

[83]（第 273 页）角回还承担着一个重要的认知功能，而且，它与其他脑区一样有着多功能的作用。暴力的功能性神经解剖模型是探索性的，用以说明大脑-行为关系的复杂性。因此，角回的活动方式需要在大脑内横向平面的切片上进行观察，才能作出最好的说明。

[84]（第 276 页）亨利·卢卡斯被判处 20 年监禁，但是他只服了 10 年徒刑，之后便因为监狱超员而获释。

[85] （第 286 页）富裕家庭出身的孩子与对照组相比，遭受法庭审判的差异值 p 达到 0.07。这样的数据，是通过单侧检验（one-tailed test）得出的。我们选择了保守的差异值，而且，基于通过干预（而非增加）组的犯罪将减少的先验性预测，我们能够认同采用单侧检验的意义，因而实际的差异值 p 应该显著小于 0.035。

[86] （第 297 页）按照科恩标准，这里引用的药物治疗效果可以评级为 *d*。

[87] （第 297 页）“非典型性抗精神病药物”是同类药物中的“最新一代”。最先来自于对精神分裂症和双相抑郁症等精神疾病的治疗，经过 15 年以上的发展，对于儿童的攻击性倾向也有抑制疗效。利培酮和奥氮平便是非典型性抗精神病药物的代表。它们的疗效相对来说不一定如意，但优势是副作用较少，而传统的抗精神病药物会带来迟发性运动障碍和肥胖症状等严重的副作用，但是，在非典型性抗精神病药物中，这样的案例非常少见。

[88] （第 297 页）按照科恩标准，这次审查攻击性的精神药理学报告的治疗效果可以评级为 *d*。

[89] （第 298 页）实验中使用的抗痉挛药物包括苯妥英钠、卡马西平和丙戊酸钠。

[90] （第 310 页）“奥夫特先生”（Mr. Oft）这个假名来自我的好友和同事，宾夕法尼亚大学法学教授斯蒂芬·莫尔斯（Stephen Morse）博士。他第一个向我详述了这个案例，“Oft”乃是“眶额叶肿瘤”（Orbito-frontal tumor）的首字母缩写。

[91] （第 315 页）位于华盛顿特区的美国儿童国家医学中心（Children’s National Medical Center）负责出具家庭虐待的相关证明。在审讯中，证明文件显示唐塔·佩奇在童年时遭受的虐待与殴打有多么残忍。

[92] （第 317 页）唐塔·佩奇本应在离开房间，下楼从车上取钱之后逃离。但事实上，他随后上楼折返回屋内的盗窃现场，表明他对这起入室盗窃还有一定程度的预谋。一个缺乏谋划的鲁莽罪犯显露出一定程度深思的一面，这在谋杀案中并不少见。因此，要判定一起任务明确的谋杀案是出于“冲动”还是“预谋”实在有点难。

[93] （第 322 页）除了内侧前额叶皮层是最紧密关联自我反省和自我参照思维（self-referential thinking）的区域外，其他脑区也紧密关联这些功能，包括前扣带回和后扣带回，而在罪犯中均发现这些脑区异常。

特别是，内侧前额叶皮层和前扣带皮层似乎是一个人思考愿望和希望的基础，而后扣带回皮层特别活跃时则反映出一个人的责任心和义务感。还有人猜想，内侧前额叶皮层和内向专注力（inward-directed focus）紧密相关，而后扣带回则更多负责外向专注力（outward-directed focus），比如社会或背景专注力。

[94]（第 323 页）你应该记得，奥夫特先生确实告诉医院当局，如果他感觉将被迫离开医院，他会强奸护理他的女护士。然而，请注意，在这个案例中，他正在面临监狱之灾，这番威胁可以被解释为一场简单的骗局表演，目的是继续留在环境更好的精神病医院里。

[95]（第 325 页）唐塔·佩奇自承，他之所以要割断佩顿·塔特希尔的喉咙，是因为无法忍受她的尖叫。他在婴儿时哭闹不止，常常招来母亲大力和猛烈的摇来晃去。两相比较，让人叹息，又具讽刺意味。显然，佩奇的前额叶皮层受损是他杀害佩顿·塔特希尔的主要风险因子。

[96]（第 330 页）此次研讨会是由美国科学促进会（AAAS）和联邦司法中心、国家州法院中心（National Center for State Courts）联合主办，达纳基金会提供资助。研讨会从 2006 年一直举办至今，主要关注神经科学的最新发现，以便通过协调一致的努力，使司法机构“加快速度”进步，以及这些新技术和新知识怎样才能有助于司法决策，它们的局限性是什么等。

[97]（第 330 页）医学界确实已经把恋童癖放进了临床精神疾病之列，在《精神疾病诊断与统计手册》第 5 版有一条详细概述。

[98]（第 330 页）积极性抗辩并不局限于精神疾病。一个人在实施自我防卫的过程中，可能出现“犯罪心理”（拉丁语：mens rea）。意思是说，你可能意识到了自己的行为，但是你作出如此行为是为了保证自身安全。这就是所谓的“正当防卫”，同样可以免去刑事责任。

[99]（第 330 页）如果一个人受到足够强度的胁迫或威胁而被迫犯罪，某些情况下也可免除刑事责任。比如，有人拿着枪逼迫另一人，让他对第三者实施性侵害，否则就将杀害他时。

[100]（第 334 页）基普·金克尔杀害他的父亲后，曾经致电朋友托尼。托尼清楚地感受到了基普射杀他父亲后，而母亲还未回家时的焦躁不安。对话持续了一个小时，托尼感觉基普在房间中走来走去，情绪

濒临失控，而且反复念叨他的母亲尚未回家的事实。

[101]（第 335 页）基普·金克尔一共伤害了 25 名学生，此外，还有一名逮捕他的警察，因为他的胡作非为而被迫使用胡椒粉喷射枪制服他时，使得一名学生遭受误伤。这笔账当然也应算到金克尔的头上。

[102]（第 335 页）这是一次有问题的 SPECT 成像扫描。所谓 SPECT 成像，即“单光子计算机断层成像术”的简称。这项核医学技术利用一台伽马相机和伽马射线，创建一个展示大脑功能的三维立体图像。

[103]（第 340 页）我姐姐罗玛的病情恶化得很快，她所罹患的急性髓细胞样白血病（acute myeloid leukemia）是一种最常见的急性白血病，影响成年人，病发之后，病人会在几个星期之内死亡。

[104]（第 342 页）修订后的第 5 版《精神疾病诊断与统计手册》对精神障碍的定义作了进一步补充：“精神障碍不全然是对一个特殊事件，比如亲人去世所出现的一个预期的或文化习俗上认可的反应。无论其文化偏差行为（例如：政治、宗教和性）或冲突，主要是个人与社会之间的关系，都不是一种精神障碍，除非个体的机能障碍导致了文化偏差或冲突，才可以认定为精神障碍，如上所述。”根据定义，暴力并未被排除在精神障碍的条文之外，除非暴力特别指代的是恐怖主义，此时便可以理解为个体与社会的冲突。但是，如果这些恐怖分子被发现存在着由生物学或心理状态引发的机能障碍，那么，他们甚至会被视作临床上的精神障碍。问题在于，我们目前尚不能确定恐怖分子是否具有暴力罪犯的生物学类型特征。

[105]（第 344 页）从技术上讲，发生的变化包括 DNA 分子的损伤和 DNA 片断的损伤，将会产生错误的 DNA 系统，从而导致变异的结果。

[106]（第 347 页）在贝克、谢尔曼等人主导的研究项目中，作者发现了他们的高假阳性率。对于每一个真阳性病例的确定中，就有 12 个假阳性病例，真假阳性率的比例到了 1∶12。然而，他们指出，使用随机森林统计学习程序预测精度后，不过是 8 倍的增长。

[107]（第 347 页）我的灵感源于 1994 年 10 月。那时，我在宾夕法尼亚大学访问，宾州大学的马蒂·塞利格曼（Marty Seligman）送我一本小说，书名叫作《哲学调查》（*A Philosophical Investigation*），作者是菲利普·凯尔（Philip Kerr），由纽约的法勒、斯特劳斯和吉鲁出版社出版，事关 2013 年伦敦发生的一场猫鼠游戏，对决双方分别是一名

侦探和一个连环杀手。一个类似于“隆布罗索计划”的背景横亘整个故事框架，一个潜伏的危险杀手隐匿伦敦。

[108] （第 357 页）这里提及的“板栗”是英国的野生马栗树（horse-chestnut tree）种子，直径约有 1.5 英寸（3.8 厘米）。这是一项传统英国游戏。小时候，我常常在板栗上打个洞，把它们穿在一根绳子上，摆动它打破对手的板栗取乐。这种儿童游戏曾经风靡一时。后来，游戏时板栗飞出，导致一个孩子的眼部受损，学校为了健康和安全，这种游戏从而遭到禁绝。不过，我倒也没有洗手不干，而是依然故我，乐此不疲。

[109] （第 358 页）原本，法官就有权对那些符合《公众保护羁押法》（IPP）条例的犯人处以终身监禁，2008 年的《刑事司法和移民法》（Criminal Justice and Immigration Act）给与了法官更大的自由裁量权。

[110] （第 367 页）沙米·查克拉巴蒂原是检方律师，供职于英国内政部。后来，她辞去公职，成了英国公民权益团体的自由董事。目前，查克拉巴蒂是牛津布鲁克斯大学校长。在英国，她常常参与公共事务游说活动，被公认为影响广大而深远。

[111] （第 368 页）假如你并没有那么讨厌阿道夫·希特勒，也可以将暗杀对象替换为一个你切齿仇恨的大魔头——比如波尔布特。此人是红色高棉的领导，有人认为他应为 1975—1979 年间柬埔寨境内发生的大规模死亡事件担负责任。

[112] （第 371 页）那段时间，皮特·格里斯几乎每周都要撰写文章，对布伊库伊森的生物学观点进行冷嘲热讽。格里斯在自由派政治周刊《自由荷兰》（荷兰语：*Vrij Nederland*）上有个专栏，他借此大肆攻击布伊库伊森。周刊很有影响力，后果自然很恶劣。

[113] （第 372 页）沃特·布伊库伊森恢复名誉的事，在荷兰引发了不小的风波。该国学界渐渐发觉，先前对于布伊库伊森所持生物学观点的责备和非难并不合理。2010 年 4 月 16 日，在莱顿大学法学院院长的支持下，犯罪学专业的学生专门组织了一次研讨会，“欢迎”布伊库伊森返回犯罪学研究的大家庭。前一年的 2009 年 4 月 17 日，布伊库伊森在莱顿大学挤满听众的大学礼堂发表演讲，题目关于杏仁核。2009 年 11 月，莱顿大学正式与他握手言欢。如果你对布伊

库伊森的坎坷故事颇感兴趣，不妨看看《布伊库伊森无话可说：布伊库伊森事件和生物社会犯罪学的发展》（荷兰语：*Buikhuisen had wel wat uit te leggen. De affaire-Buikhuisen en de ontwikkeling van biosociaal onderzoek naar criminaliteit*）这篇文章。文章载于2006年阿姆斯特丹大学学报的“科学与技术研究硕士论文集”。

这是阿德里安·雷恩的最新巨著，在评论界广获赞誉。

本书内容令人不安，却又不容忽视。雷恩利用PET扫描技术观测暴力罪犯的大脑活动，这在犯罪学研究史上具有里程碑式的开创意义。作者掌控着如此庞大的一个研究体系，却保持着思想锐利、叙述清晰、引人入胜的优点。书中披露的大多数科学进步，都不为学界之外的大众所知晓。而且，这些进步也未能对我们的政策制定造成影响。这些缺陷，无疑应该及时得到纠正。

雷恩结合旧事，阐释了许多科学道理：从邦迪到卡钦斯基，他带领我们回顾了历史上著名的犯罪案例；从家庭暴力到谋杀案，引领我们找到了各种反社会行为背后的作用原理。他还利用脑扫描等新技术手段，让读者得以一窥精神变态、抑郁症等病人的思想深处。

通过对收养儿童和离散双胞胎的研究，他再次挑起了我们对“先天和后天孰为重要”这个话题的兴趣。他既阐释了生物学因素的作用原理，又仔细分析了营养、烟酒、毒品等外部要素的影响途径。

雷恩还阐释了犯罪学和司法制度、公众健康之间的复杂关系。而且，他展望了未来科技发展对于反社会行为和犯罪活动的抑制作用。毋庸置疑，《暴力解剖》中的某些论点会引发不绝于耳的争议。如果你想了解犯罪学背后的生物科学进步，这是一本必读书。